Justiça Digital

O acesso digital à Justiça e as tecnologias da informação na resolução de conflitos

Marco Antonio Rodrigues
Maurício Tamer

Justiça Digital

O acesso digital à Justiça e as tecnologias da informação na resolução de conflitos

2021

EDITORA *Jus*PODIVM
www.editorajuspodivm.com.br

EDITORA
*Jus*PODIVM
www.editorajuspodivm.com.br

Rua Canuto Saraiva, 131 – Mooca – CEP: 03113-010 – São Paulo – São Paulo
Tel: (11) 3582.5757
• Contato: https://www.editorajuspodivm.com.br/sac

Capa e Diagramação: Maitê Coelho e Cendi Coelho *(cendicoelho@gmail.com)*

Rodrigues, Marco Antonio.
R696j Justiça Digital: O Acesso Digital à Justiça e as Tecnologias da Informação na Resolução de Conflitos / Marco Antonio Rodrigues, Maurício Tamer – São Paulo: Editora JusPodivm, 2021.
448 p.

Inclui bibliografia
ISBN 978-65-5680-351-7

1. Direito Civil. 2. Direito Digital. I. Rodrigues, Marco Antonio. II. Tamer, Maurício. III. Título.

CDD 342.1

A Lucas, Gustavo e Camila, por todo o amor e apoio na elaboração desta obra. Aos meus pais, Antonio e Teresinha, pelo exemplo e por toda a dedicação.

Marco Antonio Rodrigues

Aos meus pais, Marileide Solange Zuquieri Tamer e Wilson Tamer, exemplos.

À Nathalia Correa Leiser, inspiração,

e a todos que, assim como eles,

trazem apoio, compreensão, incentivo e paz incondicionais.

Maurício Tamer

PREFÁCIO

Não é de hoje que o Direito tem passado pelos impactos da tecnologia. No campo da resolução de conflitos, os números de processos judiciais existentes no país, aliados à pandemia da COVID-19, levaram a um vertiginoso incremento tecnológico na melhora da prestação jurisdicional.

De maneira a trazer maior eficiência, vê-se uma ampliação do uso de ferramentas de tecnologia e de inteligência artificial no Judiciário. Ademais, nos últimos meses assistiu-se à necessidade de tornar corrente a prática de atos processuais online, como audiências e julgamentos, assim como o uso dos demais meios de resolução dos conflitos, inclusive com o emprego das tecnologias, desenhando-se uma pluralidade de métodos à disposição das partes.

No âmbito do Supremo Tribunal Federal, a imprevisibilidade da pandemia levou à aceleração de expedientes tecnológicos relevantes. A Corte Constitucional se preparou, com a celeridade necessária, para bem decidir os imbróglios surgidos nesse sensível e ímpar período.

Uma primeira medida de "bastidores" foi a criação da marcação de preferência processual para os pedidos que versassem sobre o COVID-19. Trata-se de mecanismo de triagem que alerta os gabinetes dos ministros acerca de ações com relação à pandemia, o que impulsionou o trabalho, atribuindo-lhes prioridade na tramitação.

Em decorrência dessa sutil alteração, concebeu-se o "Painel de Ações COVID-19", quadro interativo no website do Supremo Tribunal Federal que expõe, com atualização automática a cada cinco minutos, o exato número de casos na corte e de respectivas decisões sobre a matéria. O sistema permite o filtro por julgador e por espécie de processo, dentre os abarcados pela vasta competência do tribunal.

No tocante à atividade deliberativa e decisória da Corte, sabidamente existem dois ambientes disponíveis. Foram ampliadas as hipóteses de julgamento por meio eletrônico, o primeiro deles. Antes da pandemia, apenas determinadas classes processuais poderiam ser decididas remotamente; com a modificação regimental, qualquer tipo de processo pode ser submetido a tal modalidade de deliberação: após a disponibilização do voto pelo ministro relator, os demais julgadores dispõem de prazo para se posicionar, seja concordando, divergindo ou solicitando pedido de vista.

Além disso, o plenário virtual, existente desde 2007, recebeu, no período, uma série de melhorias, voltadas à preservação do direito ao contraditório, tais como o envio das sustentações orais por meio eletrônico, a possibilidade de se realizar esclarecimento de fato durante a sessão e a disponibilização na internet do relatório e da íntegra dos votos dos ministros, o que amplia a transparência e a publicidade dos julgamentos[1]. Nessa linha, foi criado o Painel de Julgamentos Virtuais, que informa estatísticas e gráficos, a partir de relatórios obtidos de forma automática da base de dados do STF, com as informações mais relevantes para o público.

1. Resolução 642/2019, com as alterações realizadas pelas Resoluções nº 669/2020 e 675/2020.

No tocante à segunda modalidade de julgamento, o presencial, sucedeu-se a adaptação para a realização por videoconferência[2]. Desse modo, as deliberações que seriam tomadas, em condições normais, no próprio tribunal puderam ser mantidas, com idêntica participação de ministros, Ministério Público e advogados, sem comprometimento da atividade decisória do Supremo Tribunal, de enorme relevo para a sociedade.

Nesse contexto de inovação e em boa hora, chega ao meio jurídico a obra de Marco Antonio Rodrigues e Maurício Tamer, intitulada "Acesso digital à justiça: As tecnologias da informação na resolução de conflitos", em que os autores tratam dos diversos aspectos de impacto da tecnologia na atividade de pacificação de litígios.

Na primeira parte do livro, os autores tratam do princípio fundamental de acesso à justiça e de sua adequada significação na atualidade. Trata-se, como bem percebido, de um valor central e em permanente evolução. Sempre que surgem novas injustiças e barreiras, impõem-se novos meios de acessar e garantir a justiça. A era digital é marcada pela inovação e os autores, com maestria, delineiam o que se pode compreender por acesso à justiça digital, conceito que marcará o Direito Processual de hoje de amanhã.

A partir de tal premissa, os autores passam, na segunda parte do livro, à análise do acesso à justiça para além da jurisdição estatal, enfrentando os demais meios de solução de controvérsias e a arbitragem, os analisando a partir de modelos que se valem das tecnologias da informação (ODRs, arbitragem online, DSD, etc.), que tanto vêm se proliferando no mundo.

2. Emenda Regimental 53, de 18/03/20, Resolução 672, de 26/03/20, e Resolução 676.

A seguir, passa-se ao estudo das cortes digitais, analisando experiências estrangeiras e os avanços brasileiros a respeito, focando na revisão de importantes conceitos do processo, especialmente o devido processo legal e as regras de competência. É ponto interessante, ainda, a reunião de amplo leque de experiências internacionais e nacionais em que tais métodos têm sido empregados, trazendo uma essencial visibilidade prática.

A terceira parte do livro é dedicada, por sua vez, a impactos variados – não menos importantes, porém – das tecnologias da informação sobre os mecanismos de resolução dos conflitos. Os autores discutem, então, as provas digitais, a identificação do usuário da internet, impactos da Lei Geral de Proteção de Dados sobre a resolução de conflitos, a inteligência artificial aplicada à atividade de pacificação de litígios e a discussão de possíveis limites ao emprego de tais ferramentas, a execução e os julgamentos virtuais e por videoconferência.

O livro, escrito a quatro mãos, é fruto de grande alinhamento e brio acadêmico. Marco Antonio Rodrigues é meu colega de docência na Universidade do Estado do Rio de Janeiro, colaborando por manter a qualidade de ensino de nossa faculdade no mais alto nível. Nos últimos anos, tem conduzido grupos de pesquisa no programa de pós-graduação sobre as ferramentas digitais e sua interlocução com o processo civil ("Observatório das Reformas Processuais: Processo e Tecnologia"), irradiando luzes acerca do tema nacionalmente, sempre com o tom prático que denota sua atividade profissional, como reconhecido procurador do Estado do Rio de Janeiro e advogado.

Maurício Tamer, por sua vez, além de possuir mestrado na seara processual concluído na prestigiada Pontifícia Universidade Católica de São Paulo, é doutorando em Direito Político e Econômico na Universidade Presbiteriana Mackenzie, exsurgindo da plural formação aptidão para enfrentar o tema da obra. Academicamente, tem se dedicado aos desafios do Direito Digital, aí incluída a proteção de dados, matéria na pauta do dia, e a persecução adequada de delitos penais praticados com subterfúgios tecnológicos.

Marco e Maurício, enquanto professores que somam à tradição da técnica uma propositiva modernidade, trazem, enfim, ao público uma obra que seguramente marcará o estudo do atual panorama da resolução de conflitos, com importantes contribuições para o momento vivido no Brasil e no mundo.

Desejo, com entusiasmo, uma profícua leitura a todos!

Luiz Fux

Ministro e Presidente do Supremo Tribunal Federal. Ex-Presidente do Tribunal Superior Eleitoral. Professor Livre-Docente em Processo Civil da Faculdade de Direito da Universidade do Estado do Rio de Janeiro (UERJ). Doutor em Direito Processual Civil pela Universidade do Estado do Rio de Janeiro (UERJ). Membro da Academia Brasileira de Letras Jurídicas. Membro da Academia Brasileira de Filosofia.

SUMÁRIO

PARTE I

ACESSO À JUSTIÇA E AS TECNOLOGIAS DA INFORMAÇÃO

PARTE II

RESOLUÇÃO DE CONFLITOS ALÉM DA JURISDIÇÃO ESTATAL

PARTE III

OUTROS TEMAS PERTINENTES À RESOLUÇÃO DOS CONFLITOS E AS TECNOLOGIAS DA INFORMAÇÃO

INTRODUÇÃO

Tratar do tema da tecnologia da informação associado às estruturas jurídicas postas representa sempre um caminho que desperta a curiosidade e, em nossa opinião, perfaz uma jornada profundamente prazerosa. Poucos são os temas que colocam o Direito frente a frente com si mesmo, promovendo, em analogia, uma verdadeira catarse ou liberação psíquica de suas estruturas[1]. As tecnologias da informação provocam – e por mais e por vezes que se pretenda resistir – um abalo inegável nas estruturas de linguagem pré-estabelecidas. Consequência: o Direito volta seu olhar para si mesmo, revisitando sua natureza e compreensão como ciência social e objeto de estudo, interpretação e aplicação.

Claro que o estudo dessa lógica ou afirmação enseja profundos e amplos espaços de pesquisa e debates acadêmicos e práticos, em conversas e escritos concêntricos, a princípio, em relação ao Direito, à sociedade pós-industrial, às estruturas econômicas contemporâneas e às tecnologias da informação individualmente consideradas. No entanto, sem ignorar esse espaço e tentando contribuir minimamente com suas discussões inerentes, mantendo a coerência epistemológica da presente pesquisa, entende ser importante pontuar, nesta introdução, uma proposta de visão sobre a relação das tecnologias

1. O termo "Catarse" tem origem da expressão grega "kátharsis" e designa, de forma geral, um estado de libertação psíquica vivenciada pelo ser humano quando consegue superar algum trauma, medo, opressão ou perturbação.

da informação e o Direito que, como foco de luz, iluminará de forma influente o entendimento sobre os vários pontos desse trabalho.

Sendo a norma extraída para o caso concreto diferente do texto legislativo[2], parece que o entendimento da relação das tecnologias da informação com o Direito nasce e parte da compreensão de que essa diferença existe. É a partir disso, que se abre espaço racional para o entendimento de que o texto legislativo é apenas um dos elementos aptos e talvez um dos mais influentes à formatação das normas jurídicas, essas as proposições vinculantes do caso concreto.

Também parece que a consciência desse fenômeno evita o gerar de uma expectativa, que surge com o destino certo da frustração. A expectativa de que os textos legislativos sempre acompanharão as tecnologias da informação postas socialmente. Na formatação do procedimento democrático, em bases contemporâneas lentas e necessárias de debate e amadurecimento de seus produtos ou entregáveis, a menos que se adote mecanismos igualmente tecnológicos de maior velocidade e que preservem o decantar de ideias, a diferença entre os compassos da elaboração legislativa e da evolução tecnológica será uma constante.

Ao lado do texto legislativo, na formatação da norma jurídica concretamente verificada, parecem estar de forma não exaustiva (i) a inter-relação desse mesmo texto com os demais elementos textuais do ordenamento, (ii) a compreensão doutrinária sobre o texto e fenômenos sociais associados, (iii) as interpretações jurisdicionais de caráter recomendável ou vinculante (esses, aquelas decisões que vinculam em termos constitucionais), (iv) as percepções subjetivas do intérprete e (v) o suporte fático sobre o qual a interpretação normativa se

2. Não se ignora que essa premissa demandaria o estudo aprofundado do tema, no entanto, sem fechar o debate e de forma aberta às críticas esperadas e desejáveis, opta-se por não se aprofundar no tema, sob pena do texto perder seu enfoque principal.

repousa (o que e quem está envolvido no fato sobre o qual se dará a solução jurídica concreta e vinculante – norma jurídica).

Considerando que as tecnologias da informação alteram profundamente as estruturas sociais[3] e não apenas o Direito, esse influenciado direta ou indiretamente, parece que as tecnologias da informação, na essência, alteram cada um desses seis elementos de uma forma diferente, provocando, ao final, a própria alteração da norma jurídica concretamente determinada.

A um, com o permear democrático do fenômeno, alteram os próprios textos legislativos. O Marco Civil da Internet e a Lei Geral de Proteção de Dados (Leis nos 12.965/2014 e 13.709/2018) talvez sejam os maiores exemplos na legislação brasileira, não se ignorando também a própria Emenda Constitucional nº 85/2015[4]. Igualmente, não só parecem existir textos jurídicos novos, como também parecem

3. Esse é um dos motivos pelos quais, por exemplo, Klaus Schwab entende que a sociedade contemporânea está na quarta revolução industrial (SCHWAB, Klaus. A quarta revolução industrial, Tradução de Daniel Moreira Miranda, São Paulo : Edipro, 2016).

4. Destacadamente e, sobretudo, em razão da tecnologia da informação, a EC nº 85 promoveu a alteração de importantes trechos do Texto Constitucional, em especial aquele de caráter programático do art. 218: "Art. 218. O Estado promoverá e incentivará o desenvolvimento científico, a pesquisa, a capacitação científica e tecnológica e a inovação. §1º A pesquisa científica básica e tecnológica receberá tratamento prioritário do Estado, tendo em vista o bem público e o progresso da ciência, tecnologia e inovação. §2º A pesquisa tecnológica voltar-se-á preponderantemente para a solução dos problemas brasileiros e para o desenvolvimento do sistema produtivo nacional e regional. §3º O Estado apoiará a formação de recursos humanos nas áreas de ciência, pesquisa, tecnologia e inovação, inclusive por meio do apoio às atividades de extensão tecnológica, e concederá aos que delas se ocupem meios e condições especiais de trabalho. §4º A lei apoiará e estimulará as empresas que invistam em pesquisa, criação de tecnologia adequada ao País, formação e aperfeiçoamento de seus recursos humanos e que pratiquem sistemas de remuneração que assegurem ao empregado, desvinculada do salário, participação nos ganhos econômicos resultantes da produtividade de seu trabalho. §5º É facultado aos Estados e ao Distrito Federal vincular parcela de sua receita orçamentária a entidades públicas de fomento ao ensino e à pesquisa científica e tecnológica. §6º O Estado, na execução das atividades previstas no caput, estimulará a articulação entre entes, tanto públicos quanto privados, nas diversas esferas de governo. §7º O Estado promoverá e incentivará a atuação no exterior das instituições públicas de ciência, tecnologia e inovação, com vistas à execução das atividades previstas no caput.".

ocorrer mudanças importantes na estrutura jurídica e, até mesmo, na forma como os textos legislativos se desenvolvem. Inclusive, por exemplo, espera-se que cada vez mais sejam observadas estruturas principiológicas, em dinâmica de autorregulação regulada, sobretudo, diante das dificuldades contemporâneas do Estado entender a multiplicidade de modelos de negócio provocada pelas tecnologias da informação e pela globalização. A própria estrutura da LGPD é um grande exemplo disso.

A dois, as tecnologias da informação, a partir do mencionado abalo das estruturas jurídicas, provoca ao intérprete que esse busque o conteúdo normativo concreto, na insuficiência do texto legislativo posto, em outros textos legislativos do ordenamento, influenciando em qualidade e quantidade a forma como a inter-relação entre os textos se desenvolve.

A três, também são alteradas as percepções da sociedade e, logo, também as compreensões doutrinárias e acadêmico-científicas sobre os fenômenos. Sendo os autores desses entendimentos seres humanos e, esses, por sua vez, atores sociais por natureza, era esperado que suas compreensões também fossem influenciadas pelas mudanças da sociedade em que estão inseridos e integram.

A quatro, por essência e influência nos demais elementos, as tecnologias da informação alteram profundamente a forma como as resoluções dos conflitos sociais se desenvolvem, notadamente de duas formas mais destacadas. Uma primeira do próprio conteúdo interpretativo e da decisão exarada, o que passa por toda discussão aqui posta. Uma segunda, um dos grandes focos da presente pesquisa, no *como* essas decisões ou a resolução dos conflitos sociais podem ser tomadas com apoio das tecnologias e de forma igualmente vinculante, especialmente nos espaços em que a Lei assim autoriza (*v.g.* arbitragem e autonomia da vontade contratual).

A cinco, assim como em relação à doutrina também são alteradas as percepções subjetivas dos intérpretes normativos (privados ou estatais). Na verdade, o mesmo fenômeno parece se manifestar duas vezes. A diferença singela parece estar no fato de que aqueles (*doutrina*) se manifestam por apreço à pesquisa, curiosidade ou por um inegável chamamento comercial próprio da sociedade capitalista. Os *intérpretes normativos*, por sua vez, são instados a se manifestar diante do conflito social concreto (*v.g.* juízes, conciliadores ou árbitros) ou em perspectiva (*v.g.* as figuras do parecerista ou do profissional jurídico consultor).

A seis e talvez uma das manifestações mais relevantes e frequentes do fenômeno e nas quais parecem estar as mais relevantes discussões, há a alteração no próprio suporte fático sobre o qual a interpretação normativa repousa. É no fato e nas suas circunstâncias que as tecnologias da informação apresentam mais provocações, reverberando em efeito dominó nos demais elementos de construção da norma jurídica e apresentando os debates jurídicos e acadêmicos mais acalorados. É desse cenário, por exemplo, que surgem perguntas como: (i) se é ou não possível a penhora de criptoativos, (ii) qual a natureza jurídica da relação fática entre o usuário e a empresa de mídia social, (iii) se a criação de um novo domínio de internet viola ou não a propriedade intelectual de terceiro, (iv) se a obtenção não autorizada de dados é ou não crime de furto, dada a dificuldade fática de compreensão do conceito de subtração no caso ou, ainda em exemplo extremo, (v) se a prática de ato libidinoso de forma remota é fato apto a caracterizar elemento normativo do tipo de estupro.

Dito isso, em uma espécie de *teoria das seis dimensões* que ora se propõe, como um cubo por natureza multifacetária, a relação entre tecnologia e Direito, decorre o próprio título do livro. Por *Acesso Digital à Justiça* se propõe o reconhecimento e estudo do Acesso à Justiça e dos mecanismos de resolução de conflitos a partir desse novo e sêxtuplo perfil. Um acesso diferente. Ora provocado pelo próprio direito material, ora decorrente das novas e excelentes formas de resolução dos conflitos jurídicos, mas ambos com a influência direta das tecnologias da informação.

A primeira parte da obra, então, propõe o estudo do princípio do Acesso à Justiça em si considerado, o que passa pela evolução histórica dos meios de resolução dos conflitos e por uma proposta do entendimento do fenômeno na formatação contemporânea, inclusive com o estudo da função jurisdicional estatal, como um dos mecanismos disponíveis, e a busca de um entendimento das possíveis dificuldades da integração de outros métodos e, sobretudo, aqueles que utilizem as tecnologias da informação.

Na sequência, o trabalho se dedica ao estudo das dimensões do Acesso à Justiça, movimentos que deixaram e ainda deixam camadas sobrepostas sobre os mecanismos de resolução dos conflitos sociais. Serão estudadas, assim, a necessidade de relativização de custos financeiros, a tutela dos direitos transindividuais, a adição de outros mecanismos em paralelo à jurisdição estatal (com o estudo do modelo multiportas, as tecnologias da informação e os principais meios consensuais), o acesso dos operadores do Direito à Justiça e a proposta de uma nova dimensão com o uso profícuo das tecnologias da informação na resolução.

Ainda na primeira parte, o trabalho tenta explicar a escolha pela denominação de "Princípio do Acesso à Justiça", a sua própria natureza principiológica e qual conteúdo isso agregaria em termos práticos, sua condição de direito fundamental e os quatro elementos que refletem importantes focos de aprimoramento.

Na segunda parte do trabalho, serão estudadas outras formas de resolução de conflito, além da jurisdição estatal e que, inclusive, com o uso proveitoso das tecnologias da informação, como compõem e podem compor cada vez mais um *cardápio* de possibilidades de resolução de conflitos, para que o procedimento e solução desses seja feita de forma mais adequada e efetiva. Serão estudadas as ODRs, a arbitragem online e o mecanismo do design de sistemas de disputas - DSD.

Ao final, serão apresentadas algumas experiências internacionais e nacionais de mecanismos de resolução de conflitos que utilizem das tecnologias da informação ou que com elas se relacionam de alguma forma, seja porque versam sobre o uso da tecnologia em si ou porque o conflito repousa em negócio próprio que tenha nas tecnologias da informação seu principal ecossistema.

Por fim, na terceira parte do trabalho, serão analisados outros temas pertinentes à resolução dos conflitos e as tecnologias da informação. Assim, serão estudadas as provas digitais, a importância da identificação de usuário na internet para o conteúdo do Acesso à Justiça, os principais reflexos da LGPD na resolução dos conflitos, o uso da inteligência artificial e seus possíveis limites, temas pertinentes à execução e os julgamentos virtuais e os julgamentos e audiência por videoconferência.

PARTE I

ACESSO À JUSTIÇA E AS TECNOLOGIAS DA INFORMAÇÃO

1

NOTA INTRODUTÓRIA

Como referido na introdução desse trabalho, a relação entre as tecnologias da informação e o Direito parte de várias premissas. A mais relevante ou a mais funcional, porém, parece ser aquela em que se entende a diferença entre textos legislativos e a norma extraída para o caso concreto. Com isso, não só o jurista se desapega da ilusão de que os textos legislativos contemplarão todas as tecnologias e estarão em absoluta atualização, como se entende que as tecnologias da informação geram efeitos em vários aspectos de formatação da norma concreta (ao menos seis como visto). Desde a elaboração legislativa até as alterações profundas nas bases fáticas que levam à solução jurídica concreta e vinculante (norma).

Nessa perspectiva, com a ideia ou o princípio (natureza que será reforçada adiante) de Acesso à Justiça não seria diferente. As tecnologias da informação propõem um repensar do conteúdo normativo de tal princípio, trazendo novos e consistentes aspectos práticos de discussão. Isso parece se dar, de forma destacada, de duas maneiras relacionadas entre si, não só porque têm nas tecnologias da informação as suas bases, como estão ligadas, em certo modo, por uma lógica de causa e efeito.

Uma primeira maneira que propõe um repensar sobre *o que* o Acesso à Justiça determina como algo a ser buscado de forma constante (no conceito de princípio como promoção ideal das coisas). Uma segunda, também decorrente da primeira, de entender *como* o Acesso à Justiça ou *com quais* mecanismos tal princípio cumprirá seus objetivos. O ajuste dos procedimentos judiciais aos preceitos de direito material (como se observa na proposta teórica dos procedimentos especiais) parece estar mais na primeira face do fenômeno. As chamadas ODRs parecem estar mais na segunda face do que na primeira.

Essas duas diretrizes principais (*o que* e *como*) integram os propósitos do presente estudo e serão mencionados ou perceptíveis nos demais pontos do trabalho.

2

ACESSO À JUSTIÇA

2.1 DA AUTOTUTELA AO PROTAGONISMO DA JURISDIÇÃO ESTATAL

Antes de propriamente discorrer sobre o conteúdo do princípio do Acesso à Justiça, o desenvolvimento do presente trabalho enseja o estudo de algumas premissas históricas e a menção de alguns conceitos fundamentais sobre o tema.

Isso se faz necessário para contextualizar o surgimento e a importância que o postulado assume na ordem jurídica, bem como, sobretudo, para delinear os primeiros contornos do raciocínio que será elaborado. Aliás, a realização de um escorço histórico, ainda que breve, parece ser sempre importante para estabelecer premissas corretas sobre o tema a ser estudado, sob pena de comprometer todo o pensamento subsequente.

Assim, nesse ponto procurar-se-á traçar uma linha evolutiva entre a autotutela e o protagonismo da jurisdição estatal como formas de solução dos conflitos decorrentes das relações sociais. Isso parece relevante, pois é a partir da compreensão dessa linha evolutiva e da consolidação de tal protagonismo que o princípio do Acesso à Justiça que ganha contornos de direito fundamental e espaço inerente na própria cláusula do devido processo legal constitucional, para após ter seu conteúdo debatido e influenciado pela contemporaneidade e, especialmente, pelas tecnologias da informação. Em outras palavras, sua condição de fundamentalidade, construída historicamente, é o pressuposto racional básico para que seu conteúdo possa ser pensado e constantemente revisitado de acordo com a forma como as necessidades sociais se apresentam.

Essa evolução deve ser compreendida sob a ótica da prevalência ou preponderância de um sistema ou método em detrimento de outro no ordenamento jurídico, não em caráter de eliminação. Como se verá, nesse ponto e em outros do trabalho, algumas formas perderam muito espaço, mas são conservadas em determinadas situações, como no caso da autotutela, enquanto outras, como a arbitragem e as ODRs por exemplo, recebem crescente prestígio.

Aliás, é importante que se diga que a expressão *jurisdição estatal* pode parecer pleonástica em um primeiro momento, já que, para as teorias mais tradicionais, a atividade jurisdicional é aquela exercida tão somente pelo Estado. No entanto, o uso que se faz dela é intencional, pois há novos posicionamentos admitindo o exercício da jurisdição sem ser pelo Estado, como o notável exemplo da arbitragem que será melhor trabalhado adiante. De todo modo, nesse estudo, a expressão *jurisdição estatal* deve ser compreendida como a jurisdição exercida pelo Poder Judiciário.

Pois bem, esclarecidos esses pontos, a primeira e mais primitiva forma de solução de conflitos que se tem notícia é a autotutela. A compreensão de seu conceito pode ser aferida a partir da análise do próprio vocábulo que é constituído pela junção do prefixo *auto*, que traz a noção de algo realizado por si próprio, e o substantivo *tutela*, que significa defesa, proteção ou amparo. Desse modo, de forma objetiva, a autotutela pode ser entendida como a defesa de algo por si próprio, ou melhor, por meios próprios.

Esse modo de resolver o conflito de interesses se caracteriza fundamentalmente pela imposição da vontade ou interesse de uma parte sobre a de outra, seja um conflito entre indivíduos, entre grupos ou entre um indivíduo e um grupo. Há, no mínimo, dois interesses que, por alguma razão, se contrapõem, de modo que na autotutela há verdadeira subjugação de um deles pelo uso de algum método, pode ser a força, uma posição econômica ou ainda menos uma condição de ordem moral. Deve ser compreendida pela manifestação de qualquer poder de uma das partes que seja capaz de sujeitar a outra[1].

Nos grupos sociais mais primitivos, cujas instituições de organização social eram singelas ou sequer existentes, a autotutela se destacava em um sistema de índole evidentemente privada[2]. Desse modo,

---

1. Francisco Wildo Lacerda Dantas, com a utilização de conceitos mais avançados a teoria geral o processo, explica a autotutela como "a modalidade de solução dos conflitos de interesses – ou de retirada de obstáculo humano à realização do direito – em que se busca superá-lo por meio da ação direta de um ou de ambos envolvidos no conflito, em lugar de recorrer-se à ação dirigida ao Estado-juiz, por intermédio do processo, em que, pela força, uma delas impõe a decisão, de forma coativa à outra." (*Teoria geral do processo (jurisdição, ação (defesa), processo)*, 2ª ed., São Paulo : Método, 2007, p. 146). No mesmo sentido, ensina Daniel Amorim Assumpção Neves que a autotutela "é a forma mais antiga de solução dos conflitos, constituindo-se fundamentalmente pelo sacrifício integral do interesse de uma das partes envolvida no conflito em razão do exercício da força pela parte vencedora. Por 'força' deve-se entender qualquer poder que a parte vencedora tenha condições de exercer sobre a parte derrotada, resultando na imposição de sua vontade. O fundamento dessa força não se limita ao aspecto físico, podendo-se verificar nos aspectos afetivo, econômico, religioso, etc." (*Manual de direito processual civil*, 5ª ed. rev., atual. e ampl., Rio de Janeiro : Forense; São Paulo : Método, 2013, p. 5).

2. Nesse sentido, explicam Antonio Carlos de Araújo Cintra, Ada Pellegrini Grinover e Cândido Rangel Dinamarco que "Nas fases primitivas da civilização dos povos, inexistia um Estado suficientemente forte para superar os ímpetos individualistas dos homens e impor o direito acima da vontade dos particulares: por isso, não só inexistia um órgão estatal que, com soberania e autoridade, garantisse o cumprimento do direito, como ainda não havia sequer as leis (normas gerais e abstratas impostas pelo Estado ao particulares). Assim quem pretendesse alguma coisa que outrem o impedisse de obter haveria de, com sua própria força e na medida dela, tratar de conseguir, por si mesmo, a satisfação de sua pretensão [...]. A esse regime chama-se *autotutela* (ou autodefesa) e hoje, encarando-a do ponto-de-vista da cultura do século XX, é fácil ver como era precária e aleatória, pois não garantia a justiça,

o interesse prevalecente não possuía uma justificativa de ordem racional ou que transparecesse verdadeiro direito da parte, mas refletia somente uma situação de superioridade fática.

Sobre o tema, é exemplar a lição Arruda Alvim, com menção à doutrina italiana e alemã: "Os mais autorizados estudiosos do Direito, nomeadamente de sua evolução, têm como pacífico que o *modo* de satisfação dos interesses, ainda que em conflito, no início das sociedades, era por excelência de índole privada. Vale dizer que a função jurisdicional, tal como hoje a conhecemos, é fruto de evolução histórica, paralela à própria existência e desenvolvimento do Estado, de que é ela uma das expressões mais notáveis. Del Vecchio ensina que 'é fora de dúvida que também no fato primordial da vingança (quer individual, quer coletiva)' – como primitiva forma de solução dos conflitos – já 'transparece certa ideia de igualdades'. Friedrich Lent afirma categoricamente em seu *Direito Processual Civil*: 'a forma originária de realização do direito, foi em todos os povos primitivos a autotutela' [...]. Este sistema – da defesa privada, quer individual, quer coletiva – tinha evidentes desvantagens: 1) a realização da Justiça – mesmo de forma muito elementar – através da autotutela, na realidade provocava, muitas vezes, não a defesa de um verdadeiro direito, mas a prevalência da forma bruta, sem justificativa alguma. Isto porque, o que se arrogava ter direito, quer individualmente quer com seu grupo, poderia ser simplesmente mais forte que seu oponente; 2) em segundo lugar, tal sistema constituía em si mesmo constante ameaça à paz social e ao direito, gerando, assim, um clima de insegurança."[3].

mas a vitória do mais forte, mais astuto ou mais ousado sobre o mais fraco ou mais tímido." (CINTRA, Antonio Carlos de Araújo; GRINOVER, Ada Pellegrini; DINAMARCO, Cândido Rangel. *Teoria geral do processo*. 25. ed., São Paulo : Malheiros Editores, 2009, p. 27).

3. ALVIM, Arruda. *Tratado de direito processual civil*, vol. 1 (arts. 1º ao 6º), 2ª ed., São Paulo : Editora Revista dos Tribunais, 1990, p. 19.

Embora comumente chamado de meio de solução (se é que se pode falar de solução algo que se perfaz pela manifesta imposição) de conflitos associado à primitividade dos grupos humanos, não se ignora sua presença também no cenário contemporâneo, bastando a identificação de qualquer situação em que há a imposição de uma das partes da relação. Com efeito, certamente, é o meio de por fim a conflitos que menos se ajusta ao Estado Democrático de Direito e às suas garantias e princípios, inclusive sendo expressamente vedada em alguns momentos[4]. Há, porém, poucos casos em que a autotutela é preservada de forma excepcional[5], mas sempre passível de posterior revisão jurisdicional.

Outra forma de resolução de conflitos também identificada desde os grupos mais primitivos é a chamada autocomposição. Etimologicamente, mais uma vez o prefixo *auto* indica que a solução se dá pela atitude das próprias partes, por seus próprios meios. Porém, diferentemente do que ocorre na autotutela, na autocomposição não há a imposição da vontade ou subjugação de um dos interesses pela força ou pelo poder, mas a manifestação da liberdade de escolha de uma ou de ambas as partes em prol do fim do conflito.

São apontadas ao menos três modalidades de autocomposição classificadas de acordo com o comportamento das partes, a *transação*, a *renúncia* e a *submissão*. Na transação, de forma bilateral, as duas partes cedem em parte de seus interesses para compor uma solução. Na renúncia e na submissão, há uma postura unilateral. Na renúncia ou desistência para alguns autores, a parte titular do interesse abdica de seu direito para cessar o conflito. Na submissão, uma parte

4. É o caso, por exemplo, do crime de exercício arbitrário das próprias razões previsto no art. 345 do Código Penal: "Art. 345. Fazer justiça pelas próprias mãos, para satisfazer pretensão, embora legítima, salvo quando a lei o permite: Pena – detenção, de 15 (quinze) dias a 1 (um) mês, ou multa, além da pena correspondente à violência.".

5. Como exemplos podem ser citados a legítima defesa e o desforço imediato da turbação ou esbulho, dispostos, respectivamente, nos arts. 188, I, e 1.210, §1º, do Código Civil.

se submete de forma livre e consciente à pretensão da outra, ainda que fosse legítima sua oposição ou resistência[6].

Desse modo, justamente por refletir a manifestação livre da vontade das partes e não o resultado da imposição da força, a autocomposição se ajusta melhor aos preceitos do Estado Democrático de Direito do que a autotutela, inclusive, suas formas são reconhecidas expressamente em algumas oportunidades pelo ordenamento jurídico. Em especial, destaca-se o disposto no art. 487, III, *a*, do Código de Processo Civil que admite, no curso do processo, a extinção do feito com resolução do mérito quando o juiz homologar o reconhecimento da procedência do pedido formulado na ação ou reconvenção, a transação das partes e a renúncia à pretensão formulada na ação ou na reconvenção. Aliás, como será adiante explorado, lembra que o próprio CPC traz o chamado modelo multiportas de solução de conflitos como uma diretriz a ser seguida.

Contemporaneamente também podem ser apresentados exemplos que, com apoio das tecnologias da informação, refletem profícua forma de autocomposição. Sem o prejuízo do estudo aprofundado de tais temas, pode ser citado o exemplo do portal Consumidor.gov.br que permite a autocomposição entre consumidores e empresas,

---

6. Nesse sentido: "Além da autotutela, outra solução possível seria, nos sistemas primitivos, a autocomposição (a qual, de resto, perdura residualmente no direito moderno): uma das partes em conflito, ou ambas, abrem mão do interesse ou de parte dele. São três as formas de autocomposição (as quais de certa maneira, sobrevivem até hoje com referência aos interesses disponíveis): a) *desistência* (renúncia à pretensão); b) *submissão* (renúncia à resistência oferecida à pretensão); c) *transação* (concessões recíprocas). Todas essas soluções têm em comum a circunstância de serem *parciais* – no sentido de que dependem da vontade e da atividade de uma ou de ambas as partes envolvidas". (CINTRA, Antonio Carlos de Araújo; GRINOVER, Ada Pellegrini; DINAMARCO, Cândido Rangel. *op. cit.*, p. 27). Do mesmo modo, é simples e esclarecedor o exemplo: "Marina pretende obter 10, mas Aline só está disposta a pagar 5. Havendo um sacrifício recíproco, as partes podem se autocompor por qualquer valor entre 5 e 10 (transação). Marina, por outro lado, pode abdicar do direito de crédito de 10 (renúncia). Finalmente, Aline poderia, mesmo acreditando ser devedora de apenas 5, pagar a Marina os 10 cobrados (submissão)." (NEVES, Daniel Amorim Assumpção. *op. cit.*, p. 6).

eliminando conflitos o mais próximo de suas origens e minimizando de forma substancial a judicialização de disputas.

Seguindo a linha evolutiva história narrada neste tópico, observa-se que as inseguranças inerentes ao exercício da autotutela e as dificuldades concretas de conseguir a autocomposição proporcionaram, quase que naturalmente, o surgimento de uma nova alternativa para solucionar os conflitos. As partes passaram, então, a submetê-los à determinação de pessoas imparciais e alheias à discussão, as quais eram escolhidas por vários motivos, como por exemplo, um critério etário objetivo ou, ainda, a representação religiosa daquela pessoa no seio da comunidade[7]. Identifica-se, assim, a figura do *arbitramento* como meio de solução dos conflitos, no qual ambas as partes, de forma consensual e voluntária, acordavam em delegar a solução a um terceiro por elas escolhido.

É nesse contexto de transição, que os Estados, até então dedicados principalmente à defesa externa do território e da comunidade, começam a assumir essa nova tarefa de resolver os conflitos oriundos das relações sociais. Isso ocorreu, especialmente, pela presença, nas instituições estatais mais prematuras, de pessoas que, por algum motivo, gozavam da confiança dos demais indivíduos do grupo social, como por exemplo, patriarcas das famílias ou sacerdotes. Desse modo, em um primeiro momento, o Estado passou a resolver os conflitos

7. "Quando, pouco a pouco, os indivíduos foram-se apercebendo dos males desse sistema [integrado pela autotutela e pela autocomposição], eles começaram a preferir, ao invés da solução *parcial* dos seus conflitos (*parcial* = por ato das próprias partes), uma solução amigável e imparcial através de *árbitros*, pessoas de sua confiança mútua em quem as partes se louvam para que resolvam os conflitos. Essa interferência, em geral, era confiada aos sacerdotes, cujas ligações com as divindades garantiam soluções acertadas, de acordo com a vontade dos deuses; ou aos anciãos, que conheciam os costumes do grupo social integrado pelos interessados. E a decisão do árbitro pauta-se pelos padrões acolhidos pela convicção coletiva, inclusive pelos costumes." (CINTRA, Antonio Carlos de Araújo; GRINOVER, Ada Pellegrini; DINAMARCO, Cândido Rangel. *op. cit.*, p. 27-28).

sem qualquer imposição de ordem institucional, mas em razão da manifestação consensual de vontade das partes[8].

É importante frisar que a evolução entre essas três formas de solução, a autotutela, a autocomposição e o arbitramento não foi observada de forma linear. Não é possível apontar um momento de ruptura na prevalência de uma forma sobre a outra, mas um avanço conforme o grau de organização de cada comunidade. As partes em conflito, no entanto, dificilmente se autocompunham ou acordavam em submeter o conflito à decisão de um terceiro, prevalecendo a prática da força e a insegurança social. Diante desse quadro, o Estado, com o aperfeiçoamento de suas instituições, passa a impor sua autoridade e o arbitramento, até então facultativo, passa a se tornar obrigatório.

Nesse contexto de evolução, Roma certamente se destacou por sua importância no desenvolvimento da administração da Justiça e de procedimentos para a solução dos conflitos, de modo que suas instituições influenciam de forma significativa os ordenamentos jurídicos[9], sobretudo, nos Estados ocidentais.

8. Nesse sentido, ensina Arruda Alvim, inclusive com referência à obra Doutrina do Estado de Alexandre Groppali que "Para Groppali, o *Estado* que teria sido formado, principalmente em virtude das guerras, para defesa externa, passou também a intervir na solução dos conflitos de interesses. Fê-lo, inicialmente, agindo apenas como 'pacificador nas questões privadas'. Consagrou-se, então, o costume do arbitramento, segundo o qual os contendores submetiam 'de comum acordo a resolução de suas disputas ao julgamento dos mais velhos'. No arbitramento existe, fundamentalmente, o caráter 'consensual e voluntário' pelo menos, segundo opinião tradicionalmente aceita, no diz respeito à vontade bilateral (de ambos os que conflitam) de se dirigirem a um terceiro, submetendo-se assim à sua decisão para dirimir a contenda." (ALVIM, Arruda. *Tratado...*, p. 19-20).

9. Assim, enfatiza José Eduardo Carreira Alvim que "O direito processual, como ramo autônomo da ciência do direito, é relativamente recente, tem pouco mais de cem anos, mas o que ele tem de recente, o processo, como método de resolução das lides, tem de antigo; embora apenas em Roma tenha alcançado o seu mais alto grau de evolução [...]. As instituições jurídicas, em geral, evoluíram de tal forma em Roma que até hoje o direito de quase todas as nações cultas do mundo se inspira no direito romano." (ALVIM, José Eduardo Carreira. *Teoria geral do processo*, 16ª ed., Rio de Janeiro : Forense, 2014, p. 19).

Sobre toda essa evolução, é ímpar a lição do José Carlos Moreira Alves: "Do estudo dos povos primitivos, verifica-se que a tutela nos interesses era, a princípio, feita pelos próprios ofendidos ou, então, pelos grupos a que eles pertenciam - daí, dizer-se que o que havia era a *justiça privada*, e, não, a *justiça pública*, que é distribuída pelo Estado. Só muito mais tarde, e em decorrência de longa evolução, é que se passa da *justiça privada* para a *justiça pública*. Conjectura-se, com base em indícios que chegaram até nós, que essa evolução se fez em quatro etapas: a) na primeira, os conflitos entre particulares são, em regra, resolvidos pela força (entre vítima e ofensor, ou entre os grupos de que cada um deles faz parte), mas o Estado - então incipiente - intervém em questões vinculadas à religião; e os costumes vão estabelecendo, paulatinamente, regras para distinguir a violência legítima da ilegítima; b) na segunda, surge o *arbitramento facultativo*: a vítima, ao invés de usar a vingança individual ou coletiva contra o ofensor, prefere, de acordo com este, ou receber uma indenização que a ambos pareça justa, ou escolher um terceiro (o árbitro) para fixá-la; c) na terceira etapa, nasce o *arbitramento obrigatório*: o facultativo só era utilizado quando os litigantes o desejassem, e, como esse acordo nem sempre existia, daí resultava que, as mais das vezes, se continuava a empregar a violência para a defesa do interesse violado; por isso, o Estado não só passou a obrigar os litigantes a escolherem árbitro que determinasse a indenização a ser paga ao ofensor, mas também a assegurar a execução da sentença, se, por ventura, o réu não quisesse cumpri-la; e, finalmente, na quarta e última etapa, o Estado afasta o emprego da justiça privada, e, através de funcionários seus, resolve os conflitos de interesses surgidos entre os indivíduos, executando, à força se necessário, a sentença. No direito romano, encontramos exemplos que se enquadram em cada uma dessas quatro etapas: da primeira, na pena de talião (vingança privada: olho por olho, dente por dente), estabelecida ainda na Lei das XII Tábuas; da segunda, durante toda evolução do direito romano, pois sempre se admitiu que os conflitos individuais fossem resolvidos por árbitros escolhidos, sem a interferência do Estado, pelos litigantes; da terceira, nos dois primeiros sistemas de processo civil romano – o das *legis actiones* e o *per formulas*; e da quarta, no terceiro desses sistemas – a *cognitio extraordinária*."[10].

Como se observa na brilhante lição citada, a doutrina aponta três sistemas principais de solução de conflitos no Estado Romano: as ações da lei ou *legis actiones*, o processo formulário ou *per formulas* e o processo extraordinário ou *cognitio extraordinaria*. O breve estudo de cada um deles é oportuno, pois ilustra bem o início da assunção da atividade jurisdicional pelo Estado e que, em última instância, acaba por cunhar historicamente a consolidação do Acesso à Justiça.

O sistema das ações da lei, primeiro e mais antigo dos sistemas de processo civil romano, foi caracterizado e nomeado dessa forma justamente por se desenvolver a partir de ações estabelecidas em rol taxativo em lei, como, por exemplo, a *actio sacramenti*. A resolução do conflito, nesse sistema, se desenvolvia em duas etapas claras em uma dinâmica conhecida como *ordo iudiciorum privatorum*. Uma primeira instância *in iure* onde, após as solenidades, um magistrado funcionário do Estado, nomeava alguém de fora do Estado como um juiz popular. Depois, em uma segunda instância *apud iudicem*, as provas eram produzidas e esse juiz popular resolvia o conflito por meio de uma decisão conhecida como *setentiam dicere*.

O sistema do processo formulário, desenvolvido na sequência, preservou a dinâmica do *ordo iudiciorum privatorum*, com a submissão do conflito primeiro a um magistrado do Estado e depois a um juiz popular. No entanto, foram verificadas algumas diferenças, em especial, a menor formalidade, a maior celeridade, a utilização de um documento escrito conhecido como *formula* reduzindo o caráter

10. ALVES, José Carlos Moreira. *Direito romano*, vol. 1, 2ª ed. rev. e acresc., Rio de Janeiro : Editor Borsoi, 1967, p. 195-196.

estritamente oral do procedimento e a maior atuação do magistrado no processo.

O terceiro sistema do processo extraordinário teve início na solução de questões administrativas e criminais, porém paulatinamente houve o abandono no modelo formulário e a *cognitio extraordinaria* passou também a ser aplicada na resolução de conflitos de caráter cível, notadamente a partir do século III d.C.

A principal mudança trazida por esse novo sistema, interessante a essa obra, é a extinção da dinâmica bifásica do *ordo iudiciorum privatorum*, de modo que todo o processo passou a correr diante de um funcionário do Estado. Aliada a essa nova dinâmica o processo se desvincula do direito privado e passa a ser regido por normas de direito público, desaparece a figura do arbitramento, surge a possibilidade de recurso da sentença a funcionários superiores do Estado e de emprego da força pública para executar a decisão.

Quanto ao processo civil romano e a resolução de conflitos, é importante frisar, ainda, que o Estado Romano não conheceu o sistema de separação de poderes consagrado modernamente. Os magistrados judiciários romanos além da solução dos conflitos, cumulavam funções administrativas e até militares[11].

Outros sistemas de direito processual sucederam esses desenvolvidos no Estado Romano, em especial após o período de invasões dos povos germânicos ou bárbaros. Aliás, as bases do processo moderno estão, fundamentalmente, na junção do que existia em Roma e o que era aplicado por esses povos.

Esses novos sistemas e a evolução histórica do processo civil na forma de períodos, dividindo-os pela eleição de alguns marcos

11. Todas as referências feitas neste estudo sobre o processo civil romano tiveram por base a obra de José Carlos Moreira Alves de 1967 relacionada na nota nº 10, sendo interessante a leitura da obra, em especial o constante nos capítulos XVII a XX de sua Parte Geral.

importantes. Assim, de uma maneira geral, após o período romano, podem ser citados o período do processo civil romano-barbárico do ano 568 ao ano 1100 aproximadamente, o período da elaboração do chamado processo comum até o ano 1500, o período moderno até o ano 1868, quando foi publicada obra de Oskar Von Bülow intitulada *Teoria das Exceções Processuais e Pressupostos Processuais*[12], e, por fim, o período contemporâneo de 1868 até hoje, com mudanças relevantes nos últimos trinta anos.

Especialmente em relação ao tema deste trabalho, com relação à titularidade do exercício dos atos de solução dos conflitos, pode se destacar: a atuação de juízes populares conhecidos como *scabini* que assessoravam os condes durante a fase franca do período romano-barbárico; o aumento da jurisdição eclesiástica na fase feudal seguinte do mesmo período; os tribunais eclesiásticos na fase dos *pós-glossadores* do processo comum na região da atual Itália; a constituição em 1495 de um órgão jurisdicional supremo na região da atual Alemanha, conhecido como *Reichskammergericht*; e, no particular interesse do Brasil, a vigência das ordenações filipinas com uma estrutura processual avançada para época[13].

De todo modo, o que se observa é a evolução dos sistemas de solução de conflitos rumo à prevalência nítida da jurisdição estatal, protagonismo esse, aliás, que teve como marco fundamental a consolidação do Estado de Direito e da teoria da tripartição dos poderes, notadamente por definirem o Poder Judiciário como um poder independente.

---

12. Em alemão, o título original é *Die Lehre von den Prozesseinreden und die Prozessvoraussetzungen* (ALVIM, José Eduardo Carreira. *op. cit.*, p. 26).

13. Sobre a evolução histórica do direito processual civil, consultar o *Manual de Direito Processual Civil* de Arruda Alvim, de onde foram retiradas as informações deste trabalho, em especial o capítulo I da Primeira Parte.

Em linhas gerais, a consolidação do Estado de Direito e da ordem jurídica que lhe acompanhou demonstrou profunda evolução, assegurando mais direitos do que qualquer outra sociedade anterior. Tal fenômeno teve, entre outras consequências, a necessidade de racionalização do Poder Estatal, representada, em especial, pela teoria da tripartição dos poderes.

Embora parte da doutrina aponte que a teoria foi sugerida anteriormente por Aristóteles, teve inicial destaque na Inglaterra, na Constituição dos Estados Unidos e nas bases conceituais da Revolução Francesa, principalmente pela difusão do tema por Montesquieu. Em que pesem as diferenças nesses países, a teoria da tripartição consolidou, na essência, o Poder Judiciário como um sistema especializado de controle dos atos dos outros Poderes e, em última análise, consolidou a resolução dos conflitos pelo Estado, marcando nitidamente o protagonismo da jurisdição estatal[14].

A tripartição dos poderes passou, então, a constituir um verdadeiro dogma constitucional[15], sendo preservada nas Constituições

---

14. Ensina Arruda Alvim que: "O Estado-de-direito foi, possivelmente, o mais útil elemento à compreensão do fenômeno jurídico positivo e ao desenvolvimento da ciência jurídica [...] O Estado moderno – Estado-de-direito – se caracteriza pela circunstância de sua ordem jurídica, depois de admirável evolução, assegurar os direitos, mais do que em qualquer outro tipo de sociedade anterior. A submissão da soberania a uma disciplina jurídica oriunda do corpo social, através de uma vontade idoneamente manifestada, denominam os autores de racionalização do poder. O problema da racionalização do poder, estudado do ponto de vista histórico-jurídico, afigura-se-nos encontrar seu termo inicial decisivo na conhecida teoria da tripartição dos poderes [...]. Apesar das diferenças existentes entre o sistema inglês e o francês, inegavelmente foi o problema das funções estatais cujo modelo histórico e concreto extraiu-se da Inglaterra e cuja difusão se deveu a Montesquieu, que sensibilizou a todos a respeito do assunto [...] o fato histórico indiscutível e, portanto, o dado básico do problema, é o de que a tripartição dos poderes consistiu, historicamente, no mais perfeito instrumento de construção do Estado-de-direito (Legislativo, Executivo e Judiciário)". (ALVIM, Arruda. Da Jurisdição – Estado-de-direito e função jurisdicional. *Doutrinas Essenciais de Processo Civil*, vol. 2, p. 331, Out.2011, p. 2-3).

15. Já na Declaração dos Direitos do Homem e do Cidadão de 1789, documento emblemático da Revolução Francesa, constou em seu art. 16 que "A sociedade em que não esteja assegurada a garantia dos direitos nem estabelecida a separação dos poderes não tem Constituição.". No mesmo sentido, ensina José Afonso da Silva, inclusive sobre a origem da teoria,

posteriores que garantem o Estado de Direito, inclusive, com a previsão de um Poder Judiciário independente e dotado de garantias constitucionais que assegurem o exercício livre e imparcial da jurisdição.

Exposto tudo isso e encerrando este tópico, observa-se a evolução dos meios de solução dos conflitos sociais, desde a prevalência da autotutela nos grupos mais primitivos até o protagonismo da jurisdição estatal consolidado pelo Estado de Direito, compreendida essa na jurisdição exercida pelo Poder Judiciário.

Diante dessa concentração pelo Estado do exercício da jurisdição, a consequência necessária e lógica é que os diplomas jurídicos assegurassem às pessoas o acesso à solução dos conflitos, como será melhor delineado adiante. Em outros termos, o Acesso à Justiça é reflexo direto de toda a evolução esculpida neste ponto.

Nesse sentido, é a preciosa lição de Pontes de Miranda: "Desde que o Estado eliminou e proibiu a *justiça de mão própria*, monopolizando a distribuição da justiça, salvo pouquíssimas exceções àquela eliminação ou a esse monopólio (*e. g.*, juízo arbitral), tinha de prometer e assegurar a proteção dos que precisassem de justiça, isto é, prometer e assegurar a *pretensão à tutela jurídica*. Toda técnica legislativa, administrativa e judiciária se empenha no cumprimento desse propósito. Com isso, o Estado realiza o direito objetivo e pacífica. O Poder Judiciário foi criado para isso e o processo judiciário tem por fim organizar a provocação e a prestação da justiça. Se a incidência

que: "O princípio da separação dos poderes já se encontra sugerido em Aristóteles, John Locke e Rousseau, que também conceberam uma doutrina da separação dos poderes, que, afinal, em termos diversos, veio a ser definida e divulgada por Montesquieu. Teve objetivação positiva nas Constituições das ex-colônias inglesas da América, concretizando-se em definitivo na Constituição dos Estados unidos de 17.9.1787. Tornou-se, com a Revolução Francesa, um dogma constitucional, a ponto de o art. 16 da Declaração dos Direitos do Homem e do Cidadão de 1789 declarar que não teria constituição a sociedade que não assegurasse a separação dos poderes, tal a compreensão de que ela constituiu técnica de extrema relevância para a garantia dos Direitos do Homem, como ainda o é." (SILVA, José Afonso da. *Curso de direito constitucional positivo*, 36ª ed. rev. e atual., São Paulo : Malheiros Editores, 2013, p. 111).

das regras jurídicas, criando os direitos, os deveres, as pretensões, as obrigações, as ações e exceções, bastasse à realização da justiça, não se precisaria da justiça privada, nem da justiça estatal. Mas a incidência só se passa no mundo do pensamento, embora impecavelmente aconteça; e os homens e o próprio Estado nem sempre apreendem, em seus pormenores, em sua inteireza, aqueles direitos, deveres, pretensões, obrigações, ações e exceções - razão por que se tem de proceder à aplicação (*ad*, *plicare*, por nas dobras, *plica*, provavelmente depois de abri-las, de *explicare*), quando à incidência não corresponde à realidade da vida."[16].

2.2 JURISDIÇÃO ESTATAL: O ENTENDIMENTO DO MODELO AINDA PROTAGONISTA PARA QUE OUTROS MODELOS DEIXEM A COADJUVAÇÃO

2.2.1 A função jurisdicional estatal

Anteriormente, foi traçada uma breve linha evolutiva dos meios de solução de conflito, desde a prevalência da autotutela nas comunidades mais primitivas até o protagonismo da jurisdição exercida pelo Poder Judiciário e concentrada em âmbito estatal. Neste ponto, seguindo o intuito de estabelecer algumas premissas e conceitos fundamentais para o desenvolvimento da obra, será analisada, propriamente, a jurisdição, seu conceito, suas características, e, principalmente, sua finalidade no contexto social e jurídico.

A ideia é pensar sobre o modelo protagonista para, a partir desse entendimento, compreender como os outros modelos, hoje ainda coadjuvantes em sua maioria, possam assumir papel cada vez mais

16. MIRANDA, Pontes de. *Tratado das ações – Tomo I: Ação, classificação e eficácia*, São Paulo : Editora Revista dos Tribunais, 1970, p. 231.

decisivo na resolução de conflitos sociais no País. Em outras palavras, a ideia nesse ponto é propor uma resposta para os seguintes problemas científicos. A jurisdição estatal apresenta características insubstituíveis que impedem a utilização de outros meios de resolução de conflitos sociais? Ou, o ordenamento jurídico conforta o uso desses outros meios de modo que a jurisdição estatal não apresenta qualquer característica que impeça a utilização de tais meios, não sendo a essência da jurisdição estatal o impedimento de outros meios?

O vocábulo *jurisdição*, etimologicamente, surge em um primeiro momento da junção dos termos latinos *ius* e *dicere*[17] e depois da palavra romana *iurisdictio*, expressões essas que, em uma análise semântica simples, significam *dizer o direito*. Embora essa referência seja importante e deva ser sempre enfatizada, ela não é suficiente. Por essa e outras razões, se vai além da origem etimológica do termo e se propõe vários conceitos para jurisdição[18].

Sem detalhar tais conceitos e sem qualquer pretensão de esgotar o tema, serão a seguir estudados os principais pontos colocados, na tentativa de delinear, ao final desse ponto, um mínimo essencial de compreensão desse fenômeno conhecido por jurisdição e, a partir de então, entender se é de sua essência impedir o desenvolvimento de outros modelos para que esses sejam os protagonistas dos conflitos que lhe forem mais ajustados. Portanto e permitida a metáfora, a questão é saber qual a peça teatral mais adequada a provocar a reflexão sobre determinado ponto e não entender quem deve ser a atriz protagonista.

17. "A palavra *jurisdição* vem do latim *ius* (direito) e *dicere* (dizer), querendo significar a 'dicção do direito'". (ALVIM, José Eduardo Carreira. *op. cit.*, p. 64). Há referência na doutrina a outros termos em latim, mais na essência, a semântica da locução permanece intacta.

18. Sobre o tema, indica-se a leitura do livro *Teoria geral do processo (jurisdição, ação (defesa), processo* de Francisco Wildo Lacerda Dantas que, independentemente do conceito por ele adotado, relata ampla pesquisa das posições doutrinárias sobre a jurisdição.

Para a análise de qualquer instituto jurídico, parece que convém estudar, inicialmente, sua natureza jurídica, ou seja, o que o instituto representa no ordenamento jurídico, o que ele é no Direito. Assim, por exemplo, a natureza jurídica da apelação é de recurso, porque é isso que tal instrumento é no Direito. A natureza jurídica dos termos de uso de plataformas online, por sua vez, é contratual, porque é disso que se juridicamente se trata. É nesse contexto que surge o primeiro aspecto relevante do estudo do fenômeno jurisdicional estatal, se a jurisdição constitui um poder do Estado, um dever ou se apresenta os dois aspectos simultaneamente.

Ainda que de forma implícita, os três posicionamentos são verificados. Há um primeiro entendimento que enfoca o estudo do conceito de jurisdição enquanto um dever do Estado. Na formatação do Estado de Direito, com fundamentos constitucionais sólidos, o Estado tem o dever constitucional de solucionar os conflitos sociais, promover a pacificação social e garantir a aplicabilidade concreta dos enunciados definidos na legislação, no direito objetivo. Ada Pellegrini Grinover pode ser referenciada como exemplo[19].

Em contrapartida, há uma outra posição que enfatiza o conceito de jurisdição como poder estatal, como bem ilustra trecho da obra de Cândido Rangel Dinamarco, exemplo dessa segunda compreensão: "Tal é a *jurisdição*, função exercida pelo Estado através de agentes adequados (os juízes), com vista à solução imperativa de conflitos interindividuais ou supra-individuais e aos demais escopos do sistema processual [...]. Conceitua-se a jurisdição, a partir dessas premissas, como *função do Estado destinada à solução imperativa de conflitos e exercida mediante a atuação da vontade do direito em casos concretos*. Falar em solução *imperativa* é pressupor a presença do *poder*

19. Ada Pellegrini Grinover resume com precisão essa ideia: "O Estado de direito só pode atingir seu real coroamento através desses instrumentos processual-constitucionais de tutela dos direitos fundamentais do homem." (*Os princípios constitucionais e o Código de Processo Civil*, São Paulo : Bushatsky, 1975, p. 6).

estatal. O Estado persegue os objetivos do processo com fundamento em sua própria *capacidade de decidir imperativamente e impor decisões* (definição de poder estatal, segundo a ciência política), sem a necessidade de anuência dos sujeitos. A situação destes, perante o Estado que exerce a jurisdição, é de *sujeição* – conceituada esta como impossibilidade de evitar os atos alheios ou furta-se à sua eficácia [...]. Consequência direta e óbvia da inserção da jurisdição no campo do poder estatal é sua *inevitabilidade*, que outra coisa não é senão a inevitabilidade do próprio Estado ou do poder estatal como um todo, proclamada pela ciência política. O poder estatal não é exercido na medida em que o desejem ou aceitem os particulares, mas segundo os desígnios e decisões do próprio Estado, expressos pelos agentes regularmente investidos. A relação de *autoridade e sujeição*, existente entre o Estado e os particulares, é o fator legitimante da inevitabilidade do poder estatal e de seu exercício."[20].

Esse embate de posições é recorrente, o que demonstra a validade de ambas do ponto de vista racional. Porém, em uma leitura critica dessas posições, parece ser mais correta a terceira concepção que ajusta o essencial das outras duas, compreendendo a jurisdição como um fenômeno que, ao mesmo tempo, manifesta um poder e um dever do Estado[21].

---

20. DINAMARCO, Cândido Rangel. *Instituições de direito processual civil*, vol. 1, 6. ed. rev. e atual., São Paulo : Malheiros Editores, 2013, p. 315-318.

21. Nesse sentido, ensina José Eduardo Carreira Alvim, inclusive com menção às doutrinas de Francesco Carnelutti e Alfredo Lopes da Costa, que "Não é pacífico, na doutrina, sobre ser a jurisdição um *poder*, um *dever*, ou as duas coisas ao mesmo tempo. Os que concebem a jurisdição como um poder só assinalam um dos seus aspectos, pois não se trata somente de um conjunto de poderes, senão também um conjunto de deveres dos órgãos jurisdicionais. Carnelutti vislumbrava na jurisdição um duplo aspecto, de poder e de obrigação do Estado-juiz; tendo Lopes da Costa visto nela um poder dever do Estado-juiz de declarar e realizar o direito." (ALVIM, José Eduardo Carreira. *op. cit.*, p. 64). No mesmo sentido, ensina Athos Gusmão Carneiro ser possível "conceituar a Jurisdição como *o poder (e o dever) de declarar a lei que incidiu e aplicá-la, coativa e contenciosamente, aos casos concretos*." (CARNEIRO, Athos Gusmão. Jurisdição – noções fundamentais, *Revista de Processo*, vol. 19, p. 9, jul.1980, p. 1). Ainda, explica Rogério Lauria Tucci que: "Na esteira de generalizado entendimento doutrinário, temos a jurisdição como poder-dever de realização do Direito,

De fato, a jurisdição estatal é uma das formas fundamentais de manifestação do poder do Estado, em sua manifestação enquanto função a ser exercida, ao lado das funções legislativa e administrativa[22]. Nesse sentido, possui verdadeiros aspectos de poder estatal, notadamente solucionando os conflitos sociais que lhe são apresentados com imperatividade e autoridade, sujeitando às suas decisões os particulares e os entes estatais titulares das outras funções, inclusive, se for o caso, utilizando-se de mecanismos de coerção. Aliás, esse exercício com autoridade não deve ser confundido com o exercício autoritário ou arbitrário, já que a função jurisdicional estatal, conquanto demonstre o poder do Estado, deve ser realizada em pleno respeito aos princípios e garantias fundamentais. O devido processo legal ou cláusula *rule of the law*, com todos os princípios que lhe são imanentes, é limite histórico desse exercício.

Ao mesmo tempo em que manifesta o poder Estatal, a função jurisdicional constitui verdadeiro dever constitucional do Estado[23].

---

específico dos órgãos do Poder Judiciário [...] a jurisdição como poder-dever concedido aos agentes do Poder Judiciário – juízes e tribunais – para, no exercício de função em lei definida, e mediante atividade substitutiva da dos membros da comunhão social, realizar o Direito aplicável, a uma pretensão ou a um conflito de interesses de alta relevância social." (TUCCI, Rogério Lauria. Jurisdição, ação e processo civil (subsídios para a teoria geral do processo civil), *Revista de Processo*, vol. 52, p. 7, Out.1988, p. 1).

22. "Essa função de julgar a lide ou pretensão, dando a cada um o que é seu, constitui a *jurisdição*. No Estado moderno, ela é atribuída a órgãos do poder público [...] e figura, na doutrina tradicional, ao lado da legislação e da administração, como uma das funções fundamentais da vida estatal." (MARQUES, José Frederico. *Instituições de Direito Processual Civil*, vol. 1, 1ª ed. atual., Campinas : Editora Millennium, 2000, p. 257). Também é elucidativa a lição de Luiz Fux: "O Estado, como garantidor da paz social, avocou para si a solução monopolizada dos conflitos intersubjetivos pela transgressão à ordem jurídica, limitando o âmbito da autotutela. Em consequência, dotou um de seus Poderes, o Judiciário, da atribuição de solucionar os referidos conflitos mediante a aplicação do direito objetivo, abstratamente concebido, ao caso concreto." (*Curso de direito processual civil*, Rio de Janeiro : Forense, 2004, p. 41).

23. Nesse sentido, pontua André Ramos Tavares que o princípio da inafastabilidade "é um dos pilares sobre o qual se ergue o Estado de Direito, pois de nada adiantariam leis regularmente votadas pelos representantes populares se, em sua aplicação, fossem elas desrespeitadas, sem que qualquer órgão estivesse legitimado a exercer o controle de sua observância." (*Curso de direito constitucional*, 11ª ed. rev. e atual., São Paulo : Saraiva, 2013, p. 584).

A Constituição Federal ao garantir, em seu art. 5º, XXXV, o acesso à função jurisdicional, cria um dever do Estado de oferecer respostas efetivas e adequadas às demandas que lhe são dirigidas[24]: "a lei não excluirá da apreciação do Poder Judiciário lesão ou ameaça a direito". Essa é na essência, a *ratio decidendi* do precedente da Primeira Turma do Supremo Tribunal Federal exarado no RE nº 204.305, segundo o qual: "A atual Constituição, em seu artigo 5º, LXXIV, inclui, entre os direitos e garantias fundamentais, o da assistência jurídica integral e gratuita pelo Estado aos que comprovarem a insuficiência de recursos. – Portanto, em face desse texto, não pode o Estado eximir-se desse dever desde que o interessado comprove a insuficiência de recursos, mas isso não impede que ele, por lei, e visando a facilitar o amplo acesso ao Poder Judiciário que é também direito fundamental (art. 5º, XXXV, da Carta Magna), conceda assistência judiciária gratuita." (STF, Primeira Turma, RE nº 204.305/PR, Rel. Min. Moreira Alves, j. 05.05.1998, DJ 19.06.1998).

O Código de Processo Civil reconhece essa importância e adota expressamente em seu artigo 3º que "Não se excluirá da apreciação jurisdicional ameaça ou lesão a direito.". Igualmente, é expresso em determinar a indeclinabilidade da jurisdição, dispondo seu art. 140 que "O juiz não se exime de decidir sob a alegação de lacuna ou obscuridade do ordenamento jurídico." No mesmo sentido, ainda, é a previsão do art. 4º da Lei de Introdução às Normas do Direito Brasileiro: "Quando a lei for omissa, o juiz decidirá o caso de acordo com

---

24. "Tem, assim, o autor, por meio do direito subjetivo de ação que lhe foi conferido amplamente pelo Estado, um direito em face do próprio Estado, e, correlatamente, existe um dever da parte deste para o indivíduo de lhe prestar tutela (v. art. 5º, XXXV, da CF/1988). [...] Como outro princípio de relevância atinente à jurisdição (v. art.), devemos mencionar a indeclinabilidade da prestação jurisdicional [...]. Se o inciso XXXV do art. 5º da CF/1988 enseja a todos os que estão sob a égide da jurisdição brasileira o direito de a ela terem acesso, segue-se que esta há sempre de manifestar-se sobre os pedidos que lhe são endereçados, embora este direito não se confunda com a outorga da proteção pleiteada por aquele que teve a iniciativa de propor a ação." (ALVIM, Arruda. *Manual ...*, p. 206 – 207).

a analogia, os costumes e os princípios gerais de direito."[25]. Veda-se o *non liquet*, ou seja, há o dever daquele que está constitucionalmente investido na função jurisdicional de fornecer uma resposta àqueles que lhe dirigiram uma pretensão. Pode se dizer, assim, que a função jurisdicional configura notável poder-dever do Estado.

Parte importante da doutrina, nesse contexto, entende que a jurisdição é, ao mesmo tempo, poder, função e atividade. *Poder* pela capacidade de decidir imperativamente e impor decisões. Como *função* em razão do dever que o Estado tem de promover a pacificação dos conflitos. E, por fim, como *atividade* porque a jurisdição se manifesta por meio de uma série de atos complexos e coordenados por um processo legitimamente estruturado[26]. Observa-se, nessa segunda classificação, que os aspectos poder e função propostos corroboram com o até então afirmado de que a jurisdição é poder-dever.

Ainda sobre a natureza jurídica da jurisdição, parece ser mais correta a expressão *função jurisdicional estatal* em vez de *poder jurisdicional*. A jurisdição é uma das manifestações do Poder e da soberania do Estado, como bem explica Arruda Alvim: "entendemos ser o Poder uno, subdividido, porém, em funções. Afigura-se-nos, dessa forma, mais apropriado falarmos em função jurisdicional, uma vez que esta é, efetivamente, uma das facetas da soberania."[27].

---

25. Sobre o tema, ainda, é importante a citação do Código Civil Francês, que já em 1804, previu em seu art. 4º a culpa do juiz caso se negasse a julgar: "O juiz que se recusa a julgar, sob o pretexto de silêncio, obscuridade ou insuficiência da lei pode ser processado como culpado de denegação de justiça.".

26. "Que ela é uma função do Estado e mesmo monopólio estatal, já foi dito; resta agora, a propósito, dizer que a jurisdição é, ao mesmo tempo, *poder*, *função* e *atividade*. Como poder, é manifestação do poder estatal, conceituado como capacidade de decidir imperativamente e impor decisões. Como função, expressa o encargo que têm os órgãos estatais de promover a pacificação de conflitos interindividuais, mediante a realização do direito justo e através do processo. E como atividade ela é o complexo de atos do juiz no processo, exercendo o poder e cumprindo a função que a lei lhe comete." (CINTRA, Antonio Carlos de Araújo; GRINOVER, Ada Pellegrini; DINAMARCO, Cândido Rangel. *op. cit.*, p. 147).

27. ALVIM, Arruda. Da Jurisdição..., p. 11.

Exposta a natureza jurídica da função jurisdicional, passa-se ao estudo de suas principais características. Seriam elas impeditivos ao uso mais frequente dos outros métodos de solução dos conflitos?

A primeira e talvez a mais emblemática é a índole *substitutiva* da jurisdição, ou seja, os atos jurisdicionais substituem as atividades originalmente esperadas das partes. No exercício da função jurisdicional, há a leitura do direito material no contexto do caso concreto, sendo identificadas as atividades ou os comportamentos previstos na ordem jurídica para cada parte, em razão do suporte fático e jurídico demonstrado em determinado caso[28]. A decisão jurisdicional, assim, determina o cumprimento daquela atividade ou comportamento, após a compreensão de que são devidos no caso em concreto. Ao lado disso, o exercício da função jurisdicional também proporciona o reconhecimento estatal de determinada situação de fato já caracterizada, ou ainda, providencia a constituição de uma nova situação jurídica, nos moldes previstos no direito objetivo[29].

---

28. Assim, explica José Carlos Barbosa Moreira que: "O exercício da função jurisdicional visa à *formulação* e à *atuação prática* da norma jurídica concreta que deve disciplinar determinada situação. Ao primeiro aspecto dessa atividade (*formulação* da norma jurídica concreta) corresponde o *processo de conhecimento* ou *de cognição*; ao segundo aspecto (*atuação prática* da norma jurídica concreta), o *processo de execução*." (*O novo processo civil brasileiro: exposição sistemática do procedimento*, 11ª ed. rev. e atual., Rio de Janeiro, Forense, 1992, p. 3).

29. A doutrina de Cândido Rangel Dinamarco elucida bem o tema: "Pelo aspecto técnico a atividade jurisdicional é sempre *substitutiva* das atividades dos sujeitos envolvidos no conflito, a quem a ordem jurídica proíbe atos generalizados de autodefesa. Seja quando o sujeito aspira a um bem negado pela pessoa que lho podia dar (p.ex., pretensão a uma soma de dinheiro *etc.*), seja nos casos em que o processo é o único caminho para obtê-lo (anulação de casamento), a atividade jurisdicional é sempre substitutiva de alguma atividade das pessoas. Os atos proibidos pela autotutela são substituídos pela atividade do juiz que, serenamente e com imparcialidade, verifica se o sujeito tem ou não razão e, por ato seu, propicia-lhe a obtenção do bem na primeira hipótese. A jurisdição é diferente da atividade vedada ao autor, justamente por seu caráter imparcial e pela final imperatividade de que se reveste. Tendo ele razão, o exercício da jurisdição pelo juiz propicia-lhe o bem em substituição à atividade omitida pelo réu ou proibida a ele. Se a razão estiver com o réu, à resistência deste o Estado acrescenta a sua própria, vedando ao autor novos atos de tentativa de obter o bem (coisa julgada). De todo modo, dá-se sempre a substituição *de atividades* de todas as partes pela atividade jurisdicional do Estado. O caráter substitutivo está presente ainda quando um dos sujeitos litigantes é o próprio Estado." (DINAMARCO, Cândido Rangel. *Instituições...*, vol. 1, p. 316-317). Com igual propriedade, ensina José Manoel de Arruda

Inclusive, são essas três formas de atuar que dão suporte à classificação trinaria das sentenças, correspondendo, respectivamente, às sentenças condenatórias, declaratórias e constitutivas.

Além disso, com relação à substitutividade da jurisdição, há a sinalização de que essa seria a principal característica que distingue a função jurisdicional das outras duas funções do Estado[30], razão pela qual a jurisdição também é denominada como *atividade secundária*, isto é, a jurisdição desempenha um papel que deveria ter sido primariamente exercida pelos próprios sujeitos da relação jurídica.

Uma segunda característica relevante é que a função jurisdicional estatal é, ou melhor, deve ser realizada por *um terceiro desinteressado do conflito e imparcial*, alguém integrante do órgão do Poder Judiciário em plena investidura do cargo ou que, por disposição de lei, possua legitimidade para atuar no julgamento[31]. Não por outra

---

Alvim Netto: "Afigura-se-nos que a função jurisdicional é de índole substitutiva. Se ela se destina a solucionar um conflito de interesses, tal como tenha sido trazido ao Estado-juiz, sob a forma e na medida da lide, deverá este afirmar, sentenciando, a existência de uma vontade concreta da lei, favoravelmente àquela parte que seja merecedora da proteção jurídica. Essa prestação jurisdicional, que soluciona a lide, para que seja realizada com eficácia imutável, terá que ter validade absoluta, porquanto, se não a tivesse, ainda, e de certa forma, perduraria o conflito e não teria havido substitutividade. Desta forma, em virtude da atividade jurisdicional, o que ocorre, em regra, é a substitutividade de uma atividade/vontade privada por uma atividade pública, que é a 'vontade da lei' a imperar." (ALVIM, Arruda. *Manual...*, p. 199-200).

30. "Evidentemente tem-se que distinguir a atividade jurisdicional da administrativa e da legislativa. As duas últimas, especialmente a administrativa, consistem numa atuação em conformidade com a lei, mas são nitidamente diversas da atividade jurisdicional, pois esta é atividade secundária ou substitutiva, ao passo que tanto a administrativa, quanto a legislativa são primárias. O que caracteriza especificamente a atividade jurisdicional é a sua função de substitutividade, ou seja, a sua natureza de atividade secundária, a qual produz efeito numa outra atividade que não ocorreu, e, por causa dessa inocorrência. Em quem diz atividade substitutiva, dota a sentença, síntese da atividade jurisdicional, de imutabilidade, uma vez que se não existisse imutabilidade não haveria, realmente, substituição." (ALVIM, Arruda. *Tratado...*, p. 194).

31. Em crescente tendência, têm-se compreendido pela possibilidade da jurisdição ser exercida pelo árbitro legalmente constituído nos termo da Lei 9.307 de 1996, tema esse que será mais bem analisado adiante. Sobre a investidura, explica Francisco Wildo Lacerda Dantas: "Esse é o primeiro princípio que usualmente se enuncia. Corresponde à garantia de que a

razão a lei veda a atuação de terceiro impedido ou suspeito, seja tendo interesse no objeto do conflito ou relação com as partes envolvidas. Com o bem explica José Miguel Garcia Medina "impõe-se, ao agente que desempenha esta função, atuar com *imparcialidade*, não podendo ter interesse em que o conflito seja solucionado em favor desta ou daquela parte."[32].

Outra característica importante da função jurisdicional estatal é que ela, em regra, é *inicialmente inerte*, ou seja, o órgão ou pessoa que julgará o conflito só o fará após a legítima manifestação dos interessados. Ao menos três razões são identificadas para justificar a inércia da jurisdição. A primeira delas é que o início de julgamento de ofício, no mínimo, colocaria em dúvida a imparcialidade do julgador. A segunda é a contrariedade com a própria finalidade da jurisdição em pacificar os conflitos, assim o início do julgamento de ofício poderia fomentar um conflito até então não verificado entre os interessados. E, por fim, a terceira razão da inércia inicial está na possível frustração de outros meios de solução de conflitos ou equivalentes jurisdicionais que poderiam de forma mais adequada e célere encerrar o embate de interesses[33].

---

jurisdição somente será exercida por quem tenha sido regularmente investido na autoridade de juiz." (*op. cit.*, p. 123).

32. MEDINA, José Miguel Garcia. *Novo Código de Processo Civil comentado : com remissões e notas comparativas ao CPC/1973*, São Paulo : Editora Revista dos Tribunais, 2015, p. 253.

33. Ensinam Antonio Carlos de Araújo Cintra, Ada Pellegrini Grinover e Cândido Rangel Dinamarco que "O exercício espontâneo da atividade jurisdicional acabaria sendo contraproducente, pois a finalidade que informa toda a atividade jurídica do Estado é a pacificação social e isso viria em muitos casos a fomentar conflitos e discórdias, lançando desavenças onde elas não existiam antes. Há outros métodos reconhecidos pelo Estado para a solução de conflitos (conciliação endo ou extraprocessual, autocomposição e, excepcionalissimamente, autotutela [...] e o melhor é deixar que o Estado só intervenha, mediante o exercício da jurisdição, quando tais métodos não tiveram surtido efeitos. Além disso, a experiência ensina que quando o próprio juiz toma a iniciativa do processo ele se liga psicologicamente de tal maneira à ideia contida no ato de iniciativa, que dificilmente teria condições para julgar imparcialmente." (CINTRA, Antonio Carlos de Araújo; GRINOVER, Ada Pellegrini; DINAMARCO, Cândido Rangel. *op. cit.*, p. 150-151).

A quarta característica fundamental da função jurisdicional é *sua aptidão de definitividade*, a qual é intimamente relacionada a sua índole substitutiva. As decisões proferidas no exercício da jurisdição, notavelmente as que resolvem o mérito, têm de ter validade absoluta, o que garante a efetiva substituição dos atos das partes por aquilo que for determinado jurisdicionalmente[34]. Entender o contrário seria afirmar que as decisões jurisdicionais poderiam ser revistas de forma sucessiva, o que, fatalmente, levaria à perpetuação do conflito e à inutilidade da função jurisdicional. Por essa razão, o ordenamento jurídico assegura, em regra, a definitividade do decidido por meio da *coisa julgada*[35].

Além de tais características, parece importante dizer que a função jurisdicional, na concepção da doutrina mais clássica, é composta por cinco elementos: a *notio*, a faculdade de conhecer o conflito, decidir uma controvérsia ou, ainda, ordenar os atos a serem praticados; a *vocatio*, a faculdade de fazer comparecer em juízo todos cuja

34. Nesse sentido, é a precisa lição de Arruda Alvim: "Essa prestação jurisdicional – que soluciona a controvérsia – para que seja realizada com eficácia, terá que ter validade absoluta, porquanto, se não a tivesse, ainda perduraria o conflito. Desta forma, em virtude da atividade jurisdicional, o que ocorre é a substituição de uma atividade privada por uma atividade pública. Todavia, para que efetivamente tal substituição ocorra de uma forma segura, eficiente e imutável, necessário se faz a existência de um atributo, ou uma qualidade a ser agregada a essa atividade substitutiva, que é, precisamente, a *qualidade de imutabilidade da sentença*. [...] Certamente, poder-se-ia conceber, teoricamente, a criação de um sistema jurídico, onde não houvesse coisa julgada, admitindo-se, muitas vezes, a revisão das sentenças, através de outros processos perante o próprio Judiciário. Por certo, mesmo nessa concepção assim imaginada, haveria respeito às decisões do Judiciário, dado que somente ele é que poderia retirar a eficácia de suas decisões. No entanto, uma tal concepção 'funcional' do Judiciário faria com que o mesmo deixasse de proporcionar *segurança*, pois, sucessivamente, reveria suas manifestações, com o que, aquilo que era *certo* ontem, não o será hoje. [...] Ao invés de a atividade jurisdicional proporcionar estabilidade, seria fator de instabilidade do sistema." (ALVIM, Arruda. *Tratado...*, p. 193-194).

35. "Das funções realizadas pelo Estado é a jurisdição a única dotada do predicado de definitividade, caracterizado pela imunização dos efeitos dos atos realizados. Os primeiros destinatários dessa definitividade são as próprias partes, que ficam adstritas aos resultados do processo. Não se exclui dessa regra sequer o próprio Estado, quando parte neste [...]. O mais elevado grau de imunidade a futuros questionamentos, outorgado pela ordem jurídica, é a autoridade da *coisa julgada material* (DINAMARCO, Cândido Rangel. *Instituições...* vol. 1..., p. 320).

participação seja útil ao processo; a *coertio*, o direito do julgador fazer-se respeitar e de reprimir eventuais ofensas recebidas em razão do exercício da atividade jurisdicional; a *iudicium*, o poder de decidir e sentenciar; e a *executio*, o poder do Estado de tornar obrigatório e coativo o cumprimento às decisões. Modernamente, a doutrina reúne tais elementos em nova classificação, sendo a função jurisdicional compreendida nos *poderes de decisão, de coerção* e *de documentação*[36].

Analisadas a natureza jurídica e as principais características da função jurisdicional, passa-se ao exame de dois pontos igualmente relevantes: a finalidade da jurisdição e a titularidade do seu exercício. Aliás, esses dois pontos possuem especial destaque no estudo do princípio do Acesso à Justiça a ser desenvolvido e estão, como se verá, intimamente relacionados.

A finalidade da função jurisdicional pode ser compreendida a partir da evolução dos meios de solução dos conflitos e de suas características. Consiste, assim, no dever, notavelmente constitucional, de pacificar os conflitos que surgem no seio social, por meio da promoção efetiva e adequada de enunciados de direito material, com fundamento na análise do suporte fático e jurídico do caso em concreto e em apreciação.

A jurisdição, como já referido, atua como atividade secundária em complementação à função legislativa. Tem a finalidade de assegurar a ordem e a segurança que, em um primeiro momento, não foram alcançadas só com as disposições de direito objetivo, seja, por exemplo, pela existência de lacunas nesse sistema ou, ainda, pela influência de outros fatores que levaram a comportamentos contrários aos previstos[37].

36. ALVIM, José Eduardo Carreira. *op. cit.*, p. 71.

37. "A *jurisdição* é uma atividade complementar da legislativa, cuja existência seria dispensável se os preceitos legais fossem voluntariamente cumpridos pelos seus destinatários, mas acontece que não são, em virtude da diversidade de interesses em lide. Com a *jurisdição*,

Sobre o escopo da função jurisdicional é elucidativa a lição de Antonio Carlos de Araújo Cintra, Ada Pellegrini Grinover e Cândido Rangel Dinamarco, em especial pelos objetivos sociais que a jurisdição representa: "Ao criar a jurisdição no quadro de suas instituições, visou o Estado a garantir que as normas de direito substancial contidas no ordenamento jurídico efetivamente conduzam aos resultados enunciados, ou seja: que se obtenham, na experiência concreta, aqueles precisos resultados que o direito material preconiza. E assim, através do exercício da função jurisdicional, o que busca o Estado é fazer com que se atinjam, em cada caso concreto, os objetivos das normas de direito substancial. Em outras palavras, o escopo jurídico da jurisdição é a atuação (cumprimento, realização) das normas de direito substancial (direito objetivo) [...]. A afirmação de que através da jurisdição o Estado procura a realização do direito material (escopo jurídico do processo), sendo muito pobre em si mesma, há de coordenar-se com a ideia superior de que os objetivos buscados são, antes de mais nada, objetivos sociais: trata-se de garantir que o direito objetivo material seja cumprido, o ordenamento jurídico preservado em sua autoridade e a paz e ordem na sociedade favorecidas pela imposição da vontade do Estado. O mais elevado interesse que se satisfaz através do exercício da jurisdição é, pois, o interesse da própria sociedade (ou seja, do Estado enquanto comunidade)."[38].

É nesse contexto que o tema da titularidade do exercício da função jurisdicional deve ser compreendido. Estudos mais conservadores colocam a jurisdição como de exercício exclusivo do Estado, inclusive, sua concepção como *função do Estado* representa elemento constante na construção do conceito mais conservador. De forma diversa,

---

o Estado-juiz garante a sua autoridade de Estado-legislador, fazendo com que se realizem, no mundo dos fatos, as consequências práticas dos preceitos enunciados pelas normas de direito." (ALVIM, José Eduardo Carreira. *op. cit.*, p. 65).

38. CINTRA, Antonio Carlos de Araújo; GRINOVER, Ada Pellegrini; DINAMARCO, Cândido Rangel. *op. cit.*, p. 149.

existe uma visão mais arrojada e vanguardista, com a qual concorda este trabalho, no sentido de que a função jurisdicional passa por uma mudança de paradigma. Há o crescente reconhecimento de novas possibilidades de solução de conflitos igualmente legítimas e até mais adequadas: "O que se preconiza atualmente é que o Estado não é o único – e, algumas vezes, sequer é o mais adequado ente vocacionado para esta função [jurisdicional], que pode muito bem ser exercida por particulares, algumas vezes com resultados mais proveitosos do que aqueles obtidos no âmbito do Judiciário. Não se trata de destituição do poder estatal para solucionar conflitos e, menos ainda, de inobservância ao princípio da inafastabilidade da apreciação jurisdicional; o poder-dever do Estado remanesce."[39].

Essa discussão será mais bem explorada adiante, mas cabe aqui lembrar que o protagonismo Estatal na solução de conflitos ou a concentração de tal tarefa pelo Poder Judiciário surgiu, como visto, especialmente da insegurança inerente ao exercício da autotutela e da dificuldade fática de realização da autocomposição. Esse sistema se desenvolveu, à época, como meio mais efetivo e adequado à solução dos conflitos e na proposta de concentração do poder social pelo Estado.

No entanto, a partir do momento em que, o Poder Judiciário não consegue com exclusividade solucionar adequadamente determinados conflitos que são colocados a sua apreciação, seja, por exemplo, em razão da morosidade dos procedimentos ou por falta de conhecimentos específicos de seus operadores, o Estado deve criar e proporcionar outros mecanismos que melhor desenvolvam a função jurisdicional – lembrando que essa é uma das principais ideias dessa obra.

39. ALVIM, Arruda. *Manual*..., p. 203.

Nesse sentido, em relação à arbitragem é o questionamento formulado por Flávia Pereira Ribeiro: "Ao que parece, o sentido contemporâneo da palavra jurisdição deve estar desconectado da noção de Estado e repousar em um plano mais largo, abrangendo outras formas de resolução de conflitos, em tempo razoável e de forma justa. Ao que parece, desde a aprovação da Lei da Arbitragem não há mais espaço para essa extrema valorização da tutela estatal via Poder Judiciário, ainda que se tenha em mente que o poder de império, de acordo com a referida lei, remanesce nas mãos do Estado. Será que dentro de um contexto no qual o Poder Judiciário vem falhando na sua missão de bem prestar a tutela jurisdicional adequada, a aplicação prática e material do direito deve ser considerada manifestação intrínseca e indissociável do órgão judicial?"[40].

Parece, portanto, que sempre devem ser desenvolvidos novos mecanismos que melhor se ajustem à natureza dos conflitos sociais, em prol da segurança jurídica e da melhor aplicação dos enunciados de direito material, ainda que isso implique mudança de titularidade de quem conduzirá os procedimentos ou mesmo que essa titularidade remanesça com as próprias partes.

Assim, concluindo parte do objetivo do presente tópico, a jurisdição ou função jurisdicional, em seu mínimo essencial, pode ser conceituada como ainda principal meio de solução dos conflitos que constitui poder-dever do Estado, de índole substitutiva, que atua em complementação à função legislativa, inicialmente inerte, exercida por um terceiro imparcial ao conflito, com aptidão de definitividade e cuja titularidade de exercício, nos paradigmas contemporâneos, não é de inteira exclusividade do Poder Público, mas ainda de seu protagonismo.

---

40. RIBEIRO, Flávia Pereira. Desapego à tradicional visão da "jurisdição" e da "inafastabilidade do controle jurisdicional", In AURELLI, Arlete Inês [coord.] et al, *O Direito de estar em juízo e a coisa julgada: estudos em homenagem a Thereza Alvim*, São Paulo : Editora Revista dos Tribunais, 2014, p. 173-174.

2.2.2 As aptidões da função jurisdicional impedem outros meios?

Vistas as principais características desse modelo protagonista, importa então tentar responder se a jurisdição estatal, enquanto fenômeno, impediria o desenvolvimento de outros modelos de resolução de conflitos. Se a resposta for afirmativa, a solução para a menor participação dos demais modelos ficará clara. Se negativa, outras questões e ideias precisarão ser postas.

Muito bem. A primeira característica, a de substitutividade, parece que de certa forma remanesce, em essência, nos demais meios de resolução de conflitos. Seja realizado por um terceiro desinteressado de forma vinculante (arbitragem), seja com a proposição da solução de um terceiro desinteressado (conciliação) ou ainda se as próprias partes chegarem ao consenso, apoiadas (*v.g.* mediação) ou não, fato é que esse novo procedimento também representará atividade secundária, substituindo a vontade das partes, resignificando-as ou, como se observa na conciliação e na mediação, que novas manifestações livres de vontade sejam exaradas.

A segunda característica, a participação de terceiro desinteressado, também não parece impedir novos meios, especialmente porque tal experiência é conservada na maioria dos demais meios (*v.g.* arbitragem, conciliação ou mediação). Assim, a menos que se desenvolva de forma não saudável um método que tenha um terceiro interessado juridicamente na condução dos trabalhos, parece estar afastada toda e qualquer discussão sobre impeditivo.

A terceira característica de ser inicialmente inerte, igualmente, não parece, por si só, ser capaz de impedir o desenvolvimento de outros métodos mais adequados ou eficientes à resolução dos conflitos. Assim como a figura do terceiro desinteressado, a inércia inicial é algo conservada também nos demais meios. Se, porventura, essa restar concretamente afastada é importante avaliar se os porquês desse afastamento seriam ou não legítimos para então entender se o respectivo método deve ou não ser vedado. Imagine, por exemplo, uma plataforma *online* que inicie um procedimento de resolução após prazo razoável sem que o consumidor receba o produto comprado. Se isso potencializar seu acesso à Justiça (nesse caso, à chance de solução), ainda que não inerte, parece que o propósito legítimo resta conservado.

Por fim, a quarta característica, a aptidão de definitividade, embora seja uma das mais relevantes da jurisdição estatal, também não parece representar impeditivo ao uso de outros meios. Essa aptidão, como visto, por essência, significa a capacidade técnica de conferir às partes uma decisão que seja definitiva, caracterizada pela chamada coisa julgada (ou *coisa julgada material* para aqueles que, diferentemente destes autores, entendem que existiria uma coisa julgada formal). Essa, a especial qualidade de imutabilidade e, portanto, indiscutível, do conteúdo decisório de mérito (em sentença ou decisão parcial de mérito)[41].

Tal qualidade confere estabilidade à prestação jurisdicional estatal e segurança jurídica às partes de modo que qualquer uma delas pode, se assim entender, se fazer valer de tal conteúdo para manter, no plano jurídico material, a situação estabilizada. Isso não muda o fato de que essas mesmas partes podem abrir mão de tal conteúdo e estipular, de comum acordo, novos termos para relação jurídica que

---

41. Sobre o tema, ler: THAMAY, Rennan. *Coisa julgada*, São Paulo : RT, 2018; MOREIRA, José Carlos. *Questões prejudiciais e coisa julgada*. Rio de Janeiro: Borsoi, 1967; MOREIRA, José Carlos Barbosa. Ainda e sempre a coisa julgada. *Revista dos Tribunais*. São Paulo: jun/1970; MOREIRA, José Carlos Barbosa. A eficácia preclusiva da coisa julgada material. *Revista dos Tribunais*. São Paulo: jul/1972; MOREIRA, José Carlos Barbosa. Os limites objetivos da coisa julgada no sistema do novo Código de Processo Civil. *Revista Forense*, abr-jun/1974; ALVIM, Thereza. *Questões prévias e os limites objetivos da coisa julgada*. São Paulo: RT, 1977.

possuem. É por isso que se admite juridicamente, por exemplo, o novo casamento de pessoas judicialmente divorciadas, ou, mais simples ainda, o acordo de recebimento de valor menor pelo credor em fase de cumprimento de sentença.

Com isso, quer-se dizer que mesmo na situação jurídica extrema da coisa julgada, pode prevalecer a vontade convergente de ambas as partes, se essa se mostrar diferente do que estipulado judicialmente. Assim, em outras palavras, se a vontade das partes for de forma livre pela utilização de outro método, não é a qualidade de possível coisa julgada da jurisdição estatal (também presente na jurisdição privada ou arbitragem vale dizer) que será impeditivo.

Além disso, embora em outros meios não se fale na formação da coisa julgada em si, o próprio ordenamento jurídico lhes confere estabilidade seja pelo empoderamento das vontades das partes de maneira geral, seja pela disposição expressa nesses termos. Essa é uma das leituras a partir do fato de que, por exemplo, o termo final de mediação com acordo constitui título executivo extrajudicial (art. 20, p. único, Lei nº 13.140/2015).

Por fim, vale dizer ainda que mesmo a característica de *executio*, essa sim própria de entes estatais, não afasta a utilização de outros meios. Como no exemplo acima ou em tantos outros (vejamos o art. 784, CPC) conserva-se a execução judicial em benefício das partes, mesmo se essas utilizassem de outros métodos de solução de seus conflitos, se for esse o caso.

Assim, contrapondo cada uma das características com os demais métodos parece que de fato não são empecilhos. Logo, não é a essência da função jurisdicional estatal que limita o uso dos outros métodos de solução de conflitos.

2.2.3 Quais seriam os possíveis empecilhos?

Se não são as características da jurisdição estatal que impedem a utilização dos outros métodos de solução de conflitos, quais seriam esses empecilhos? Parece claro que respostas mais assertivas a essa pergunta demanda o estudo empírico aprofundado das possíveis causas, o que acabaria por ultrapassar o escopo do presente trabalho. Sem prejuízo, ao menos quatro possibilidades iniciais parecem que podem ser apresentadas.

A primeira delas parece mesmo ser uma cultura jurídico-litigiosa que ainda remanesce nas várias entranhas sociais brasileiras. Isso parece passar por uma aparente necessidade psicológica das partes de reafirmar sua vitória ou ganho de causa, por um dos aspectos da falta de educação de qualidade que assola grande parte do País, pela falta de uma maior difusão pelas mídias de massa das possibilidades de resolução de conflito de forma não judicial e até pela atitude de profissionais jurídicos que fazem do litígio um modelo de negócio pretensamente lucrativo.

A segunda delas parece ser uma ainda frágil, ou por vezes inexistente, abordagem sobre o tema nas instituições de ensino jurídico, sobretudo na fase de graduação. Não se ignora a existência de uma série de cursos de extensão ou pós-graduação sobre o tema, mas eles acabam, aparentemente e dentro do que esses autores podem visualizar, por ficar adstritos a um menor número de profissionais vocacionados ou interessados. Na graduação, onde o despertar da importância do tema deveria ser fomentada, inclusive com a indicação de uma possibilidade profissional satisfatória, por vezes o tema é relegado a disciplinas meramente optativas, sendo tratado muito *en passant* nas aulas de Civil ou processo civil. A teoria e prática sobre o tema deve ser fomentada.

A terceira possibilidade está no custo direto ou visível que alguns desses procedimentos podem apresentar. O maior exemplo talvez seja a arbitragem que, por vezes, perfaz procedimentos de maior custo, com taxas e honorários dos árbitros em valor muito relevantes. É interessante notar que os processos judiciais também tem custos relevantes, mas seja pelo mal ou abusivo uso do instituto da assistência gratuita, seja pelo desconhecimento das partes envolvidas, esse custo (valor e tempo) nem sempre é visível em um primeiro momento, dando, em algumas oportunidade, a falsa sensação de que a jurisdição estatal poderia compensar em relação a outros métodos.

Por fim, a quarta possibilidade parece estar em um desincentivo (por vezes não pensado) da própria lei brasileira. É interessante notar o caso do art. 334 do CPC que determina a realização de audiência de conciliação ou mediação antes mesmo da apresentação de defesa pela parte Ré. Não se ignora o incentivo expresso recorrente do CPC para o uso dos demais métodos de resolução dos conflitos, todavia nesse caso a dinâmica parece significar um vetor em sentido contrário, dado que a parte autora para participar o ato, não só terá de contar com a estrutura estatal somada ao entendimento do juiz para tanto (personagem nem sempre preparado para a adoção dos demais métodos), como também já terá recolhido as custas judiciárias de distribuição da demanda.

2.2.4 A leitura proposta por Richard Susskind quanto à resistência à implementação das tecnologias da informação na resolução de conflitos

Em relação às tecnologias da informação, parece ser inegável que elas podem contribuir muito na otimização (automação e transformação)[42] dos métodos de solução de conflitos como se verá ao longo

42. Adotar-se-á nessa obra a ideia de *otimização* como gênero de *automação* e *transformação*. Automação o procedimento de automatizar trabalhos já feitos por humanos. Transformação o procedimento de alterar, em forma e essência, como as coisas são feitas.

do trabalho. No entanto, o uso delas, além dos percalços mencionados anteriormente, também sofre com uma resistência importante na comunidade jurídica.

Richard Susskind traz uma análise interessante sobre esse fenômeno de resistência de parte da comunidade jurídica em relação à inclusão das tecnologias da informação nos procedimentos de resolução de conflitos, apresentando três porquês a esse respeito, com os quais esses autores concordam[43].

Adere-se aqui a leitura de Richard Susskind sobre o fenômeno: "Technology can affect the work of courts in two broad ways, corresponding closely to the two types of change noted in Chapter 2. On the one hand, systems can be used to improve, refine, streamline, optimize, and turbo-charge our traditional ways of working. This is what most judges and lawyers (and most professionals, for that matter) have in mind when they give some thought to technology. They reflect on routine, repetitive, and often antiquated tasks and activities in their courts and imagine (correctly) that some set of systems could be introduced to bring new efficiencies and make life easier. This first broad approach to court technology is a form of process improvement. I call it 'automation'. It involves grafting new technology onto old working practices. And it has dominated the theory and practice of court technology over the last 50 years or so. [...] On the other hand, technology can play a very different role. It can displace and revolutionize conventional working habits and bring radical change—doing new things, rather than old things in new ways. I refer to this as a specific type of 'transformation'.1 This is about using technology to allow us to perform tasks and deliver services that would not have been possible, or even conceivable, in the past. The impact of transformative technologies can be profound. Online banking is an everyday illustration. As are online digital music services. These services are not trimmed and polished variations on old themes. They blast the old approaches out of the water. Transformation brings 'disruption' whereas automation sustains traditional ways of working." (SUSSKIND, Richard. Online courts and the future of justice, Oxford : University Express, 2019, Edição Kindle, p. 33-34).

43. "No discussion of technology for lawyers and judges would be complete without acknowledgement of a set of biases that are encountered daily in conversation and in written materials. I have selected three that pervade debates about online courts. The first is 'status quo bias' which is a tendency to resist change, a preference for carrying on as we are today. [...] A second common bias is 'irrational rejectionism', mentioned in the Introduction. I define this as the dogmatic dismissal of a system with which the critic has no direct personal experience. With no sense of embarrassment, lawyers frequently reject the idea of online courts having neither seen them in action nor taken the time to learn what is actually being proposed. Without reference to the problems that online courts might actually solve, appeals are immediately made to access to justice, problems and objections flow freely while operational systems are summarily dismissed.[...] A third bias is 'technological myopia', which is the inability to anticipate that tomorrow's systems will be vastly more capable than those of today and to recognize the likely implications of the well-nigh inevitable advances" (*Idem*, p. 42-45).

O primeiro, que não é próprio ou exclusivo da classe jurídica, mas nela também encontra solo fértil é uma resistência clara à mudança. Considerando que o ser humano tende naturalmente à estabilidade (ideia que aliás também ecoa na própria teoria geral do processo), é natural que os profissionais e partes envolvidos nos conflitos sigam replicando modelos, que embora claramente pouco eficientes, ainda assim são emocionalmente e tecnicamente confortáveis, justificando nesse aspecto a resistência.

O segundo e de certa forma ligado ao primeiro, é o que Richard Susskind chama por "rejeição irracional". Segundo o autor, uma negativa dogmática de um sistema em relação ao qual quem nega ou critica sequer participou ou parou para compreendê-lo. Como exemplo dado pelo autor, advogados e outros operadores do Direito rejeitam a utilização de tecnologia, em especial das *online courts*, sem nunca terem visto tais sistemas funcionando ou mesmo terem parado para pensar ou aprender sobre quais premissas eles atuam.

Por fim, como terceiro ponto, o que o autor chama por "miopia tecnológica". Nas suas palavras, uma inaptidão ou incapacidade dos profissionais e instituições compreenderem e antecipar que os sistemas futuros serão muito mais capazes que os utilizados hoje e de reconhecer que os avanços propostos pela tecnologia são inevitáveis.

2.3 AS DIMENSÕES DE ACESSO À JUSTIÇA: AS TECNOLOGIAS DA INFORMAÇÃO FOMENTAM A EXISTÊNCIA E RECONHECIMENTO DE UMA NOVA DIMENSÃO?

O movimento conhecimento como "ondas de Acesso à Justiça" representa, na essência, a compreensão de várias etapas, movimentos, conjunto de medidas de transformação ou dimensões de progressão pelas quais os meios de resolução de conflitos passaram historicamente, passam na contemporaneidade ou podem vir a passar no futuro.

É interessante perceber que, embora esses movimentos possam ser identificados em ordem cronológica ou histórica, isso não altera o fato de que eles seguem sendo observados na contemporaneidade. Por essa razão, prefere-se a expressão *dimensões de Acesso à Justiça*, ao passo que cada um desses movimentos gera uma nova e perene camada a ser sobreposta sobre os mecanismos de resolução dos conflitos sociais.

A ordem cronológica, embora seja fundamental para compreensão histórica do fenômeno e entendimento dos porquês de cada nova dimensão, não pode gerar a falsa percepção de substituição de uma dimensão ou onda por outra. Uma ideia muito similar, ao que parece, em relação aos debates classificatórios sobre se o correto é dizer "gerações dos direitos fundamentais" ou "dimensões dos direitos fundamentais". No caso do Acesso à Justiça, assim que se observa na obra de Dante, cada dimensão deve ser entendida e vivida, até o vale mais profundo em que se encontra o acesso adequado e efetivo, por todos que participam dos meios de resolução de conflitos ou a respeito deles propõe formatos. Assim, até para avaliação da importância ou eficiência de cada método de resolução de conflitos deve se pensar nessas dimensões.

A origem da expressão vem do chamado *Projeto de Florença*, coordenado pelo jurista italiano Mauro Cappelletti e pelo jurista norte americano Bryant Garth entre 1973 e 1978 e que foi o primeiro projeto institucional concentrado dedicado ao debate do tema do acesso à justiça.

O projeto consistiu, fundamentalmente, no intercâmbio de experiências relacionadas ao acesso à justiça que já haviam sido estudadas e implementadas nos Estados participantes. Para tanto, com o intuito de identificar mecanismos que melhor viabilizassem o acesso à função jurisdicional, foram apresentados relatórios por juristas de cada país com as práticas de sucesso e outras que não obtiveram o êxito esperado[44].

Como parte dos trabalhos conclusivos, foi elaborado ensaio inicial pelos referidos autores, que em 1988 foi editado como livro no Brasil com o título *Acesso à Justiça*, tornando-se obra de referência sobre o tema[45]. No projeto, os autores propuseram a classificação para identificar o progresso dos mecanismos dedicados ao melhor Acesso à Justiça.

Mauro Cappelletti e Bryant Garth, no relatório inicial do projeto e a partir do material colhido até ali, classificaram tais soluções de forma cronológica, dividindo os mecanismos em três grupos identificados de acordo com seus enfoques principais. Esses três grupos foram então denominados como *ondas de acesso à justiça* e ilustram bem a evolução jurídica do tema. Sobre isso, nada mais apropriado do que citar trecho do próprio relatório dos autores elaborado à época: "O recente despertar de interesse em torno do acesso efetivo à

---

44. Sobre o Projeto de Florença, é oportuna a narrativa de Dierle José Coelho Nunes e Ludmila Teixeira: "No curso da década de 70, crescia a literatura questionando a capacidade de advogados e juízes, assim como dos procedimentos judiciais para se adaptarem aos novos direitos (sociais e difusos) emergentes, além de polemizarem os já recorrentes problemas de lentidão, custo e enorme formalismo de alguns procedimentos judiciais. Seguindo essa tônica, o movimento pela socialização processual encontra seu ápice na idealização e realização de um enorme projeto de pesquisa patrocinado pela Fundação Ford, conjuntamente com o Conselho Nacional de Pesquisa da Itália. Esse projeto de pesquisa patrocinado pela Fundação Ford, conjuntamente com o Conselho Nacional de Pesquisa da Itália, intitulado 'Projeto Florença de acesso à Justiça' foi levado a cabo a parti de 1973 – cujos resultados foram publicados em 1978, em 4 volumes – , sob direção de Mauro Cappelletti. Envolveu 23 países, que, representados por grandes juristas nacionais, responderam a um questionário e prepararam um relatório, que apontou as chagas e possíveis soluções técnicas para os problemas de seus sistemas jurídicos. Esse Projeto e o decorrente 'movimento pelo acesso à Justiça' desenvolveu um enorme compartilhamento de experiências envolvendo aqueles inúmeros países, passando a servir de base para os movimentos reformistas a partir de então." (NUNES, Dierle. TEIXEIRA, Ludmila. Por um acesso à justiça democrático: primeiros apontamentos, *Revista de Processo*, vol. 217, Mar.2013, p. 75).
45. CAPPELLETTI, Mauro. GARTH, Bryant. *Acesso à Justiça*. Tradução de Ellen Grace Northfleet, Porto Alegre : Fabris, 1988.

Justiça levou a três posições básicas, pelo menos nos países do mundo Ocidental. Tendo início em 1965, estes posicionamentos emergiram mais ou menos em sequência cronológica. Podemos afirmar que a primeira solução para o acesso – a primeira "onda" desse movimento novo – foi a assistência judiciária; a segunda dizia respeito às reformas tendentes a proporcionar representação jurídica para os interesses "difusos", especialmente nas áreas da proteção ambiental e do consumidor; e o terceiro – e mais recente – é o que propomos a chamar simplesmente "enfoque de acesso à justiça" porque inclui os posicionamentos anteriores, mas vai muito além deles, representando, dessa forma, uma tentativa de atacar as barreiras ao acesso de modo mais articulado e compreensivo."[46].

2.3.1 A primeira dimensão do Acesso à Justiça: a relativização de custos financeiros

A primeira dimensão histórica de acesso à justiça, como se verifica, é identificada pelo conjunto de propostas e mecanismos jurídicos voltados à assistência judiciária para as pessoas que tem dificuldades em custear os serviços de um profissional habilitado, em especial o advogado[47].

É notório que os ordenamentos jurídicos são formados, em sua maior parte, por leis complexas, com linguagem técnica e específica. Isso enseja a atuação de pessoas dotadas de conhecimento

---

46. *Idem*, p. 31.

47. "The initial recognition in the post-World War II era that courts were largely inaccessible generated a range of reform efforts. The calls for enhancing access to justice focusing on financial barriers and the need for making legal aid lawyers available have been described as the 'first wave' of the Access to Justice Movement. Typically, these reform proposals extended legal aid to the poor, granted relief from court fees, and lowered the costs of court processes by such means as creating flexible and informal small claims courts or liberalizing the delivery of legal services." (KATSH, Ethan. RABINOVICH-EINY, Orna. *Digital Justice*: technology and the internet of disputes, Oxford : University Express, 2017, p. 42).

especializado, cuja remuneração é mais alta, seja na orientação consultiva, seja, principalmente, no curso dos processos. Não por outra razão os ordenamentos jurídicos valorizam a capacidade postulatória e a Constituição Federal é expressa em determinar em seu art. 133 que "O advogado é indispensável à administração da justiça".

Outros exemplos ainda mais notáveis dessa dinâmica e que apresentam essa dimensão na contemporaneidade, são, por certo, aqueles mecanismos que possibilitam a gratuidade de justiça. Destacadamente, vale dizer, a dinâmica de gratuidade de justiça posta nos arts. 98 e ss. do CPC e própria Lei nº 1.060/1950, e a existência de órgãos jurisdicionais que propõe maior simplicidade dos procedimentos (*v.g.* Juizados Especiais) e, com isso, menor ou nenhum custo à parte.

2.3.2 A segunda dimensão do Acesso à Justiça: a tutela dos direitos transindividuais

A segunda dimensão de Acesso à Justiça identificada por Mauro Cappelletti e Bryant Garth corresponde ao grupo de mecanismos jurídicos que enfrentaram o problema da representação dos interesses transindividuais, metaindividuais ou coletivos *lato sensu*, dispostos no Brasil como difusos, coletivos ou individuais homogêneos[48]. Em especial esse segundo movimento se concentrou, ao menos inicialmente, na problemática dos interesses difusos, compreendidos esses como aqueles cuja titularidade pertence a pessoas indeterminadas ou indetermináveis e que têm um objeto de natureza indivisível, como por exemplo, o direito ao meio ambiente.

48. "The 'second wave', which took place in the 1970s, took a broader view of the need of access, strengthening disadvantaged groups (as opposed to individuals) through public interest litigation and class actions. This broader outlook expanded the focus from the interests of the poor to more diffuse concerns – such environmental issues and consumer grieavances – which are often more critical to the middle class (credit card owners, homeowners, etc.)" (*Idem*, p. 43).

Segundo o relatório, a necessidade de tutela jurisdicional dos direitos difusos levou a reconsideração de alguns conceitos tradicionais do direito processual civil e sobre a forma que se desenvolve a atividade jurisdicional. Os procedimentos que bem funcionavam na solução de controvérsias entre indivíduos passaram a não se adequar aos interesses de ordem difusa[49].

No Brasil, essa é inclusive uma novidade introduzida pelo próprio texto do art. 5º, inciso XXXV, e que reflete diretamente na composição do próprio conteúdo do princípio do Acesso à Justiça: a determinação constitucional para o Acesso à Justiça também no caso de lesão ou ameaça de lesão a direitos conhecidos como transindividuais, metaindividuais ou coletivos *lato sensu*.

As ordens constitucionais de 1946, 1967 e 1969, embora tenham previsto o acesso à jurisdição, foram expressas em mencionar "lesão de direito individual". A Constituição de 1988, por sua vez, suprimiu o termo *individual*, indicando a garantia de atuação jurisdicional também no caso de lesão ou ameaça a direitos coletivos *lato sensu*. O Código de Processo Civil, igualmente, não faz referência à natureza do direito em seu art. 3º: "Não se excluirá da apreciação jurisdicional ameaça ou lesão a direito.". Lembrando, inclusive, que o CPC, enquanto projeto previa a possibilidade de conversão da ação individual em ação coletiva (art. 333, vetado), reforçando a importância do fenômeno.

A percepção desse caráter inovador não deriva só da mudança textual, mas também de um exercício de hermenêutica necessário, em proveito da unidade dos dispositivos constitucionais. Em várias oportunidades o texto constitucional concebe instituições e mecanismos destinados à preservação dos direitos metaindividuais, como por exemplo, o mandado de segurança coletivo (art. 5º, LXX) e a

49. CAPPELLETTI, Mauro. GARTH, Bryant. *op. cit.*, p. 49-50.

atribuição expressa de defesa de interesses difusos e coletivos por parte do Ministério Público (art. 129, III). Além disso, a própria Constituição assegura uma série de direitos metaindividuais como a proteção ao patrimônio cultural (art. 216) e o direito ao meio ambiente (art. 225).

Arruda Alvim assim reconhece: "A Constituição Federal de 1988 prescreve em seu art. 5º, XXXV, que 'a lei não excluirá da apreciação do Poder Judiciário lesão ou ameaça a direito'. Este texto é da tradição do nosso Direito, mas encontra-se melhormente redigido. Desde logo não está concebido apenas, ao menos linguisticamente, como que somente protegendo direito individual, mas o texto vigente está alojado no capítulo dos direitos individuais e coletivos. De outra parte, ainda, foi suprimida a palavra individual, o que poderia supor (ainda que assim se trataria, apenas, de defesa de direito individual). Esse texto, tal como redigido, com a supressão do adjetivo individual, é compatível com o sistema constitucional, que, ao lado de defender o indivíduo, engrandeceu, sobremaneira os grupos sociais, atribuindo-lhes variadas formas de legitimação, e, viabilizando que se venham atribuir outras legitimações a entidades representativas de grupos sociais, para que possam agir em favor de tais grupos"[50].

50. ALVIM, Arruda. *Tratado...*, p. 88-89. Nelson Nery Júnior, no mesmo sentido, coloca que: "Em redação mais técnica do que a da CF/1969 153, §4.º, que dizia lesão de direito "individual", o novo texto consagrou o princípio da inafastabilidade do controle jurisdicional, também conhecido como princípio do direito de ação. Isto quer dizer que todos têm acesso à justiça para postular tutela jurisdicional preventiva ou reparatória relativamente a um direito. Estão aqui contemplados não só os direitos individuais, como também os difusos e coletivos. [...] O direito de ação pode ser exercido independentemente da qualificação jurídica do direito material a ser por ele protegido. Com isso, tanto o titular do direito individual, quanto o do direito metaindividual (difuso, coletivo ou individual homogêneo) têm o direito constitucional de pleitear ao Poder Judiciário a tutela jurisdicional adequada." (*Princípios do processo na Constituição Federal : (processo civil, penal e administrativo)*, 11ª ed. rev., ampl. e atual., São Paulo : Editora Revista dos Tribunais, 2013, p. 187-188). Igualmente, assinala Patrícia Miranda Pizzol: "Todos têm acesso à justiça para postular tutela jurisdicional preventiva ou reparatória, de direito individual ou metaindividual (difuso, coletivo stricto sensu ou individual homogêneo). A Constituição anterior se referia expressamente a direito individual (art. 153, §4.º) e, como a atual não qualifica o direito que visa proteger (art. 5.º, XXXV), é unânime a interpretação no sentido da maior amplitude conferida pela norma

Pois bem. Para conceituar os direitos transindividuais também é oportuno citar Hugo Nigro Mazzilli que reconhece a influência direta do direito fundamental de Acesso à Justiça na definição de tais interesses: "Situados numa posição intermediária entre o interesse público e o interesse privado, existem os interesses transindividuais (também chamados de interesses coletivos, em sentido lato), os quais são compartilhados por grupos, classes ou categorias de pessoas [...]. São interesses que excedem o âmbito estritamente individual, mas não chegam propriamente a constituir interesse público. Sob o aspecto processual, o que caracteriza os interesses transindividuais, ou de grupo, não é apenas o fato de serem compartilhados por diversos titulares individuais reunidos na mesma relação jurídica ou fática. Mais do que isso, é a circunstância de que a ordem jurídica reconhece a necessidade de que o acesso individual dos lesados à Justiça seja substituído por um acesso coletivo, de modo que a solução obtida no processo coletivo não apenas deve ser apta a evitar decisões contraditórias como, ainda, deve conduzir a uma solução mais eficiente da lide, porque o processo coletivo é exercido em proveito de todo o grupo lesado."[51]

Dentro desse raciocínio, os direitos transindividuais podem ser compreendidos em três categorias: os *direitos difusos*, os *direitos coletivos stricto sensu* e os *direitos individuais homogêneos*.

---

constitucional a esse princípio, assegurando a tutela jurisdicional dos direitos transindividuais."(A tutela antecipada nas ações coletivas como instrumento de acesso à justiça. In FUX, Luiz, NERY JR., Nelson, WAMBIER, Teresa Arruda Alvim. *Processo e Constituição: estudos em homenagem ao professor José Carlos Barbosa Moreira*, São Paulo : Editora Revista dos Tribunais, 2006, p. 86. No mesmo modo, ainda, pontua Flávio Luiz Yarshell: "A inafastabilidade da tutela jurisdicional ficaria incompleta se pensada exclusivamente sob a ótica individual. Dessa forma, o princípio inscrito no inciso XXXV do art. 5.º da CF também alcança as alegações de lesão – ou de ameaça – a direitos que transcendem aquele âmbito: quer porque seus titulares sejam indeterminados, quer porque se objeto seja indivisível." (*Curso de direito processual civil*, 1. ed., São Paulo : Marcial Pons, 2014, p. 82).

51. MAZZILLI, Hugo Nigro. *A defesa dos interesses difusos em juízo: meio ambiente, consumidor, patrimônio cultural, patrimônio público e outros interesses*. 26 ed., rev., ampl. e atual., São Paulo : Saraiva, 2013, p. 50-51.

No ordenamento jurídico brasileiro, coube ao Código de Defesa do Consumidor apresentar as definições de cada um desses interesses (art. 81, p. único, incisos I, II e III). Nesse sentido, os *direitos difusos* são os direitos transindividuais, de natureza indivisível, de que sejam titulares pessoas indeterminadas e ligadas por circunstâncias de fato. Os *direitos coletivos stricto sensu* são os direitos transindividuais de natureza indivisível, de que seja titular grupo, categoria ou classe de pessoas ligadas entre si ou com a parte contrária por uma relação jurídica básica. Por último, os *direitos individuais homogêneos* são aqueles decorrentes de origem comum. A Lei nº 12.016 de 2009 que disciplina o mandado de segurança individual e coletivo, em seu art. 21, p. único, trabalha essas ideias de forma semelhante[52].

Os *direitos difusos* são aqueles cuja titularidade pertence a pessoas indeterminadas ou indetermináveis, bem como têm um objeto de natureza indivisível, ou seja, não passível de quantificação ou divisão entre os membros da coletividade afetada, ligados por uma situação de fato. Como exemplo, pode ser citado o direito ao meio ambiente equilibrado que se apresenta, talvez, como o direito difuso por excelência. Pertence a toda sociedade, não sendo possível determinar os indivíduos ou grupos interessados, já que qualquer lesão ou ameaça a tal direito refletirá no interesse jurídico de todos indistintamente.

---

52. "Art. 21. O mandado de segurança coletivo pode ser impetrado por partido político com representação no Congresso Nacional, na defesa de seus interesses legítimos relativos a seus integrantes ou à finalidade partidária, ou por organização sindical, entidade de classe ou associação legalmente constituída e em funcionamento há, pelo menos, 1 (um) ano, em defesa de direitos líquidos e certos da totalidade, ou de parte, dos seus membros ou associados, na forma dos seus estatutos e desde que pertinentes às suas finalidades, dispensada, para tanto, autorização especial. Parágrafo único. Os direitos protegidos pelo mandado de segurança coletivo podem ser: I – coletivos, assim entendidos, para efeito desta Lei, os transindividuais, de natureza indivisível, de que seja titular grupo ou categoria de pessoas ligadas entre si ou com a parte contrária por uma relação jurídica básica; II – individuais homogêneos, assim entendidos, para efeito desta Lei, os decorrentes de origem comum e da atividade ou situação específica da totalidade ou de parte dos associados ou membros do impetrante."

Os *direitos coletivos stricto sensu* também possuem objeto de natureza indivisível. Porém, diferentemente dos direitos difusos, sua titularidade pode ser delimitada com a identificação de determinado grupo ou coletividade de pessoas determinadas ou, ao menos, determináveis. Esse grupo, por sua vez, é reconhecido porque os indivíduos que a ele pertencem estão unidos por uma mesma relação jurídica. Para exemplificar essa ideia, pode se pensar em eventual nulidade de uma cláusula em um contrato de adesão. No caso, identifica-se um grupo de pessoas determinadas, qual seja o grupo de todos os indivíduos contratantes, no entanto o objeto é indivisível, já que não é possível delimitar um bem a cada um deles.

Os *direitos individuais homogêneos*, por sua vez, apresentam uma característica essencial que os diferenciam das outras duas categorias. O objeto de tais interesses é divisível, ou seja, é passível de fracionamento, podendo ser definido o direito de cada um dos indivíduos que estão ligados por algum motivo jurídico ou, especialmente, por uma origem de fato comum. É a situação, por exemplo, em que vários consumidores compraram um carro de mesmo modelo que apontou um defeito de fabricação em série. Ou, utilizando de uma perspectiva própria das tecnologias da informação, a situação em que vários titulares de dados pessoais tratados por determinada empresa (agente de tratamento) que descumpra à LGPD e que experimente incidente de segurança que gere a perda de confidencialidade de tais informações. Em ambos os casos, é possível identificar cada uma das pessoas e os prejuízos individuais, porém tais indivíduos são agrupados para fins de proteção jurídica, pois a origem do ato lesivo é comum.

Na essência, os direitos individuais homogêneos são direitos individuais, mas são também qualificados como direitos transindividuais, justamente porque o ordenamento permite que eles sejam tutelados coletivamente. Por essas razões, parte da doutrina, ao que parece de forma acertada, define os direitos individuais homogêneos como interesses *acidentalmente coletivos*[53].

2.3.3 A terceira dimensão do Acesso à Justiça: o agregar de outros procedimentos de resolução de conflitos

Após a observância das duas primeiras dimensões, agregou-se uma terceira caracterizada não só por um revisitar do que foi até então concebido, com a continuidade dos avanços conquistados anteriormente[54], mas principalmente pela compreensão da necessidade de que procedimentos mais simples e acessíveis de resolução dos conflitos (em todos os sentidos: mais baratos, mais rápidos, mais ajustados, mais claros, etc.).

Não só a consolidação de procedimentos judiciais mais simples ganha força nesse período (*v.g.* lógica e expansão dos Juizados Especiais), mas é a partir da compreensão dessa nova dimensão que os outros mecanismos paralelos à jurisdição estatal (consensuais ou não) ganham relevância. Passa a se reconhecer que outros métodos

53. Sobre o tema, esclarece bem Aluísio Gonçalves de Castro Mendes: "A falta da indivisibilidade é a principal característica dos interesses individuais homogêneos. Sendo possível o fracionamento, não haverá, *a priori*, tratamento unitário obrigatório, sendo factível a adoção de soluções diferenciadas para os interessados. Os interesses ou direitos são, portanto, essencialmente individuais e apenas acidentalmente coletivos. Para serem qualificados como homogêneos, precisam envolver uma pluralidade de pessoas e decorrer de origem comum." (MENDES, Aluisio Gonçalves de Castro. *Ações coletivas e meios de resolução coletiva de conflitos no direito comparado e nacional*, 3ª ed. rev., atual. e ampl., São Paulo : Editora Revista dos Tribunais, 2012, p. 220).

54. Como os próprios Mauro Cappelletti e Bryant Garth sinalizaram: "O fato de reconhecermos a importância dessas reformas não deve impedir-nos de enxergar os seus limites.[...] O novo enfoque de acesso à Justiça, no entanto, tem alcance muito mais amplo. [...] Ela centra sua atenção no conjunto geral de instituições e mecanismos, pessoas e procedimentos utilizados para processar e mesmo prevenir disputas nas sociedades modernas. Nós o denominamos "o enfoque do acesso à Justiça" por sua abrangência. Seu método não consiste em abandonar as técnicas das duas primeiras ondas de reforma, mas em tratá-las como apenas algumas de uma série de possibilidades para melhorar o acesso." (CAPPELLETTI, Mauro. GARTH, Bryant. *op. cit.*, p. 49-50).

de solução (*v.g.* conciliação, mediação, arbitragem, etc.) podem ser mais adequados e efetivos ao conflito posto, ressaltando a clara condição de protagonista da jurisdição estatal e não sua exclusividade.

Como bem colocam Ethan Katsh e Orna Rabinovich-Eyny, é nessa dimensão que o Acesso à Justiça e o movimento pela existência de outros meios de resolução de conflitos convergem e passam a andar juntos, com que se concorda nessa obra.

Dizem: "In the decades that followed, the original court-centric approach that stood at the heart of access to justice gave away to a more expansive approach, one that recognized the important role that simpler, more accessible procedures could have. These developments, constituting a 'third wave', led to the expansion of alternative dispute resolution (ADR) approaches and various attempts to simplify court procedures, such as loosening procedures and using laypeople on the bench, as well as the adoption of mediation as an alternative to court. This is where the ADR movement and the Access to Justice Movement began to converge. As the ADR movement matured, courts were no longer viewed as the sole or even principal site for obtaining justice, and a broader vision of 'justice in many rooms', or the 'multi-door courthouse' – where different processes aligned with different disputes – became popular. [...] Consensual resolutions were now preferred over judicial decisions. Procedural justice theories advocated the adoption of the processes that allowed for disputants to be heard, thereby enhancing perceptions of fairness by the parties. It was claimed that ADR processes (and mediation in particular) could deliver a different kind of process that allowed for direct party involvement and that focused on what parties felt and needed as opposed to what they were entitled to under law"[55].

55. "The initial recognition in the post-World War II era that courts were largely inaccessible generated a range of reform efforts. The calls for enhancing access to justice focusing on financial barriers and the need for making legal aid lawyers available have been described as the 'first wave' of the Access to Justice Movement. Typically, these reform

O que a terceira dimensão do Acesso à Justiça propõe, assim, é um somar de métodos de resolução de conflitos, um verdadeiro cardápio de possibilidades para que as partes possam utilizar daquele que mais lhe pareça concretamente adequado e efetivo. A terceira dimensão propõe não só uma ideia de não exclusividade da jurisdição estatal, mas a existência de outros meios de solução dos conflitos sociais e de um ecossistema que valorize esses outros métodos. As tecnologias da informação, nessa perspectiva, mais que melhorarem a própria prestação jurisdicional estatal, funcionam como verdadeiro catalizador desses outros métodos.

Essa ideia está consolidada no País e o ordenamento jurídico nacional assim estabelece. Pode se chamar de modelo multiportas de resolução de conflitos, expressão comumente usada. Coloca-se à disposição das partes em conflito diversas possibilidades para chegar à pacificação, de modo a viabilizar que cada conflito seja encaminhado para a técnica ou meio mais adequado para obter a sua melhor solução[56].

O essencial é entender que essa terceira dimensão do Acesso à Justiça, talvez a dimensão que mais se renove e se reafirme contemporaneamente, preconiza a existência da plenitude de métodos de resolução de conflitos às partes. O conflito precisa ser adequada e efetivamente solucionado. Respeitado o devido processo legal e não impedido o acesso à função jurisdicional, pouco importará qual método será utilizado.

Nesse sentido, o CPC reforça de forma importante essa ideia ao disponibilizar para as partes outros meios de sanar suas divergências[57].

---

proposals extended legal aid to the poor, granted relief from court fees, and lowered the costs of court processes by such means as creating flexible and informal small claims courts or liberalizing the delivery of legal services." (KATSH, Ethan. RABINOVICH-EINY, Orna. *op. cit.*, p. 42).

56. LESSA NETO, João Luiz. O novo CPC adotou o modelo multiportas!!! E agora?!, *Revista de Processo*, vol. 244, p. 427-441, jun.2015.

57. "Ao analisar o disposto no art. 3.º do Novo CPC, percebe-se uma notória tendência de estruturar um modelo multiportas que adota a solução jurisdicional tradicional agregada à

Ainda que não dispusesse claramente sobre os demais métodos, ainda assim, por força constitucional e compreensão dessa terceira dimensão, ficaria o regramento do CPC adstrito aos procedimentos judiciais de solução de conflitos. Ou seja, versaria apenas e tão somente – como quase o faz hoje – sobre um dos métodos de solução dos conflitos sociais.

Assim, podem ser enfatizados alguns de seus dispositivos: art. 3º, §2º: o Estado promoverá, sempre que possível, a solução consensual dos conflitos." e §3º "A conciliação, a mediação e outros métodos de solução consensual dos conflitos deverão ser estimulados por juízes, advogados, defensores públicos e membros do Ministério Público, inclusive no curso do processo judicial."; art. 139, inc. V: "O juiz dirigirá o processo conforme as disposições deste Código, incumbindo-lhe: V – promover, a qualquer tempo, a autocomposição, preferencialmente com auxílio de conciliadores e mediadores judiciais."; art. 149: "São auxiliares da Justiça [...] o mediador, o conciliador judicial [...]."; art. 165: "Os tribunais criarão centros judiciários de solução consensual de conflitos."; art. 319, inc. VII: "A petição inicial indicará: VII – a opção do autor pela realização ou não da audiência de

---

absorção dos meios alternativos. Busca-se, assim, a adoção de uma solução integrada dos litígios, como corolário da garantia constitucional do livre acesso do inc. XXXV do art. 5.º da CR/1988. A mescla dessas técnicas de dimensionamento de litígios se faz momentaneamente necessária pela atávica característica do cidadão brasileiro de promover uma delegação da resolução dos conflitos ao judiciário, fato facilmente demonstrável pela hiperjudicialização de conflitos, mesmo daqueles que ordinariamente em outros sistemas são resolvidos pela ingerência das próprias partes mediante autocomposição. [...] Nos termos postos, vislumbra-se que, para além de pensar na jurisdição como última via para dimensionar um conflito, hoje é possível pensar que as chamadas técnicas *integradas* podem ser utilizadas como vias plúrimas e adequadas para a solução mais apropriada, quando bem estruturadas e levadas a cabo de modo profissional, independentemente do nível de complexidade do conflito que se apresente. [...] o Novo CPC, buscando reduzir os déficits de sua eficiência, diante até da ausência de profissionalismo no uso das técnicas, tenta promover um peculiar modelo multiportas no qual o processo judicial encampa a solução adjudicada (jurisdicional), além da possibilidade endoprocessual de uma conciliação e/ou mediação profissionalizada." (THEODORO JÚNIOR, Humberto, NUNES, Dierle, BAHIA, Alexandre Melo Franco, PEDRON, Flávio Quinaud. *Novo CPC – Fundamentos e sistematização*, 2. ed. rev., atual. e ampl., Rio de Janeiro : Forense, 2015, p. 240-241, 247-248 e 256).

conciliação e mediação."; e o art. 334: "Se a petição inicial preencher os requisitos essenciais e não for o caso de improcedência liminar do pedido, o juiz designará audiência de conciliação ou mediação.". Outros textos legislativos reforçam essa ideia, a exemplo do já há muito consolidado texto da Lei de Arbitragem (Lei nº 9.307/1996) e o mais recente texto da Lei da Mediação (Lei nº 13.140/2015).

Ainda nesse ponto, é interessante notar a utilização de várias expressões para esses outros métodos de resolução de conflitos (*v.g.* "métodos alternativos", "métodos consensuais", "métodos extrajudiciais", etc), com críticas de todos os lados. Por exemplo, critica-se a expressão "alternativos" como se isso renegasse os demais métodos à menor importância em relação à jurisdição estatal. No entanto, não parece que tal classificação ou discussão deva ser levada a efeito ou tenha utilidade relevante.

O que realmente importa para o dia a dia dos estudantes e operadores da ciência jurídica parece ser (i) entender quais métodos estão à disposição; (ii) quais as características de cada um desses métodos a permitir a escolha adequada e concreta para cada conflito social, quais os custos, o tempo de transcurso, se consensual ou não, etc (*v.g.* desconhecer os custos normais da arbitragem levaria à sua utilização inadequada para conflitos de consumo de baixo valor); (iii) compreender as eventuais falhas dos métodos existentes para entender as necessidades; e (iv) endereçar esforços no desenvolvimento de outros métodos que se mostrem mais adequados aos conflitos existentes.

2.3.3.1 A ideia de um modelo multiportas e o papel das tecnologias da informação

Como já mencionado, a jurisdição estatal, compreendida como aquela exercida pelo Poder Judiciário, não pode ser mais vista como o único meio de solução de conflitos, mas sim como método ainda protagonista. Fala-se *ainda*, justamente porque diante do cenário e com o fomento necessário de outros métodos de resolução mais adequado e efetivos, inclusive aqueles se valham das tecnologias da informação, espera-se que tal protagonismo deixe de existir, remanescendo a jurisdição estatal como método nas situações concretas em que a necessidade assim demandar. É o sair de cena de um grande ator protagonista de uma mesma peça por muitos anos, mas que agora deve ceder lugar, naturalmente, a um ator mais jovem justamente porque esse, de forma mais adequada, fará o papel. Alguma audiência mais antiga ou muito mais conservadora, pode ainda demandar o ator anterior, mas com o tempo seu protagonismo será apenas uma memória afetuosa de um trabalho bem feito por um longo período.

Diante das ineficiências e inadequações de diversas ordens, como a morosidade e a falta de conhecimentos específicos de seus operadores, com o que alguns autores chegam a chamar de *tragédia da justiça*[58], com razão, a jurisdição estatal passa a conviver com outros métodos que a auxiliam na execução da tarefa para qual foi concebida. O Acesso à Justiça, na linha do que já foi dito, impõe esse repensar dos modelos de resolução de conflitos, determinando o desenvolvimento de mecanismos que melhor se ajustem à natureza dos conflitos sociais e permitam a melhor atuação do direito material. A busca pela plenitude qualificada.

A esse respeito, é o que bem sinaliza Maria Valeria Di Bernardo: "Los medios alternativos de resolución de conflictos (MARC) ocupan un lugar relevante en la reforma y modernización del sector justicia. Se incluye bajo este nombre toda forma de resolución de conflictos que no pase por la sentencia judicial, el uso de la fuerza e o el abandono del conflicto. Se ha sostenido que es obligación de un Estado democrático y moderno, preocupado por el bienestar social, el proveer a la sociedad de un servicio de justicia heterogéneo. Ello significa que

58. Ver WOLKART, Erik Navarro. Análise econômica do processo civil, São Paulo: Thomson Reuters Brasil, 2019.

el deber que tiene el Estado de tutelar los derechos amenazados de sus ciudadanos no se satisface con la sola organización de un Poder Judicial eficiente, probo, transparente, sino que exige que se ofrezcan y se apoyen también otros mecanismos de solución de controversias que pueden resultar, de acuerdo con la naturaleza del conflicto, más efectivos y menos costosos en términos económicos, rápidos en relación con el tempo empleado en su solución, convenientes en cuanto impidan la recurrencia del conflicto, y socialmente más valiosos si posibilitan y mejoran la relación futura entre las partes."[59].

Assenta-se o chamado *modelo multiportas de solução de conflitos*, oriundo das ideias de Frank Sander na década de 1970[60], integrando a jurisdição estatal à arbitragem, à conciliação, à mediação e a outros meios de resolução de conflitos que, independentemente do nome, características, fases ou formatos se mostrem concretamente mais adequados e efetivos. Coloca-se à disposição das partes em conflito diversas possibilidades para chegar à pacificação, de modo a viabilizar que cada conflito seja encaminhado para a técnica ou meio mais

59. BERNARDO, Maria Valeria Di. Médios alternativos de resolución de conflitos em Argentina. *In* CABRAL, Antonio do Passo. NOGUEIRA, Pedro Henrique. *Grandes temas do novo CPC*, vol. 1, Salvador : Juspodivm, 2015, p. 559.

60. "O Sistema de Múltiplas Portas (*Multidoor Courthouse System*) pode ser definido como um mecanismo de aplicação de métodos alternativos de resolução de conflitos no qual, a partir do conflito apresentado pelas partes interessadas em negociar, é disponibilizada uma variedade de meios ou "portas", a fim de que se possa identificar qual a mais adequada para a propositura de um acordo eficaz e que seja cumprido e satisfatório por ambos os indivíduos. Tal sistema é amplamente utilizado nos Estados Unidos, especialmente em Estados como Flórida, Washington e Nova York. A ideia de se criar um mecanismo tal como o Sistema de Multiportas surgiu a partir de uma conferência (*Pound Conference*), realizada em 1976 que discutiu acerca da insuficiência do Poder Judiciário para atender a todas as demandas com justiça. Foi apresentada pelo professor da faculdade de Direito de Harvard Frank Sander e, a partir daí, tem se aprimorado e, atendendo a demanda da complexidade dos conflitos, vem apresentando novos métodos (ou portas) ao passo que novas formas de conflitos surgem" (SALES, Lilia Maia de Moraes; SOUSA, Mariana Almeida de. O Sistema de Múltiplas Portas e o Judiciário brasileiro. *Revista Direitos Fundamentais & Justiça*, Porto Alegre, ano 5, n. 16. p. 204-220, jul./set.2011, p. 204).

adequado para obter a sua melhor solução[61]. O Poder Judiciário não é uma esfera unicamente para a obtenção de uma decisão imposta às partes; há, também, outros mecanismos que podem ser mais adequados para o conflito que é levado a esse Poder, como a negociação, a conciliação, a mediação e a arbitragem. Cada meio possível para a resolução da controvérsia é uma "porta" para a solução do conflito.

Em analogia, seria como se um paciente doente entrasse em um hospital e tivesse uma multiplicidade de médicos nas mais diversas especialidades para atendê-lo, de modo que ele pode buscar o médico, a especialidade e o tempo de tratamento que melhor se ajuste à sua enfermidade. Quanto mais opções, mais prováveis serão suas chances de cura. Quanto menos, maior a chance do paciente deixar o hospital, ainda doente, podendo contaminar toda sua comunidade, multiplicando, não soluções, mas problemas de gestão para sociedade. O Acesso à Justiça, enquanto princípio, portanto, determina a existência desse hospital com a maior multiplicidade de possibilidades de tratamento.

Nessa perspectiva, inclusive, as possibilidades que se valham das tecnologias da informação para condução do procedimento de solução ou mesmo decisão sobre o próprio conflito. Seja porque tornam os métodos ou portas existentes mais acessíveis, sejam porque criam outros novos métodos ou portas. Como explica Erik Navarro Wolkart: "Tradicionalmente o acesso à justiça é pensado na forma de acesso ao Poder Judiciário. Modernamente, como também já visto, o conceito de justiça multiportas conteve um pouco essa visão, demonstrando que o Poder Judiciário não é a única porta de acesso à justiça, havendo outras, como a mediação, a arbitragem e a negociação direta. Neste ponto, o papel da tecnologia desdobra-se em dois. De um lado, ela torna todas essas portas mais acessíveis, diminuindo

61. LESSA NETO, João Luiz. O novo CPC adotou o modelo multiportas!!! E agora?!, *Revista de Processo*, vol. 244, p. 427-441, jun.2015.

os custos de transação de sua utilização, graças à digitalização e ao acesso *on-line*. De outro lado, ela *cria novas portas*, cujos caminhos podemos resumir na expressão *dispute avoidance*, ou *prevenção de conflitos*."[62].

2.3.3.2 A Resolução nº 125/2010 do CNJ e a "Política Judiciária Nacional de tratamento adequado dos conflitos de interesses no âmbito do Poder Judiciário"

Outro marco normativo nacional extremamente relevante de consolidação da terceira dimensão do Acesso à Justiça e seus ideais é a Resolução nº 125[63] do Conselho Nacional de Justiça – CNJ, de 2010, recentemente, inclusive, aprimorada pela Resolução nº 326 de 2020 que trouxe avanços muito importantes. Já na ementa, a importância dos outros métodos de solução dos conflitos é enaltecida, sinalizando que a Resolução dispõe sobre a "Política Judiciária Nacional de tratamento adequado dos conflitos de interesses no âmbito do Poder Judiciário e dá outras providências".

Já nos "Considerandos", observa-se também a valorização dos demais métodos de solução dos conflitos ao lado da prestação jurisdicional estatal. Lembra que "a eficiência operacional, o acesso ao sistema de Justiça e a responsabilidade social são objetivos estratégicos do Poder Judiciário, nos termos da Resolução/CNJ nº 70, de 18 de março de 2009". Reforça o que vem sendo aqui dito que "o direito de acesso à Justiça, previsto no art. 5º, XXXV, da Constituição Federal além da vertente formal perante os órgãos judiciários, implica acesso à ordem jurídica justa e a soluções efetivas". E, por isso, "cabe ao Judiciário estabelecer política pública de tratamento adequado

62. WOLKART, Erik Navarro. *op. cit.*, p. 741.

63. Disponível em: https://atos.cnj.jus.br/atos/detalhar/atos-normativos?documento=156 Acesso em: 12.07.2020.

dos problemas jurídicos e dos conflitos de interesses, que ocorrem em larga e crescente escala na sociedade, de forma a organizar, em âmbito nacional, não somente os serviços prestados nos processos judiciais, como também os que possam sê-lo mediante outros mecanismos de solução de conflitos, em especial dos consensuais, como a mediação e a conciliação". Também reconhece que: "a conciliação e a mediação são instrumentos efetivos de pacificação social, solução e prevenção de litígios, e que a sua apropriada disciplina em programas já implementados no país tem reduzido a excessiva judicialização dos conflitos de interesses, a quantidade de recursos e de execução de sentenças."

Em seu art. 1º, com texto novo dado pela Res. nº 326/2020, determina que "Fica instituída a Política Judiciária Nacional de Tratamento Adequado dos Conflitos de Interesses, tendente a assegurar a todos o direito à solução dos conflitos por meios adequados à sua natureza e peculiaridade.". Como destaque, sem dúvida nenhuma está no reconhecimento de que o Poder Judiciário, como um dos agentes decisivos da potencialização do sucesso do Acesso à Justiça, por meio de tal política pública, deve assegurar a todos o direito ao método de solução do conflito que seja mais ajustado ao perfil do conflito. Além disso, no par. único do dispositivo, há a determinação de que aos órgãos da estrutura judiciária incumbe, antes de seguir pelo procedimento vocacionado à solução mediante decisão judicial, "oferecer outros mecanismos de soluções de controvérsias, em especial os chamados meios consensuais, como a mediação e a conciliação, bem assim prestar atendimento e orientação ao cidadão.".

Ao CNJ, "compete ao Conselho Nacional de Justiça organizar programa com o objetivo de promover ações de incentivo à autocomposição de litígios e à pacificação social por meio da conciliação e da mediação" (art. 4º), sendo "O programa será implementado com a participação de rede constituída por todos os órgãos do Poder

Judiciário e por entidades públicas e privadas parceiras, inclusive universidades e instituições de ensino."(art. 5º).

Observa-se, assim, que cumpre à entidade capitanear o desenvolvimento dessa política pública de promoção dos outros meios de solução dos conflitos no Judiciário. Para tanto, diz o art. 6º da Resolução que o CNJ, entre outras providências, (i) estabelecerá as diretrizes para implementação de tal política, (ii) desenvolver parâmetro curricular e ações para a capacitação de profissionais em tais métodos, (iii) providenciar que as atividades relacionadas a métodos consensuais devem ser consideradas como critérios nas promoções e remoções de magistrados, (iv) criar o Cadastro Nacional de Mediadores Judiciais e Conciliadores, a fim de interligar de forma unificada os cadastros dos Tribunais de Justiça e dos Tribunais Regionais Federais, e, muito pertinente ao objeto dessa obra, (v) criar Sistema de Mediação e Conciliação Digital ou a distância para atuação pré-processual de conflitos e, havendo adesão formal de cada Tribunal de Justiça ou Tribunal Regional Federal, para atuação em demandas em curso, nos termos do art. 334, § 7º, do CPC, e 46 da Lei de Mediação.

Os Tribunais também tem participação decisiva, competindo a tais entidades criar "Núcleos Permanentes de Métodos Consensuais de Solução de Conflitos (Núcleos), coordenados por magistrados e compostos por magistrados da ativa ou aposentados e servidores" (art. 7º). Esses Núcleos serão responsáveis por implementar tal Política Pública no âmbito dos respectivos tribunais, implementando e aperfeiçoando as ações, inclusive instalando os Centros Judiciários de Solução de Conflitos e Cidadania (CEJUSCs) "que concentrarão a realização das sessões de conciliação e mediação que estejam a cargo de conciliadores e mediadores, dos órgãos por eles abrangidos" (art. 7º, X).

Conforme determina o art. 8º, "Os Tribunais deverão criar os Centros Judiciários de Solução de Conflitos e Cidadania (Centros ou Cejuscs), unidades judiciárias de primeiro grau responsáveis pela realização ou gestão das sessões e audiências de conciliação e mediação que estejam a cargo de conciliadores e mediadores, bem como pelo atendimento e orientação ao cidadão". Os CEJUSCs representam, portanto, as principais unidades administrativas e de serviço público para a utilização da conciliação e mediação no âmbito do Poder Judiciário. Suas regras gerais de funcionamento estão nos §§ do próprio art. 8º. É de se destacar, ainda, a determinação para que cada unidade do CEJUSC tenha, obrigatoriamente, setor de solução de conflitos pré-processual, de solução de conflitos processual e de cidadania (art. 10).

Por sua vez, no art. 12, há a determinação de que tanto nos Centros como em todos os demais órgãos judiciários em que sessões de conciliação e mediação sejam realizadas, somente serão admitidos conciliadores e mediadores capacitados, conforme diretrizes curriculares previstas no Anexo I da própria resolução. Trata-se de determinação relevante, dado que a capacidade dos profissionais que exercem tal tarefa é decisiva no sucesso de tais procedimentos.

Nos arts. 12-C a 12-F, determina-se, entre outros pontos, que as Câmaras Privadas de Conciliação e Mediação ou órgãos semelhantes, bem como seus mediadores e conciliadores, devem ser cadastradas no Tribunal respectivo ou no Cadastro Nacional de Mediadores Judiciais e Conciliadores, salvo se as sessões forem de natureza pré-processual.

Como toda e qualquer política pública que preze por sua eficiência, a Resolução nº 125 prioriza o levantamento de dados estatísticos sobre as atividades de cada CEJUSC, a partir da criação de banco de dados respectivo por cada Tribunal (art. 13). Ao CNJ cumprirá, então, compilar as informações sobre os serviços públicos de solução consensual das controvérsias existentes no País (art. 14), tudo isso para o exercício importante de mapeamento da utilização e eficiência de tais serviços.

Ainda, é relevante destacar o Portal da Conciliação[64] (art. 15) no qual é disponibilizado de forma acessível e prática para todos os interessados: (i) diretrizes da capacitação de conciliadores e mediadores, (ii) relatório gerencial do programa, por tribunal, (iii) compartilhamento de boas práticas, projetos, ações, artigos, pesquisas e outros estudos, (iv) fórum permanente de discussão, (v) divulgação de notícias relacionadas ao tema, e (vi) relatórios de atividades da "Semana da Conciliação". A existência de uma seção online dedicada ao tema, em que todas as ações e resultados são postos de forma concentrada, em máxima transparência, é absolutamente elogiável.

Observa-se, assim, a tamanha importância da Resolução nº 125 do CNJ na consolidação da terceira dimensão do Acesso à Justiça no País, representando verdadeiro marco normativo da concretização prática dessa ideia, digno dos mais efusivos aplausos.

2.3.3.3 Principais meios consensuais: negociação, conciliação e mediação

Dentro da lógica proposta pela terceira dimensão do Acesso à Justiça de outros meios, paralelos à jurisdição estatal podem ser igual ou melhor que essa na resolução dos conflitos e na linha do dito quanto à Resolução nº 125 do CNJ, valem destacar aqueles mecanismos que têm na busca do consenso sua principal característica: os chamados meios consensuais de resolução dos conflitos. Os principais: a negociação, a conciliação e a mediação.

O primeiro destes é a negociação, mecanismo pelo qual sujeitos em conflito identificam os interesses e necessidades de cada envolvido e buscam celebrar um acordo, por mútuas concessões, que possa atender os interesses de todos, o que pode ocorrer das mais diversas

64. Disponível em: https://www.cnj.jus.br/programas-e-acoes/conciliacao-e-mediacao/ Acesso em: 13.07.2020.

formas, a depender, por exemplo, das características do conflito e das aptidões das partes e seus representantes. A negociação é uma forma de resolução de conflitos inerente à vida em sociedade: desde o momento em que acordam até a hora de dormir os indivíduos negociam com as mais diferentes pessoas, seja na esfera familiar, profissional ou acidentalmente na rua[65].

Embora a negociação muitas vezes ocorra naturalmente, existem técnicas para que se possa obter os melhores resultados. Nessa perspectiva, vale citar o raciocínio da Escola de Harvard, pela qual a negociação passa pelas fases de preparação, avaliação, ajustes e fechamento.

As espécies de negociação variam de acordo com o valor em jogo. Há a chamada negociação distributiva, em que há um valor único a ser distribuído entre as partes, de sorte que, nesse caso, quanto maior o sucesso de um, menor será o sucesso do outro negociador, em um típico sistema de "perde/ganha". Já nas negociações integrativas ambas as partes constroem juntas os valores, ampliando a margem de negociação e as chances de sucesso em se chegar a um acordo. Esse nos parece o melhor cenário, sobretudo nas relações continuadas, uma vez que os vínculos se tornam mais fortes e ambas as partes saem ganhando.

Note-se que não foi a negociação regulamentada pelo Código de Processo Civil, que apenas dispôs sobre a conciliação e a mediação.

Note-se que a escolha entre o uso da mediação ou da conciliação vai ser balizada pelo artigo 165, parágrafos 2º e 3º, do Código de Processo Civil, que estabelecem as funções do conciliador e do mediador, respectivamente, o que indica a pertinência da utilização de cada um desses métodos. Nesse sentido, a conciliação é indicada para

---

65. Nessa linha: FISCHER, Roger; URY, William; PATTON, Bruce. *Como chegar ao sim*. Tradução de Vera Ribeiro e Ana Luiza Borges. 2. ed. Rio de Janeiro: Imago, 2005, p. 15.

os casos em que não houver vínculo anterior entre as partes. O conciliador poderá, diante de autor e réu, sugerir soluções para o litígio, sendo vedada a utilização de qualquer tipo de constrangimento ou intimidação, a fim de que eles conciliem. Por exemplo, numa ação de responsabilidade civil extracontratual (e.g., uma ofensa à honra em redes sociais por um órgão de comunicação), o método consensual mais adequado para a solução do conflito é a conciliação.

A mediação, por sua vez, é indicada preferencialmente para as hipóteses em que houver vínculo anterior entre as partes. O mediador atuará, então, buscando auxiliar os interessados a compreender as questões e os interesses em conflito, a fim de que possam, com base no restabelecimento da comunicação que fora perdida quanto ao vínculo que tinham, identificar, por si próprios, soluções consensuais que gerem benefícios mútuos. A mediação é um meio consensual adequado, por exemplo, para solucionar conflitos em relações que se pretende que permaneçam ao longo do tempo, ainda que com outras características, como é o caso dos conflitos de família, em que ex-cônjuges ainda manterão contato em função de filhos.

O artigo 166, CPC, inclusive, arrolou princípios que informam a conciliação e a mediação: independência, imparcialidade, autonomia da vontade, confidencialidade, oralidade, informalidade e decisão informada.

A independência busca assegurar ao conciliador e ao mediador a autonomia para conduzir o procedimento, designando as sessões de conciliação e mediação que entender necessárias, prestando os esclarecimentos que reputar pertinentes às partes, alertando estas quanto aos deveres a serem seguidos no procedimento, dentre outros.

A imparcialidade busca afastar o conciliador e o mediador do conflito submetido ao meio consensual e busca preservar a independência da atuação deste auxiliar da justiça. Não há, no ponto, grande distinção em relação à imparcialidade que também é exigida do magistrado para atuar no feito, tanto que os auxiliares da justiça – dentre os quais se incluem os conciliadores e mediadores – estão sujeitos às mesmas causas de impedimento e suspeição que os magistrados (artigo 148, II, CPC).

A autonomia da vontade significa a exigência de que eventual solução obtida em sede de conciliação e mediação deve resultar da vontade das partes envolvidas. Trata-se, com efeito, de consequência da consensualidade destes meios de autocomposição, o que afasta a possibilidade de que a decisão seja imposta às partes, tal como ocorre no processo judicial.

A confidencialidade representa o dever de sigilo em relação a terceiros sobre a existência do conflito, dos documentos exibidos, das provas produzidas, do desenrolar das negociações e de eventual decisão (caso o processo seja heterocompositivo, como ocorre com a arbitragem, por exemplo). Também pode significar a imposição de sigilo para todos os sujeitos que participam do método não jurisdicional de solução do conflito[66].

Pelo princípio da oralidade, as tratativas entre as partes e o terceiro imparcial serão orais, de forma que o essencial do conversado entre as partes e o conciliador ou mediador não constaram do termo de audiência ou da sessão realizada. Nada impede, naturalmente, que o conciliador e, em especial o mediador, se valha durante a sessão ou audiência de escritos resumidos das posições adotadas pelas partes e dos avanços obtidos na negociação, mas esses servirão apenas durante as tratativas, depende ser descartados após a conciliação e a mediação.

66. RODRIGUES, Marco Antonio dos Santos; GISMONDI, Rodrigo. Métodos de solução consensual de conflitos e a Fazenda Pública. In: *Mediação e arbitragem na administração pública*: volume 2 [recurso eletrônico] / Coordenadores Humberto Dalla Bernardina de Pinho, Roberto de Aragão Ribeiro Rodrigues – Santa Cruz do Sul: Essere nel Mondo, 2020, p. 97 e ss.

A informalidade da conciliação e da mediação diz respeito à inexistência de um procedimento preestabelecido. De fato, a lei não se imiscui no arranjo e na sequência dos atos do conciliador ou mediador no âmbito das audiências de conciliação e das sessões de mediação, os quais serão passíveis de adaptação às exigências do conflito e às necessidades dos interessados[67].

Em razão do princípio da decisão informada, o mediador e o conciliador, como parte de seu dever de atuar com base no princípio da colaboração, deverá, na medida de suas capacidades técnicas, tentar prevenir e impedir que a decisão dos mediandos ocorra com base em imagens ou ideias ilusórias.

2.3.3.4 Outras situações: arbitragem, avaliação de terceiro neutro, minitrial, juiz de aluguel e cláusula escalonada de mediação e arbitragem

Além dos mecanismos acima mencionado, cumpre referência também à arbitragem (que será detalhada na parte II dessa obra), e com a experiência estrangeira, à avaliação de terceiro neutro, ao *minitrial*, à figura do "juiz de aluguel" e à cláusula escalonada de mediação e arbitragem.

Um meio regulado por lei própria é a arbitragem, que embora represente a solução por terceiro, é de escolha consensual, diante da opção das partes em comum acordo de submeter o conflito à arbitragem[68]. A arbitragem é técnica de solução de conflitos mediante a qual os conflitantes buscam em uma terceira pessoa, de sua confiança, a solução amigável e "imparcial" (porque não feita pelas partes

67. PANTOJA, Fernanda Medina. Art. 166. In: CABRAL, Antonio do Passo; CRAMER, Ronaldo (Coord.). *Comentários ao novo Código de Processo Civil.* 2. ed. Rio de Janeiro: Forense, 2016, p. 353.
68. RODRIGUES, Marco Antonio. *A Fazenda Pública no processo civil.* 2. ed. Rio de Janeiro: Forense, 2017, p. 370.

diretamente) do litígio. Como mencionado, será tratada na parte II do trabalho em maior nível de detalhe.

A avaliação do terceiro neutro é um método de resolução de disputas na qual uma pessoa, que não o julgador, deve analisar o caso, pode, além de ter acesso a documentos, entrevistar as partes, seus advogados, colher elementos de convencimento, para em seguida emitir parecer fundamentado[69].

Se a utilização do terceiro neutro tem razão de ser no âmbito de um tribunal, o *minitrial* tem origem privada e reproduz um julgamento. Trata-se de reprodução do *trial* judicial, porém sem a tensão que uma disputa no tribunal envolve[70].

Já no âmbito de alguns tribunais estaduais norte-americanos, há a figura do "juiz de aluguel" em que as partes, de comum acordo, podem indicar uma pessoa para ser o julgador (*decision maker*), árbitro ou mediador de um caso. Em geral, escolhem um juiz aposentado que tenha especialidade no assunto tratado na controvérsia[71].

Finalmente, a cláusula escalonada de mediação e arbitragem é uma modalidade geralmente prevista em cláusula contratual em que, de forma escalonada, tenta-se inicialmente mediar as partes para que encontrem uma solução para o impasse. Fracassada a mediação, esse mesmo terceiro passa para a arbitragem[72]. Situação, portanto, interessante de fusão escalonada de mais de um método e que, na prática, representa de forma concreta o empoderamento das partes na customização de um meio de resolução de conflitos que mais lhes faça sentido.

---

69. FALECK, Diego. Um passo adiante para resolver problemas complexos: desenho de sistemas de disputas. In: SALLES, Carlos Alberto; LORENCINI, Marco Antônio Garcia Lopes; SILVA, Paulo Eduardo Alves da. (Org.). *Negociação, Mediação e Arbitragem* – curso básico para programas de graduação em Direito. São Paulo: Método, 2013, v. 1, p. 257-272.

70. *Ibidem.*

71. *Ibidem.*

72. *Ibidem.*

2.3.4 A quarta dimensão do Acesso à Justiça e a proposta de Kim Economides: o acesso dos operadores do Direito à Justiça

É interessante notar a proposta de Kim Economides para o que seria uma quarta onda do Acesso à Justiça, como o próprio autor propõe[73]. Como dito, prefere-se o termo "dimensão" à expressão "onda". Assim, mais que concordar ou não com a proposta por uma quarta movimentação – a seguir a ordem cronológica de sua formatação – revela importante mencionar a proposta como mais um olhar válido sobre o Acesso à Justiça. Toda leitura ou iniciativa que vier a se debruçar sobre possíveis problemas e soluções para o fenômeno, se dentro do devido processo legal e em respeito à dignidade da pessoa humana, deve ser elogiada.

Conforme o autor, essa quarta onda – para nós *dimensão* – estaria relacionada a assegurar aos operadores do Direito o acesso à Justiça, inclusive aqueles que atuam no seio do sistema jurisdicional estatal[74]. Essa dimensão se desenvolve em duas perspectivas. Propõe o autor: "O problema atual não é, simplesmente, medir o acesso dos cidadãos à justiça, lançando mão, por exemplo, do mapeamento de espaços na oferta dos serviços jurídicos, mas, antes, abrir novas perspectivas na definição da própria justiça. Dessa forma, proponho uma mudança importante, passando das questões metodológicas para as epistemológicas ou, colocando de outra maneira, redirecionando nossa atenção, desviando-nos do acesso para olharmos para a justiça com novos olhos. A que tipo de 'justiça' os cidadãos devem aspirar? Em vez de nos concentrarmos no lado da demanda, devemos considerar mais cuidadosamente o acesso dos cidadãos à justiça do lado da oferta, analisando dois níveis distintos: primeiro, o acesso dos

73. ECONOMIDES, Kim. Lendo as ondas do "movimento de acesso à justiça": Epistemologia versus metodologia? *In* PANDOLFI, Dulce, [et al]. (orgs). *Cidadania, justiça e violência*. Rio de Janeiro: Ed. Fundação Getulio Vargas, 1999, p. 61-76. Disponível em: http://cpdoc.fgv.br/producao_intelectual/arq/39.pdf Acesso em: 13.07.2020.

74. *Idem*, p. 72.

cidadãos ao ensino do direito e ao ingresso nas profissões jurídicas; segundo, uma vez qualificados, o acesso dos operadores do direito à justiça. Tendo vencido as barreiras para admissão aos tribunais e às carreiras jurídicas, como o cidadão pode se assegurar de que tanto juízes quanto advogados estejam equipados para fazer 'justiça'?"[75].

Quanto à primeira perspectiva, há a preocupação - correta na visão desses autores - em relação a quem tem acesso ao ensino jurídico, às faculdades de Direito. Como segunda perspectiva, há a preocupação de como assegurar que, uma vez dentro da carreira jurídica, tanto advogados quanto aqueles que têm por função atuar na resolução dos conflitos têm acesso à Justiça, o que passa pelo entendimento adequado de qual o papel das instituições de ensino e organizações envolvidas nessa dinâmica na definição de mais altos padrões de profissionalização e ética[76].

2.3.5 As tecnologias da informação e a proposta por uma nova dimensão do Acesso à Justiça

Ainda em relação ao tema das dimensões do Acesso à Justiça, não se ignora a existência de outras propostas adicionais e outras visões que venham a somar. A exemplo, aquela que identifica uma "quinta onda" do *Global Access to Justice Project* associada os processos contemporâneos de internacionalização da proteção dos direitos humanos[77].

No entanto, endereçando a questão de acordo com o tema da presente obra, o que se propõe, aqui, é o reconhecimento de uma nova dimensão do Acesso à Justiça ou onda, como se preferir, associada ao

75. *Idem*, p. 72-73.

76. *Idem*, p. 73-76.

77. Disponível em: http://globalaccesstojustice.com Acesso em: 13.07.2020.

uso das tecnologias da informação, seja na automação ou na transformação dos procedimentos de resolução dos conflitos.

O que se propõe é o entendimento de que as tecnologias da informação podem otimizar a forma como as resoluções dos conflitos se desenvolvem. Como colocam Susana Henriques da Costa e João Eberhardt: "Toda e qualquer medida que seja capaz de contribuir para diminuir a lacuna ao acesso à justiça, com simplificação e aceleração de procedimentos, e, ainda, facilite o pleno exercício da cidadania e garanta os direitos dos jurisdicionados, merece aplausos. Sem dúvida, a utilização de ferramentas digitais, como aplicativos e plataformas, mostra-se especialmente apta, em tese, para propiciar meios que ampliem o acesso à justiça."[78].

Isso pode se dar com a automação de procedimentos existentes e já feitos por humanos, com a transformação de meios existentes ou agregando novos métodos de solução. Ainda nessa obra, alguns exemplos desses fenômenos serão tratados e que parecem confirmar essa afirmação.

Em suma, a leitura do fenômeno é que as tecnologias da informação, na linha de que se relacionam com o Direito de várias maneiras, funcionam como verdadeiros mecanismos catalizadores do Acesso à Justiça, ao passo que (i) melhoram ou otimizam os meios existentes ou (ii) aumentam o cardápio de opções de meios de solução de conflitos à disposição das pessoas envolvidas no conflito, potencializando, por consequência, as chances de que o método seja mais adequado e efetivo ao conflito posto[79].

---

78. COSTA, Susana Henriques da. FRANCISCO, João Eberhardt. Acesso à justiça e a obrigatoriedade da utilização dos mecanismos de *Online Dispute Resolution*: um estudo da plataforma Consumidor.gov.br *In* LUCON, Paulo Henrique dos Santos [et. Al] [coords]. *Direito, processo e tecnologia*, São Paulo : Thomson Reuters Brasil, 2020, p. 675.

79. "Com sistemas avançados cada vez mais baratos e com um oceano de informações à disposição, é possível que tanto o Estado quanto os particulares repensem a forma de solução de conflitos através da tecnologia, mas sem apego a formas vetustas e desgastadas que não têm mais elasticidade para serem aprimoradas e fazer frente aos novos desafios impostos pela dinamização das relações pessoais e comerciais." (WOLKART, Erik Navarro. *Análise econômica do processo civil*, São Paulo: Thomson Reuters Brasil, 2019, p. 726).

Não parece ser mais possível ignorar, portanto, que o Acesso à Justiça tem também essa dimensão e assim deve ser trabalhado. Logo, além de se trabalhar na redução dos custos, na ampliação da tutela transindividual, no desenvolvimento de outros métodos de solução ao lado da jurisdição estatal e na melhoria do ensino jurídico e profissionalização dos sujeitos envolvidos nessa dinâmica, faz-se necessário aproveitar-se ao máximo das funcionalidades e ferramentas trazidas pelas tecnologias da informação na solução dos conflitos jurídico-sociais.

Aliás, as tecnologias da informação e a formatação social contemporânea (sociedade da informação ou pós-industrial[80], sociedade do risco[81]

80. Explica Yoneji Masuda já em 1982: "A espécie humana vive um processo de transformação silenciosa da sociedade: o surgimento de uma época da informação, centrada na tecnologia de telecomunicações e informática. Uma 'Época da Informação' é o *período de tempo em que ocorre uma inovação na tecnologia da informação, em que se torna latente o poder de transformação da sociedade, capaz de acarretar uma expansão da quantidade e da quantidade da informação, e um aumento em larga escala no armazenamento da informação.* Essa época da informação, centrada na tecnologia do computador, terá um impacto muito mais decisivo na sociedade humana do que a revolução da 'energia', que começou com a invenção da máquina a vapor. A razão básica disso é que a função fundamenta do computador é substituir e amplificar o trabalho mental humano, enquanto a máquina a vapor teve a função básica de substituir e amplificar o trabalho físico." (MASUDA, Yoneji. *A sociedade da informação como sociedade pós-industrial*, trad. Kival Charles Weber e Angela Melim, Rio de Janeiro : Ed. Rio, 1982, p. 67). Também sobre o tema ver a obra de Armand Mattelart, *História da sociedade da informação*, 2. ed., São Paulo : Loyola, 2002).

81. Expressão cunhada na obra de Ulrich Beck, correspondente, a grosso modo, a proliferação contemporânea de riscos em razão do desenvolvimento das tecnologias e diversificação dos modelos de produção humana. Segundo o autor: "O ritmo e a radicalidade dos processos de modernização nas sociedades de risco trazem à colação as consequências dos sucessos da modernização. Surge uma nova categoria de risco, uma vez que as condições do seu cálculo e o processamento institucional falham parcialmente. Estas circunstâncias levam ao desenvolvimento de um novo clima moral na política no qual as apreciações culturais, portanto, diferentes de país para país, desempenham um papel central e os prós e os contras das consequências possíveis ou reais das decisões técnicas ou económicas são debatidos publicamente, ao mesmo tempo que as funções da ciência e da tecnologia também mudam. Nos últimos dois séculos, a tradição nas sociedades ocidentais foi substituída pelo juízo dos cientistas. No entanto, quanto mais a ciência e a tecnologia penetram e transformam a vida a nível global, tanto menos óbvia é, paradoxalmente, esta autoridade dos peritos. Os meios de comunicação social, os parlamentos, os movimentos sociais, os governos, os filósofos, os juristas, os escritores, etc., conquistam o direito de participação em discursos sobre o risco, nos quais também são levantadas questões de (auto-) restrição normativa. Os conflitos levam a novas institucionalizações, tendo até favorecido o surgimento de uma nova área jurídica, o direito do risco, que regulamenta a forma de

e que permeia a quarta revolução industrial[82]) geram toda espécie de riscos e, por consequência, conflitos sociais em maior diversidade e especificidade.

---

proceder face a riscos, sobretudo de origem científica e técnica, e interfere cada vez mais na investigação, sobretudo ao nível da gestão. Portanto, a luta pela culpa e a responsabilidade, travada nos conflitos sociais em torno da definição do risco, não é – como afirma Mary Douglas – uma necessidade antropológica. Também houve perigos pré-modernos que levaram a recriminações. No entanto, estes perigos eram considerados essencialmente 'fatalidades' que se abatiam sobre os seres humanos 'a partir do exterior', podendo ser atribuídos a deuses 'externos', a demônios ou à natureza. A história das instituições políticas da sociedade moderna em desenvolvimento no século XIX e XX pode ser entendida como a estruturação conflituosa de um sistema de regras em confronto com incertezas e riscos industriais, portanto, resultantes de decisões. A possibilidade ou necessidade de responder com um novo 'contrato de risco' às aventuras que resultam da abertura e da conquista de novos mercados, assim como do desenvolvimento e da implementação de novas tecnologias é uma invenção social que remonta aos primórdios da navegação mercante intercontinental, alargada com o desenvolvimento do capitalismo nacional, a quase todas as zonas de problemas de ação social e cada vez mais aperfeiçoada. As consequências que começam por afetar os indivíduos tornam-se 'riscos', isto é, tipos de acontecimentos de natureza sistêmica, descritíveis em termos estatísticos e, neste sentido, 'calculáveis', podendo assim ser submetidos a regras de compensação e de prevenção acima do nível individual. Este 'cálculo de risco' une ciências naturais, técnicas e sociais. [...] Este contrato de risco sancionado pelo Estado, que visa a redução providencial e a distribuição 'justa' de efeitos secundários e de custos das decisões industriais, situa-se algures entre o socialismo e o liberalismo, uma vez que reconhece o surgimento sistêmico de efeitos secundários perigosos, mas envolve simultaneamente os indivíduos na compensação e prevenção dos mesmos. Por conseguinte, a existência de violações permanentes, flagrantes e sistemáticas a este contrato de risco da sociedade nacional põe em causa o consenso que, pelo menos em princípio, sustentava a modernização: é isto que a categoria sociedade de risco afirma. [...] Portanto, a expressão sociedade de risco, que descobri e que utilizei, em 1986, para título do meu livro, resume uma época da sociedade moderna que não só se livra das formas de vida tradicionais, como também questiona os efeitos secundários de uma modernização bem-sucedida: biografias inseguras e perigos inimagináveis que atingem todos e contra os quais já ninguém se pode proteger de forma adequada.". (BECK, Ulrich. Sociedade de risco mundial: em busca da segurança perdida, Lisboa : Edições 70, 2016, p. 26-29).

82. Diz Klaus Schwab: "Atualmente, enfrentamos uma grande diversidade de desafios fascinantes; entre eles, o mais intenso e importante é o entendimento e a modelagem da nova revolução tecnológica, a qual implica nada menos que a transformação de toda a humanidade. Estamos no início de uma revolução que alterará profundamente a maneira como vivemos, trabalhamos e nos relacionamos. Em sua escala, escopo e complexidade, a quarta revolução industrial é algo que considero diferente de tudo aquilo que já foi experimentado pela humanidade. [...] Estou bastante ciente de que alguns acadêmicos e profissionais consideram que essas inovações são somente mais um aspecto da terceira revolução industrial. Três razões, no entanto, sustentam minhas convicções da ocorrência de uma quarta – e distinta – revolução: – Velocidade: ao contrário das revoluções industriais anteriores, esta evolui em um ritmo exponencial e não linear. Esse é o resultado do mundo multifacetado

Como também ressalta Erik Navarro Wolkart: "Antes de avaliar os impactos positivos da tecnologia no sistema de justiça, é preciso atentar para alguns aspectos inicialmente negativos. Ao diminuir os custos de transação das interações sociais de forma geral, a tecnologia aumenta a quantidade dessas interações, elevando inicialmente o número de conflitos. Trata-se de um efeito colateral da tecnologia. Se alguém demorava duas horas para comprar um livro na livraria mais próxima e hoje faz isso em cinco minutos por um custo muito menor, é bem provável que esse alguém compre mais livros. Mas também é mais provável que ocorra alguma falha no serviço prestado. A entrega da mercadoria pode atrasar, o produto pode ter algum defeito ou ainda o fornecedor pode ter despachado a mercadoria errada, entre outros problemas. Esse cenário inicial apresenta-se ameaçador. A tecnologia aparenta aumentar o problema para o sistema de Justiça, esgotando-o ainda mais em seu trágico cenário. Mas a situação pode ser ainda pior. Advogados que levavam horas para redigir uma petição hoje podem fazê-lo de forma simples e rápida, com pesquisa on-line de doutrina e jurisprudência, tudo disponível quase instantaneamente. Para distribuir a petição inicial ou interpor um recurso

---

ela tem a revolução digital como base e combina várias tecnologias, levando a mudanças de paradigma sem precedentes da economia, dos negócios, da sociedade e dos indivíduos. A revolução não está modificando apenas 'o que' e o 'como' fazemos as coisas, mas também 'quem' somos. Impacto sistêmico: ela envolve a transformação de sistemas inteiros entre países e dentro deles, em empresas, indústrias e em toda sociedade. [...] Ela teve início na virada do século e baseia-se na revolução digital. É caracterizada por uma internet mais ubíqua e móvel, por sensores menores e mais poderosos que se tornaram mais baratos e pela inteligência artificial e aprendizagem automática (ou aprendizagem da máquina). As tecnologias digitais, fundamentadas no computador, software e redes, não são novas, mas estão causando rupturas à terceira revolução industrial; estão se tornando mais sofisticadas e integradas e, consequentemente, transformando a sociedade e a economia global. [...] A quarta revolução industrial, no entanto, não diz respeito apenas a sistemas e máquinas inteligentes e conectadas. Seu escopo é muito mais amplo. Ondas de novas descobertas ocorrem simultaneamente em áreas que vão desde o sequenciamento genético até a nanotecnologia, das energias renováveis à computação quântica. O que torna a quarta revolução industrial fundamentalmente diferente das anteriores é a fusão dessas tecnologias e a interação entre os domínios físicos, digitais e biológicos." (SCHWAB, Klaus. *A quarta revolução industrial*, Tradução de Daniel Moreira Miranda, São Paulo : Edipro, 2016, p. 11, 13 e 16-17).

não é mais preciso ir ao fórum e ao banco, bastando pagar as custas on-line e enviar a peça através dos diversos sistemas de processo eletrônico disponíveis nas cortes brasileiras. O custo de transação dos atos processuais cai e, naturalmente, praticam-se mais atos do que antes. Trata-se de fenômeno semelhante ao ocorrido quando da instalação dos juizados especiais no Brasil, com grande liberação da demanda reprimida quando de sua disponibilização."[83].

Parece existir um dever ou um compromisso social de todos, que com o Direito lidam de alguma forma, de se utilizar dessas mesmas ferramentas para solucionar tais situações. Um compromisso com o Acesso à Justiça que parte da própria lógica de proporcionalidade. Se os conflitos são potencializados pelas tecnologias, essas também devem catalisar os meios para solução. Assim como uma vacina para uma doença, que pode se desenvolver a partir do seu agente causador, trata-se de reconhecer a necessidade de utilizar das próprias funcionalidades que têm modificado a sociedade para tentar sanar os conflitos e mazelas decorrentes dessa mesma modificação.

2.4 A ESCOLHA PELA DENOMINAÇÃO PRINCÍPIO DO ACESSO À JUSTIÇA

Em outro momento, em outra obra anterior de um destes autores[84], foi trabalhada a predileção pela denominação *Princípio da Inafastabilidade da Jurisdição*, diferentemente da expressão *Princípio do Acesso à Justiça* eleito nesta oportunidade.

À época, a escolha se justificava pelo escopo ou recorte epistemológico que aquele trabalho propunha, mais concentrado no

83. WOLKART, Erik Navarro. *op. cit.*, p. 723-725.

84. TAMER, Maurício Antonio. *O princípio da inafastabilidade da jurisdição no Direito Processual Civil brasileiro*, Rio de Janeiro : GZ Editora, 2017.

desenvolvimento da própria atividade jurisdicional. Neste trabalho, com o recorte epistemológico mais amplo, na proposta de tratar sobre toda e qualquer resolução (em forma e conteúdo) de conflito posto no cenário das tecnologias da informação, parece que a opção pela expressão *Princípio do Acesso à Justiça* é a única que parece comportar, também em forma e conteúdo, a amplitude dos estudos propostos.

A questão da terminologia sobre esse assunto já era debatida. A exemplo, Flávio Antonio Esteves Galdino, em artigo de muita propriedade, explora essa problemática em relação às várias denominações empregadas para definir o princípio da inafastabilidade, identificando, não só seis, mas quatorze expressões diferentes. O autor, inclusive, propõe um critério histórico para diferenciá-las, de acordo com o destaque que princípio recebeu: "A esse propósito – da denominação –, a pesquisa revelou intensa e externa promiscuidade no uso das palavras. Abstraindo aqui da utilização eventualmente indevida e indiferente das expressões "garantia" e "princípio", o mesmo fenômeno é designado por pelo menos quatorze expressões, adiante identificadas através de pelo menos uma respeitável fonte: (1) Princípio da inafastabilidade do controle jurisdicional (ou judicial), (2) princípio da universalidade da jurisdição, (3) princípio da indeclinabilidade da jurisdição'(4) princípio da ubiquidade da jurisdição, (5) princípio do acesso à justiça, (6) princípio da acessibilidade ampla (ou do amplo acesso à justiça), (7) princípio do livre acesso à jurisdição estatal (ou ao Poder Judiciário), (8) regra da plenitude do acesso à jurisdição, (9) direito constitucional à jurisdição, (10) princípio da proteção judiciária, (11) princípio da irrecusabilidade da jurisdição, (12) princípio da inevitabilidade da função jurisdicional, (13) princípio da plenitude da função judicante do Estado e (14) princípio da utilidade da jurisdição. [...] Essa dispersão de termos designativos produz confusão desnecessária e indesejável [...]. Assim também, embora não seja possível impedir que a "originalidade" de insignes autores produza vários nomes, o estudo fez opção pelas designações mais frequentes e que pareceram designar mais adequadamente os períodos e fenômenos."[85]

Dito isso, parece oportuno sinalizar alguns porquês da escolha pela expressão adotada nessa obra. Cabe chamar, inclusive, atenção para utilização do termo *princípio* que, embora possa ser lida de forma natural, é de suma importância. Essa opção, como será melhor explicado no capítulo seguinte, se justifica pela própria natureza jurídica do instituto, ou seja, o que ele representa no plano normativo e, especialmente, no ordenamento jurídico constitucional e processual.

A um, pode se iniciar justificação da denominação escolhida pela diferença em relação às expressões *garantia do direito de ação* ou *princípio do direito de ação*. E essa menção - assim como as demais que se seguem - não é pela incorreção ou correção da expressão, mas para evitar uma compreensão equívoca ou mais desatenta do instituto do Acesso à Justiça.

Tecnicamente, há uma diferença entre esse e o direito de ação em sua essência processual. O direito de ação, consubstanciado após o preenchimento de suas condições, possibilita uma solução de mérito por parte daquele que está investido na função jurisdicional[86]. A falta dessa compreensão, por exemplo, pode levar à desvirtuada percepção de eventuais inconstitucionalidades justamente em relação a tais condicionantes, fenômeno esse que não ocorre. Aliás, é em razão dessa distinção que parte dos autores, por vezes, interpreta o princípio do Acesso à Justiça como o direito de ação em plano constitucional.

A dois, outro nome a ser diferenciado é a expressão *princípio da proteção judiciária*, de uso muito comum nos estudos do Texto

85. GALDINO, Flávio. A evolução das ideias de acesso à justiça. In: SARMENTO, Daniel. GALDINO, Flávio (orgs.), *Direitos fundamentais: estudos em homenagem ao professor Ricardo Lobo Torres*, Rio de Janeiro : Renovar, 2006, p. 435-438.

86. Sobre o tema, ver TAMER, Maurício Antonio, *op. cit.*, p. 92 e ss.

Constitucional. O termo proteção traz em si a ideia de amparo, resguardo e tutela. Seu uso pode implicar a errônea percepção de que o princípio, ora em estudo, assegura necessariamente a procedência da pretensão ou do direito alegado pela parte, sobretudo pelo demandante.

O Princípio do Acesso à Justiça garante a plenitude de meios concretamente adequados de resolução dos conflitos e não a solução do conflito ou o desfecho positivo para a parte autora, como o uso da expressão proteção judiciária pode transparecer. Além disso, há uma diferença técnica importante entre prestação jurisdicional e tutela jurisdicional, a prestação caracterizada pela apreciação do órgão jurisdicional e a tutela caracterizada pela efetiva e adequada proteção ao direito. Além disso, na seara jurisdicional, o princípio não se limita às pretensões do autor, mas também garante o exercício do contraditório e da ampla defesa daquele que foi demandado.

A três, outro nome a ser diferenciado é a expressão *princípio da ubiquidade da justiça ou da jurisdição.* O termo *ubiquidade*, em sua acepção semântica, indica a onipresença da função jurisdicional, isto é, o fato de estar presente em todas as situações necessárias. No entanto, se pensada a fundo, ao lado das características da jurisdição, as palavras ubiquidade e onipresença podem levar à compreensão equivocada de que o órgão jurisdicional deve, em regra, intervir sem ser provocado, esquecendo que sua atividade tem de ser inicialmente inerte, como já foi estudado. Ou mesmo, essa ideia de onipresença pode levar à falsa compreensão de que algo onipresente seria algo necessário, de modo que a jurisdição seja considerada necessária em detrimento de outros meios mais adequados ou eficientes no plano concreto.

A quatro, também não parece ser o caso, nesta obra, de utilizar da expressão *princípio da inafastabilidade da jurisdição.* Como dito, essa expressão foi adotada anteriormente em obra específica de um destes autores, cujo escopo era mais específico em relação a inafastabilidade da própria função jurisdicional. O corte epistemológico e a proposta dessa obra são diferentes e mais amplos. A locução *Acesso à Justiça* assume conteúdo mais amplo e até engloba o próprio princípio da inafastabilidade da jurisdição de índole eminentemente processual, no desenvolver da própria função jurisdicional. Isso é perceptível na leitura da doutrina especializada que trabalha o acesso à justiça com base no ordenamento jurídico como um todo e, também, em mecanismos econômicos e sociológicos[87], em que as tecnologias da informação têm o solo tão fértil.

A cinco, seguindo o raciocínio de justificação da denominação escolhida, passa-se à análise da expressão do *princípio da inafastabilidade do controle jurisdicional*, cuja diferença está na utilização do termo controle. Isso se deve, sobretudo, ao desenvolvimento da própria função jurisdicional que, em dado momento, surgiu como importante mecanismo de controle dos atos administrativos, como ainda o é em determinados casos. Esse controle ou fiscalização, porém, de atos administrativos ou de outra natureza não ocorre necessariamente, e quando ocorre representa apenas parte do escopo do estudo dessa obra.

A seis, por fim, poderia se cogitar também por uma denominação que agregasse o termo "digital" à expressão "Acesso à Justiça", algo como *princípio do acesso à justiça digital*. Porém, aparentemente, essa também não seria uma boa escolha. Especialmente, considerando que essa classificação diferenciaria o *acesso à justiça digital* do *acesso à justiça não digital*, a escolha pela expressão, ao mesmo tempo, levaria à denominação ao desuso. O uso das tecnologias da informação na resolução dos conflitos ou os conflitos que tenham nela suporte representam um caminho sem volta. Pensar na expressão *Princípio do Acesso à Justiça* é, nessa perspectiva, entender que nela estão também compreendidas tais situações.

---

87. Isso é perceptível no próprio conteúdo apontado no já referido Projeto de Florença e na obra de Mauro Cappelletti e Bryant Garth. Do mesmo modo, é a leitura que se extrai da obra *Acesso à justiça : condicionantes legítimas e ilegítimas* de Rodolfo de Camargo Mancuso, Editora Revista dos Tribunais, 2011.

2.5 NATUREZA PRINCIPIOLÓGICA DO ACESSO À JUSTIÇA

O objetivo de delinear o conteúdo do Acesso à Justiça provoca, inicialmente, o estudo sobre sua natureza jurídica, isto é, qual seu papel no ordenamento jurídico. Sua força normativa (capacidade de gerar norma juridicamente vinculante ao caso concreto) é incontestável, o que, no pensamento metodológico mais recente e contemporâneo, dentro dos fins a que esse trabalho se propõe, reduz, na maioria dos pensamentos, em duas as possibilidades de classificação do instituto: como *regra* ou como *princípio*.

A distinção entre regras e princípios, bem como a discussão sobre a força normativa dos princípios, há muito são preocupações da ciência jurídica[88], assim como os conteúdos de *normas*, *garantias* e *direitos*[89]. O estudo aprofundado e crítico desses temas, certamente,

---

88. Exemplo disso é o levantamento desenvolvido por Ricardo Guastini que identifica em sua obra *Dalle Fonti alle Norme*, pelo menos, seis utilizações diferentes para o termo *princípio*, conforme bem narra Paulo Bonavides: "Deveras útil é a investigação doutrinária feita por Ricardo Guastini, que recolheu da jurisprudência e de juristas diversos seis distintos conceitos de 'princípios', todos vinculados a disposições normativas e assim enunciados: Em primeiro lugar, o vocábulo 'princípio', diz textualmente aquele jurista, se refere a normas (ou a disposições que exprimem normas) providas de um alto grau de generalidade. Em segundo lugar, prossegue Ricardo Guastini, os juristas usam o vocábulo 'princípio' para referir-se a normas (ou a disposições que exprimem normas) providas de um alto grau de indeterminação e que por isso requerem concretização por via interpretativa, sem a qual não seriam suscetíveis de aplicação a casos concretos. Em terceiro lugar, afirma ainda o mesmo autor, os juristas empregam a palavra 'princípio' para referir-se a normas (ou disposições normativas) de caráter 'programático'. Em quarto lugar, continua aquele pensador, o uso que os juristas às vezes fazem do termo 'princípio' é para referir-se a normas (ou a dispositivos que exprimem normas) cuja disposição hierárquica das fontes de Direito é muito elevada. Em quinto lugar – novamente Guastini – 'os juristas usam o vocábulo princípio para designar normas (ou disposições normativas) que desempenham uma função 'importante' e 'fundamental' no sistema jurídico ou político unitariamente considerado, ou num ou noutro subsistema do sistema jurídico conjunto (o Direito Civil, o Direito do Trabalho, o Direito das Obrigações). Em sexto lugar, finalmente, elucida Guastini, os juristas se valem da expressão 'princípio' para designar normas (ou disposições que exprimem normas) dirigidas aos órgãos de aplicação, cuja específica função é fazer a escolha dos dispositivos ou das normas aplicáveis nos diversos casos." (*Curso de direito constitucional*. 28. ed. atual., São Paulo : Malheiros Editores, 2013, p. 266-267).

89. Em alguns momentos deste trabalho, será utilizada a locução *garantia de acesso*, no entanto, isso não implicará entrar na discussão sobre diferenças terminológicas. Em tais

seria pretensioso, razão pela qual não será adotada uma conceituação definitiva. Porém, ao que parece da leitura de alguns conceitos desenvolvidos por juristas notáveis, o Acesso à Justiça possui natureza principiológica.

Humberto Bergmann Ávila, em sua a obra intitulada *Teoria dos Princípios da Definição à Aplicação dos Princípios Jurídicos* de renomado destaque doutrinário, utiliza três critérios: *o critério da natureza do comportamento prescrito*, *o critério da natureza da justificação exigida* e *o critério da medida de contribuição para a decisão*[90]. A análise desses critérios é oportuna, pois contribuem de forma significativa na determinação da natureza jurídica da inafastabilidade.

Pelo critério do comportamento prescrito, o autor distingue as regras dos princípios pelo modo como prescrevem o comportamento. Assim, as regras são imediatamente descritivas, ou seja, descrevem uma conduta a ser adotada a partir da qual estabelecem obrigações, permissões e proibições. Os princípios, por sua vez, são normas imediatamente finalísticas, em vez de descrever condutas e consequências, estabelecem *um estado das coisas* ou *um fim juridicamente relevante* a ser buscado e realizado mediante a adoção de determinados comportamentos.

Explica o autor: "Com efeito, os princípios estabelecem um estado ideal de coisas a ser atingido (*state os affairs*, *Idealzustand*), em virtude do qual deve o aplicador verificar a adequação do comportamento a ser escolhido ou já escolhido para resguardar tal estado das coisas. *Estado das coisas* pode ser definido como uma situação

oportunidades, parece que a definição de garantia apresentada por Luís Roberto Barroso bem explica o termo: "A *garantia* importa na existência de mecanismos institucionais e jurídicos aptos a assegurar o cumprimento da norma ou a impor consequências em razão do seu descumprimento." (*Curso de direito constitucional contemporâneo: os conceitos fundamentais e a construção do novo modelo*, 4. ed., São Paulo : Saraiva, 2013, p. 212).

90. ÁVILA, Humberto. *Teoria dos princípios da definição à aplicação dos princípios jurídicos*. 15. ed. rev., atual. e ampl., São Paulo : Malheiros Editores, 2014, p. 95-102.

qualificada por determinadas qualidades. O estado das coisas transforma-se em *fim* quando alguém aspira conseguir, gozar ou possuir as qualidades presentes naquela situação. Por exemplo, o princípio do Estado de Direito estabelece estados de coisas, como a existência de responsabilidade (do Estado), de previsibilidade (da legislação), de equilíbrio (entre interesses públicos e privados) e de proteção (dos direitos individuais), para cuja realização é indispensável a adoção de determinadas condutas, como a criação de ações destinadas a responsabilizar o Estado, a publicação com antecedência da legislação, o respeito à esfera privada e o tratamento igualitário. Enfim, os princípios, ao estabelecerem fins a serem atingidos, exigem a promoção de um estado das coisas - bens jurídicos - que impõe condutas necessárias à sua preservação ou realização. Daí possuírem caráter deôntico-teleológico: *deôntico*, porque estipulam razões para a existência de obrigações, permissões ou proibições; *teleológico*, porque as obrigações, permissões e proibição decorrem dos efeitos advindos de determinado comportamento que preservam ou promovem determinado estado de coisas. Daí afirmar-se que os princípios são *normas--do-que-deve-ser* (ought-to-be-norms): seu conteúdo diz respeito a um estado ideal de coisas (*state of affairs*)."[91].

Essa concepção de que os princípios prescrevem a *promoção de um estado ideal de coisas* parece se ajustar bem à ideia de Acesso à Justiça. O art. 5º, XXXV, da Constituição Federal ao dispor que "a lei não excluirá da apreciação do Poder Judiciário lesão ou ameaça a direito" e o art. 3º do Código de Processo Civil, no mesmo sentido, preconizam que nenhuma lesão ou ameaça a direito deixará de ser apreciada, isto é, preconiza um estado ideal das coisas a ser buscado de pleno acesso à jurisdição ou, em outros termos, determina a perseguição de *uma Justiça inafastável*. Todos os outros comportamentos, sejam legislativos, sejam jurisdicionais ou, ainda, sociais, devem

91. ÁVILA, Humberto. *op. cit.*, p. 95-96.

ser compreendidos sob essa leitura. Não há somente a descrição imediata de um comportamento e suas consequências.

O segundo critério da natureza da justificação exigida distingue as regras dos princípios em razão do modo de justificação necessário à sua aplicação. As regras, por descreverem um comportamento e suas consequências, terão sua aplicação justificada mediante a explicação da correspondência entre o contexto fático e a descrição normativa.

No caso dos princípios, por outro lado, o elemento finalístico prevalece sobre o descritivo, como já colocado. A justificação de sua aplicação no caso em concreto não ocorrerá só pela demonstração da subsunção dos fatos às descrições normativas, mas principalmente pela interpretação sobre os efeitos de determinados fatos, se eles contribuíram ou não para a realização do estado ideal das coisas e do fim juridicamente relevante.

Como exemplo dessa concepção, pode se pensar no princípio do contraditório que preconiza, sobretudo, um estado ideal de igualdade de oportunidades das partes litigantes no processo e de igual poder de influência sobre a decisão jurisdicional. Assim, o exame sobre determinada situação ao longo da relação processual, no sentido de determinar se ela viola ou não o contraditório, passará pela análise dos seus efeitos, isto é, se contribuem ou não para a promoção da igualdade das partes.

O terceiro critério da medida de contribuição para a decisão diferencia as regras e os princípios pelos modos diferentes que contribuem para a decisão adotada. Segundo o autor, as regras, por traçarem comportamentos e consequências, possuem pretensão terminativa ou de gerar uma solução específica para o caso que se enquadra no comportamento prescrito. Os princípios, ao seu turno, por delinearem um fim a ser atingido, possuem uma pretensão de complementariedade no raciocínio, de orientação na tomada de decisão.

Embora não seja a área sob a qual se debruçam estes estudos, o Direito Penal fornece um exemplo que ilustra muito bem esse terceiro critério. Dispõe o princípio da fragmentariedade que o Direito Penal só deve se ocupar de ofensas realmente graves a bens jurídicos tutelados. Pois bem, pode-se pensar no crime de furto, cuja tipicidade se dá pela subtração da coisa com o ânimo de possuí-la e cuja consequência é a pena de 1 a 4 anos de reclusão. Essa é a regra, com um comportamento prescrito e uma consequência. Nesse contexto, se, em um caso concreto, determinado indivíduo subtrai dez reais de um empresário milionário aquele que tiver de decidir terá de analisar as regras e os princípios que normatizam a situação. Assim, no critério de contribuição para a decisão, mesmo existindo uma regra que *determina de forma imediata* a punição pelo crime contra o patrimônio, há o princípio da fragmentariedade que pode contribuir de forma *complementar* na decisão, conduzindo à absolvição em razão da pequena ofensividade dos fatos.

Por esses três critérios de distinção estabelecidos por Humberto Bergmann Ávila, o Acesso à Justiça, ao que parece, melhor se ajusta ao conceito de princípio do que à definição de regra. Nesse sentido, a ideia de Acesso à Justiça determina a busca por um estado ideal das coisas caracterizado por uma Justiça inafastável, a uma plenitude de disposição dos meios de solução de conflitos mais adequados e efetivos (o que é empiricamente verificado). Sua aplicação é justificada não só pela subsunção dos fatos à descrição normativa, mas pela verificação se os fatos e os dispositivos analisados contribuem para o acesso à jurisdição ou não. Além disso, por delinear um fim a ser atingido, a inafastabilidade contribui diretamente e de forma complementar no raciocínio decisório.

Seguindo a análise do que a doutrina propõe, José Joaquim Gomes Canotilho expõe outros critérios para diferenciar regras e princípios: "Saber como distinguir, no âmbito do superconceito norma, entre regras e princípios, é uma tarefa particularmente complexa.

Vários são os critérios sugeridos. *a) Grau de abstracção:* os *princípios* são normas com um grau de abstracção relativamente elevado; de modo diverso, as *regras* possuem uma abstracção relativamente reduzida. *b) Grau de determinabilidade* na aplicação do caso concreto: os *princípios*, por serem vagos e indeterminados, carecem de mediações concretizadoras (do legislador, do juiz), enquanto as *regras* são susceptíveis de aplicação directa. *c) Carácter de fundamentalidade* no sistema das fontes de direito: os *princípios* são normas de natureza estruturante ou com um papel fundamental no ordenamento jurídico devido à sua posição hierárquica no sistema das fontes (ex.: princípios constitucionais) ou à sua importância estruturante dentro do sistema jurídico (ex.: princípio do Estado de Direito). *d) "Proximidade da ideia de direito:* os *princípios* são "standards" juridicamente vinculantes radicados nas exigências de "justiça" (Dworkin) ou na "ideia de direito" (Larenz); as *regras* podem ser normas vinculativas com um conteúdo meramente funcional."[92].

Esses critérios também apontam a natureza principiológica do Acesso à Justiça, notadamente, por preconizar a busca por um estado ideal de uma Justiça inafastável, indicando a necessidade de medidas que viabilizem esse objetivo.

Paulo Bonavides, seguindo o raciocínio, também distingue regras e princípios no plano normativo, inclusive entende que os princípios estão em uma posição de supremacia material sobre as regras, pela carga valorativa que agregam[93]. Ao que parece, o Acesso à Justiça

---

92. CANOTILHO, J.J. Gomes. *Direito constitucional e teoria da constituição*, 7. ed., 6 reimp., Coimbra, Portugal : Edições Almedina, 2003, p. 1.160.

93. Segundo o autor "não há distinção entre princípios e normas, os princípios são dotados de normatividade, as normas compreendem regras e princípios, a distinção relevante não é, como nos primórdios da doutrina, entre princípios e normas, mas entre regras e princípios, sendo as normas o gênero, e as regras e os princípios a espécie. Daqui já se caminha para o passo final da incursão teórica: a demonstração do reconhecimento da superioridade e hegemonia dos princípios na pirâmide normativa; supremacia que não é unicamente formal, mas sobretudo material, e apenas possível na medida em que os princípios são

tem essa característica de superioridade, seja por estar prevista em plano constitucional, seja por constituir reflexo direto de toda uma evolução que concentrou no Estado a tarefa de resolver os conflitos sociais.

O ideal de Acesso à Justiça prevalece sobre as regras, as quais serão interpretadas e, eventualmente, consideradas inconstitucionais, o que, nessa leitura feita, lhe atribui características principiológicas. Inclusive isso parece ser um dos sentidos preconizados pelo art. 5º, XXXV, da Constituição que, ao determinar que a "lei não excluirá da apreciação do Poder Judiciário", não só condiciona a atuação do Poder Legislativo, como determina que qualquer regra será interpretada em benefício do Acesso, em benefício daquele estado ideal das coisas representado por uma Justiça inafastável ou pela plenitude de disposição dos meios de solução de conflitos mais adequados e efetivos.

Além dos autores já mencionados, há outros conceitos que também contribuem com a proposta deste tópico.

Jean Boulanger, por exemplo, professor da Faculdade de Direito de Lille, na França, já propunha em 1950, uma distinção entre princípios e regras. Segundo ele, os princípios comportam uma série indefinida de aplicações, contendo um grande número de situações que a prática exige e, ainda, representa o espírito de uma legislação[94]. Essa ideia é interessante, já que o Acesso à Justiça é um dos institutos responsáveis, se não o mais relevante, por orientar todo regramento procedimental de resolução dos conflitos.

---

compreendidos e equiparados e até mesmo confundidos com os valores, sendo, na ordem constitucional dos ordenamentos jurídicos, a expressão mais alta da normatividade que fundamenta a organização do poder [...]. A importância vital que os princípios assumem para os ordenamentos jurídicos se torna cada vez mais evidente, sobretudo se lhes examinarmos a função e presença no corpo das Constituições contemporâneas, onde aparecem como pontos axiológicos de mais alto destaque e prestígio com que fundamentar na Hermenêutica dos tribunais a legitimidade dos preceitos da ordem constitucional." (BONAVIDES, Paulo. *op. cit.*, p. 298-299).

94. BONAVIDES, Paulo. *op. cit.*, p. 276-277.

O autor alemão Robert Alexy, cuja obra tem destaque pela investigação das categorias normativas, dentre outros temas, é alvo de críticas e elogios. Sem entrar nessa seara, o autor de forma notável conceitua os princípios como *mandados de otimização* os quais "ordenam que algo seja realizado na maior medida possível, dentro das possibilidades jurídicas e reais existentes"[95]. Essa concepção em muito se assemelha à ideia de buscar um estado ideal das coisas e também se ajusta na compreensão do Acesso.

Nelson Nery Júnior, por sua vez, em sua obra *Princípios do Processo na Constituição Federal* trabalha de forma precisa os vários conceitos de princípios, inclusive apontando seus aspectos positivos e negativos. Ao final, conceitua os princípios constitucionais e, dentre eles o Acesso à Justiça como "preceitos constitucionais que englobam e sistematizam os principais e mais elementares *direitos fundamentais* a serem observados na realização e no desenrolar de todo e qualquer processo"[96].

Em continuidade ao raciocínio, o conceito de Celso Antônio Bandeira de Mello também tem encontrado muita aceitação no meio jurídico. Segundo o autor: "Princípio é, pois, por definição, mandamento nuclear de um sistema, verdadeiro alicerce dele, disposição fundamental que se irradia sobre diferentes normas, compondo-lhes o espírito e servindo de critério para a exata compreensão e inteligência delas, exatamente porque define a lógica e a racionalidade do sistema normativo, conferindo-lhe a tônica que lhe dá sentido harmônico."[97].

No mesmo sentido, é o conceito apresentado pelo autor espanhol Andrés de la Oliva Santos, para quem os princípios são "*aquellos*

95. NERY JÚNIOR, Nelson. *Princípios...*, p. 29.

96. *Idem*, p. 39.

97. MELLO, Celso Antônio Bandeira de. *Curso de direito administrativo*, 30ª ed. rev. e atual., São Paulo : Malheiros Editores, 2013, p. 54.

critérios, que, em uma analogia de mayor o menor intensidade, merecen tal denominación por su índole radical y generadora de características intrínsecas o nucleares de los processos"[98].

Igualmente, Luís Virgílio Afonso da Silva distingue regras e princípios, conceituando-os como "*as normas mais fundamentais do sistema*, enquanto as regras costumam ser definidas como uma concretização desses princípios e teriam, por isso, caráter mais instrumental e menos fundamental."[99].

Miguel Reale, também atribui caráter de fundamentalidade aos princípios e os define como *verdades fundantes* de um sistema de conhecimento, como "enunciações normativas de valor genérico, que condicionam e orientam a compreensão do ordenamento jurídico, quer para sua aplicação e integração, quer para a elaboração de novas normas."[100]. O Acesso à Justiça afigura-se com essa qualidade de mandamento nuclear. Está ao lado de outros postulados, como o devido processo legal, na condição de alicerce do sistema de direito processual e do próprio Estado de Direito.

Pois bem, concluindo este tópico, observa-se que existem muitas propostas dedicadas à conceituação dos princípios e à sua distinção com relação às regras. No entanto, ao que parece da essência de tudo que foi colocado, é possível concluir pela natureza principiológica do Acesso à Justiça, fundamentalmente por possuir esse significado mais importante de determinar a busca por um estado ideal das coisas, representado por uma situação de pleno acesso ou de plenitude

---

98. No vernáculo, os princípios seriam critérios que em uma analogia de maior ou menor intensidade, merecem essa denominação por sua índole fundamental e geradora de características intrínsecas ou nucleares dos processos. (OLIVA, Andrés de la. FERNÁNDEZ, Miguel Angel. *Derecho procesal civil*, vol. 1, Madrid : Editorial Centro de Estudios Ramon Areces, 1990, p. 107).

99. *Idem*, p. 31.

100. REALE, Miguel. *Lições preliminares de direito*. 27. ed. ajustada ao novo código civil, São Paulo : Saraiva, 2007, p. 303-304.

de disposição dos meios de solução de conflitos mais adequados e efetivos, em que as pessoas devem ter à disposição o maior número de meios e possibilidades possíveis para as soluções efetivas e adequadas dos conflitos.

2.6 O ARTIGO 5º, INCISO XXXV, DA CONSTITUIÇÃO FEDERAL: UMA VISÃO GERAL

Demonstrada a natureza principiológica do Acesso à Justiça, é imprescindível analisar o disposto no art. 5º, inciso XXXV, da Constituição Federal que constitui o principal fundamento do princípio no ordenamento jurídico brasileiro e segundo o qual "a lei não excluirá da apreciação do Poder Judiciário lesão ou ameaça a direito". O preceito, dada sua importância, é repetido expressamente no já referido art. 3º do Código de Processo Civil de. Assim, será traçado uma visão geral sobre o dispositivo neste tópico.

A primeira característica atinente ao conteúdo do Acesso à Justiça pode ser compreendida da observação topológica de sua previsão jurídica, ou, em outras palavras, da posição que ela ocupa no ordenamento.

Primeiramente, embora pareça ser uma obviedade, é importante ressaltar que o princípio está expressamente previsto no Texto Constitucional, o que, por si, já aponta sua alta relevância e sua posição de supremacia normativa. No mesmo sentido, o art. 5º inaugura o Título II da Constituição nomeado *Dos Direitos e Garantias Fundamentais* e constitui o Capítulo I intitulado *Dos Direitos e Deveres Individuais e Coletivos*. Diante disso, é notório que o Acesso à Justiça assume caráter de direito fundamental. Espera-se tratar melhor do tema no ponto subsequente.

Várias são as nomenclaturas utilizadas para definir esses direitos e deveres com alto grau de importância no ordenamento e com presença constitucional inegável, nesse sentido, além da expressão *direito fundamental*, são também utilizadas as locuções *direitos do homem* e *direitos humanos*[101].

Independentemente da terminologia adotada, o importante é que, na essência, o direito de acesso apresenta esse caráter de fundamentalidade no ordenamento jurídico. Isso atribui ao seu conteúdo uma série de consequências que serão melhor delineadas no item seguinte, como por exemplo, a impossibilidade de ser retirada do ordenamento por força de emenda constitucional (art. 60, § 4º, da CF).

Esse critério topológico, embora muito importante, não é definitivo ou imune a argumentos contrários que tentem desconstruir a ideia de fundamentalidade de algum dispositivo inserido no rol do art. 5º da Constituição. No entanto, especialmente em relação ao Acesso à Justiça, essa sua característica de fundamentalidade transcende o fato de estar localizado no Texto Constitucional. Essa ideia poderia ser compreendida ainda que o ideal de Acesso estivesse disposta em outra parte da Constituição ou até de forma implícita, seja por sua íntima ligação com o devido processo legal, a qual será melhor delineada adiante, seja pela evolução histórica do preceito, já

101. Sobre o uso dos termos, é muito proveitosa a lição de Bernardo Gonçalves Fernandes: "É muito comum encontrar obras que tomem como sinônimas as expressões 'direitos fundamentais' e 'direitos humanos'. Entendemos, com auxílio das lições de Perez Luño [constitucionalista espanhol], que o último termo acaba atraindo uma carga semântica (de significação) muito aberta e, por isso mesmo, muitas vezes associada a conteúdos divergentes. Assim, não é difícil encontrar, por exemplo a associações entre 'direitos humanos' ou 'direitos do homem' e os direitos naturais. Isso se deve à força da tradição jusnaturalista, que concebia nos direitos humanos ou 'direitos do homem' a forma materializada (quer por Deus, quer pela razão humana) dos chamados direitos naturais. [...] Já o termo 'direitos fundamentais', por sua vez, aparece na França do século XVIII, no curso do movimento político-cultural que levou à Declaração dos Direitos do Homem e do Cidadão. [...] Porém, certo é que, na doutrina à qual filiamos, a leitura mais recorrente e atual sobre o tema, é aquela que afirma que os 'direitos fundamentais' e os 'direitos humanos' se separariam apenas pelo plano de sua positivação, sendo, portanto, normas jurídicas exigíveis, os primeiros no plano interno do Estado, e os segundos no plano do Direito Internacional." (FERNANDES, Bernardo Gonçalves. *Curso de direito constitucional*, 6ª ed., rev., ampl. e atual., Salvador : Editora Juspodivm, 2014, p. 306-307).

narrada neste trabalho, que lhe agrega uma feição inerente ao próprio Estado de Direito.

Outro aspecto fundamental que se depreende do texto do art. 5º, XXXV, é a determinação constitucional pela proteção do direito em caso de lesão ou ameaça. Essa expressão *direito* parece ter sido empregada pelo constituinte não só com o conteúdo de *direito subjetivo*, mas também para a tutela jurisdicional do direito objetivo, que, nesse caso, pode ser compreendida como a proteção da ordem jurídica pelo Poder Judiciário.

Direito objetivo, em linhas gerais, é o conjunto de normas que regulam determinados comportamentos humanos de forma abstrata e genérica. O *direito subjetivo*, por sua vez, é aquele atribuído a determinados indivíduos, a grupos ou à coletividade, após verificada a correspondência entre fatos ligados a esses sujeitos e as hipóteses dispostas previamente no direito objetivo. Ou seja, o direito objetivo é pressuposto do direito subjetivo que é atribuído a uma pessoa de forma particular, a qual se enquadra faticamente na situação prevista em lei[102].

O direito subjetivo pode ser apreendido, então, pelo resultado do alinhamento entre as normas extraídas das regras e princípios que compõe o direito objetivo e as situações de fato que envolvem determinadas pessoas ou determinada coletividade. O direito subjetivo é compreendido nesse instante de coincidência ou subsunção.

102. Nesse sentido, é precisa a lição de Arruda Alvim: "Pode-se definir o direito objetivo como sendo a regulamentação dos comportamentos humanos, por meio de normas gerais e abstratas, apontando os referenciais e traçando os limites do que está de acordo e do que não está de acordo com essa mesma ordenação, e respectivas consequências, quer na hipótese dos comportamentos lícitos, quer na dos ilícitos. [...] O direito objetivo, assim e sinteticamente, constitui-se num quadro definidor das situações juridicamente tuteláveis, desde que ocorrentes os pressupostos aí mesmo definidos. [...] O direito subjetivo supõe o direito objetivo. [...] O direito subjetivo, ao contrário, é particular e concreto; pertence a indivíduos determinados e a estes é atribuído concretamente, em virtude da ocorrência de um ou mais fatos descritos pelo direito objetivo" (ALVIM, Arruda. *Manual*..., p. 400-401).

Sobre o tema, é ímpar a mensagem passada por Karl Engisch: "O Direito objectivo é a ordem jurídica, o conjunto das normas ou regras jurídicas que nós há pouco concebemos como imperativos. O direito subjectivo é o poder ou legitimação conferida pelo Direito [...] a concessão de direitos subjectivos é, no fundo, um modo de falar sobre uma constelação de imperativos entrelaçados de uma forma especial. Mas note-se bem que os direitos subjectivos não brotam do sol por toda a parte em que algo é ordenado (prescrito) pelo Direito, mas tão-somente lá onde os imperativos jurídicos estão conformados e coordenados de maneira tal que deles resultam aquelas posições de privilégio."[103].

Nesse sentido, ao que parece, o princípio do Acesso à Justiça assegura não só a proteção do direito subjetivo lesado ou ameaçado, como também a integridade da legalidade e da ordem jurídica. Aliás, se pontua que o direito constitucional de acesso garante a ordem jurídica justa[104].

Nesse contexto, ainda, de preservação do direito objetivo podem ser citados o controle concentrado por meio de processos objetivos e o controle de legalidade dos atos administrativos[105]. Não por outra razão, como já foi referido neste estudo, há quem se utilize da expressão *controle jurisdicional* para denominar o princípio da inafastabilidade.

Uma terceira menção importante referente ao panorama propiciado pelo art. 5º, inciso XXXV, da Constituição é a garantia do Acesso à Justiça tanto em caso de efetiva lesão a direito, como em caso de ameaça de que isso ocorra. Há uma determinação constitucional

---

103. ENGISCH, Karl. *Introdução ao pensamento jurídico*, trad. J. Baptista Machado, 9ª ed., Lisboa : Fundação Calouste Gulbenkian, 2004, p. 41 e 44.

104. Nesse sentido, se posicionam, por exemplo, Antonio Carlos de Araújo Cintra, Ada Pellegrini Grinover e Cândido Rangel Dinamarco (*op. cit.*, p. 39-40).

105. ALVIM, Arruda. *Manual...*, p. 228.

expressa, assim, de que a atuação na resolução dos conflitos poderá ocorrer *a posteriori* diante do interesse jurídico já atingido, mas também de forma preventiva, o que refletirá na viabilização, por exemplo, nos mecanismos de tutela provisória, compreendida essa na terminologia empregada pelo Código de Processo Civil, mas também parece trazer uma determinação positiva da estruturação de métodos estatais e privados que evitem a própria existência de conflitos. Exemplo concreto dessa segunda dinâmica parece ser justamente o serviço do portal Consumidor.gov.br, como será melhor tratado adiante. Porém, é interessante se reparar desde logo que a existência do conflito social não é pressuposto para que o consumidor faça sua reclamação na plataforma, de modo que essa pode se apresentar como mera pretensão, enquanto o conflito estaria constituído com a posterior resistência da empresa (pretensão resistida). Tem a plataforma, portanto, interessante papel preventivo do próprio conflito.

2.7 O ACESSO À JUSTIÇA COMO DIREITO FUNDAMENTAL

O Acesso à Justiça constitui um direito fundamental e nessa condição deve ser compreendido. Assume essa qualidade, especialmente, pela posição que ocupa no ordenamento jurídico brasileiro, por sua evolução histórica, constituindo preceito inerente ao próprio Estado de Direito e por sua íntima ligação com o princípio do devido processo legal.

Nesse sentido, por exemplo, o Acesso à Justiça pode ser compreendido nas concepções da *Teoria dos Direitos Fundamentais* de Robert Alexy[106]. Na obra, é reconhecida a existência de uma categoria de direitos fundamentais que preconiza um dever de prestação por

106. ALEXY, Robert. *Teoria dos direitos fundamentais*. trad. de Virgílio Afonso da Silva, São Paulo : Malheiros Editores, 2008.

parte do Estado, os quais são denominados como *direitos a ações estatais positivas* ou *direitos a prestações em sentido amplo*. São direitos que gozam do chamado *status positivo*, em contraponto aos direitos de defesa de *status negativo*, ou seja, aqueles direitos de proteção dos indivíduos contra interferências ilegítimas do Poder Público.

Nesse grupo de direitos a ações estatais positivas, o autor também reconhece três subcategorias: os *direitos à proteção*, os *direitos à organização e procedimento* e os *direitos à prestação em sentido estrito* ou *direitos fundamentais sociais*. Conceitua: "Por "direitos a proteção" devem ser aqui entendidos os direitos do titular de direitos fundamentais em face do Estado a que este o proteja contra intervenções de terceiros. Direitos à proteção podem ter os mais diferentes objetos. [...] Não são apenas a vida e a saúde os bens de serem protegidos, mas tudo aquilo que seja digno de proteção a partir do ponto de vista dos direitos fundamentais [...] Não menos diversificadas são as possíveis formas de proteção. Elas abarcam, por exemplo, a proteção por meio de normas de direito penal, por meio de normas de responsabilidade civil, por meio de normas de direito processual, por meio de atos administrativos e por meio de ações fáticas. O que há de comum em meio a essa diversidade é o fato de que os direitos a proteção são direitos subjetivos constitucionais a ações positivas fáticas ou normativas em face do Estado. [...] A cláusula "organização e procedimento" descreve de forma extremamente ambígua o objeto desses direitos [...]. A razão para a relativa atecnicidade na utilização da fórmula é facilmente identificável. O espectro daquilo a se faz referência [*direitos a organização e procedimento*] é bastante amplo. [...] Procedimentos são sistemas de regras e/ou princípios para a obtenção de um resultado. [...] Esse conceito amplo de procedimento engloba tudo o que está incluído na fórmula "realização e asseguração dos direitos fundamentais por meio de organização e procedimento". [...] Direitos a procedimentos podem ser tanto direitos à criação de determinadas normas procedimentais quanto direitos a uma determinada "interpretação e aplicação concreta" de normas procedimentais. [...]

Direitos à prestação em sentido estrito são direitos do indivíduo, em face do Estado, a algo que o indivíduo, se dispusesse de meios financeiros suficientes e se houvesse uma oferta suficiente no mercado, poderia também obter de particulares."[107].

Assim, em linhas gerais, *direitos à proteção*, na concepção de Robert Alexy, são direitos que asseguram aos cidadãos proteção ou guarida por parte do Estado, seja em razão de atos de terceiros, seja por conta de atos do próprio Poder Público. Essa proteção se dará mediante uma postura positiva do Estado, como por exemplo, o estabelecimento de regras e princípios que tutelem determinado bem. *Direitos à organização e procedimento* são direitos a elaboração de sistemas de regras e princípios que viabilizem determinado resultado ou direito de caráter fundamental ou, ainda, que preconizem determinada interpretação ou aplicação de acordo com o direito fundamental que fornece sustentação a tais sistemas. *Direitos à prestação em sentido estrito* são direitos que devem, igualmente, ser garantidos pelo Estado, mas que os indivíduos, caso possuíssem condições econômicas, poderiam conseguir por meios próprios.

O Acesso à Justiça, enquanto direito fundamental, encontra base conceitual em pelo menos duas dessas subcategorias. Seu conteúdo se relaciona, simultaneamente, com as concepções de *direitos à proteção* e de *direitos à organização e procedimento*. Nesse sentido, aliás, o próprio Robert Alexy, criticando o fato da doutrina se ater aos direitos materiais, assim reconhece: "A despeito de a Constituição conter direitos fundamentais diretamente relacionados a procedimentos – os direitos fundamentais ligados ao acesso à Justiça (arts. 19, § 4º; 101, § 1º; 103, § 1º; e 104) [dispositivos referentes à Constituição Alemã] – e a despeito da ampla utilização do princípio do Estado de Direito para fundamentar exigências de criação e de configuração de

107. *Idem*, p. 450, 472-474 e 499.

procedimentos, o denominador comum na jurisprudência é atribuir direitos a procedimentos aos direitos fundamentais materiais."[108]

Assim, na classificação reconhecida por Alexy, o Acesso à Justiça pode ser compreendido como um *direito à proteção* por preconizar uma ação positiva do Estado ou de quem esteja legitimamente investido na função jurisdicional de solucionar adequadamente o conflito em caso de lesão ou ameaça a direito[109]. Pode, igualmente, ser compreendido na concepção de *direito à organização e procedimento*. Nesse último caso, assume uma dupla feição, podendo ser o meio para a proteção de outros direitos fundamentais ou o próprio fim almejado juridicamente.

Por um lado, o princípio do Acesso à Justiça determina a sistematização de regras e princípios, que, em atuação normativa conjunta, promovem os ideais de organização e procedimento, permitindo a persecução de outros direitos igualmente fundamentais[110]. Assume

---

108. ALEXY, Robert. *op. cit.*, p. 475.

109. Nesse mesmo sentido, é a perspectiva constitucional explicada por Lênio Luiz Streck: "A rigidez da Constituição ataca de maneira decisiva as convicções revolucionárias acerca da infalibilidade do legislador que encara a vontade geral; ou aquela, conexa, da possibilidade de modificar ilimitadamente a Constituição mesma por parte do povo soberano. Porém, ao mesmo tempo, a presença da Constituição como norma diretiva fundamental torna necessária a definição de deveres substanciais dos poderes públicos que transcendem a mera defesa e garantia de direitos e liberdades. A doutrina do constitucionalismo já não pode ser somente a doutrina do governo limitado, senão também doutrina dos deveres do governo, como é o caso dos direitos sociais em relação ao valor constitucional de igualdade a promover e realizar. Numa palavra: Constituição consiste, precisamente, no dizer de Ferrajoli, neste sistema de regras, substanciais e formais, que têm como destinatários os mesmos titulares do poder." (*Jurisdição constitucional e decisão jurídica*, 4ª ed., São Paulo : Editora Revista dos Tribunais, 2014, p. 112-113).

110. Assim explica Luiz Guilherme Marinoni: "O direito de ação cobre a multifuncionalidade dos direitos fundamentais, ou seja, pode ser utilizado conforme as necessidades funcionais dos direitos fundamentais. Portanto, é um direito que se coloca sobre todas essas funções e, na verdade, sobre todos os direitos fundamentais materiais. É que os direitos fundamentais materiais dependem, em termos de efetividade, do direito de ação. [...] O direito de ação é um direito fundamental processual, e não um direito fundamental material, como são os direitos de liberdade, à educação e ao meio ambiente. Portanto, ele pode ser dito o mais fundamental de todos os direitos, já que imprescindível à efetiva concreção de todos eles."

a condição de instrumento principiológico para a tutela de outros direitos, inclusive aqueles juridicamente fundamentais. Nesse sentido, por exemplo, o direito fundamental de propriedade só poderá ser efetivamente tutelado pelo Estado se esse desenvolver normas de organização e procedimento que terão o Acesso à Justiça como um dos principais parâmetros[111]. Igualmente, como exemplo, seguindo à lógica da aplicação jurídica das tecnologias da informação e muito do será tratado na segunda parte desse trabalho, apenas serão atendidos os direitos materiais que tenham a tecnologia da informação como suporte ou circunstância concreta se os meios de resolução de conflitos estejam adequados às necessidades apresentadas.

Na sua segunda feição, em vez de instrumento de viabilização de direitos, o Acesso à Justiça constitui o próprio direito fundamental a ser assegurado. Nesse caso, é a coordenação normativa dos direitos à organização e procedimento que viabilizam o acesso amplo à plenitude dos meios de solução de conflitos concretamente adequados e efetivos[112]. As normas processuais, as normas de estruturação dos

---

(MARINONI, Luiz Guilherme. *Teoria geral do processo*, 8ª ed., rev. e atual., São Paulo : Editora Revista dos Tribunais, 2014, p. 216-217).

111. Sob essa perspectiva, Luiz Guilherme Marinoni ensina que "O direito ao processo justo é um direito de natureza *processual*. Ele impõe *deveres organizacionais* ao Estado na sua função *legislativa, judiciária* e *executiva*. É por essa razão que se enquadra dentro da categoria dos direitos à organização e ao procedimento." (SARLET, Ingo Wolfgang, MARINONI, Luiz Guilherme, MITIDIERO, Daniel. *Curso de direito constitucional*, 2ª ed., São Paulo : Editora Revista dos Tribunais, 2014, p. 705).

112. É nesse sentido, inclusive, que Cândido Rangel Dinamarco define a inafastabilidade da função jurisdicional ou acesso à jurisdição como princípio-síntese e objetivo final: "As *promessas e limitações* residentes nas diversas garantias constitucionais e interligadas pelo fio condutor que é o devido processo legal têm um só e único objetivo central, que é o *acesso à justiça*. O processo justo, celebrado com meios adequados e produtor de resultados justos, é o portador de tutela jurisdicional a quem tem razão, negando proteção a quem não a tenha. Nem haveria justificativa para tanta preocupação com o processo, não fora para configurá-lo, de aperfeiçoamento em aperfeiçoamento, como autêntico instrumento de condução à *ordem jurídica justa*. Tal é o que se propõe quando se fala em *processo civil de resultados*." (*Instituições...*, vol. 1..., p. 253). No mesmo modo, pontua Flávio Luiz Yarshell: "Não obstante o papel desempenhado pelos diferentes princípios e, especialmente, a relação que os une, o postulado aqui tratado antecede os demais, sob o prisma lógico. O mesmo Estado que impede a autotutela – salvo casos excepcionais – é

entes jurisdicionais, a Lei de Arbitragem e a Lei de Mediação parecem ser os maiores exemplos dessa sistemática.

Aliás, o Código de Processo Civil deve ser compreendido sob essa perspectiva. Uma das leituras que lhe deve ser emprestada, é a de que se trata de instrumento idôneo para observância do princípio do Acesso à Justiça e de outros direitos fundamentais no processo civil brasileiro[113]. Não que esses, em si considerados, não tenham força e

---

aquele que deve garantir que nenhuma alegação de lesão ou ameaça de lesão a direito pode ser subtraída do conhecimento do Poder Judiciário (CF, art. 5.º, XXXV). Sem essa garantia não haveria como verdadeiramente chegar-se às demais porque o processo nasce pelo exercício do poder ou do direito de provocar o exercício da jurisdição." (*Curso de direito processual civil*, 1ª ed., São Paulo : Marcial Pons, 2014, p. 78). Igualmente, José Roberto dos Santos Bedaque ensina que: "Todas as garantias constitucionais visam a assegurar, em última análise, a eficácia do princípio da inafastabilidade do controle jurisdicional, a fim de que o direito de ação não signifique mero acesso formal aos órgãos do Poder Judiciário. É preciso que o titular de um direito lesado ou ameaçado possa obter a efetiva e tempestiva proteção estatal, pela via do processo jurisdicional." (*Tutela cautelar e tutela antecipada: tutelas sumárias e de urgência (tentativa de sistematização)*, 5ª ed., rev. e ampl., São Paulo : Malheiros Editores, 2009, p. 81-82).

113. Sobre isso, são precisos os apontamentos feitos por Hermes Zaneti Júnior segundo o qual "*o direito processual civil exerce papel determinante, por ser direito fundamental, compartilhando, em essência, a natureza democrática*. O que se pretende afirmar é que a nova ótica constitucional e o novo direito processual seguem a *lógica da participação em contraditório, da racionalidade prática procedimental*. Defende-se aqui o *direito fundamental à organização e ao procedimento* como *direito positivo ativo frente ao Estado e aos demais órgãos de atuação do poder na sociedade democrática*. Significa aceitar seu papel de *status activus processualis* – provocatório e liberal – como direito fundamental frente ao Estado." (ZANETI JÚNIOR, Hermes. *A constitucionalização do processo: o modelo constitucional da justiça brasileira e as relações entre processo e constituição*, 2ª ed. rev., ampl. e alterada, São Paulo : Atlas, 2014, p. 138). No mesmo sentido, explica Arruda Alvim: "As preocupações que levaram às novidades do CPC/2015 são decorrentes do atual estágio em que se encontra a Administração da Justiça no Brasil. O anseio por um sistema processual mais célere e efetivo, em um contexto em que a teoria do direito e da argumentação jurídica encontram-se em avançado desenvolvimento, resultou em um código que chama para si responsabilidades de natureza *programática*, não somente técnica ou procedimental. O CPC/2015 é notadamente uma lei que, para dar coesão a si mesma, aposta na estruturação de *princípios* ou *normas fundamentais*, que devem servir à interpretação de todo o direito processual. Por esse motivo, os 12 primeiros artigos do CPC/2015 encontram-se sob a rubrica de *normas fundamentais do processo civil*. Fundamentais no sentido de que, como as normas constitucionais, são a síntese ou a matriz de todas as restantes disposições da lei, sendo que estas devem poder ser sempre direta ou indiretamente reconduzidas àquelas." (ALVIM, Arruda. *Novo contencioso cível no CPC/2015*, São Paulo : Editora Revista dos Tribunais, 2016, p. 47-48). Ou, ainda, como define Humberto Theodoro Júnior, o CPC/15 propõe uma *amarração pedagógica* entre o direito processual e a Constituição (THEODORO JÚNIOR, Humberto.

eficácia suficiente para serem considerados e aplicados na interpretação de todo ordenamento jurídico, mas é preciso reconhecer que o Código de 2015 assume papel notável nessa tarefa, inclusive com seu capítulo inaugural todo dedicado às *normas fundamentais do processo civil* que podem também, a nosso ver, ser estendidas a todo sistema ou meios de resolução de conflitos.

No mesmo sentido, nas palavras de Hermes Zaneti Júnior, homenageia-se, assim, a *unidade da Constituição*, afastando um *falso paradoxo* entre direito processual da Constituição e direito processual infraconstitucional: "Todo processo é público. Todo processo é constitucional. Se todos os ramos do direito servem-se, na velha expressão de Pellegrini-Rossi, da seiva do direito constitucional, como os galhos e ramos de uma árvore, não há como afirmar a existência de um processo que não seja constitucional. Todos os direitos são fruto de uma herança genética que no Estado Democrático Constitucional os conforma e justifica. Não se pode admitir que ocorra, portanto, qualquer contrariedade entra a Constituição, sua ideologia democrática e o processo civil legislado infraconstitucionalmente, muito menos o praticado no fórum e nos altos pretórios. *Não há um direito processual da Constituição e um direito processual da lei*. Esse é um *falso paradoxo*. Todo processo judicial ou de direito é processo constitucional. Trata-se de uma evidente homenagem à unidade do ordenamento jurídico que, no Estado Democrático Constitucional, revela-se na *unidade da Constituição*."[114].

Sobre isso, Humberto Theodoro Júnior, Dierle José Coelho Nunes, Alexandre Melo Franco Bahia e Flávio Quinaud Pedron, em obra

---

Curso de Direito Processual Civil – Teoria geral do direito processual civil, processo de conhecimento e procedimento comum – vol. I, 56. ed. rev., atual. e ampl., Rio de Janeiro : Forense, 2015, p. 67).

114. ZANETI JÚNIOR, Hermes. *A constitucionalização do processo...*, p. 162. Ou, como também pontua José Manoel de Arruda Alvim Netto, o CPC/15 tem como linha mestra de trabalho "tornar o sistema processual mais rente à Constituição". (ALVIM, Arruda. *Novo contencioso...*, p. 48).

de leitura fundamental sobre o Código de Processo Civil de 2015 intitulada *Novo CPC - Fundamentos e Sistematização*, introduzem o estudo enaltecendo a importância dos direitos fundamentais na compreensão do novo diploma: "O Novo CPC somente pode ser interpretado a partir de suas premissas, de sua unidade, e especialmente de suas normas fundamentais, de modo que não será possível interpretar/aplicar dispositivos ao longo de seu bojo sem levar em consideração seus princípios e sua aplicação dinâmica (substancial). [...] o Novo CPC implementa um sistema comparticipativo/cooperativo pautado nos direitos fundamentais dos cidadãos e no qual todos os sujeitos processuais assumem responsabilidades e possibilidades de interlocução ativa."[115].

Igualmente, pontuam Luiz Guilherme Marinoni, Sérgio Cruz Arenhart e Daniel Francisco Mitidiero: "Dentro do Estado Constitucional, um Código de Processo Civil só pode ser compreendido como um esforço do legislador infraconstitucional para densificar o direito de ação como direito a um processo justo e, muito especialmente, como um direito à tutela jurisdicional adequada, efetiva e tempestiva. O mesmo vale para o direito de defesa. Um Código de Processo Civil só pode ser visto, em outras palavras, como uma *concretização* dos direitos fundamentais processuais civis previstos na Constituição. O papel que qualquer codificação atual pode aspirar dentro da ordem jurídica é o de *centralidade* - vale dizer, consistir em eixo a partir do qual se articulam os vários institutos de determinado ramo do direito, dando-lhes um *sentido comum mínimo*. Um Código contemporâneo é antes de tudo um Código central. No Estado Constitucional, a *ordem* e a *unidade* do direito processual civil estão asseguradas pela Constituição e, muito especialmente, pelos direitos fundamentais processuais civis que compõem o nosso modelo de

115. THEODORO JÚNIOR, Humberto, NUNES, Dierle, BAHIA, Alexandre Melo Franco, PEDRON, Flávio Quinaud. *Novo CPC – Fundamentos e sistematização*, 2. ed. rev., atual. e ampl., Rio de Janeiro : Forense, 2015, p. 19-20.

processo justo. É a partir daí que devemos construir interpretativamente o *sistema* do processo civil brasileiro. [...] Daí que é imprescindível para compreensão do novo Código a sua leitura a partir da cultura do Estado Constitucional, tornando-o um instrumento idôneo para servir à prática sem descurar das imposições que são próprias da ciência jurídica, como necessidade de ordem e unidade, sem as quais não há como se falar em sistema nem tampouco cogitar da *coerência* que lhe é essencial. Isto quer dizer que o Código deve ser pensado a partir de sua *finalidade* e de *eixos temáticos fundados em sólidas bases teóricas*. Isso quer dizer que é preciso imprimir ao Novo Código uma linha teórica para sua adequada compreensão. Não basta o simples intuito pragmático. É a partir da sua inspiração teórica que se pode surpreender a sua unidade. Fora daí, corre-se o grave risco de ler-se o Código sem ter presente seus compromissos constitucionais – sem nele surpreender o nosso *sistema constitucional densificado*."[116].

Gilmar Ferreira Mendes, de modo semelhante, também entende o Acesso à Justiça como um direito fundamental, na qualidade de um *direito à prestação jurídica*. Em outras palavras, um direito a uma prestação do Estado que dê vida ou garanta os direitos fundamentais[117]. De modo muito próximo, esclarece Flávio Antonio Esteves Galdino que: "O acesso à justiça vem sendo caracterizado como direito fundamental, com determinadas nuances que integram o

116. MARINONI, Luiz Guilherme, ARENHART, Sérgio Cruz, MITIDIERO, Daniel. *Novo curso de processo civil : teoria do processo civil*, vol. 1, São Paulo : Editora Revista dos Tribunais, 2015, p. 570-571.

117. "Há direitos fundamentais cujo objeto se esgota na satisfação pelo Estado de uma prestação de natureza jurídica. O objeto do direito será a normação pelo Estado do bem jurídico protegido como direito fundamental. Essa prestação jurídica pode consistir na emissão de normas jurídicas ou de normas de organização e de procedimento. [...] O direito à organização e ao procedimento envolve não só a exigência de edição de normas que deem vida aos direitos fundamentais, como também a previsão de que elas sejam interpretadas de acordo com os direitos fundamentais que as justificam. Assim, o direito de acesso à Justiça não dispensa legislação que fixe a estrutura dos órgãos prestadores de serviço e estabeleça normas processuais que viabilizem o pedido de solução de conflitos pelo Estado" (MENDES, Gilmar, BRANCO, Paulo Gustavo Gonet. *op. cit.*, p. 160).

próprio mínimo existencial – tido como fundamental em razão de ser considerado indispensável para a efetivação de outros direitos fundamentais."[118].

Além dos autores já citados, é de grande relevância a palavra de George Marmelstein Lima: "Os direitos fundamentais nutrem, por assim dizer, uma declarada paixão pelo Poder Judiciário, embora, infelizmente, essa paixão nem sempre seja correspondida [...]. Esta esperança nos juízes está normatizada no próprio rol de direitos fundamentais, através da consagração expressa de vários princípios constitucionais voltados à proteção judicial, tais como o acesso ao Judiciário, a inafastabilidade da tutela judicial, o direito de petição e de ação, o direito à tutela efetiva, rápida e adequada etc. No Brasil, todos esses princípios podem ser sintetizados em um único dispositivo constitucional: "a lei não excluirá da apreciação do Poder Judiciário lesão ou ameaça a direito" (art. 5º, inc. XXXV, da CF/88). Pode-se dizer que a Constituição de 88 acreditou no Poder Judiciário como instância última de proteção aos direitos fundamentais."[119].

Esses exemplos doutrinários reforçam a afirmação de que o Acesso à Justiça é um direito fundamental e, com essa qualidade, deve ser compreendido. O princípio, então, passa gozar de características inerentes a essa condição jurídica que acabam por integrar seu conteúdo. Em razão disso, serão estudadas algumas delas.

A primeira característica que advém dessa qualidade de direito fundamental é o reconhecimento de que o Acesso à Justiça se apresenta nas *dimensões subjetiva* e *objetiva*.

Segundo a doutrina, os direitos fundamentais possuem uma *dimensão subjetiva* por conceder aos indivíduos titulares desses direitos a faculdade de exigir do Estado uma atuação positiva ou negativa para

118. GALDINO, Flávio. *op. cit.*, 432.

119. MARMELSTEIN, George. *Curso de direitos fundamentais*, 5. ed., São Paulo : Atlas, 2014, p. 167.

preservá-los. Possuem, igualmente, uma *dimensão objetiva* que significa reconhecer que os direitos fundamentais consagram os conteúdos mais relevantes do ordenamento jurídico e formam as verdadeiras bases do Estado Democrático de Direito, dando sustentação normativa aos valores quase intocáveis de determinada comunidade[120].

Dessa dimensão objetiva, decorre uma terceira característica: a *eficácia irradiante* dos direitos fundamentais. Por *eficácia irradiante* deve ser compreendida a capacidade dos direitos fundamentais de permear todo o ordenamento jurídico, constituindo viés obrigatório de interpretação e verdadeiro *norte* na atuação dos Poderes Públicos. Um instrumento de concretização e até exemplo prático dessa ideia é a *interpretação conforme a Constituição*. Por meio desse método, reconhece-se a existência de mais de um significado normativo de determinada regra ou princípio e se elege, pela interpretação, aquele consonante ou mais adequado aos direitos fundamentais, desconsiderando qualquer outro entendimento que não seja compatível[121].

---

120. Nesse sentido, ensina Daniel Sarmento, inclusive em referência ao autor alemão Konrad Hesse e ao autor português Vieira de Andrade: "A dimensão objetiva dos direitos fundamentais liga-se ao reconhecimento de que tais direitos, além de imporem certas prestações aos poderes estatais, consagram também os valores mais importantes em uma comunidade política, constituindo como afirmou Konrad Hesse, 'as bases da ordem jurídica da coletividade'. Nesta linha, quando se afirma a existência desta dimensão objetiva, pretende-se, como registrou Vieira de Andrade 'fazer ver que os direitos fundamentais não podem ser pensados apenas do ponto de vista dos indivíduos, enquanto faculdades ou poderes de que estes são titulares, antes valem juridicamente também do ponto de vista da comunidade, como valores ou fins que esta se propõe a prosseguir' [...] A dimensão objetiva decorre do reconhecimento de que os direitos fundamentais condensam os valores mais relevantes para determinada comunidade política." (*Direitos fundamentais e relações privadas*, 2ª ed., Rio de Janeiro : Lumen Juris, 2010, p. 105-106).

121. "Uma das mais importantes consequências da dimensão objetiva dos direitos fundamentais é o reconhecimento da sua eficácia irradiante. Esta significa que os valores que dão lastro aos direitos fundamentais penetram por todo o ordenamento jurídico, condicionando a interpretação das normas legais e atuando como impulsos e diretrizes para o legislador, a administração e o Judiciário. A eficácia irradiante, neste sentido, enseja a 'humanização' da ordem jurídica, ao exigir que todas as suas normas sejam, no momento de aplicação, reexaminadas pelo operador do direito com novas lentes, que terão as cores da dignidade humana, da igualdade substantiva e da justiça social, impressas no tecido constitucional. A eficácia irradiante tem na interpretação conforme à Constituição um dos seus mais férteis instrumentos. "(SARMENTO, Daniel. *op. cit.* p. 124).

Nesse contexto, a dimensão subjetiva do princípio do Acesso à Justiça se manifesta na garantia de acesso à plenitude dos meios adequados e efetivos de resolução de conflitos a todos que tenham um direito lesado ou ameaçado, ou, em outras palavras, na faculdade que eles tem de exigir a estruturação do ordenamento jurídico brasileiro e de sua melhor interpretação e aplicação em prol de tal plenitude.

Ainda no plano da eficácia dos direitos fundamentais, há outro ponto relevante, a chamada *eficácia horizontal dos direitos fundamentais* que se apresenta como uma segunda perspectiva sobre aplicação de tais direitos.

Inicialmente, os direitos fundamentais foram concebidos como mecanismos de defesa dos indivíduos frente ao Estado, representando limites jurídicos à atuação do Poder Público, o que se denomina *eficácia vertical*. Com o tempo, especialmente a partir da década de 1950 na Alemanha[122], passou-se a reconhecer a aplicação dos direitos fundamentais também nas relações privadas. Nisso constitui a *eficácia horizontal*, a observância necessária dos direitos fundamentais nas relações entre os particulares.

Sobre o tema, a Segunda Turma do Supremo Tribunal Federal, inclusive, tem reconhecido a eficácia horizontal dos direitos fundamentais. A título de ilustração, pode ser citado o julgamento do Recurso Extraordinário nº 158.215/RS em que a Corte considerou como violação aos direitos fundamentais previsto na Constituição a expulsão de associados de determinada cooperativa sem a observância dos direitos de defesa e do devido processo legal: "Cooperativa.

122. Como um dos mais notáveis marcos históricos, a doutrina faz referência ao caso *Lüth*. Em 1950, Erich Lüth, presidente do clube de imprensa de Hamburgo passou a defender que fosse feito um boicote ao filme *Unsterbiliche Gelibte*, dirigido por Veit Harlam. A produtora do filme recorreu ao Tribunal de Hamburgo para que cessassem as manifestações, o que foi acolhido pelo Tribunal. Lüth então recorreu à Corte Constitucional Alemã que reformou a decisão, entendendo que a sentença violou o direito fundamental de Lüth à liberdade de expressão (FERNANDES, Bernardo Gonçalves, *op. cit.*, p. 346).

Exclusão de associado. Caráter punitivo. Devido processo legal. Na hipótese de exclusão de associado decorrente de conduta contrária aos estatutos, impõe-se a observância ao devido processo legal, viabilizado o exercício amplo da defesa. Simples desafio do associado à assembléia geral, no que toca à exclusão, não é de molde a atrair adoção de processo sumário. Observância obrigatória do próprio estatuto da cooperativa." (STF, RE nº 158.215/RS, Rel. Min. Marco Aurélio, Segunda Turma, j. 30.04.1996, DJ 07.06.1996).

No mesmo sentido, foi a posição adotada no julgamento do Recurso Extraordinário nº 201.819/RJ em que um associado da União Brasileira de Compositores – UBC foi excluído sem a observância dos postulados constitucionais do contraditório, ampla defesa e devido processo legal: "Sociedade civil sem fins lucrativos. União brasileira de compositores. Exclusão de sócio sem garantia da ampla defesa e do contraditório. Eficácia dos direitos fundamentais nas relações privadas. Recurso desprovido. Eficácia dos direitos fundamentais nas relações privadas. As violações a direitos fundamentais não ocorrem somente no âmbito das relações entre o cidadão e o Estado, mas igualmente nas relações travadas entre pessoas físicas e jurídicas de direito privado. Assim, os direitos fundamentais assegurados pela Constituição vinculam diretamente não apenas os poderes públicos, estando direcionados também à proteção dos particulares em face dos poderes privados. II. Os princípios constitucionais como limites à autonomia privada das associações. A ordem jurídico-constitucional brasileira não conferiu a qualquer associação civil a possibilidade de agir à revelia dos princípios inscritos nas leis e, em especial, dos postulados que têm por fundamento direto o próprio texto da Constituição da República, notadamente em tema de proteção às liberdades e garantias fundamentais. O espaço de autonomia privada garantido pela Constituição às associações não está imune à incidência dos princípios constitucionais que asseguram o respeito aos direitos fundamentais de seus associados. [...]" (STF, RE nº 201.819/RJ, Rel. Min. Ellen Gracie, Segunda Turma, j. 11.10.2005, DJ 27.10.2006)."[123]

Na mesma linha de raciocínio, os direitos fundamentais também são informados pelo *princípio da universalidade* o qual determina que todas as pessoas são titulares de tais direitos, observadas as distinções previstas no próprio texto constitucional e aquelas decorrentes do princípio da igualdade[124].

Especialmente com relação ao princípio do Acesso à Justiça, as concepções da eficácia horizontal e do princípio da universalidade

---

123. A eficácia horizontal dos direitos fundamentais também já foi expressamente reconhecida no Superior Tribunal de Justiça. A exemplo, é a seguinte decisão da Quarta Turma, de relatoria do Min. Luis Felipe Salomão, que entendeu pela necessidade de defesa e contraditório prévios à aplicação da multa condominial prevista no art. 1.337 do Código Civil: "Direito civil. Recurso especial. Condomínio. Ação de cobrança de multa convencional. Ato antissocial (art. 1.337, parágrafo único, do Código Civil. Falta de prévia comunicação ao condômino punido. Direito de defesa. Necessidade. Eficácia horizontal dos direitos fundamentais. Penalidade anulada. 1. O art. 1.337 do Código Civil estabeleceu sancionamento para o condômino que reiteradamente venha a violar seus deveres para com o condomínio, além de instituir, em seu parágrafo único, punição extrema àquele que reitera comportamento antissocial, verbis: "O condômino ou possuidor que, por seu reiterado comportamento anti-social, gerar incompatibilidade de convivência com os demais condôminos ou possuidores, poderá ser constrangido a pagar multa correspondente ao décuplo do valor atribuído à contribuição para as despesas condominiais, até ulterior deliberação da assembléia". 2. Por se tratar de punição imputada por conduta contrária ao direito, na esteira da visão civil-constitucional do sistema, deve-se reconhecer a aplicação imediata dos princípios que protegem a pessoa humana nas relações entre particulares, a reconhecida eficácia horizontal dos direitos fundamentais que, também, deve incidir nas relações condominiais, para assegurar, na medida do possível, a ampla defesa e o contraditório. Com efeito, buscando concretizar a dignidade da pessoa humana nas relações privadas, a Constituição Federal, como vértice axiológico de todo o ordenamento, irradiou a incidência dos direitos fundamentais também nas relações particulares, emprestando máximo efeito aos valores constitucionais. Precedentes do STF. [...]" (STJ, REsp nº 1.365.579/SP. Rel. Min. Luis Felipe Salomão, Quarta Turma, j. 25.08.2015, DJe 29.09.2015).

124. Assim, ensina Ingo Wolfgang Sarlet: "De acordo com o princípio da universalidade, todas as pessoas, pelo fato de serem pessoas são titulares de direitos e deveres fundamentais, o que, por sua vez, não significa que não possa haver diferenças a serem consideradas, inclusive em alguns casos, por força do próprio princípio da igualdade, além de exceções expressamente estabelecidas pela Constituição, como dá conta a distinção entre brasileiro nato e naturalizado, algumas distinções relativas aos estrangeiros, entre outras." (*A eficácia dos direitos fundamentais*: uma teoria geral dos direitos fundamentais na perspectiva constitucional, 11. ed. rev., atual., Porto Alegre : Livraria do Advogado Editora, 2012, p. 211).

terão inegável relevância na consideração dos seus titulares e os destinatários[125]. À plenitude de métodos é assegurada indistintamente a todas as pessoas que tenham um interesse lesado ou ameaçado. Além disso, quanto aos destinatários da previsão constitucional, há a vinculação dos Poderes Públicos e também dos particulares, aos quais, em regra, é vedada a realização de atos que impeçam a existência ou o desenvolvimento de tal plenitude.

Nesse mesmo sentido, ainda, Eduardo Arruda Alvim com muita propriedade estabelece que o princípio do Acesso à Justiça tem *eficácia absoluta* e *aplicabilidade imediata*: "Releva notar que os mandamentos constitucionais têm uma grandeza que não pode ser diminuída ou atrofiada por lei inferior. Mais ainda, o que representa direito e garantia individual tem *eficácia absoluta*, em atenção ao disposto no art. 60, § 4º, IV, da CF/88. E, ainda, as normas definidoras dos direitos e garantias fundamentais têm aplicabilidade imediata (art. 5º, § 1.º, da CF/88). Tem, pois, *eficácia absoluta* a regra consubstanciada no inciso XXXV do art. 5º da CF/88."[126].

Seguindo o estudo, também é importante dizer que o reconhecimento do princípio do Acesso à Justiça como direito fundamental implica qualificá-lo como *cláusula pétrea*.

Nessa condição, há a compreensão de que integra o rol de matérias constitucionais que não podem ser objeto de supressão legislativa.

---

125. Há distinção entre titulares e destinatários: "Em que pese a existência, no Brasil, de considerável doutrina utilizando o termo *destinatário* (no sentido de destinatário da proteção ou tutela do direito) como sinônima de *titular de direitos fundamentais*, é preciso enfatizar que a terminologia mais adequada e que, em termos gerais, corresponde à tendência dominante no cenário jurídico contemporâneo, é a de titular de direitos fundamentais. Titular do direito, notadamente na perspectiva da dimensão subjetiva dos direitos e garantias fundamentais, é quem figura como sujeito ativo da relação jurídico-subjetiva, ao passo que destinatário é a pessoa (física, jurídica ou mesmo ente despersonalizado) em face da qual o titular pode exigir o respeito, proteção ou promoção do seu direito." (SARLET, Ingo Wolfgang. *op. cit.* p. 209).

126. ALVIM, Eduardo Arruda. *Direito processual civil*, 5. ed. São Paulo : Revista dos Tribunais, 2013, p. 137.

Dispõe o art. 60, § 4º, inciso IV, da Constituição Federal que "Não será objeto de deliberação a proposta de emenda tendente a abolir [...] IV – os direitos e garantias individuais".

Há, assim, limitação material expressa quanto aos temas que podem ser alterados pelo Poder Constituinte Reformador. Dentre eles, por tudo já colocado, está incluída o Acesso à Justiça que não poderá ser retirada do ordenamento, a não ser que haja uma inesperada e antidemocrática ruptura da ordem jurídica. Aliás, o reconhecimento da qualidade de *cláusula pétrea* não só impede a supressão legislativa do Acesso à Justiça, como determina a observância do *princípio do não retrocesso*, também conhecido como efeito *cliquet*[127].

Importante e ao mesmo tempo interessante a esse respeito é pensar que, com base nisso e considerando que o direcionamento principiológico do Acesso à Justiça traz em si o conteúdo de busca constante por um estado ideal das coisas de plenitude de meios adequados e efetivos à resolução de conflitos, qualquer interpretação ou texto normativo que vá contra essa ideia, em vetor contrário, concretizaria tal retrocesso.

A outra característica relevante é a *irrenunciabilidade*. Nesse sentido, o princípio do Acesso à Justiça é um direito *irrenunciável*. Isto é, os titulares dos direitos lesados ou ameaçados não podem, em regra, dispor do seu direito de acesso, o que não significa dizer que

---

127. "A ideia por detrás do princípio da proibição de retrocesso é fazer que o Estado sempre atue no sentido de melhorar progressivamente as condições de vida da população. Qualquer medida estatal que tenha por finalidade suprimir garantias essenciais já implementadas para a plena realização da dignidade humana deve ser vista com desconfiança e somente pode ser aceita se outros mecanismos mais para alcançar o mesmo desiderato forem adotados." (MARMELSTEIN, George. *op. cit.*, p. 279). Nesse raciocínio, é oportuno dizer que o reconhecimento da constitucionalidade da arbitragem, ao que parece, não representa um retrocesso, mas a criação de um novo mecanismo mais apropriado, em alguns casos, para alcançar a principal finalidade da função jurisdicional.

eles não podem deixar de exercê-lo[128]. Dispor de um direito e deixar de exercê-lo são situações distintas. Na segunda situação conserva-se o direito à disposição do titular, na primeira não.

2.8 OS QUATRO ELEMENTOS DE ACESSO À JUSTIÇA: OS FOCOS DE APRIMORAMENTO

Adicionalmente e antes de avançar para as conclusões que podem ser tiradas do estudo até aqui, parece oportuno mencionar, inclusive em manifestação de concordância destes autores, a leitura de Richard Susskind sobre o Acesso à Justiça, com a identificação de quatro elementos e ao redor dos quais os mecanismos de promoção do acesso e da plenitude de métodos devem atuar, especialmente considerando as influências possíveis das tecnologias da informação[129]. Seriam, assim, os quatro principais focos a serem pensados no

---

128. "*Irrenunciabilidade*: tal característica apresenta a noção de que, em regra, direitos fundamentais não podem ser objeto de renúncia por seu titular (na medida em que seu titular não poderia dispor dos mesmos, embora possa deixar de exercê-los" (FERNANDES, Bernardo Gonçalves, *op. cit.*, p. 330).

129. "For some years now, I have argued that the concept of access to justice should embrace four different elements. The first, of course, is dispute resolution itself. This is the central service of courts and a crucial component of all legal and judicial systems. Any credible justice system will offer some form of authoritative dispute resolution, a forum for the vindication of people's legal rights. At the same time, second, we should also have better methods for dispute containment. Once disputes have arisen, we should want to be able to nip them in the bud. Failing this, we should try to ensure that our justice system's response to any dispute is proportionate and in the best interests of litigants. Sadly, institutional incentives embedded deeply both in the legal profession and in the courts tend to encourage the escalation rather than the containment of disputes. Because the dominant way that lawyers charge for their work and think about their services is still in terms of hourly billing, it is in the commercial interests of lawyers for disputes to continue rather than be concluded. At the same time, once in the court system, judges are generally (but not always) committed, by procedure and adversarial process, to tolerating combat, and to progressing cases according to the law rather than encouraging their resolution informally and pragmatically. It is a damning indictment of our court systems that most judges and professional litigators will strongly discourage their friends and families from becoming embroiled in litigation. It is of little reassurance that this has been the case for many years. Consider what the American judge, Learned Hand, had to say in 1926, almost a century ago: 'I must say that as a

desenvolvimento de novas soluções ou no aprimoramento daquelas já existentes, ou, ainda, reprisando a analogia já feita, os quatro principais sintomas que precisam ser identificados e tratados para eliminar ou arrefecer as doenças de não adequação e não efetividade dos métodos de resolução.

---

litigant I should dread a law suit beyond almost anything short of sickness and death'.4 In truth, our system too often intensifies and exacerbates disputes rather than keeping their tone and scale commensurate with the nature and value of the disagreement in question. This leads me to identify this second sense of access to justice—our system should be as much about dispute containment as it is about dispute resolution. My third sense of access to justice, dispute avoidance, is inspired by the world of medicine where it is commonplace to believe that prevention is better than cure. Immunization and vaccination are everyday features of our lives. All manner of awful ailments and illness are thereby avoided. I suggest that we should share this mindset in law. Most people, I expect, would rather avoid legal problems altogether than have them resolved by teams of lawyers. Most people would prefer a fence at the top of the cliff to an ambulance at the bottom (no matter how responsive or well-equipped that ambulance might be). If this is the case, then access to justice is not just a matter of dispute resolution and dispute containment. It is also about dispute avoidance. If lawyers are able, because of their training and experience, to recognize and avoid legal obstacles then, in a just society (one in which legal awareness and insight is an evenly distributed resource—see the next chapter and my discussion of distributive justice) we should want non-lawyers to be similarly equipped. Vaccinations are available to the public at large and not just to physicians and their families. In law, this will largely require the introduction of new ways of putting legal know-how at the fingertips of all citizens and to a greater extent than has been feasible in the past. This readier, cheaper, and wider access to legal guidance should lead to a more distributively just society in the same way that immunization leads to a healthier community. Another consequence is also probable—wider understanding of the law and greater access to legal remedies may well nudge the unscrupulous (some landlords, for example) towards more compliant and honest conduct or at least discourage them from behaving unlawfully or exploiting others. In the past, they may have proceeded as they pleased, regardless of the law, safe in the knowledge that those who were suffering as a result were disincentivized from taking legal action precisely because the law and the courts were too costly, complex, or forbidding. The medical analogy also helps us to identify a fourth dimension to the concept of access to justice—legal health promotion. I draw here from the work in recent decades on health promotion. We are counselled today to exercise aerobically for at least half an hour, three or four times a week, not simply because this will reduce the likelihood of, say, a stroke or coronary heart disease but also because it will make us feel much better. The idea of health promotion is not focused on the prevention of ill-health but on improving our physical and mental well-being. Similarly, I suggest, the law can also furnish us with ways in which we can promote our general well-being, and not only by helping to avoid or resolve problems. Readers who studied jurisprudence at university will remember Herbert Hart's seminal book, The Concept of Law, in which he distinguishes between 'duty imposing' and 'power conferring' rules.5 This is a fundamental division. Hart made the point that most people, lawyers included, when they think of the law, tend to regard the law as duty-imposing—it requires, it obligates, it prohibits. But so much of the law is actually enabling.

O primeiro deles e por mais óbvio que possa parecer é a resolução do conflito em si considerada, dado que essa representa o principal serviço do sistema judicial, ainda protagonista, e de toda estruturação normativa e esforços humanos, financeiros e acadêmicos associados ao Acesso à Justiça. O primeiro foco da promoção ou melhoria das condições do Acesso à Justiça, na busca de sua otimização, é entender justamente *como melhor resolver os conflitos*. As tecnologias da informação, assim, devem ser pensadas e empregadas na melhoria de *como* os conflitos são solucionados, com a automação ou transformação dos procedimentos. As respostas de *como fazer*, por sua vez, advirão, especialmente, das próprias características dos conflitos e dos direitos materiais envolvidos. O ajuste parece começar dessa percepção.

O segundo deles é a contenção dos conflitos. Um melhor Acesso à Justiça também se dá com a utilização de métodos eficazes que contenham disputas já existentes. A ideia é que o foco também esteja no estudo e desenvolvimento de instrumentos e métodos que

---

It is empowering. The law allows us to make wills, to get married, to contract with others. It affords all sorts of benefits, even if this is not the way it is most commonly conceived. The aim of legal health promotion is to help people, in a timely way, to know about and act upon the many benefits, improvements, and advantages that the law can confer, even when there is no perceived problem or difficulty. It is unsatisfactory that people often have legal entitlements of which they are entirely unaware, that there are legal benefits which they could secure if only they had the knowledge. In a distributively just system, it seems to me, people would not be disadvantaged in this fashion. And so, in contrast, I look forward to the day when we will be committed to legal health promotion underpinned by community legal services that are akin perhaps to community medicine programmes, except that they will be available very largely online. Providing access to justice, in this fourth sense, will mean offering access to the opportunities that the law creates. My line of argument in summary is this—when I talk of improving access to justice, I am referring to much more than providing access to quicker, cheaper, and less combative mechanisms for resolving disputes. I am also speaking of the introduction of techniques that deeply empower all members of society—to contain disputes that have arisen, to avoid disputes in the first place and, more, to have greater insight into the benefits that the law can confer. Today, even very capable people can feel disempowered when involved in legal processes. Tomorrow, we should want citizens to be able to own and manage many of their own legal issues." (SUSSKIND, Richard. *op. cit.*, p. 66-70).

contenham as potencialidades negativas dos conflitos jurídicos-sociais existentes, independentemente de onde eles estejam.

Se não judicializados, pensar e adotar métodos que solucionem os conflitos antes da judicialização ou otimizar filtros à judicialização, como, por exemplo, com o melhor trato das próprias condições da ação (especialmente, o interesse de agir). A judicialização, assim e na ótica do que tem sido tratado até aqui, seria um próprio fenômeno negativo do conflito em si. É por essa razão, principalmente, que devem ser saudados os resultados positivos de resolução de métodos *pré-processuais* e porque, ao mesmo tempo, tais resultados passam a sensação positiva de melhor Acesso à Justiça aqueles que deles tomam ciência. Nessa perspectiva, por exemplo, devem ser aplaudidos os resultados apresentados pela plataforma Consumidor.gov.br, que será melhor estudada adiante[130].

Se judicializados, os procedimentos judiciais civis devem ser contemplados com *oportunidades* reiteradas de por fim às demandas, contendo e diminuindo as potencialidades negativas de tempo e custo. É nessa ideia que devem ser igualmente enaltecidos os mecanismos da legislação processual brasileira que seguem essa lógica. O CPC, de forma importante, apresenta uma série de mecanismos que servem também de exemplo dessa função de contenção.

Podem ser citados: (i) o princípio da cooperação (art. 6º)[131]; (ii) o interesse de agir, enquanto condição da ação (art. 17), capaz de

130. Disponível em: https://consumidor.gov.br/pages/indicador/geral/abrir Acesso em: 26.07. 2020.

131. Sobre o tema ver: WOLKART, Erik Navarro. *Análise econômica do processo civil*, São Paulo: Thomson Reuters Brasil, 2019; MITIDIERO, Daniel. Colaboração no processo civil : pressupostos sociais, lógicos e éticos, 3. ed. rev., atual., e ampl. de acordo com o novo código de processo civil, São Paulo : Revista dos Tribunais, 2015; PEIXOTO, Ravi. Rumo à construção de um processo cooperativo, *Revista de Processo*, vol. 219, p. 90, Mai.2013; GREGER, Reinhard. Cooperação como princípio processual, Trad. de Ronaldo Kochen, *Revista de Processo*, vol. 206, Abr.2012; GOUVEIA, Lúcio Grassi de. A função legitimadora do princípio da cooperação intersubjetiva no processo civil brasileiro, *Revista de Processo*, vol. 172, p. 32, Jun.2009;

eliminar conflitos cuja judicialização peque por falta de necessidade, resistência de pretensão, utilidade e adequação do procedimento utilizado; (iii) a proposta da existência de ato de conciliação ou mediação inicial com a audiência do art. 334; (iv) o julgamento de improcedência liminar (art. 332); (v) a determinação para que os magistrados busquem a solução consensual a todo momento (art. 139, V); (vi) o julgamento conforme o estado do processo (arts. 354, 355 e 356); (vii) as tutelas provisórias (urgência ou evidência) cujos efeitos para uma das partes podem conduzir à autocomposição; (viii) a dinâmica da tutela de urgência antecipada antecedente e sua estabilização; (ix) os mecanismos que traduzem estabilidades processuais e terminam marcos de segurança jurídica, evitando idas e vindas e gastos de energia de toda ordem com o conflito (especialmente, as preclusões, o trânsito em julgado e a coisa julgada); (x) o sistema de precedentes, em especial se bem trabalhado na prática; e (xi) a otimização do sistema recursal com a adoção, por exemplo, de filtros e pressupostos recursais mais funcionais.

Como terceiro foco do Acesso à Justiça deve estar a prevenção de conflitos ou disputas. Os mecanismos a serem pensados e empregados, antes mesmo de conter ou resolver os conflitos, devem estar também focados em prever a existência de novos conflitos. Parece ser possível dizer que as pessoas, fim primordial de qualquer estruturação de resolução de conflitos que se preze, preferem não ter um conflito ou litígio, do que depender de sua resolução ou contenção. Igualmente, parece que a existência da Justiça, enquanto ideal a ser buscado, independentemente de qualquer conteúdo que lhe empreste, mais se aproxima da observância do direito material e da vontade das partes como postos, do que da existência do conflito. Em outras palavras, parece mais fácil alcançar a Justiça sem o conflito do

DIDIER JÚNIOR, Fredie. O princípio da cooperação : uma apresentação, *Revista de Processo*, vol. 127, p.76, Set.2005; DIDIER JÚNIOR, Fredie. Os três modelos de direito processual: inquisitivo, dispositivo e cooperativo. *Revista de Processo*, vol. 198, p. 213, Ago.2011.

que resolvendo-o ou contendo-o, seja lá qual for a solução. A própria existência do conflito social, em si, passa também por uma aparente sensação de injustiça posta das partes conflitantes. Emprestando a analogia apresentada por Richard Susskind, é melhor prevenir as doenças do que tratá-las.

Não se pode ignorar e pode ser válida a observação, nesse ponto, que parece existir uma íntima relação entre o Acesso à Justiça e o próprio compliance, esse como uma engrenagem poderosa de prevenção ou *dispute avoidence*, dado que uma atividade em conformidade jurídica, por certo e por lógica própria da natureza das coisas, resulta na menor probabilidade de conflitos jurídicos dela decorrentes.

O compliance parece se apresentar a partir da evolução histórica relacionada ao próprio diálogo entre Estado e o capital. Diálogo esse, aliás, que se apresentou em uma evolução pendular. Antes, no século XIX, tal relação era de marcante liberdade, descentralização e autonomia. O Estado e seu principal instrumento de estruturação, o Direito, cumpriam seus papeis de assegurar a existência do mercado e suas respectivas trocas e bens[132]. Ao final do referido século, porém, são verificadas as chamadas crises do capitalismo, em que há o estremecer de suas principais bases estruturantes, em especial a Primeira Grande Guerra (1914-1918), a Crise da Bolsa de Nova York de 1929 e a Segunda Grande Guerra (1939-1945).

Nesse período, o Estado passa a entender que sua posição de isolamento ou não intervenção, de uma maneira geral, não é mais funcional. Propõe-se, então, uma mudança de postura, com o início de uma participação ativa do Estado. E ao se falar em participação ativa, identifica-se a mudança do papel do Estado na economia, a partir de tal momento, com a atuação direta no direcionamento

132. Ver POLANYI, Karl. *A grande transformação*: as origens da nossa época. Trad. de Fanny Wrobel; Revisão Técnica de Ricardo Benzaquen de Araújo 2. ed. Rio de Janeiro: Elsevier, 2012.

econômico[133]-[134]. Para tanto, mais uma vez o Estado se vale de sua técnica mais especializada: o Direito[135]. É a fase destacada de surgimento e evolução do Direito Econômico, especialmente com o traçar dessas diretrizes em próprio seio constitucional. Assim, por destaque, as Constituições de Weimar de 1919[136] e a Mexicana de 1917.

---

133. "A compreensão de que a ordem econômica, uma vez erigida a programa constitucional, legitima o Estado a regular – ou a intervir em – espaços onde a autorregulação econômica se mostre insuficiente para a solidez e a transparência do mercado, ou mesmo nos casos em que os fluxos econômicos devem orientar-se também a partir de uma programação social, coloca-nos diante do problema relacionado à possível missão que o direito penal pode assumir como instrumento auxiliar dessa tutela." (SCHMIDT, Andrei Zenkner. *Direito penal econômico*: parte geral, 2. ed., rev. e ampl., Porto Alegre : Livraria do Advogado, 2018, p. 73).

134. Como exemplo documental desse movimento, tem-se também, em 1932, a criação da política econômica de intervenção keynesiana do *new deal*, segundo a qual o Estado deveria atuar na correção dos desvios inerentes do modelo capitalista.

135. "O mundo ocidental partiu de uma organização econômica baseada nos sistemas liberais de mercados. Sistemas descentralizados ou autônomos, onde a separação entre os planos decisórios político e econômico deveria ser a mais radical possível. [...] as ideias que fundaram esta concepção do sistema econômico se refletiam, também, no Direito. Era tempo de máxima valorização da liberdade individual, garantida, principalmente, com a elaboração de constituições que elencavam os direitos individuais e impunham extensa lista de limites à intervenção estatal na esfera privada. Era tempo do privado, do Direito Civil. Porém, no decorrer do século XIX, o modelo descentralizado ou autônomo começou a demonstrar suas falhas: o mercado não é, por si só, um mecanismo em condições de resolver e equacionar todas as situações presentes em um sistema econômico. É neste momento que se observa que aquela cisão radical entre os centros decisórios político e econômico não é capaz de conduzir. [...] Com a promulgação da Constituição de Weimar (1919), difunde-se pelo ocidente a inclusão, nas respectivas constituições, de normas dedicadas à atividade econômica. Assim ocorreu na Itália (1948), na França (1947), na Espanha (1978), em Portugal (1976). No Brasil, a partir a Constituição de 1934, todas as que a sucederam trouxeram em seu bojo normas sobre a 'ordem econômica e financeira'. [...] A partir deste momento, o Estado passa a fazer parte do processo decisório econômico provocando profundas e consideráveis modificações nos quadros liberais." (SALOMÃO, Heloísa Estellita. Tipicidade no direito penal econômico. *In* PRADO, Luis Regis. DOTTI, René Ariel [orgs.]. *Direito penal econômico*, São Paulo : Editora Revista dos Tribunais, 2011, (Coleção doutrinas essenciais : direito penal econômico e da empresa; v. 2), p. 154-155); e "Derecho aparece, ante todo, como el instrumento a que recurren los legisladores para concretar en los hechos la política de intervencionismos en lo econômico-social. Es, en otros términos, *la expresión jurídica de esa política*" (AFTALIÓN, Enrique. *Derecho penal económico*, Buenos Aires : Abeledo Perrot, 1959, p. 21).

136. "A Constituição de Weimar é aquela em que se observa pela primeira vez o Direito Econômico, ou seja, o Estado, em sua Lei maior, ditando as regras e princípios para que o fenômeno econômico no mercado encontrasse limites e garantias para atender a sociedade e assegurar a justiça social. O mercado continua sendo o local da produção, circulação e repartição das riquezas, mas suas falhas devem ser corrigidas e, por meio do seu funcionamento, os

Tais normas de direcionamento e natureza marcantemente programáticas não apresentaram resultados de todo satisfatórios. Nesse ponto, em passo de evolução, diante da não funcionalidade da tentativa anterior, o Estado se socorre ao seu grande soldado de reserva, como se possuísse a grande solução, e passa a adotar normas de índole penal para corrigir os desvios dos direcionamentos constitucionalmente postos[137]. Surge, então, o chamado Direito Penal Econômico[138], o qual, por sua vez, também não trouxe os resultados esperados.

Paralelamente, tem-se a formatação de duas agendas internacionais que potencializam a ideia do particular contribuindo com o Estado na tarefa de evitar ilegalidades. Uma primeira vocacionada à manutenção da saúde dos sistemas econômico-financeiros[139] e uma segunda vocacionada ao combate à corrupção[140]. No Brasil, destaca-

---

resultados demandados ela sociedade são alcançados a partir de objetivos e metas programáticas estabelecidos pela agenda nacional. Esse novo sistema inaugurado pela carta de Weimar denomina-se *constituições-programas* ou *socialdemocratas* que, em vez da igualdade formal ou jurídica dos indivíduos, privilegia a igualdade substantiva envolvendo o conteúdo econômico, além de reconhecer a condição dos desiguais." (BAGNOLI, Vicente. *Direito econômico e concorrencial*, 7. Ed. rev., atual. e ampl., São Paulo : Revista dos Tribunais, 2017, p. 44).

137. "As normas penais, é sabido, socorrem o ordenamento jurídico nas situações mais graves. Isto é, das ações mais violentas dirigidas aos bens jurídicos mais caros à uma sociedade historicamente localizada. Ao se pensar na proteção penal de um bem jurídico de caráter econômico, é imperioso o questionamento acerca do conteúdo deste bem jurídico e, além disso, de quais seriam os ataques violentos que as normas sancionatórias de caráter não penal falharam em evitar." (SALOMÃO, Heloísa Estellita. SALOMÃO, Heloísa Estellita. Tipicidade no direito penal econômico. In PRADO, Luis Regis. DOTTI, René Ariel [orgs.]. Direito penal econômico, São Paulo : Editora Revista dos Tribunais, 2011, (Coleção doutrinas essenciais : direito penal econômico e da empresa; v. 2), p. 154).

138. "El marco constitucional del Derecho penal económico no puede quedar colmado sin hacer referencia a los principios constitucionales esenciales en los que se desenvuelve el Derecho penal en general y a sus particularidades en el ámbito de la actividad económica." (PÉREZ DEL VALLE, Carlos. Introducción al derecho penal económico. *In* BACIGALUPO, Enrique. *Curso de derecho penal econômico*. 2. ed. Madrid : Marcial Pons, 2005, p. 29)

139. Destacam-se as Conferências de Bretton Woods em 1944, impondo a regulamentação dos sistemas financeiros e bancários e a criação, em 1974, do Comitê da Basiléia de Supervisão Bancária e sua atuação histórica na sequência.

140. Nessa segunda agenda, destacam-se o Foreign Corrupt Practices Act – FCPA dos Estados Unidos (1977), a Convenção Interamericana contra a Corrupção da Organização dos

-se a Lei nº 12.846 de 2013 conhecida como Lei da Integridade Empresarial, Lei Anticorrupção ou Lei da Empresa Limpa como grande marco legislativo desse contexto de transferência.

Considerando que as duas tentativas anteriores (Direito Econômico e Direito Penal Econômico) não são totalmente efetivas e as agendas em cenário internacional, passa o Estado a buscar outra opção apta a assegurar o melhor direcionamento econômico e a diminuição da prática de ilícitos. O compliance, nessa perspectiva, representa um novo passo na relação entre Estado e capital, marcado agora por uma nova forma de controle que conta diretamente com a participação do particular. Para tanto, o Estado, mais uma vez pelo Direito, passa prever sanções para os particulares, especialmente para as pessoas jurídicas, que não se organizam na tarefa de evitar ilegalidades[141]. O que se verifica, portanto e de uma maneira geral, é

Estados Americanos – OEA (1996), a Convenção da Organização para a Cooperação e Desenvolvimento Econômico – OCDE sobre o Combate a Corrupção de Funcionários Públicos Estrangeiros em Transações Comerciais Internacionais (1997) e a Convenção das Nações Unidas contra a Corrupção (2003) e o United Kingdom Bribery Act – UKBA (2010).

141. *V.g.*: "A Lei de Lavagem de Dinheiro (Lei Federal nº 9.613/1998, com as alterações introduzidas pela Lei nº 12.683/2012) e a Lei Anticorrupção Empresarial (Lei Federal nº 12.846/2013, regulamentada pelo Decreto nº 8.420/2015 e modificada pela Medida Provisória nº 703, de 18 de dezembro de 2015) apresentam diversos aspectos relevantes no combate aos crimes de lavagem de dinheiro e de corrupção. Dentre esses aspectos, destacam-se o estabelecimento de determinadas obrigações aos agentes particulares, bem como o incentivo para que colaborem com a polícia judiciária na prevenção e no controle a esses delitos. Essas medidas refletem a dificuldade de o poder público, isoladamente, prevenir, detectar e sancionar essas condutas ilícitas ante o cenário globalizado no qual a atividade empresarial se insere, já que pessoas e capitais transitam livre e rapidamente entre os diversos países e os avanços tecnológicos são utilizados para a prática desses crimes. Além disso, cada empresa apresenta particularidades conforme o seu tamanho, a atividade desenvolvida e o local em que exerce suas atividades, de modo que acaba sendo mais eficaz do que a polícia judiciária na detecção e no controle dos riscos de cometimento de ilícitos que podem ser praticados em seu interior. Tais fatores acabam por ensejar a transferência por parte do poder público aos agentes particulares na prevenção e no controle a esses crimes por meio dos denominados sistemas de criminal compliance. Essa transferência, que pode ser classificada como uma forma de privatização, é o tema central a ser abordado no presente estudo." (FORIGO, Camila Rodrigues. O criminal compliance e a autorregulação regulada: privatização no controle à criminalidade econômica. *In* GUARAGNI, Fábio André. BACH, Marion [coords.] *Direito penal econômico* [versão

o compliance como uma ferramenta estatal de estágio avançado do intervencionismo econômico, o que se dá pelo direcionamento de como o capital deverá se comportar e ser organizado com o objetivo de evitar a destinação de seus recursos para fins contrários ao direcionamento econômico constitucional.

Por semântica do termo, sua derivação se dá a partir da locução inglesa *to comply*, que traz consigo as ideias de cumprir, obedecer, satisfazer ou atender a uma imposição[142]. Assim, as práticas

---

eletrônica pdf]: administração do direito penal, criminal compliance e outros temas contemporâneos, Londrina : Thoth, 2017. p. 17-18).

142. "Compliance é uma palavra de língua inglesa derivada do verbo *to comply*, o qual significa cumprir, obedecer ou realizar uma ação imposta. Não existe na língua portuguesa uma palavra correspondente, mas uma tradução aproximada poderia se reportar às expressões observância, conformidade e submissão. Pode-se dizer, assim, que "compliance" guarda pertinência com o ajustamento das condutas das pessoas envolvidas nas leis, de modo geral, e nas regras estabelecidas dentro de uma empresa. [...] Em outras palavras: trata-se de um conjunto de mecanismos e procedimentos internos de regulação, auditoria e incentivo à denúncia de irregularidades que, pela efetiva aplicação dos códigos de conduta e das políticas e diretrizes da organização, objetivam *prevenir, detectar e corrigir* desvios, fraudes, irregularidades e quaisquer outros atos ilícitos praticados contra a própria pessoa jurídica e/ou contra a Administração Pública nacional ou estrangeira. O que se busca é prevenir e minimizar os riscos das atividades exercidas pelas organizações através do cumprimento de todas as regras, das leis, dos procedimentos, dos regulamentos e dos controles a cada empresa está sujeita, partindo dos regramentos impostos pelas agências reguladoras do governo, passando pelas regras contábeis, tributárias e ambientais, até à observância completa e total da legislação anticorrupção em vigor no país.". (ZENKNER, Marcelo. Integridade governamental e empresarial: um espectro da repressão e da prevenção à corrupção no Brasil e em Portugal, Belo Horizonte : Fórum, 2019, p. 369-370); "Se denominan *compliance* las medidas mediante las cuales las empresas pretenden asegurarse de que sean cumplidas las reglas vigentes para ellas y su personal, que las infracciones se descubran y que eventualmente se sancionen." (KUHLEN, Lothar. Cuestiones fundamentales de compliance y derecho penal *In* KUHLEN, Lothar. MONTIEL, Juan Pablo. GIMENO, Íñigo Ortiz de Urbina [coords]. *Compliance y teoría del Derecho penal*, Madrid : Marcial Pons, 2013, p. 51); "O termo compliance origina-se do verbo em inglês to comply, que significa cumprir, executar, satisfazer, realizar algo imposto. Compliance é o ato de cumprir, de estar em conformidade e executar regulamentos internos e externos, impostos às atividades da instituição, buscando mitigar o risco atrelado à reputação e ao regulatório/legal." (MANZI, Vanessa Alessi. *Compliance no Brasil*: consolidação e perspectivas, São Paulo : Saint Paul Editora Ltda., 2008, p. 15); "Compliance é um substantivo que significa concordância com o que é ordenado; *compliant* é aquele que concorda com alguma coisa, e to comply with significa obedecer. Essa explicação, em si, não diz muito. A acepção que interessa ao tema em estudo é a que remete à ideia de cumprimento normativo." (VERÍSSIMO, Carla. Compliance : incentivo à adoção de medidas anticorrupção, São Paulo: Saraiva, 2017, p. 90).

ditas práticas de compliance são aquelas destinadas a garantir que o particular esteja em conformidade com as normas que regem sua atividade. Práticas que tem por vocação a criação e manutenção de um ambiente de ajuste normativo pleno. *Compliant*, portanto, é o particular que se encontra em plena conformidade normativa.

Transfere-se ao particular a missão de conformidade, sancionando-o pela desorganização nesse sentido e por não evitar a ilegalidade. Por lógica, a sua existência concreta e efetiva mitiga a existência de conflitos jurídicos. Uma conformidade consistente, por certo, representa uma chance muito menor de conflitos, esses decorrentes da própria desconformidade.

Por fim, tem-se o quarto foco é a introdução de técnicas e políticas públicas que confiram a capacidade de todos os membros da sociedade de prevenir conflitos e conter os conflitos já existentes. Claro que isso passa sobretudo por estudos antropológicos dedicados e também por uma melhor educação social, porém o que se quer evitar, ainda que futuramente como meta a ser alcançada, é a sensação de impotência de qualquer indivíduo em pensar que não pode, ele próprio e dentro da legalidade, evitar ou conter um conflito, acreditando que apenas profissionais jurídicos (advogados, juízos, membros da polícia, etc) podem fazê-lo. A cultura de acionar as polícias ou querer lavrar um boletim de ocorrência sem a existência de qualquer crime parece representar bem essa sensação quase endêmica na sociedade brasileira. A ideia é ter o foco em mecanismos que revertam esse vetor sensorial, gerando um ecossistema fértil em que todo cidadão sabe ser uma célula apta a evitar ou conter disputas jurídico-sociais.

PARTE II

RESOLUÇÃO DE CONFLITOS ALÉM DA JURISDIÇÃO ESTATAL

1

NOTA INTRODUTÓRIA

Na primeira parte desse trabalho, procurou-se trabalhar a ideia do Acesso à Justiça e as mudanças provocadas pelas tecnologias da informação, especialmente em *como* essas podem contribuir para a busca do estado ideal das coisas de plenitude de meios concretamente adequados e efetivos aos conflitos postos. Em outras palavras, como as tecnologias da informação e os novos métodos delas decorrentes podem auxiliar no objetivo e compromisso jurídico-social de evitar, conter e resolver os conflitos.

Nesta segunda parte, a proposta é estudar outras formas de resolução de conflito, além da jurisdição estatal e que, inclusive, com o uso proveitoso das tecnologias da informação, compõem e podem compor cada vez mais um *cardápio* de possibilidades de resolução de conflitos, para que o procedimento e solução desses seja feita de forma mais adequada e efetiva. Ao final, serão apresentadas algumas experiências nacionais no sentido de exemplificar o estudado e demonstrar que possibilidades concretas a serem replicadas.

2

ONLINE DISPUTE RESOLUTION - ODR

Nos termos propostos na primeira parte do trabalho, considerando o papel das tecnologias da informação na resolução de conflitos, propôs o reconhecimento de uma nova dimensão do Acesso à Justiça associada ao uso das tecnologias da informação, seja na automação ou na transformação dos procedimentos de resolução dos conflitos.

É nesse cenário que está inserida o método de resolução online de disputa ou *online dispute resolution - ODR*, que é integrada e pode ser compreendida pelo uso de mecanismos que se valem do ambiente online ou virtual para solução das disputas jurídicas[1]. Quer dizer, será considerado uma ODR um procedimento de solução do conflito que se desenvolva de forma online. Adicionalmente, como espécies, tem-se (i) as cortes online, se o desenvolvimento da jurisdição estatal

1. Nesse sentido ver: KATSH, Ethan. RIFKIN, Janet. GAITENBY, Alan. E-commerce, e-disputes and e-dispute resolution: in the shadow of 'eBay Law' *In Ohio State Journal on Dispute Resolution,* vol. 15, 2000; e BECKER, Daniel. FEIGELSON, Bruno. Acesso à justiça para além de Cappelletti e Garth: a resolução de disputas na era digital e o papel dos métodos online de resolução de conflitos (ODR) na mitigação da crise de justiça no Brasil *In* LUCON, Paulo Henrique dos Santos [et. Al] [coords]. *Direito, processo e tecnologia*, São Paulo : Thomson Reuters Brasil, 2020, p. 205-219.

ocorre de forma online; e (ii) os demais métodos, paralelos à jurisdição estatal, de solução online dos conflitos (inclusive a arbitragem online, tratada adiante)[2]. Inclusive, a partir dos exemplos internacionais e nacionais, relacionados no Capítulo 5 desta segunda parte espera-se que tais ideias fiquem ainda mais palpáveis.

Aliás, desenvolveram-se, em primeiro lugar, no campo dos demais métodos (segunda espécie), e hoje a solução online já permeia a própria jurisdição estatal (primeira espécie). As ODRs iniciaram sua proliferação nos sistemas de solução de disputas como uma forma de e-ADR (*eletronic alternative dispute resolution*) porque esses, aliás, diante da complexidade social não foram capazes de entregar o que prometeram[3] – adotando-se a expressão "métodos alternativos"

2. "Today, people often and understandably use the expressions 'online courts' and 'ODR' interchangeably. This can be confusing. Whereas online courts belong exclusively to the public sector, the term 'ODR' is used in both a wide and a narrow sense. In its wide sense, ODR refers, broadly, to any process of resolving a dispute that is largely conducted across the internet. This broad definition, therefore, includes the dispute resolution aspects of 'online courts'. Online courts use ODR techniques. The narrower sense of ODR equates ODR with electronic ADR ('e-ADR'), that is, the systems that are an alternative to public, state-based court service. [...] However, ODR of the sort just described does not sit in the public court system. It is still a form of ADR. In contrast, advocates of online courts propose that some of the techniques developed for ODR might actually be used within the court system" (SUSSKIND, Richard. *op. cit.*, p. 62).

3. "This phenomenon emerged in the 1990s as a branch of ADR (alternative dispute resolution). ODR was regarded at that time as a form of electronic ADR, with many techniques falling under its umbrella, including e-mediation, e-negotiation, and e-arbitration. Rather than meeting in person to conduct, say, mediations and negotiations, a variety of techniques were developed to sort out a wide range of disagreements informally and on an online basis—from consumer disputes to problems arising from e-commerce, from quarrels amongst citizens to conflicts between individuals and the state. Amongst ODR pioneers, the main aim was not to develop systems to support human mediators and negotiators. More ambitiously, they sought to develop systems that parties could use to resolve disputes themselves without recourse to the conventional court system. I have long believed this to be fertile ground. [...] I think it fair to say that ADR has not entirely fulfilled its early promise. One of the drawbacks of traditional ADR is that parties and the neutral (for example, the mediator) still need to assemble in the same room, with all the cost and time involved. Like the conventional court system, it is still a synchronous process. To some extent, to the lay person, it may even feel quite court-like, relying on people with specialist knowledge and standard processes. Perhaps ADR is not sufficiently different from court service to enjoy the success that many expected of it. Non-lawyers might not really know the difference between a judge and a mediator, or an ombudsman or an arbitrator. In contrast, ODR—online

justamente na ideia que esses serviriam como *alternativa* à clássica jurisdição estatal.

Possuem interessantes benefícios, sobretudo aqueles desenvolvidos em paralelo à jurisdição estatal.

Tendem a ser mais baratos ou mesmo gratuitos – esse último caso é o da plataforma Consumidor.gov.br, de que se tratará adiante. Na Europa, por exemplo, muitos desses meios ou tem seu custeio a cargo do fornecedor ou são de baixo custo ao consumidor. Ademais, ainda quanto ao custo, cabe lembrar que esses meios online não reclamam a ida dos envolvidos a uma localidade específica para audiências ou outros atos presenciais. Destaque-se, também, que o fato de serem online amplia sua eficiência, já que muitas vezes sequer possuem intervenção humana de mediadores, sendo que podem comportar centenas ou milhares de negociações, mediações ou arbitragem simultaneamente.

Outro benefício é a conveniência, que também converge para a mencionada redução de custos econômicos e pessoais não só do sistema, como das partes: ao lado de não ser necessário aos envolvidos comparecer a uma sala de sessões de negociação, conciliação, mediação ou arbitragem, não há, em princípio, a exigência de tais mecanismos serem síncronos – ou seja, não precisam contar com atos que demandam a presença simultânea dos sujeitos do processo, a depender do serviço de *online dispute resolution* utilizado: dessa forma, cada parte teria um prazo para acessar o sistema e efetuar suas propostas e considerações.

Importante dizer que como ODR não estão inseridos os processos judiciais eletrônicos que, embora se valham de procedimentos ou ferramentas de tecnologia e, algumas, online, não transformam por

and asynchronous—is really quite unlike conventional court service." (SUSSKIND, Richard. *op. cit.*, p. 61-62).

completo a prestação da jurisdição estatal, que continua com atos tradicionais ou, por assim dizer, "offline", como aqueles em que se dá o encontro físico entre sujeitos do processo ou seus representantes (*v.g.* audiências, sessões de julgamento, despachos presenciais, inspeção judicial, etc.).

Assim, como já tratado na primeira parte do trabalho, a ODR não ocorre com a simples ou complexa automação de procedimentos, mas representa a transformação desses[4]. Como diz, mais uma vez, Richard Susskind: "Systems can be used to improve, refine, streamline, optimize, and turbo-charge our traditional ways of working. This is what most judges and lawyers (and most professionals, for that matter) have in mind when they give some thought to technology. They reflect on routine, repetitive, and often antiquated tasks and activities in their courts and imagine (correctly) that some set of systems could be introduced to bring new efficiencies and make life easier. This first broad approach to court technology is a form of process improvement. I call it 'automation'. It involves grafting new technology onto old working practices. And it has dominated the theory and practice of court technology over the last 50 years or so."[5].

2.1 AS ODRS ALTERAM O INTERESSE PROCESSUAL NO INGRESSO NO JUDICIÁRIO OU A TRAMITAÇÃO DE AÇÕES JÁ PROPOSTAS?

Diante do relevante e crescente papel das ODRs na pacificação de conflitos, surge uma questão fundamental: retiram eles a necessidade de ingresso no Judiciário, alterando a lógica do interesse processual na propositura de uma ação?

4. *Idem. op. cit.*, p. 35.
5. *Idem*, p. 33-34.

O interesse processual se encontra consagrado no artigo 485, inciso VI, do Código de Processo Civil. Muito embora parcela da doutrina defenda que sua natureza jurídica atualmente é de pressuposto processual[6], prefere-se o entendimento de que ainda se trata de uma condição para o regular exercício da ação, não importando o fato de o diploma processual de 2015 não ter mencionado expressamente o termo "condições da ação" ou expressão análoga[7].

O interesse processual é composto pelo binômio necessidade-adequação[8]. A necessidade representa a imprescindibilidade da tutela jurisdicional. Assim sendo, se existe meio legítimo para obtenção do resultado sem o uso do Judiciário, a ação se mostraria desnecessária. Por isso, caso proposta uma demanda para a cobrança de dívida vincenda, fato é que aquela se mostraria desnecessária, já que o débito ainda não é exigível e pode ser pago até seu termo amigavelmente.

Além disso, a adequação significa que o procedimento eleito pela parte deve ser adequado à finalidade pretendida. Diante disso, se impetrado um mandado de segurança para a defesa de suposto direito cujos fatos constitutivos dependem de prova documental, foi

6. DIDIER JUNIOR, Fredie. *op. cit.*, p. 430.

7. "O fato de serem os pressupostos processuais e as 'condições da ação' requisitos necessários à emissão de um provimento de mérito não retira desta categoria a heterogeneidade que sempre se lhes reconheceu. E isto porque, embora ligados ambos à admissibilidade do provimento de mérito, dizem eles respeito a distintos institutos da teoria do direito processual. Com todas as vênias, pretender incorporar aos pressupostos processuais a categoria das "condições da ação" só poderá ser admitido a partir do momento em que se parar de distinguir os próprios fenômenos da ação e do processo." (CÂMARA, Alexandre Freitas. Será o fim da categoria "condição da ação"? Uma resposta a Fredie Didier Junior *In Revista de Processo*, vol. 197, p. 261–269, jul./2011).

8. Não há consenso doutrinário a respeito. Alguns autores, como Leonardo Greco, entendem ser o interesse de agir constituído apenas pela necessidade do provimento jurisdicional. Em suas palavras: "o interesse-utilidade nada mais é do que o próprio interesse-necessidade e o interesse de agir é a necessidade de recorrer à jurisdição para alcançar o bem jurídico com base numa pretensão jurídica suficientemente fundamentada em fatos verossímeis, cuja prova pré-constituída disponível seja desde logo apresentada." (GRECO, Leonardo. *A teoria da ação no Processo Civil*. São Paulo: Dialética, 2003, p. 40).

escolhida via inadequada, diante da limitação do mandado de segurança às provas documentais[9].

A prévia utilização de mecanismos para a solução extrajudicial de conflitos tradicionalmente não é considerada um requisito para o interesse de agir em demandas. Isso porque a inafastabilidade do Poder Judiciário traria consigo um direito de acesso ao Poder Judiciário pelos jurisdicionados – parcela do princípio do Acesso à Justiça, buscando a análise de suas pretensões. Nesse sentido: "PROCESSUAL CIVIL E ADMINISTRATIVO. COMPETÊNCIA DA JUSTIÇA FEDERAL PARA JULGAR O FEITO. SENTENÇA DE MÉRITO ANTERIOR À EC 45/2004. INEXIGIBILIDADE DE RECURSO ADMINISTRATIVO PRÉVIO À IMPETRAÇÃO DE MANDADO DE SEGURANÇA. OFENSA AO ART. 535 DO CPC NÃO CONFIGURADA. ATO DE INTERDIÇÃO DE ESTABELECIMENTO. COMPETÊNCIA DO DELEGADO REGIONAL DO TRABALHO. POSSIBILIDADE DE DELEGAÇÃO AOS AUDITORES-FISCAIS DO TRABALHO. REGULARIDADE DO ATO DE INFRAÇÃO. RESPONSABILIDADE DA EMPRESA TOMADORA DE SERVIÇOS PELOS EMPREGADOS TERCEIRIZADOS. [...] 3. O art. 5º, I, da Lei 1.533/1951 somente veda a impetração de Mandado de Segurança quando ainda se encontrar pendente recurso administrativo com efeito suspensivo. A regra legal não impõe prévio recurso administrativo como condição para ajuizamento de Mandado de Segurança" (STJ, REsp nº 916.334/RS, 2ª T., Rel. Min. Herman Benjamin, j. em 25/08/2009, DJU 31/08/2009).

Ocorre que as ODRs promovem uma mudança fundamental na análise da necessidade das demandas: se tais mecanismos possuem elevadas taxas de êxito e rápida resposta, sua utilização deve ser facultativa ou um verdadeiro pré-requisito para ingresso no Judiciário? Seria esse um raciocínio válido?

9. RODRIGUES, Marco Antonio. *op. cit.*, p. 192-193.

Parece que, diante do conteúdo de Acesso à Justiça trazido anteriormente neste livro, a existência de um meio de resolução online de controvérsias que se mostre mais rápido, econômico e eficiente altera, de certa forma, o perfil para a caracterização do interesse processual: a submissão prévia da pretensão a esse mecanismo pode ser considerada necessária para a configuração da necessidade da prestação jurisdicional.[10]

Dessa forma, caso ajuizada uma ação que veicule pretensão que pode ser submetida a algum desses mecanismos, como é o caso das relações de consumo, poderia ser exigido do autor a demonstração que buscou a plataforma Consumidor.gov.br e não teve êxito em prazo razoável, para que ficasse caracterizado seu interesse de agir. Essa alteração de perfil, porém, não pode, por manifesta inconstitucionalidade, determinar de forma absoluta que em todos os casos as ODRs devessem ter sido previamente utilizadas. Demonstrada concretamente a impossibilidade no seu uso, aflorada a necessidade da prestação jurisdicional, a condição da ação estaria presente.

Registre-se que a busca do meio online que seja mais econômico, rápido e eficiente demonstra, aliás, a própria boa fé do demandante, que não está se vale do direito de acesso ao Poder Judiciário abusivamente. Nessa linha, inclusive, cabe lembrar que o abuso do direito é uma das condutas que caracterizam a ausência de boa-fé[11].

Assim sendo, caso a ação seja proposta sem a prévia tentativa de solução online, a medida judicial mais adequada à hipótese será a suspensão do processo, para que a parte comprove que já foi à plataforma, ou caso ainda não o tenha feito, para que vá até tal sistema.

---

10. Nesse sentido, RODRIGUES, Marco Antonio. Acesso à justiça, resolução on-line de conflitos e interesse de agir. In: *Revista de Processo,* vol. 314, p. 39-53, abril/2021.

11. TARUFFO, Michele. Abuso dos direitos processuais: padrões comparativos de lealdade processual (relatório geral). *Revista de Processo*, São Paulo, v. 34, n. 177, p. 153-183, nov. 2009, p. 165. No mesmo sentido, RODRIGUES, Marco Antonio. *A modificação do pedido e da causa de pedir.* Rio de Janeiro: GZ, 2013, p. 177-178.

Nas relações de consumo, importante salientar que já há Tribunais que regulamentaram a necessidade de acesso prévio à plataforma Consumidor.gov.br, como é o caso do Tribunal de Justiça do Maranhão[12]. De outro lado, houve decisões de juízos pelo país que entenderam pela extinção do processo sem resolução de mérito, em virtude da falta de interesse, decorrente da ausência de uso prévio da plataforma.

Embora se entenda que o acesso prévio à plataforma possa ser requisito para a configuração do interesse de agir, em nome da economia processual e da primazia do mérito[13], entendemos que devem ser aplicados à hipótese os artigos 4º e 317 do Código de Processo Civil. Tendo as partes, na forma do artigo 4º, um direito a, sempre que possível, obterem a solução integral do mérito, o artigo 317 impõe que haja a correção de vícios sanáveis, sendo que a tentativa de acesso à plataforma online é plenamente sanável. Se houver um acordo no âmbito da plataforma, podem as partes até mesmo aproveitar a ação proposta para uma homologação judicial de tal composição, formando um título executivo judicial, na forma do artigo 515, inciso III, também do Código.

Aliás, como já debatido em outros pontos do trabalho, o reconhecimento de que outras esferas extrajudiciais podem ser mais adequadas à solução dos conflitos não é nova no nosso Direito. Em matéria previdenciária, o Supremo Tribunal Federal já reconheceu que, como regra, a prévia tentativa de solução administrativa é requisito para o interesse

12. O referido Tribunal regulamentou a questão por meio da Resolução GP – 432017, que recomenda a suspensão do processo por trinta dias, para que seja submetida a reclamação administrativa ao fornecedor por meio da plataforma consumidor.gov.br.

13. Como decorrência da utilidade e da efetividade da prestação jurisdicional, o direito de acesso à justiça impõe que, sempre que possível, a decisão final do processo seja de mérito. Uma decisão que encerre o processo sem a análise do seu mérito não cumpre o papel pacificador da jurisdição. Registre-se que, embora para alguns autores o Código de Processo Civil tenha trazido uma regra de primazia de mérito, ao nosso ver isso sempre se tratou de uma exigência do acesso à justiça e das finalidades da atividade jurisdicional.

de agir da ação em face da instituição previdenciária, salvo se houver uma demora injustificada na resposta ao requerente, ou se já houver entendimento consolidado do ente em sentido contrário ao administrado: "RECURSO EXTRAORDINÁRIO. REPERCUSSÃO GERAL. PRÉVIO REQUERIMENTO ADMINISTRATIVO E INTERESSE EM AGIR. 1. A instituição de condições para o regular exercício do direito de ação é compatível com o art. 5º, XXXV, da Constituição. Para se caracterizar a presença de interesse em agir, é preciso haver necessidade de ir a juízo. 2. A concessão de benefícios previdenciários depende de requerimento do interessado, não se caracterizando ameaça ou lesão a direito antes de sua apreciação e indeferimento pelo INSS, ou se excedido o prazo legal para sua análise. É bem de ver, no entanto, que a exigência de prévio requerimento não se confunde com o exaurimento das vias administrativas. 3. A exigência de prévio requerimento administrativo não deve prevalecer quando o entendimento da Administração for notória e reiteradamente contrário à postulação do segurado. 4. Na hipótese de pretensão de revisão, restabelecimento ou manutenção de benefício anteriormente concedido, considerando que o INSS tem o dever legal de conceder a prestação mais vantajosa possível, o pedido poderá ser formulado diretamente em juízo – salvo se depender da análise de matéria de fato ainda não levada ao conhecimento da Administração –, uma vez que, nesses casos, a conduta do INSS já configura o não acolhimento ao menos tácito da pretensão. 5. Tendo em vista a prolongada oscilação jurisprudencial na matéria, inclusive no Supremo Tribunal Federal, deve-se estabelecer uma fórmula de transição para lidar com as ações em curso, nos termos a seguir expostos. 6. Quanto às ações ajuizadas até a conclusão do presente julgamento (03.09.2014), sem que tenha havido prévio requerimento administrativo nas hipóteses em que exigível, será observado o seguinte: (i) caso a ação tenha sido ajuizada no âmbito de Juizado Itinerante, a ausência de anterior pedido administrativo não deverá implicar a extinção do feito; (ii) caso o INSS já tenha apresentado contestação de mérito, está caracterizado o interesse em agir pela resistência à pretensão; (iii) as demais ações que não se enquadrem nos itens (i) e (ii) ficarão sobrestadas, observando-se a sistemática a seguir. 7. Nas ações sobrestadas, o autor será intimado a dar entrada no pedido administrativo em 30 dias, sob pena de extinção do processo. Comprovada a postulação administrativa, o INSS será intimado a se manifestar acerca do pedido em até 90 dias, prazo dentro do qual a Autarquia deverá colher todas as provas eventualmente necessárias e proferir decisão. Se o pedido for acolhido administrativamente ou não puder ter o seu mérito analisado devido a razões imputáveis ao próprio requerente, extingue-se a ação. Do contrário, estará caracterizado o interesse em agir e o feito deverá prosseguir. 8. Em todos os casos acima – itens (i), (ii) e (iii) –, tanto a análise administrativa quanto a judicial deverão levar em conta a data do início da ação como data de entrada do requerimento, para todos os efeitos legais. 9. Recurso extraordinário a que se dá parcial provimento, reformando-se o acórdão recorrido para determinar a baixa dos autos ao juiz de primeiro grau, o qual deverá intimar a autora – que alega ser trabalhadora rural informal – a dar entrada no pedido administrativo em 30 dias, sob pena de extinção. Comprovada a postulação administrativa, o INSS será intimado para que, em 90 dias, colha as provas necessárias e profira decisão administrativa, considerando como data de entrada do requerimento a data do início da ação, para todos os efeitos legais. O resultado será comunicado ao juiz, que apreciará a subsistência ou não do interesse em agir." (STF, RE nº 631240, T. Pleno, Rel. Min. Roberto Barroso, j. 03/09/2014, DJe 10/11/2014)

2.2 AS CORTES ONLINE OU JUSTIÇA DIGITAL: A JURISDIÇÃO ESTATAL QUE SE DESENVOLVE DE FORMA ONLINE

Conforme acima se sustentou, entre os mecanismos conhecidos como ODRs estão as chamadas cortes online que também podem ser denominadas como Justiça digital. A prestação jurisdicional estatal de forma online. Não se trata, como visto, do mero uso de ferramentas digitais na atuação jurisdicional presencial, como o peticionamento eletrônico ou as citações e intimações eletrônicas, regulamentadas na Lei nº 11.419/06. Com efeito, está-se diante da atuação jurisdicional estatal integralmente por meio da tecnologia, sem a necessidade de encontro físico com os jurisdicionados, mas apenas por meio eletrônico. Ademais, como reflexo da atuação amplamente digital, os atos do órgão jurisdicional passam a ser realizados com o apoio da tecnologia e da inteligência artificial na sua elaboração e condução.

Richard Susskind, na sua obra seminal sobre o tema, outrora já referendada nesse trabalho, defende dois possíveis conceitos para as cortes online. O primeiro (*online judging*) se refere à atuação totalmente online das partes e do órgão jurisdicional, apresentando suas alegações e provas, mas sem a realização de atos síncronos, especialmente audiências. Um procedimento assíncrono, ou seja, sem a necessidade de que as partes. Já o segundo sentido (*extended court*) é referente à atuação dos tribunais com o apoio da tecnologia a entrega de um serviço de melhor qualidade. Por exemplo, com o uso da tecnologia para auxiliar as partes a saberem seus direitos e como apresentar mais facilmente suas alegações e provas, transcendendo a simples resolução do conflito[14].

---

14. "As I say in the Introduction, I find it helpful to distinguish between two aspects of 'online courts', as currently conceived. The first I refer to as online judging. This involves the determination of cases by judges but the parties do not gather together in a bricks-and-mortar courtroom. Evidence and arguments are presented to judges through some kind of online platform and the judges then deliver their decisions not in open court or in any kind of virtual hearing room but again through the online service. Court proceedings are not conducted in one hearing by video link, or telephone conference call, or real-time chat. There is no hearing. Rather, like an ongoing exchange of emails and attachments, cases are progressed and disposed of, over a period of time. In the language of technologists, the communication in physical courtrooms and virtual hearings is synchronous whereas online judging involves asynchronous forms of interaction.4 This means that, for the former, the participants need to be available at the same time for a case to progress. In contrast, with the latter, as with email and text messages, those who are involved do not need to be on tap simultaneously—arguments, evidence, and decisions can be sent without sender and recipient being physically or virtually together at the same time. [...] It represents a much greater leap than the swing from physical to virtual hearings. Although virtual hearings give rise to great consternation, they belong in the same broad paradigm as traditional

As cortes online representam mais um movimento disruptivo em relação ao Princípio do Acesso à Justiça. Já foi sustentado acima que esse não significa o acesso a uma prestação jurisdicional estatal, a busca de um estado ideal das coisas em que haja à disposição das partes um rol de possibilidades de mecanismos de solução para os conflitos de interesse. No entanto, caso a solução justa precise ser buscada por meio do Poder Judiciário, a Justiça não depende mais de uma estrutura física específica: o que é relevante é o serviço prestado, mas não o local em que esta é prestada. Inclusive, é preciso rever a ideia de justiça associada a um lugar – uma sede física do Poder Judiciário ou à realização de procedimentos com movimentos presenciais ou síncronos (simultâneos). A prestação jurisdicional estatal também pode ser exercida de forma online, eliminando atos de tais natureza e isso pode fazer muito sentido às partes no caso concreto.

Essa mudança está ligada à eficiência e à qualidade que se esperam de um serviço público. Sendo a atividade jurisdicional um serviço público, há um dever estatal de se buscar os meios mais eficientes de prestá-lo.

Inclusive, é crucial notar que o princípio da eficiência (em seu aspecto) processual está positivado em todos os níveis. Da Constituição Federal, pode ser extraído inicialmente do artigo 37, a exemplo da eficiência administrativa, na medida em que a norma se dirige a

courtrooms. Online courts are a different idea altogether. Even in the first generation, where human judges are deciding the cases, online judging takes away much that many people hold dear—the public hearing, the day in court, the direct interaction with other human beings. On the other hand, it is likely to make court service much more accessible and affordable, and will chime with those who cannot recall a pre-internet world. [...] The second sense of online court is more general. I refer to it as the extended court. The idea here is that technology allows us to provide a service with much wider remit than the traditional court. The additional services include tools to help users to understand their rights, duties, and options open to them, facilities that assist litigants to marshal their evidence and formulate their arguments, and systems that advise on or bring about non-judicial settlement." (*Idem*, p. 60-61).

todos os poderes estatais. Isso fica ainda mais claro nas atividades administrativas dos tribunais.

No plano processual, a exigência de um processo eficiente se extrai, ainda, do próprio devido processo legal, vez que "é difícil conceber como devido um processo ineficiente"[15]. Tal garantia funciona como uma autêntica cláusula geral processual, ostentando o caráter de sobreprincípio, ao albergar diversas implicações para que a marcha processual atenda os moldes constitucionais.

Adicionalmente, com o advento do Código de Processo Civil de 2015, a eficiência passou a constar expressamente nas normas fundamentais do processo civil, em seu artigo 8°[16]. O referido dispositivo manda que o julgador-condutor observe a eficiência ao aplicar o ordenamento jurídico.

Por aplicação do ordenamento, cremos que o legislador entendeu duas atividades. A primeira, de julgar propriamente, encerrando a lide substantiva, buscando que a resposta jurisdicional seja a mais produtiva possível, com o menor prejuízo para a parte sucumbente. A segunda, de conduzir o processo, construindo a comunidade cooperativa entre todos os atores processuais, realizando os atos eficazes e se privando da prática de outros, que somente tornariam mais

15. Na mesma linha: "O devido processo legal conduz a um processo adequado e eficiente. Não basta o processo ser eficaz e efetivo. É preciso também ser eficiente. Imagine que o juiz conceda uma tutela antecipada para impor o cumprimento de uma obrigação de fazer personalíssima. Embora a norma seja eficaz (pois prevê a possibilidade de tutela antecipada que foi realmente concedida pelo juiz) e efetiva (pois veio a ser cumprida a medida imposta), este seu cumprimento deu-se depois de muito tempo, sendo ineficiente, porquanto o juiz determinou uma medida coercitiva inadequada ou inútil, não sendo criativo na aplicação do disposto no § 5° do art. 461 do CPC. O meio executivo deve promover a execução de modo satisfatório. O princípio da eficiência está relacionado com a gestão do processo e com o princípio da adequação. O juiz, para livrar-se da rigidez procedimental e para ajustar o processo às particularidades do caso, deve adaptar o procedimento, mas deve fazê-lo de modo eficiente." (CUNHA, Leonardo Carneiro da. *op. cit.*, p. 72).

16. "Art. 8° Ao aplicar o ordenamento jurídico, o juiz atenderá aos fins sociais e às exigências do bem comum, resguardando e promovendo a dignidade da pessoa humana e observando a proporcionalidade, a razoabilidade, a legalidade, a publicidade *e a eficiência*".

custosa (em sentido amplo) a marcha procedimental, consagrando uma perspectiva instrumental do processo civil[17].

Nessa linha, diversos benefícios podem ser extraídos da atuação de cortes digitais.

O primeiro deles é a conveniência. Podem as partes e mesmo o magistrado praticar os atos de sua responsabilidade no momento que melhor se ajuste à sua rotina diária.

Em segundo lugar, e ligada à eficiência, a celeridade: na Justiça digital, em regra os sujeitos do processo não precisam se deslocar e podem praticar muitos atos de forma assíncrona. Ademais, o apoio da inteligência artificial possibilita que os magistrados apreciem mais casos em menos tempo, pois já recebem muitas informações devidamente indicadas pela máquina. Isso permite, então, que o processo tenha seu curso de maneira mais célere[18].

17. É, também, a conclusão de Paulo Cezar Pinheiro Carneiro, ao comentar o dispositivo em estudo: "O processo não representa um fim em si mesmo, mas sim um meio, um instrumento para permitir a justa composição do litígio, ou seja, a resolução da questão de direito material objeto do conflito, visando a alcançar o seu escopo social e jurídico de pacificar com justiça. Assim, não basta que os procedimentos judiciais tenham como finalidade exclusiva o alcance da justiça material; a forma e o meio utilizado para tanto também são essenciais. O procedimento deve ser idôneo e observar o devido processo legal, o qual compreende a igualdade das partes, o efetivo contraditório, a motivação das decisões, a efetividade, a publicidade, o respeito à dignidade da pessoa humana, entre outros. Como afirmar que uma decisão judicial possa ter resolvido de forma justa um conflito, se foi proferida sem que uma das partes pudesse apresentar suas provas ou seus argumentos; se uma parte foi favorecida com prazos maiores do que a outra, sem qualquer justificativa que autorizasse tal medida; se o juiz deixou de motivar a sua sentença; se não há como torná-la efetiva. Esses e outros questionamentos só podem ser respondidos quando há o devido respeito às garantias processuais fundamentais." (CARNEIRO, Paulo Cezar Pinheiro. Comentário ao art. 8°. In: WAMBIER, Teresa Arruda Alvim *et al* (coords.). *Breves comentários ao novo Código de Processo Civil*. São Paulo: Revista dos Tribunais, 2015. Versão eletrônica).

18. Nessa linha, Richard Susskind defende haver uma razão técnico-social, de necessidade de realizar uma atualização dos tribunais diante do desenvolvimento de uma sociedade digital, buscando-se, com isso, maior celeridade e eficiência: "Another is a socio-technical case, tabled frequently by legal and court technologists, who claim that current court systems are antiquated, out of place in a digital society, and in urgent need of upgrade. Yet another case focuses on quality and is advanced by a wide range of disgruntled commentators and participants. They maintain that today's courts do not always deliver the best outcomes for

Um terceiro benefício está ligado ao custo: se, de um lado, no início de sua implantação um corte online gera custos com as ferramentas tecnológicas, os sistemas e os equipamentos, a médio prazo isso reduz custos com instalações físicas, que se tornam desnecessárias; com materiais (por exemplo, há uma redução drástica de consumo de papel); e com pessoal, pois a atuação virtual torna despicienda, no mínimo, a atuação de uma série de agentes de setores de apoio administrativo dos tribunais, assim como a inteligência artificial vai aumentando a capacidade de atuação de servidores e magistrados, reduzindo a necessidade de novos concursos públicos.

Como riscos, esses parecem estar relacionados às características e expectativas constitucionais da própria resolução de conflitos por esse método. O uso judicial das ferramentas de tecnologia e, portanto, o desenvolvimento das cortes online, deve ter de respeitar o devido processo legal e às normas fundamentais do processo civil brasileiro que o integram (arts. 1 a 12, CPC) e na utilização instrumental das ferramentas de inteligência artificial. Qualquer utilização que viole o conteúdo do devido processo, não pode se sustentar, o que demanda uma avaliação casuística e dedicada de cada procedimento e estrutura em particular, sendo difícil *a priori* identificar violações ou mesmo prematuro afastar a prestação jurisdicional online por receio de desrespeito ao devido processo. É o que se propõe na sequência.

2.2.1 A Resolução nº 345 do CNJ e sua importância enquanto marco das cortes online no Brasil

De forma emblemática e, diga-se, elogiável, o Conselho Nacional de Justiça editou a Resolução nº 345, em 09/10/2020, que segundo seu próprio texto dispõe sobre "o Juízo 100% Digital e dá outras

their users and that online courts will resolve disputes more quickly and to a higher standard" (SUSSKIND, Richard. *op. cit.*, p. 8).

providências"[19]. Inegavelmente impulsionada pela pandemia da Covid-19 e a necessidade de virtualização dos procedimentos por conta das medidas necessárias de isolamento social, fato é que a Resolução nº 345 representa verdadeiro marco das cortes online no País, ou seja, do desenvolvimento online dos procedimentos de jurisdição estatal. Mais recentemente, demonstrando a dinâmica inerente da própria matéria, seu texto foi alterado pela Resolução nº 378, em 09/03/2021.

Inicialmente, vale verificar algumas das motivações da própria Resolução relevam seu propósito. Inclusive, a primeira delas, alinhada a presente obra, reconhece que "cabe ao Poder Judiciário implementar mecanismos que concretizem o princípio constitucional de amplo acesso à Justiça (art. 5º, XXXV, da Constituição Federal)". Na sequência, se reconhece que "a tramitação de processos em meio eletrônico promove o aumento da celeridade e da eficiência da prestação jurisdicional" e "as mudanças introduzidas nas relações e nos processos de trabalho em virtude do fenômeno da transformação digital".

Dito isso, em seu artigo inaugural, autoriza a adoção pelos tribunais das medidas necessárias à implementação do "Juízo 100% Digital", explicando que o "Juízo 100% Digital" é aquele compreendido por procedimentos em que "todos os atos processuais serão exclusivamente praticados por meio eletrônico e remoto por intermédio da rede mundial de computadores." (art. 1º). Há, assim, uma relação de sinonímia entre o que se entende aqui por "Corte Online" e o que a Resolução define por "Juízo 100% Digital": a jurisdição estatal exercida de forma integralmente eletrônica.

A ideia, aliás, tem sido bem recebida. Logo na sequência, no mesmo mês de outubro de 2020, os Tribunais de Justiça da Paraíba[20]

19. Disponível em: https://atos.cnj.jus.br/atos/detalhar/3512 Acesso em: 03/11/2020.
20. Disponível em: https://www.tjpb.jus.br/noticia/poder-judiciario-paraibano-e-um-dos-primeiros-do-pais-a-praticar-o-juizo-100-digital Acesso em: 03/11/2020.

e do Rio de Janeiro decidiram por adotar o modelo. Na Corte Fluminense[21], por exemplo, inicialmente 13 unidades jurisdicionais estão envolvidas no projeto indicando, inclusive, que "as audiências e sessões serão realizadas por videoconferência, com valor jurídico igual ao dos atos processuais realizados presencialmente" e que "todos os atos processuais ocorrerão por meio eletrônico, inclusive citação, notificação e intimação de partes determinadas pelo magistrado". Mesmo o atendimento exclusivo para advogados será feito de forma digital, durante horário reservado para atendimento ao público, em até 48 horas da solicitação.

Inclusive, nessa linha, diz o §1º que "no âmbito do "Juízo 100% Digital", todos os atos processuais serão exclusivamente praticados por meio eletrônico e remoto por intermédio da rede mundial de computadores". Na sequência, de forma equilibrada, diz que "inviabilizada a produção de meios de prova ou de outros atos processuais de forma virtual, a sua realização de modo presencial não impedirá a tramitação do processo no âmbito do "Juízo 100% Digital" (§2º), além disso "O 'Juízo 100% Digital' poderá se valer também de serviços prestados presencialmente por outros órgãos do Tribunal, como os de solução adequada de conflitos, de cumprimento de mandados, centrais de cálculos, tutoria dentre outros, desde que os atos processuais possam ser convertidos em eletrônicos." (§3º).

Seguindo, a Resolução, no seu art. 2º, sinaliza, com cautela e ciente das implicações decorrentes, que "as unidades jurisdicionais de que tratam este ato normativo não terão a sua competência alterada em razão da adoção do 'Juízo 100% Digital'". Na sequência desse trabalho, tratar-se-á sobre a oportunidade de se repensar a lógica de competência diante do uso das tecnologias da informação, mas é de se reconhecer que seria prematuro tal resolução avançar nesse ponto

21. Disponível em: http://www.tjrj.jus.br/web/guest/noticias/noticia/-/visualizar-conteudo/5111210/7655713 Acesso em: 03/11/2020.

neste momento. No parágrafo único do mesmo artigo, um importante avanço: o reconhecimento do CNJ da possibilidade de comunicação dos atos processuais pelos meios eletrônicos. Diz que: "No ato do ajuizamento do feito, a parte e seu advogado deverão fornecer endereço eletrônico e linha telefônica móvel celular, sendo admitida a citação, a notificação e a intimação por qualquer meio eletrônico, nos termos dos arts. 193 e 246, V, do Código de Processo Civil.".

A consensualidade ou a faculdade da parte na eleição do procedimento do "Juízo 100% Digital" também é marcante na Resolução, mais uma vez, com sinais de cautela na adesão das partes. Inclusive, é elogiável tal cautela na eleição do método, dado que é necessário reconhecer a realidade brasileira de difícil e limitado acesso às tecnologias da informação por partes e seus representantes em relevante parcela da população.

Diz seu art. 3º: "Art. 3º A escolha pelo "Juízo 100% Digital" é facultativa e será exercida pela parte demandante no momento da distribuição da ação, podendo a parte demandada opor-se a essa opção até o momento da contestação. §1º A parte demandada poderá se opor a essa escolha até sua primeira manifestação no processo, salvo no processo do trabalho, em que essa oposição deverá ser deduzida em até 05 dias úteis contados do recebimento da primeira notificação. §2º Adotado o "Juízo 100% Digital", as partes poderão retratar-se dessa escolha, por uma única vez, até a prolação da sentença, preservados todos os atos processuais já praticados. §3º No processo do trabalho, ocorrida a aceitação tácita pelo decurso do prazo, a oposição à adoção do "Juízo 100% Digital" consignada na primeira manifestação escrita apresentada não inviabilizará a retratação prevista no §2º. §4º A qualquer tempo, o magistrado poderá instar as partes a manifestarem o interesse na adoção do "Juízo 100% Digital", ainda que em relação a processos anteriores à entrada em vigor desta Resolução, importando o silêncio, após duas intimações, aceitação tácita. §5º Havendo recusa expressa das partes à adoção do "Juízo

100% Digital", o magistrado poderá propor às partes a realização de atos processuais isolados de forma digital, ainda que em relação a processos anteriores à entrada em vigor desta Resolução, importando o silêncio, após duas intimações, aceitação tácita. § 6º Em hipótese alguma, a retratação ensejará a mudança do juízo natural do feito.".

Em disposição muito interessante, prevê em seu art. 3º-A que as partes podem, a qualquer tempo (antes ou durante o procedimento, portanto), celebrar negócio jurídico processual para a escolha do Juízo 100% Digital, reforçando o alcance procedimental da cláusula geral de negociação processual (art. 190, CPC).

A respeito de infraestrutura, determina o art. 4º que "Os tribunais fornecerão a infraestrutura de informática e telecomunicação necessárias ao funcionamento das unidades jurisdicionais incluídas no "Juízo 100% Digital" e regulamentarão os critérios de utilização desses equipamentos e instalações.". Inclusive, como se lê, cumprirá a cada tribunal detalhar os níveis de padrão técnicos necessários para a realização dos atos. É providência importante de orientação e previsibilidade das próprias partes, dado que a partir dos padrões tecnológicos de uso, poderão optar ou não pelo procedimento do "Juízo 100% Digital".

Além disso, dispõe no parágrafo único, que, nesse âmbito, o atendimento ao público será de forma remota: "O "Juízo 100% Digital" deverá prestar atendimento remoto durante o horário de atendimento ao público por telefone, por e-mail, por vídeo chamadas, por aplicativos digitais ou por outros meios de comunicação que venham a ser definidos pelo tribunal, inclusive por intermédio do "Balcão Virtual", nos termos da Resolução CNJ nº 372/2021.".

Adicionalmente, de destaque, a Resolução determina que as audiências e sessões no âmbito do "Juízo 100% Digital" serão, exclusivamente, por videoconferência (art. 5º).

2.2.2 A Resolução nº 372 do CNJ: criação do "Balcão Virtual"

Nesse contexto, também é de suma relevância a menção da Resolução nº 372 do CNJ, de 12/02/2021, que regulamenta a criação da plataforma de videoconferência denominada "Balcão Virtual".

Determina a criação da plataforma com esse nome, dispondo que "Os tribunais, à exceção do Supremo Tribunal Federal, deverão disponibilizar, em seu sítio eletrônico, ferramenta de videoconferência que permita imediato contato com o setor de atendimento de cada unidade judiciária, popularmente denominado como balcão, durante o horário de atendimento ao público." (art. 1º).

Os tribunais poderão utilizar de qualquer ferramenta tecnológica que se mostre adequada para o atendimento virtual, ainda que não seja a mesma utilizada em outros procedimentos das mesmas cortes (art. 2º). Relevante, então, que seja verificada a adequação e funcionalidade da ferramenta para a finalidade independentemente de qual seja. De forma equilibrada, nas localidades e unidades judiciárias em que a deficiência de infraestrutura tecnológica for notória, o atendimento pode se dar de forma assíncrona, ou seja, não simultânea, com a resposta no atendimento em tempo razoável (§1º).

O Balcão Virtual para ser efetivo deve refletir ao máximo a realidade do atendimento público presencial, sendo essa a premissa para considerar a ferramenta adotada como uma ferramenta adequada. Nesse sentido, diz a Resolução que: "O Balcão Virtual deverá funcionar durante todo o horário de atendimento ao público, de forma similar à do balcão de atendimento presencial." (art. 3º) e seu link de acesso deve constar de forma facilitada no site do tribunal (art. 5º).

2.2.3 Como garantir o devido processo legal nas cortes online? A necessidade de equilíbrio entre a eficiência e celeridade dos instrumentos digitais e o devido processo

Estabelecida a premissa de que as cortes online produzem benefícios à atividade jurisdicional – como maior conveniência, celeridade e menores custos –, esse novo modelo de justiça também promove o Acesso à Justiça. No entanto, um desafio se apresenta: como garantir o devido processo legal numa justiça prestada de forma digital?

O devido processo fundamenta, por assim dizer, toda a ordem jurídica processual (procedimental) e material, bem como está intimamente enraizado na própria concepção do Estado Democrático de Direito[22]. Embora sejam distintos e possuam igual relevância, inclusive sendo a inafastabilidade o grande vetor que permite a aplicação do devido processo legal, figurando quase como um pressuposto prático, seus conteúdos não só se ajustam como por vezes se confundem, não sendo mais possível, em dados momentos, identificar uma separação clara entre eles.

Nesse sentido, Nelson Nery Júnior, com muita felicidade, ensina que a previsão constitucional do devido processo legal bastaria para assegurar, por exemplo, o Acesso à Justiça e o desenvolvimento dessa função com todas as garantias que lhe são inerentes: "O princípio constitucional fundamental do processo civil, que entendemos como a base sobre a qual todos os outros princípios e regras se sustentam, é

---

22. A esse respeito, Odete Novais Carneiro Queiroz bem coloca que: "O Estado de Direito, que na sua origem é um conceito liberal, tem as seguintes características: a) submissão ao império da lei; b) divisão independente e harmônica dos poderes (Legislativo, Executivo e Judiciário); c) enunciado e garantia dos direitos individuais [...]. Poderíamos cognominá-lo de 'o princípio', uma vez que dele derivam os demais princípios constitucionais. É o alicerce de todos os demais princípios que dele decorrem [...]. Para muitos é verdadeira instituição traduzindo uma idéia completa e objetiva com o escopo de propiciar a defesa e a fruição dos direitos que cada cidadão possui; e para outros é princípio fundamental do processo civil, servindo de base sustentadora de todos os demais princípios." (O devido processo legal, *Revista dos Tribunais*, vol. 748, p. 47, Fev.1998).

o do *devido processo legal*, expressão oriunda da inglesa *due processo of law*. A Constituição Federal brasileira de 1988 fala expressamente que "ninguém será privado da liberdade ou de seus bens sem o *devido processo legal*" (CF 5.º LIV) (grifamos). Em nosso parecer, bastaria a norma constitucional haver adotado o princípio do *due process of law* para que daí decorressem todas as consequências processuais que garantiriam aos litigantes o direito a um processo e a uma sentença justa. É, por assim dizer, o gênero do qual todos os demais princípios e regras constitucionais são espécies. Assim é que a doutrina diz, por exemplo, serem manifestações do "devido processo legal" a publicidade dos atos processuais, a impossibilidade de utilizar-se em juízo prova obtida por meio ilícito, assim como os postulados do juiz natural, do contraditório e do procedimento regular."[23].

Do mesmo modo, embora tenha no plano de fundo uma questão de direito penal, é didático o trecho do voto do Min. Celso de Mello do Supremo Tribunal Federal, quando relator do Habeas Corpus nº 94.016: "Impõe-se, ao Judiciário, o dever de assegurar, mesmo ao réu estrangeiro sem domicílio no Brasil, os direitos básicos que resultam do postulado do devido processo legal, notadamente as prerrogativas inerentes à garantia da ampla defesa, à garantia do contraditório, à igualdade entre as partes perante o juiz natural e à garantia de imparcialidade do magistrado processante. A essencialidade do postulado do devido processo legal, que se qualifica como requisito legitimador da própria *persecutio criminis*. O exame da cláusula referente ao *due process of law* permite nela identificar alguns elementos essenciais à sua configuração como expressiva garantia de ordem constitucional, destacando-se, dentre eles, por sua inquestionável importância, as seguintes prerrogativas: (a) direito ao processo (garantia de acesso ao Poder Judiciário); (b) direito à citação e ao conhecimento prévio do teor da acusação; (c) direito a um julgamento público e célere,

23. NERY JÚNIOR, Nelson. *Princípios...*, p. 92.

sem dilações indevidas; (d) direito ao contraditório e à plenitude de defesa (direito à autodefesa e à defesa técnica); (e) direito de não ser processado e julgado com base em leis *ex post facto*; (f) direito à igualdade entre as partes; (g) direito de não ser processado com fundamento em provas revestidas de ilicitude; (h) direito ao benefício da gratuidade; (i) direito à observância do princípio do juiz natural; (j) direito ao silêncio (privilégio contra a autoincriminação); (l) direito à prova; e (m) direito de presença e de 'participação ativa' nos atos de interrogatório judicial dos demais litisconsortes penais passivos, quando existentes. O direito do réu à observância, pelo Estado, da garantia pertinente ao *due process of law*, além de traduzir expressão concreta do direito de defesa, também encontra suporte legitimador em convenções internacionais que proclamam a essencialidade dessa franquia processual, que compõe o próprio estatuto constitucional do direito de defesa, enquanto complexo de princípios e de normas que amparam qualquer acusado em sede de persecução criminal, mesmo que se trate de réu estrangeiro, sem domicílio em território brasileiro, aqui processado por suposta prática de delitos a ele atribuídos." (STF, HC nº 94.016/SP, 2ª T., Rel. Min. Celso de Mello, j. 16/09/2008, DJe 27/02/2009)[24].

A primeira referência ou menção legislativa, que se tem notícia, remonta à já mencionada *Magna Charta* do Rei João Sem-Terra, do ano de 1215. O pacto foi firmado entre o Rei João e os barões, reconhecendo-se uma série de garantias legais[25] e, em especial, assegurou a gênese do devido processo legal em seu art. 39. Em tradução livre, previu o art. 39 que nenhum homem será detido ou preso, nem

24. No mesmo sentido, *v.g.*, é a decisão proferida também pela Segunda Turma do Supremo Tribunal Federal no HC nº 111.567 AgR/AM, Rel. Min. Celso de Mello, em 5/08/2014.

25. "O princípio no devido processo legal teve sua origem na Inglaterra do século XIII e foi insculpido na Carta Magna de 1215, quando os barões e senhores feudais obrigaram o despótico Rei João-Sem-Terra a respeitar os direitos dos cidadãos ingleses, entre os quais o de serem julgados pelas leis do país." (OLIVEIRA, Vallisney de Souza. Expressões do devido processo legal *In Revista de Processo*, vol. 106, p. 297, Abr. 2002).

privado de seus bens, banido ou exilado ou, de algum modo, prejudicado, senão mediante um juízo legal de seus pares ou segundo a lei da terra[26]. Naquele texto, como se observa, não foi utilizada a expressão *devido processo*, mas a *lei da terra*, originalmente *law of the land*, locução essa que pode ser compreendida como o *respeito às leis do país*. Nesse sentido, o documento é representativo da limitação do poder do rei ou, na essência, da necessária observância da ordem jurídica, assegurando invioláveis garantias aos indivíduos frente à atuação do Estado.

A expressão *devido processo legal*, mais precisamente a locução em inglês *due process of law*, foi empregada pela primeira vez pelo *Statute of Westminster of the Liberties of London*, lei inglesa de 1354, estabelecida durante o reinado de Eduardo III[27]. A evolução do conceito de *law of the land* ou *lei da terra*, no cenário da *common law*, ganhou corpo interpretativo a partir dos trabalhos de Edward Coke no século XVII que sustentou a supremacia da Magna Carta sobre os

26. A redação original é apresentada por Ada Pellegrini Grinover: "O antecedente histórico das garantias constitucionais do processo é constituído pelo art. 39 da Magna Carta: *No freeman shall be taken, or imprisoned, or disseised, or outlawed, or exiled, or in any way destroyed, nor will we go upon him, nor will we send upon him, except by the legal judgement of his peers or by the law of the land.*". Em nota de rodapé, continua a autora: "Compelido por seus barões, João Sem Terra outorga, em 1215, a Magna Charta Libertatum, confirmada em 1297 por Eduardo I. Apesar da forma de outorga de direitos, o documento disfarçou, na realidade, um acordo de vontade entre o monarca e os súditos revoltados. Como os demais pactos medievais, a Carta constitui um antecedente das modernas constituições, no que tange à forma escrita e à proteção de direitos individuais, ainda que de caráter imemorial e destinados apenas a determinados homens." (*Os princípios constitucionais e o Código de Processo Civil*, São Paulo : Bushatsky, 1975, p. 8-9). De forma similar, explica Bernardo Gonçalves Fernandes: "Por meio do pacto estabelecido entre o Rei João e os barões, reconheceu-se uma série de privilégios dentre os quais o previsto no Capítulo 39: 'nenhum homem será detido ou preso, nem privado de seus bens, banido ou exilado ou, de algum modo, prejudicado, nem agiremos ou mandaremos agir contra ele, senão mediante um juízo legal de seus pares ou segundo a lei da terra.'" (FERNANDES, Bernardo Gonçalves, *op. cit.*, p. 434).

27. Mais uma vez, Ada Pellegrini Grinover apresenta como a cláusula do devido processo legal estava prevista no texto legal original: "None shall be condemned without trial. Also that no Man, of what State or Condition that he be, shall be put out of the Land or Tenement, nor taken or imprisoned, nor disinherites, nor put to death, without being brought to Answer by Due process of law." (*As garantias constitucionais do direito de ação*. São Paulo : Editora Revista dos Tribunais, 1973, p. 25).

poderes do Estado. Segundo o jurista inglês, a *lei da terra* assegurava um julgamento previsto pela *common law*, ou, em outros termos, garantia um processo legal[28]. De modo semelhante, foi o viés interpretativo estabelecido por Willian Blackstone no século XVIII também na Inglaterra.

No último quarto do século XVIII, a cláusula do devido processo ou da lei da terra começa a ganhar destaque nas já estabelecidas colônias da América do Norte, como, por exemplo, nas declarações de direitos das colônias da Virgínia, Delaware e Maryland[29].

A Constituição norte-americana, aprovada na Convenção de Filadélfia em 1787, não previu em seus sete artigos originais qualquer referência expressa ao devido processo legal. Conquanto essa ideia já fosse amplamente reconhecida naquele país, o documento evitou consignar direitos que não poderiam ser assegurados em razão da fragilidade política da federação recém-estabelecida[30]. Mais adiante, com a promulgação da 5ª e da 14ª emenda, em 1791, a Constituição

28. *Ibidem*.

29. Nelson Nery Júnior apresenta tais previsões: "Com efeito, a 'Declaração dos Direitos' da Virgínia, de 16.8.1776, tratava na secção 8.ª do princípio aqui mencionado, dizendo na parte final desse dispositivo '*that no man be deprived of his liberty, except by the law of the land or the judgement of his peers*'. Dias mais tarde, em 2.9.1776, surgia a 'Declaração de Delaware' que ampliava e explicitava melhor a cláusula em sua secção 12: '*That every freeman for every injury done him in his goods, lands or person, by any other person, ought to have justice and right for the injury done to him freely without sale, fully without any denial, and speedily without delay, according to the law of the land.*'. Mas foi a 'Declaração dos Direitos' de Maryland, de 3.11.1776, que fez, pela primeira vez, expressa referência ao trinômio, hoje insculpido na Constituição Federal norte-americana, vida-liberdade-propriedade, dizendo em seu inciso XXI, '*that no freeman ought to be taken, or imprisoned, or disseized of his freehold, liberties, or privilegies, or outlawed, or exiled, or in any manner destroyed, or deprived of his life, liberty, or property, but by the judgement of his peers, or by the law of the land*.'" (*Princípios...*, p. 93-94).

30. "A Declaração de Independência dos Estados Unidos não se refere expressamente à cláusula. Inspirada por Jefferson, limita-se a proclamar o princípio de que todos os homens são iguais por criação e dotados de direitos inalienáveis, como a vida, a liberdade e a busca da felicidade. [...] Pela própria natureza da Declaração – oriunda de uma Confederação ainda débil, tolhida em seu poder central – seria inútil consignar direitos que o governo não estaria em condições de garantir. Proclamam-se, apenas, os axiomas próprios da concepção jusnaturalista da época." (GRINOVER, Ada Pellegrini. *As garantias...*, p. 27).

norte-americana passou a consagrar expressamente o trinômio vida, liberdade e propriedade e a expressão *due process of law*.

Devidamente prevista no ordenamento americano, a cláusula do devido processo legal passou a ter seu conteúdo preenchido gradativamente, sobretudo pela construção interpretativa da Suprema Corte americana, especialmente, considerando o sistema da *common law* ali adotado. Na essência, o devido processo passou a ser interpretado inicialmente de forma genérica como máxima garantia à legalidade, à liberdade e à propriedade[31]. Após essa primeira fase, por assim dizer, o devido processo assume o caráter de garantia de um processo segundo a *common law* e depois de garantia de Justiça, informado, sobretudo, pelos princípios da razoabilidade e proporcionalidade[32].

No Brasil, o devido processo legal só passou a ser previsto constitucionalmente a partir da Constituição de 1988 que, em seu art. 5º, LIV, dispõe "ninguém será privado de sua liberdade ou de seus bens sem o devido processo legal". No entanto, há autores que identificam na já mencionada previsão do princípio da inafastabilidade, do art. 141, §4º, da Constituição de 1946, uma manifestação do devido processo[33]. Isso parece ser um entendimento correto, consideran-

31. Dois exemplos ilustram bem essa interpretação. Em 1923, no caso Meyer *v.* Estado de Nebrasca, a Suprema Corte americana entendeu por inconstitucional lei daquele estado que vedava o ensino de outra língua que não o inglês, por violação ao direito de liberdade. De forma semelhante, em 1925, a Suprema Corte, no caso Pierce *v.* Society of Sisters julgou inconstitucional lei estadual que exigia que crianças de 8 a 16 anos somente fossem matriculas em escolas públicas, proibidas as escolas particulares de aceitá-las. Nesse segundo caso, a inconstitucionalidade foi reconhecida por violação ao direito de liberdade dos pais e de propriedade das escolas (NERY JÚNIOR, Nelson. *Princípios...*, p. 95).

32. "E através da interpretação evolutiva da cláusula – tida, inicialmente, como garantia da legalidade; depois, como garantia de um processo segundo a 'common law'; e posteriormente ainda, como garantia de justiça." (GRINOVER, Ada Pellegrini. *Os princípios constitucionais...*, p. 11).

33. Nesse sentido, ensina Luiz Rodrigues Wambier: "No direito positivo brasileiro, o princípio do devido processo legal somente chegou ao texto constitucional, de modo expresso e claro, na Constituição de 1946, onde veio insculpido em seu art. 141, § 4º. Se bem que, nesse texto, decorre límpido, de fato, apenas o princípio da justicialidade, segundo o qual nenhuma lesão ao direito, de qualquer cidadão, poderá deixar de ser apreciada pelo Poder Judiciário.

do a íntima relação entre os dois preceitos. Aliás, como já se teve oportunidade de dizer no capítulo inaugural deste trabalho, a previsão do princípio da inafastabilidade, em documentos internacionais relevantes, é acompanhada de outras garantias inerentes ao devido processo.

Adicionalmente, no *Common law* inglês, o devido processo legal exige o tratamento igualitário e inclui 2 princípios: imparcialidade e independência do juiz (*nemo judex in sua causa*) e uma audiência justa (*audi alteram partem*)[34]. Ainda, no contexto europeu, o Artigo 6, parágrafo 1º da Convenção Europeia de Direitos Humanos confere importantes parâmetros para a compreensão do devido processo legal. Ele estabelece, entre outros direitos processuais, que "todos estão sujeitos a uma audiência pública e justa, dentro de tempo razoável, e realizada por tribunal independente e imparcial estabelecido por lei". É possível extrair deste Artigo que o devido processo legal possui alguns elementos centrais na Europa: contraditório; publicidade; duração razoável do processo; e imparcialidade e independência do tribunal.

Analisado esse breve e necessário escorço histórico, passa-se ao exame do conteúdo do princípio do devido processo legal.

A exemplo do que ocorre no processo hermenêutico norte-americano, não parece ser possível engessar o conteúdo da cláusula do devido processo. Qualquer tentativa nesse sentido implica reduzir, indevidamente, seu alcance e sua força normativa. Em outras

---

Da garantia do controle jurisdicional, todavia, deflui tranqüilamente a do devido processo legal, por ser inimaginável que se garanta ao cidadão o direito ao controle jurisdicional dos atos, sem que isso se faça mediante o uso de instrumental apropriado, devidamente previsto no ordenamento jurídico. Então, previa o § 4º do art. 141, da Constituição de 18.09.1946, que 'A lei não poderá excluir da apreciação do Poder Judiciário qualquer lesão de direito individual'. (WAMBIER, Luiz Rodrigues. Anotações sobre o princípio do devido processo legal *In Revista de Processo*, vol. 63, p. 54, Jul.1991).

34. HÖRNLE, Juliam. *Cross-border internet dispute resolution*. Cambridge: Cambridge University Press, 2009, p. 97-98.

palavras, delimitar seu conteúdo significa descaracterizar a essência do instituto. No entanto, é possível identificar um núcleo semântico inviolável e irredutível que se manifesta, especialmente, em duas faces: o *devido processo legal em sentido processual* e o *devido processo legal em sentido material.*

A esse respeito, o Supremo Tribunal Federal já teve a oportunidade de reconhecer o caráter bifacetário que o devido processo legal assume no ordenamento constitucional brasileiro, em especial, em trecho do voto proferido pelo então Min. Carlos Velloso, relator da Medida Cautelar na Ação Direta de Inconstitucionalidade nº 1.511/DF.

Disse o Min. na oportunidade: Abrindo o debate, deixo expresso que a Constituição de 1988 consagra o devido processo legal nos seus dois aspectos, substantivo e processual, nos incisos LIV e LV, do art. 5º respectivamente. O princípio do "due process of law", tão caso no direito norte-americano [...] e que constitui garantia libertária, passou por três fases. A primeira marca o seu surgimento, na "Magna Carta Libertatum", de 1215, como garantia processual penal, como "Law of the Land" – julgamento por um tribunal formado entre seus pares e segundo as leis da terra – onde se desenham dois princípios, o do juiz natural e o da legalidade (fato definido como crime, pena previamente cominada). No Estatuto de Eduardo III, de 1354, "law of the land" foi substituída por "due process of law". Na 2ª. fase, "due process of law" passa a ser garantia processual geral, constituindo requisito de validade da atividade jurisdicional o processo regularmente ordenado. A 3ª. fase do princípio do "due process of law" é a mais rica. Mediante a interpretação das Emendas V e XIV da Constituição norte-americana, pela Suprema Corte, "due process of law" adquire postura substantiva ao lado do seu caráter processual, passando a limitar o mérito das ações estatais, o que se tornou marcante a partir da Corte Warren, nos anos cinquenta e sessenta, em que se tornou realidade a defesa das minorias étnicas e econômicas [...]. "Due processo of law", com conteúdo substantivo – "substantive due process"

– constitui limite ao Legislativo, no sentido de que as leis devem ser elaboradas com justiça, devem ser dotadas de razoabilidade ("reasonableness") e de racionalidade ("rationality"), devem guardar, segundo W. Holmes, um real e substancial nexo com o objetivo que se quer atingir. Paralelamente, "due processo f law", com caráter processual – "procedural due process" – garante às pessoas um procedimento judicial justo, com direito de defesa. (STF, ADI nº 1.511-MC/DF, T. Pleno, Rel. Min. Carlos Velloso, j. 16/10/1996, DJ 06/06/2003).

Posto isso, em linhas gerais, já que o tema enseja estudos bem mais amplos, o *devido processo em sentido processual* ou *procedural due process* pode ser entendido como o conjunto de todas as garantias processuais inerentes ao acesso à função jurisdicional e ao desenvolvimento dessa atividade da forma mais adequada e efetiva possível. Nesse sentido, integram o devido processo legal o próprio princípio do Acesso à Justiça, as garantias da ampla defesa e contraditório, a fundamentação das decisões judiciais, a garantia do juiz natural, a duração razoável do processo, entre outros[35].

O *devido processo em sentido material* ou *substantive due process*, por sua vez, implica a compreensão de que o devido processo excede a garantia de tutela processual, como uma leitura apressada de sua denominação poderia sugerir. Nesse sentido, o devido processo substancial assegura direitos de ordem material, permeando todo o ordenamento jurídico e como um dos exemplos mais claros da

---

35. Explica Augusto do Amaral Dergint: "No campo processual, são componentes básicos do "devido processo legal", a par do direito de ação, o da jurisdição, que culmina com a prolação, por juiz competente, de sentença conforme aos princípios da congruência e da motivação. São corolários do "devido processo legal" os princípios da isonomia das partes no processo, do juízo natural, da garantia de assistência judiciária, do contraditório, da ampla defesa, da licitude probatória, da coisa julgada, da inafastabilidade do controle judiciário, do duplo grau de jurisdição, da publicidade, da imparcialidade dos julgamentos etc. Todos os princípios que regem o processo, enfim, estão englobados no chamado "devido processo legal" (Aspecto material do devido processo legal, *Revista dos Tribunais*, vol. 709, p. 249, Nov.1994).

eficácia irradiante de um direito fundamental, notadamente, agregando conteúdo de justiça à interpretação jurídica.

Sobre o tema, é clássica a lição de Ada Pellegrini Grinover: "Do conteúdo clássico do *due process of law*, como garantia do réu, passa-se a proteção mais ampla, sem distinção entre *substance* e *procedure*. A cláusula transforma-se na garantia geral da ordem jurídica: *judicial process* não significa processo judicial, mas aplicação judicial da lei e, por extensão, interpretação judicial da norma. Assim, *due process of law* é, em sentido amplo, a garantia do "processo" legislativo e também a garantia de que a lei é razoável, justa e contida nos limites da Constituição. Ao lado do *procedural due process*, sustenta-se a existência de um *substantive due process*, garantindo o exercício pleno e absoluto dos direitos da liberdade e de propriedade (em sentido amplo). A cláusula não mais se limita à determinação processual de direitos substanciais, mas se estende à garantia de que seu gozo não seja restringido de modo arbitrário ou desarrazoado. [...] Hoje [essa já era a concepção no início da década de 1973 quando a obra foi escrita], podemos afirmar que a cláusula é interpretada no sentido de eliminar qualquer obstáculo injustificado à tutela de direitos individuais, substancial ou processual que seja. Desse modo, haverá violação da *due process clause* não somente onde forem desarrazoadas as formas técnicas de exercício dos poderes processuais, mas também onde a própria configuração dos *substantive rights* possa prejudicar sua tutela, condicionando "irrazoavelmente" o resultado do processo."[36].

Exemplo claro desse aspecto substancial do devido processo legal é a necessária observância do princípio da legalidade pela Administração. Do mesmo modo, pode ser citado o princípio da autonomia da vontade no direito privado[37].

36. GRINOVER, Ada Pellegrini. *As garantias...*, p. 35-36

37. O devido processo legal se manifesta em todos os campos do direito, em seu aspecto substancial. No direito administrativo, por exemplo, o princípio da legalidade nada mais é do

Como já colocado, o conteúdo do devido processo legal é, em certa medida, indeterminado e vago, o que é necessário, sob pena de macular a essência do instituto. Porém, por outro lado, essa indeterminação cria dificuldades ao intérprete, de modo que a doutrina e a jurisprudência assumem papel relevante nessa tarefa[38].

---

que manifestação da cláusula *substantive due process*. Os administrativistas identificam o fenômeno do *due process*, muito embora sob outra roupagem, ora denominando-o de garantia da legalidade e dos administrados, ora vendo nele o postulado da legalidade. Já se identificou a garantia dos cidadãos contra os abusos do poder governamental, notadamente pelo exercício do poder de polícia, como sendo manifestação do devido processo legal. No direito privado prevalece o princípio da autonomia da vontade com a consequente liberdade de contratar, de realizar negócios e praticar atos jurídicos. Podem ser praticados quaisquer atos, mesmo que a lei não os preveja, desde que não atentem contra normas de ordem pública ou contra os bons costumes: o que não é proibido é permitido." (NERY JÚNIOR, Nelson. *Princípios...*, p. 97).

38. Nesse sentido, é oportuno colacionar algumas ementas de decisões do Supremo Tribunal Federal que, como exemplos, permitem uma intelecção do conteúdo que a cláusula do devido processo legal carrega com si no direito brasileiro: "Processo. Tratamento igualitário das partes. O tratamento igualitário das partes é a medula do devido processo legal, descabendo, na via interpretativa, afastá-lo, elastecendo prerrogativa constitucionalmente aceitável. [...] (STF, HC nº 83.255/SP, Rel. Min. Marco Aurélio, Tribunal Pleno, j. 5.nov.2003, DJ 12.mar.2004). Recurso extraordinário. Município. Declaração de desnecessidade de cargo. Servidor público ocupante de cargo efetivo, em estágio probatório. Exoneração ad nutum e sem critérios objetivos. Impossibilidade. O servidor público ocupante de cargo efetivo, ainda que em estágio probatório, não pode ser exonerado ad nutum, com base em decreto que declara a desnecessidade do cargo, sob pena de ofensa à garantia do devido processo legal, do contraditório e da ampla defesa. [...]." (STF, RE nº 378.041/MG, 1ª T., Rel. Min. Carlos Britto, j. 21/09/2004, DJ 11.fev.2005); "Mandado de segurança indeferido. Reforma agrária e devido processo legal. O postulado constitucional do "due process of law", em sua destinação jurídica, também está vocacionado à proteção da propriedade. Ninguém será privado de seus bens sem o devido processo legal (CF, art. 5º, LIV). [...]" (STF, MS nº 23.032/AL, T. Pleno, Rel. Min. Celso de Mello, j. 29/08/2001, DJ 09/02/2007); "Mandado de segurança. Legitimidade passiva para a causa. Pessoa jurídica de direito público a que pertence a autoridade. Representante processual do ente público. Falta de intimação da decisão concessiva da segurança. Violação do justo processo da lei (due process of law) Nulidade processual absoluta. [...]" (STF, AI nº 431.264 AgR-segundo/PE, 2ª T., Rel. Min. Cezar Peluso, j. 30/11/2007, DJe 23/11/2007); "Constitucional. Processual civil. Agravo regimental em agravo de instrumento. Alegada ofensa ao art. 5º, XXXV, LIV e LV, da CF. Ofensa reflexa. Devido processo legal. Procedimentos administrativos. Necessidade de observância. Agravo improvido. I – A jurisprudência da Corte é no sentido de que a alegada violação ao art. 5º, XXXV, LIV e LV, da Constituição, pode configurar, quando muito, situação de ofensa reflexa ao texto constitucional, por demandar a análise de legislação processual ordinária. II – O entendimento desta Corte é no sentido de que o princípio do devido processo legal, de acordo com o texto constitucional, também se aplica aos procedimentos administrativos. III – Agravo regimental improvido." (STF, AI nº 592.340-AgR/PR, Rel. Min. Ricardo Lewandowski, Primeira Turma, j. 20.nov.2007, DJe 14.dez.2007); "Constitucional. Direito fundamental de

Dito isso, para os fins do presente trabalho, interessa mais o devido processo legal procedimental, que pode ser visto também como o direito ao processo justo e adequado[39], ou seja, a um processo em que sejam asseguradas a todos as condições mínimas necessárias para que possam obter uma decisão favorável a si, respeitando-se as demais garantias constitucionais do processo[40].

Assim, é preciso que as cortes online obedeçam ao modelo constitucional de processo, especialmente a igualdade entre os sujeitos e o contraditório, mas também às demais garantias fundamentais.

De um lado, o Código de Processo Civil procurou promover as garantias fundamentais do processo, o que se extrai de diversas partes de seu texto, mas sobretudo de suas normas fundamentais: é o caso do artigo 1º, que expressamente prevê a constitucionalização do processo civil e de diversas outras normas, como o artigo 3º,

---

acesso ao judiciário. Direito de petição. Tributário e política fiscal. Regularidade fiscal. Normas que condicionam a prática de atos da vida civil e empresarial à quitação de créditos tributários. Caracterização específica como sanção política. [...] 2. Alegada violação do direito fundamental ao livre acesso ao Poder Judiciário (art. 5º, XXXV da Constituição), na medida em que as normas impedem o contribuinte de ir a juízo discutir a validade do crédito tributário. Caracterização de sanções políticas, isto é, de normas enviesadas a constranger o contribuinte, por vias oblíquas, ao recolhimento do crédito tributário. 3. Esta Corte tem historicamente confirmado e garantido a proibição constitucional às sanções políticas, invocando, para tanto, o direito ao exercício de atividades econômicas e profissionais lícitas (art. 170, par. ún., da Constituição), a violação do devido processo legal substantivo (falta de proporcionalidade e razoabilidade de medidas gravosas que se predispõem a substituir os mecanismos de cobrança de créditos tributários) e a violação do devido processo legal manifestado no direito de acesso aos órgãos do Executivo ou do Judiciário tanto para controle da validade dos créditos tributários, cuja inadimplência pretensamente justifica a nefasta penalidade, quanto para controle do próprio ato que culmina na restrição. [...]" (STF, ADI nº 173/DF, T. Pleno, Rel. Min. Joaquim Barbosa, j. 25/09/2008, DJe 20/03/2009).

39. Em sentido semelhante, LEIBLE, Stefan. *Proceso civil alemán*. Medellin: Biblioteca Jurídica Diké [Konrad Adenauer Stiftung], 1998, p. 152; ÁVILA, Humberto Bergmann. O que é "devido processo legal?"*Revista de Processo*, São Paulo, v. 33, n. 163, p. 50-59, set.2008, p. 56-57.

40. Embora critique a expressão processo justo, por entender que a justiça é atributo do resultado do processo, e não deste propriamente dito, que é mero instrumento, Nicola Picardi entende que o processo justo é aquele concretizado e articulado em uma série de garantias relativas aos institutos, constituindo o modelo constitucional do processo (PICARDI, Nicola. *Manuale del processo civile*. Milano: Giuffrè, 2006, p. 215).

promovendo o acesso à justiça, e os artigos 9º e 10, prevendo deveres inerentes ao contraditório. De outro lado, o Código de Processo Civil também foi influenciado pela ideologia da eficiência, que representa a busca da melhor performance possível para a atividade jurisdicional. Nessa linha, também nas normas fundamentais há a previsão da eficiência, no artigo 8º, bem como diversas inovações do Código de Processo Civil procuram promover tal princípio. É o caso, por exemplo, da limitação ao uso do agravo de instrumento em face das decisões interlocutórias da fase de conhecimento pelo art. 1015, o que busca, dentre outras finalidades, evitar paralisações dessa fase em virtude de eventual concessão de efeito suspensivo ao possível agravo de instrumento, caso este fosse cabível.

Fato é, aliás, que esse equilíbrio e o que aqui se propõe é extraído do próprio princípio da duração razoável do processo que dialoga tanto com o Acesso à Justiça quanto com o devido processo legal, explicitado na Constituição a partir da reforma operada pela Emenda Constitucional nº 45 de 2004. A Emenda acrescentou o inciso LXXVIII ao artigo 5º do texto constitucional, dispondo que "a todos, no âmbito judicial e administrativo, são assegurados a razoável duração do processo e os meios que garantam a celeridade de sua tramitação.".

De fato, a partir da Emenda nº 45 a duração razoável do processo assume a condição de princípio expresso na Constituição, no entanto, antes mesmo da nova previsão, o preceito já gozava de status constitucional. Seu conteúdo já era compreendido nas garantias constitucionais da inafastabilidade da jurisdição e do devido processo legal[41]. Além disso, o referido Pacto São José da Costa Rica, que

41. Nesse sentido, pondera Sérgio Massaru Takoi: "No nosso ordenamento jurídico poder-se-ia afirmar que o direito fundamental à celeridade processual, além de ter sido incorporado pela ratificação do citado Pacto, já constava como desdobramento da cláusula do *due process of law*, ou em decorrência da garantia contida no inc. XXXV do art. 5.º da CF/1988, que assegura não só o acesso ao Judiciário, como também a efetiva, adequada e tempestiva proteção contra qualquer forma de violação de direitos. Contudo o referido inc. LXXVIII do art. 5.º, que explicitou a garantia da duração razoável do processo, só

prevê expressamente o princípio da duração razoável (art. 8º, item 1), foi recepcionado pelo ordenamento jurídico brasileiro pelo Congresso Nacional por meio do Decreto nº 27 de 1992, integrando o princípio da duração razoável do processo no Direito brasileiro.

Ainda sob essa perspectiva é notória e elogiável a preocupação do legislador brasileiro em proveito da duração razoável do processo no texto do CPC. Como destaques podem ser citados: o art. 4º: "As partes têm direito de obter em prazo razoável a solução integral do mérito, incluída a atividade satisfativa."; o art. 6º: "Todos os sujeitos do processo devem cooperar entre si para que se obtenha, em tempo razoável, decisão de mérito justa e efetiva."; e art. 139, II: "O juiz dirigirá o processo conforme as disposições deste Código, incumbindo-lhe: [...], II – velar pela duração razoável do processo".

Nesse sentido, como conteúdo, o princípio da duração razoável do processo impõe a busca constante por um processo e por procedimentos que demorem, tão somente, o tempo necessário para o adequado e efetivo deslinde do conflito, compreendidos nesse conceito os procedimentos de conhecimento e de execução *lato sensu*.

É interessante notar que o texto constitucional e o Código de 2015 não empregam expressões como *duração rápida*, *processo ágil*

---

passou a existir (expressamente) após a promulgação da EC 45, em dezembro de 2004." (A luta pela razoável duração do processo (efetivação do art. 5.º, LXXVIII, da CF/1988), *Revista de Direito Constitucional e Internacional*, vol. 70, p. 225, Jan.2010). Edilton Meireles também coloca: "A garantia ou princípio da duração razoável do processo passou a ser expressamente mencionado na nossa Carta Magna a partir da promulgação da EC 45/2004. É certo, porém, que implicitamente essa garantia já se extraia da cláusula do devido processo legal, como já esclarecia a doutrina. A dúvida, no entanto, quanto a sua inclusão no rol dos princípios implícitos, com a edição da EC 45/2004, ficou pacificada." (Duração razoável do processo e os prazos processuais no projeto do código de processo civil, *Revista de Processo*, vol. 207, p. 199, Mai.2012). Igualmente, pontua Frederico Liserre Barruffini: "Apesar do direito à razoável duração do processo não constar expressamente do texto constitucional até o advento da EC 45/2004, já se entendia na doutrina que tal garantia está compreendida na previsão constitucional ao devido processo legal (*due process of law*)." (Possibilidade de efetivação do direito à razoável duração do processo, *Revista de Processo*, vol. 139, p. 265, Set.2006).

ou *resolução imediata do conflito*, mas sim *duração razoável*. Com isso, ao que parece, o ordenamento não impõe a resolução rápida do conflito a todo custo, em sacrifício as demais garantias do processo. Preconiza, sim, a duração *razoável* do processo, isto é, que os procedimentos durem o tempo necessário para resolver o conflito de acordo com sua natureza e, o mais importante, em respeito a todas as garantias constitucionais, notadamente o devido processo legal, o contraditório e ampla defesa. Um processo que seja rápido, mas que ignore tais postulados, sem o equilíbrio que a semântica da palavra *razoável* empresta a esse raciocínio, não parece se ajustar à concepção de inafastabilidade da jurisdição. É esse equilíbrio que as cortes online devem respeitar, ensejando que cada procedimento e mecanismo seja concretamente avaliado.

Em outras palavras, as cortes online não podem justificar suas regras e procedimentos apenas na eficiência ou na simples celeridade, se essas implicarem a perda de qualidade no desenvolvimento da resolução parametrizada no devido processo legal. É preciso que seja observado o devido processo legal, com a devida adaptação das garantias fundamentais do processo para a esfera virtual.

2.2.3.1 Contraditório e igualdade nas cortes online

A tramitação dos processos de forma integral ou predominantemente digital gera preocupação com o exercício do contraditório e da igualdade no meio virtual.

Em primeiro lugar, cabe lembrar que a igualdade é direito fundamental, constante do artigo 5º, inciso I, da Constituição, e que se aplica às mais diversas espécies de relações jurídicas, dentre elas a processual. Nesse sentido, tem-se o artigo 139, inciso I, do Código de Processo Civil, que estabelece um poder-dever ao magistrado de assegurar a igualdade de tratamento entre as partes.

Na esfera virtual, entretanto, há a dificuldade de assegurar a igualdade, se uma das partes ou de seus advogados não possui, por exemplo, condições adequadas de acesso à internet para a prática de seus atos processuais, em detrimento da outra. Nesse sentido, é preciso recordar que há 1.190.149 advogados pelo Brasil[42] e que possuem diferentes graus de conhecimento de informática e de acesso a uma rede de internet de qualidade.

Da mesma forma, o contraditório representa o direito de influência na tomada de decisão judicial, e se encontra consagrado no artigo 5º, inciso LV, da Constituição, assim como nos artigos 9º e 10 do Código de Processo Civil. Na mesma linha mencionada quanto à igualdade, a dificuldade de utilização de recursos tecnológicos e de acesso à internet de qualidade pode afetar a prática de atos processuais, pois, por exemplo, pode impedir que acesse uma audiência por videoconferência.

Diante disso, como forma de assegurar a igualdade e o contraditório, três medidas parecem se revelar fundamentais, até como fomento social do desenvolvimento e concretização das cortes online no País. A primeira, a capacitação dos advogados, seja por iniciativa própria, seja pelas Seccionais da Ordem dos Advogados do Brasil, por cursos que lhes ensinem a usar as ferramentas tecnológicas, assim como os sistemas de processos judiciais. A segunda, relacionada diretamente à primeira, parece ser fundamental que as faculdades de direito preparem melhor os profissionais para condução dos trabalhos dentro dessa perspectiva, tanto em teoria como em prática. E, a terceira, do ponto de vista estrutural, que os Tribunais e a Ordem dos Advogados do Brasil proporcionem aos advogados o uso de computadores com as especificações mínimas para a prática dos atos processuais virtuais em salas na própria sede da Ordem ou dentro dos Tribunais.

42. Segundo dados do Conselho Federal da OAB (Disponível em https://www.oab.org.br/institucionalconselhofederal/quadroadvogados. Acesso em 10/07/2020.

2.2.4 Cortes online e a competência territorial

Um dos muitos impactos que as tecnologias das informações também podem gerar na resolução dos conflitos se refere à competência territorial: em qual medida as competências de foro podem ser revistas com a virtualização dos meios de resolução dos conflitos?

A competência é o poder de exercer a jurisdição nos limites estabelecidos por lei. É o âmbito dentro do qual o juiz pode exercer a jurisdição[43]. Tem por fim último otimizar a prestação jurisdicional, racionalizá-la para melhor atender ao direito material subjacente. Há diversos critérios para a definição da competência, e um deles se refere ao foro para processamento das ações.

As competências territoriais são dispostas nos artigos 46, ss., CPC ligadas a diferentes interesses, mormente à facilitação do Acesso à Justiça das partes, ou a algum interesse da Justiça ou do próprio processo, que enquanto estrutura, ao final do dia, serve para solução ao direito material. A título de exemplo, pelo artigo 46, CPC, a ação fundada em direito pessoal ou em direito real sobre bens móveis será proposta, em regra, no foro de domicílio do réu[44].

Outro exemplo é o artigo 53, que traz diversos foros de competência territorial concorrente, os quais excepcionam a regra do artigo 53. A título de exemplo, o artigo 53, inciso I, elenca diversos foros para a ação de divórcio, separação, anulação de casamento e reconhecimento ou dissolução de união estável e, em sua alínea "a", prevê o domicílio do guardião do filho incapaz. O CPC parte do pressuposto de que o cônjuge guardião de filho incapaz possui menor mobilidade

43. DIDIER JUNIOR, Fredie. *op. cit*, p. 222.

44. Trata-se, como aponta Humberto Theodoro Junior, do "foro comum [...] Vale dizer, que, em princípio, qualquer réu tem o direito de ser demandado na comarca ou na seção judiciária em que é domiciliado, se não há, em razão da matéria, competência especial diversa." (THEODORO JUNIOR, Humberto. *Curso de direito processual civil.* Vol. I., 59. ed. Rio de Janeiro: Forense, 2018, p. 251).

e disponibilidade, de forma que deve ser privilegiado quanto à competência para as ações de dissolução da sociedade conjugal ou união estável[45].

No entanto, em tempos do uso possível e recomendável das tecnologias da informação na resolução de conflitos, será realmente preciso que uma demanda necessariamente seja proposta em determinado foro específico?

Conforme acima mencionado, os critérios para definição do foro competente estão ligados a uma facilitação do Acesso à Justiça do autor ou do réu, ou da melhor otimização da prestação jurisdicional estatal. Se o procedimento judicial referente a uma ação de conhecimento tramitar integralmente de forma digital, inclusive, por exemplo, com as audiências sendo realizadas por videoconferência, não nos parece realmente necessário que haja uma vinculação de órgãos jurisdicionais às regras de competência territorial. Explica-se.

Havendo a tramitação integral do processo de forma digital, a fase de conhecimento não precisa necessariamente estar ligada a um foro determinado. Isso permitirá rever as regras de competência territorial, buscando-se critérios que possam justificar o uso de um juízo totalmente digital, sobretudo a eficiência na prestação jurisdicional.

Assim, se uma demanda cuidar de matéria que não dependa de prova pericial médica, de engenharia ou de uma inspeção judicial, a tramitação virtual do processo não precisa estar ligada unicamente a um foro, sendo possível se rever a necessidade de vinculação a uma localidade específica e, por consequência, toda a estruturação lógica de competência territorial. Imagine-se, por exemplo, uma ação de cobrança de dívida, cujas provas sejam documentais e pericial contábil.

45. NERY JÚNIOR, Nelson; NERY, Rosa Maria de Andrade. *Código de Processo Civil Comentado*. 18. ed. São Paulo: Revista dos Tribunais, 2018, p. 214.

Tratando-se de juízo online, parece ser indiferente que tal órgão esteja em tal ou qual localidade.

De outro lado, numa ação civil pública ambiental, em que será necessária grande produção de prova pericial e inspeções ao local do dano, parece mais consentânea com o princípio do Acesso à Justiça e com a efetividade a aplicação da regra do artigo 2º da Lei n. 7.347/85, que estabelece a competência do foro do local do dano como funcional para as ações civis públicas. Nesse ponto, cabe recordar as lições de José Carlos Barbosa Moreira, para quem a expressão competência funcional prevista no referido artigo 2º significa que a competência territorial para as ações civis públicas é de natureza absoluta[46].

Note-se, outrossim, que nada impede a prática de atos executivos digitais, cada vez mais estimulados e que muitas vezes não estão atrelados ao foro do juízo da execução. É o caso, exemplificativamente, da própria penhora de ativos financeiros, regulamentada no artigo 854 do Código de Processo Civil, pelo qual o juiz determinará para possibilitar a penhora de dinheiro em depósito ou em aplicação financeira, o juiz, a requerimento do exequente, sem dar ciência prévia do ato ao executado, determinará às instituições financeiras, por meio de sistema eletrônico gerido pela autoridade supervisora do sistema financeiro nacional, que torne indisponíveis ativos financeiros existentes em nome do executado, limitando-se a indisponibilidade ao valor indicado na execução.

Com efeito, a tramitação digital de processos, seja na fase de conhecimento, mas especialmente na de cumprimento ou nas ações de execução por título executivo extrajudicial, pode trazer importantes benefícios também para a própria efetividade da atividade

46. MOREIRA, José Carlos Barbosa. A expressão competência funcional no art. 2º da lei da ação civil pública. In: *Revista Forense*, v. 101, n. 380, p. 179–187, jul./ago., 2005.

jurisdicional, com resultados mais rápidos e melhoras na busca do patrimônio do executado, sendo uma possível via para reduzir as baixas taxas de êxito das execuções no país[47].

Nessa linha, revendo a aplicação das regras de competência territorial nas execuções, recentemente entendeu o Superior Tribunal de Justiça, ao julgar o Conflito de Competência n. 147.746-SP, pela desnecessidade de expedição de carta precatória para a alienação judicial eletrônica de bem situado em outra comarca. Se o ato de expropriação é eletrônico, torna-se prescindível a remessa de uma carta para outra comarca, podendo o próprio Juízo da execução praticá-lo. Ademais, o leilão eletrônico ainda permite uma maior participação de interessados, ampliando as chances de uma proposta satisfatória pelo bem objeto da execução. Vale conferirmos o julgado.

Então, decidiu a Primeira Seção Corte: "TRIBUTÁRIO. CONFLITO NEGATIVO DE COMPETÊNCIA. EXECUÇÃO FISCAL. ALIENAÇÃO JUDICIAL ELETRÔNICA. DESNECESSIDADE DE QUE A REALIZAÇÃO DOS ATOS SEJA PRATICADA NO FORO EM QUE SITUADO O BEM. RECUSA JUSTIFICADA DO CUMPRIMENTO DA CARTA PRECATÓRIA. CONFLITO CONHECIDO PARA DECLARAR COMPETENTE O JUÍZO DE DIREITO DA 4ª. VARA DE FEITOS TRIBUTÁRIOS DE BELO HORIZONTE/MG, ORA SUSCITADO. 1. Trata-se de Conflito Negativo de Competência suscitado nos autos da Carta Precatória expedida com a finalidade de que os atos processuais relacionados à alienação judicial eletrônica

47. De acordo com dados do Relatório "Justiça em Números 2019", editado pelo Conselho Nacional de Justiça, os processos de execução fiscal representam, aproximadamente, 39% do total de casos pendentes e 73% das execuções pendentes no Poder Judiciário, com taxa de congestionamento de 90%. Ou seja, de cada cem processos de execução fiscal que tramitaram no ano de 2018, apenas 10 foram baixados. (CONSELHO NACIONAL DE JUSTIÇA. Relatório Justiça em Número 2019. Disponível em https://www.cnj.jus.br/wp-content/uploads/conteudo/arquivo/2019/08/justica_em_numeros20190919.pdf. Acesso em 05/05/2020).

fossem realizados na Comarca em que se situa o imóvel penhorado. 2. Os procedimentos relativos à alienação judicial por meio eletrônico, na forma preconizada pelo art. 882, § 1º. do Código Fux (CPC/2015), têm por finalidade facilitar a participação dos licitantes, reduzir custos e agilizar processos de execução, primando pelo atendimento dos princípios da publicidade, da celeridade e da segurança. 3. Tal modelo de leilão revela maior eficácia diante da inexistência de fronteiras no ambiente virtual, permitindo que o leilão judicial alcance um número incontável de participantes em qualquer lugar do País, além de propiciar maior divulgação, baratear o processo liciatório e ser infinitamente mais célere em relação ao leilão presencial, rompendo trâmites burocráticos e agilizando o processo de venda do bem objeto de execução. 4. Logo, cabe ao Magistrado atentar para essa relevante alteração trazida pelo Novel Estatuto Processual, utilizando-se desse poderoso instrumento de alienação judicial do bem penhorado em processo executivo, que tornou inútil e obsoleto deprecar os atos de alienação dos bens para satisfação do crédito, já que a alienação pela rede mundial dispensa o comparecimento dos interessados no local da hasta pública. 5. Portanto, considerando que a alienação eletrônica permite ao interessado participar do procedimento mediante um acesso simples à internet, sem necessidade de sua presença ao local da hasta, tem-se por justificada a recusa do cumprimento da Carta Precatória pelo Juízo deprecado, ora suscitante, visto que não há motivos para que a realização do ato de alienação judicial eletrônica seja praticada em Comarca diversa do Juízo da Execução. 6. Conflito de Competência conhecido para declarar competente o Juízo de Direito da 4a. Vara de Feitos Tributários de Belo Horizonte/MG, ora suscitado (STJ, CC nº 147.746/SP, 1ª S., Rel. Min. Napoleão Nunes Maia Filho, j. em 27/05/2020, DJe 04/06/2020).

As tecnologias da informação permitem, pois, a revisão da ideia de competência territorial e da própria necessidade de cartas precatórias em muitas hipóteses. Salvo em situações de competência absoluta exigida por lei (cujas origens de definição como absoluta – como no caso da ação civil pública podem ser futuramente revistas), ou nos casos que demandem provas locais, o processamento das ações nos juízos digitais não exigiria uma aderência da demanda a um foro específico. Isso pode contribuir para uma melhoria da eficiência, da celeridade e da qualidade da prestação jurisdicional, com a especialização dos órgãos digitais.

3

ARBITRAGEM ONLINE

3.1 A ARBITRAGEM E SEU PAPEL COMO MECANISMO DE ACESSO À JUSTIÇA

Conforme posição defendida na presente obra, o princípio do Acesso à Justiça não tem como conteúdo apenas o acesso ao Poder Judiciário ou a uma decisão judicial estatal, mas o direito a uma solução adequada, efetiva e justa para o conflito de interesses[1]. É certamente um dos temas mais importantes nesse contexto do princípio da inafastabilidade da função jurisdicional no direito processual civil brasileiro.

A arbitragem é técnica de solução de conflitos mediante a qual os conflitantes buscam em uma terceira pessoa, de sua confiança, a solução amigável e "imparcial" (porque não feita pelas partes diretamente) do litígio[2]. É, portanto, mais um método ou mecanismo à

---

1. Nesse sentido: RODRIGUES, Marco Antonio. *A Fazenda Pública no processo civil.* Rio de Janeiro: GEN, 2017, p. 368.
2. DIDIER JUNIOR, Fredie. *op. cit.*, p. 191.

disposição das partes para que essas possam por ele optar, se esse se apresentar de forma mais adequada e efetiva ao conflito. Em outras palavras, se ele fizer mais sentido ao conflito de direito material existente.

Historicamente, a submissão de conflitos ao meio arbitral é admitida desde a Constituição outorgada de 1824, que autorizava a sua instituição para as causas de natureza cível e penal em seu artigo 160, no que foi seguida pelo Código Comercial e pelo Regulamento 737, ambos de 1850, pelo Decreto nº 3.900 de 1867, pelo Código Civil de 1916 e pelos Códigos de Processo Civil de 1939 e de 1973[3]. Isto não produziu, de outro giro, adesão significativa ao juízo arbitral durante este largo período da história nacional[4].

Além dos obstáculos comumente levantados em desfavor do instituto, tais como o custo de sua instituição, à luz da redação originária do Código de 1973 exigia-se a homologação do laudo arbitral pelo Poder Judiciário, de forma a lhe atribuir executividade (arts. 1097 e 1098), bem como o descumprimento da cláusula compromissória por qualquer dos contratantes ensejava, tão somente, o direito à reparação pecuniária pelo inadimplemento contratual.

Este cenário começou a ser modificado a partir da edição da Lei nº 9.307 de 1996, conhecida como "Lei de Arbitragem", a qual revogou integralmente as disposições do Código Civil de 1916 e do Código de Processo Civil de 1973 que cuidavam do assunto.

A lei, no ponto, atribuiu eficácia de título executivo judicial à sentença arbitral (artigo 31), dispensando a sua homologação, pelo Poder Judiciário, como requisito de eficácia, bem como conferiu, em

3. Para estudo aprofundado a respeito da história da arbitragem no Brasil, remetemos o leitor à obra de LOBO, Carlos Augusto da Silveira. História e perspectivas da arbitragem no Brasil. In: *Revista de Arbitragem e Mediação*, vol. 50, p. 79 – 94, jul./set. 2016.

4. Como apontado, dentre outros, por FARIAS, Rodrigo Vieira. *Arbitragem de investimentos*: um breve panorama. Texto no prelo, p. 2.

favor da vítima do descumprimento contratual, a tutela específica da obrigação de instituição da arbitragem, permitindo que a sentença que julgar procedente o pedido produza os mesmos efeitos da cláusula compromissória inadimplida (artigo 7º, § 8º) . Em outras palavras, a Lei confere à decisão da arbitragem a qualidade de *imutável*, resolvendo definitivamente o conflito entre as partes, como se decisão judiciária fosse: "A decisão arbitral fica imutável pela coisa julgada material. Poderá ser invalidada a decisão, mas, ultrapassado o prazo nonagesimal, a coisa julgada torna-se soberana. É por conta desta circunstância que se pode afirmar que a arbitragem, no Brasil, não é equivalente jurisdicional: é propriamente jurisdição, exercida por particulares, com autorização do Estado e como consequência do exercício do direito fundamental de auto-regramento (autonomia privada)."[5].

Frise-se, no ponto, que a possibilidade de concessão de tutela específica para instituir a arbitragem - e, de maneira geral, do próprio instituto - teve sua constitucionalidade questionada durante certo período de tempo após a promulgação da Lei nº 9.307 de 1996. Argumentava-se, em prol da inconstitucionalidade, que a arbitragem ofenderia o próprio princípio do Acesso à Justiça, por, supostamente, estar-se subtraindo do jurisdicionado a possibilidade de acesso ao Poder Judiciário para prevenir ou sanar lesão a direito[6].

---

5. DIDIER JUNIOR, Fredie. *op. cit.*, p. 191.

6. Argumento este que não se sustenta, como bem apontado, em doutrina, por Sálvio de Figueiredo Teixeira, em artigo publicado logo após a promulgação da Lei nº 9.307 de 1996: "[t]enho não justificar-se, contudo, esse temor, mais que inquietação, na medida em que o modelo de arbitragem adotado pela Lei 9.307/96 dele não exclui o Judiciário. E isso por múltiplas razões. A uma, porque a nova lei é explícita (art. 33 da Lei 9.307/96) em assegurar aos interessados o acesso ao Judiciário para a declaração da nulidade da sentença arbitral nos casos que elenca, em procedimento hábil, técnico e de maior alcance do que o criticado procedimento homologatório do sistema anterior. A duas, pela igual possibilidade de arguir-se nulidade em embargos à execução (art. 33, § 3.º, da Lei 9.307/96 c/c art. 741, CPC). A três, porque a execução coativa da decisão arbitral somente poderá ocorrer perante o Judiciário, constituindo a sentença arbitral título executivo judicial, assim declarado na nova redação dada (pelo art. 41) ao inc. III do art. 584 do CPC. De igual forma, a efetivação

Inclusive, em 12 de dezembro de 2001, o Supremo Tribunal Federal teve oportunidade de enfrentar o tema, afirmando a constitucionalidade da arbitragem no cenário jurídico brasileiro, quando do julgamento do pedido de homologação de uma sentença estrangeira SE nº 5.206-7, em que era pedida a homologação de sentença arbitral proferida na Espanha que dirimiu o conflito sobre direitos patrimoniais disponíveis entre duas sociedades comerciais. Naquela oportunidade, além do pedido de homologação em si, o então Min. Moreira Alves, que à época integrava a Corte, suscitou a questão de constitucionalidade da nova lei.

Feito isso, o Plenário entendeu, por maioria de votos, que a Lei da Arbitragem representava um grande avanço e estava em consonância com o princípio do Acesso à Justiça, conforme ementa do acórdão: "1.Sentença estrangeira: laudo arbitral que dirimiu conflito entre duas sociedades comerciais sobre direitos inquestionavelmente disponíveis – a existência e o montante de créditos a título de comissão por representação comercial de empresa brasileira no exterior: compromisso firmado pela requerida que, neste processo, presta anuência ao pedido de homologação: ausência de chancela, na origem, de autoridade judiciária ou órgão público equivalente: homologação negada pelo Presidente do STF, nos termos da jurisprudência da Corte, então dominante: agravo regimental a que se dá provimento, por unanimidade, tendo em vista a edição posterior da L. 9.307, de 23.9.96, que dispõe sobre a arbitragem, para que, homologado o laudo, valha no Brasil como título executivo

de eventual medida cautelar deferida pelo árbitro reclamará a atuação do juiz togado, toda vez que se fizerem necessárias a coercio e a executio. A quatro, porque, para ser reconhecida ou executada no Brasil (art. 35 da Lei 9.307/96), a sentença arbitral estrangeira se sujeitará à homologação do Supremo Tribunal Federal (ou de outro órgão jurisdicional estatal – v.g., o Superior Tribunal de Justiça –, se a Constituição, reformada, assim vier a determinar). A cinco, porque do Judiciário é o controle "sobrevindo no curso da arbitragem controvérsia acerca de direitos indisponíveis e verificando-se que de sua existência, ou não, dependerá o julgamento". A seis, porque também caberá ao Judiciário decidir por sentença acerca da instituição da arbitragem na hipótese de resistência de uma das partes signatárias da cláusula compromissória (art. 7.º da Lei 9.307/96)." (TEIXEIRA, Sálvio de Figueiredo. A arbitragem no sistema jurídico brasileiro *In Revista dos Tribunais*, vol. 735, p. 40-42, jan./1997).

judicial. 2. Laudo arbitral: homologação: Lei da Arbitragem: controle incidental de constitucionalidade e o papel do STF. A constitucionalidade da primeira das inovações da Lei da Arbitragem - a possibilidade de execução específica de compromisso arbitral - não constitui, na espécie, questão prejudicial da homologação do laudo estrangeiro; a essa interessa apenas, como premissa, a extinção, no direito interno, da homologação judicial do laudo (arts. 18 e 31), e sua conseqüente dispensa, na origem, como requisito de reconhecimento, no Brasil, de sentença arbitral estrangeira (art. 35). A completa assimilação, no direito interno, da decisão arbitral à decisão judicial, pela nova Lei de Arbitragem, já bastaria, a rigor, para autorizar a homologação, no Brasil, do laudo arbitral estrangeiro, independentemente de sua prévia homologação pela Justiça do país de origem. Ainda que não seja essencial à solução do caso concreto, não pode o Tribunal - dado o seu papel de "guarda da Constituição" - se furtar a enfrentar o problema de constitucionalidade suscitado incidentemente (v.g. MS 20.505, Néri). 3. Lei de Arbitragem (L. 9.307/96): constitucionalidade, em tese, do juízo arbitral; discussão incidental da constitucionalidade de vários dos tópicos da nova lei, especialmente acerca da compatibilidade, ou não, entre a execução judicial específica para a solução de futuros conflitos da cláusula compromissória e a garantia constitucional da universalidade da jurisdição do Poder Judiciário (CF, art. 5º, XXXV). Constitucionalidade declarada pelo plenário, considerando o Tribunal, por maioria de votos, que a manifestação de vontade da parte na cláusula compromissória, quando da celebração do contrato, e a permissão legal dada ao juiz para que substitua a vontade da parte recalcitrante em firmar o compromisso não ofendem o artigo 5º, XXXV, da CF. Votos vencidos, em parte - incluído o do relator - que entendiam inconstitucionais a cláusula compromissória - dada a indeterminação de seu objeto - e a possibilidade de a outra parte, havendo resistência quanto à instituição da arbitragem, recorrer ao Poder Judiciário para compelir a parte recalcitrante a firmar o compromisso, e, conseqüentemente, declaravam a inconstitucionalidade de dispositivos da Lei 9.307/96 (art. 6º, parág. único; 7º e seus parágrafos e, no art. 41, das novas redações atribuídas ao art. 267, VII e art. 301, inciso IX do C. Pr. Civil; e art. 42), por violação da garantia da universalidade da jurisdição do Poder Judiciário. Constitucionalidade – aí por decisão unânime, dos dispositivos da Lei de Arbitragem que prescrevem a irrecorribilidade (art. 18) e os efeitos de decisão judiciária da sentença arbitral (art. 31). (STF, SE nº 5.206 AgR/EP, T. Pleno, Rel. Min. Sepúlveda Pertence, j. em 12/12/2001, DJ 30/04/2004).

Convém ainda citar trecho do voto do então Min. Sepúlveda Pertence: "O direito brasileiro, contudo, vem de sofrer, no particular, radical inversão de rumos, que elide ambas as linhas de fundamentação da nossa jurisprudência anterior. Refiro-me, é claro, à recentíssima L. 9.307, de 23.9.96, que dispõe sobre a arbitragem [...]. Estou em que não há óbices constitucionais a que o fizesse a nova lei. [...] Não creio que – com relação às primeiras – as sentenças arbitrais brasileiras – à sua equiparação às sentenças judiciais se possa opor a garantia constitucional da universalidade da jurisdição do Poder Judiciário. O que a Constituição não permite à lei é vedar o acesso ao Judiciário da lide que uma das partes quisesse submeter, forçando-a a trilhar a via alternativa da arbitragem [...]. O compromisso arbitral, contudo, funda-se no consentimento dos interessados e só pode ter por objeto a solução de conflitos sobre direitos disponíveis, ou seja, de direitos a respeito dos quais podem as partes transigir.".

Feita esse breve e importante referência, e sem ignorar posições contrárias, o entendimento aqui adotado é o de que a arbitragem é um instituto plenamente constitucional.

A Lei nº 9.307 de 1996 em nenhum momento restringe o acesso à função jurisdicional ou torna obrigatória a resolução do conflito por meio do juízo arbitral. Permite que o jurisdicionado, nos casos dos direitos patrimoniais disponíveis, escolha pela arbitragem, opção essa que é legitimada na garantia igualmente constitucional da liberdade privada[7]. O acesso à jurisdição estatal não é obstado ou afastado, ele é plenamente possível, mas as pessoas optam espontaneamente pela jurisdição privada. Existem duas opções ou faculdades, os jurisdicionados legitimamente escolhem uma delas.

Nesse sentido, bem resume Nelson Nery Jr.: "O fato de as partes constituírem convenção de arbitragem não significa ofensa ao princípio constitucional do direito de ação. Isto porque somente os direitos disponíveis podem ser objeto de convenção de arbitragem, razão por que as partes quando celebram, estão abrindo mão da faculdade de fazerem uso da jurisdição estatal, optando pela jurisdição arbitral. Terão, portanto, sua lide decidida pelo árbitro, não lhes sendo negada a aplicação da atividade jurisdicional."[8].

Ou, mesmo, Arruda Alvim: "A Lei 9.307/1996 é um reflexo da mudança de paradigma nos estudos que envolvem os métodos de solução de conflitos, pois sinaliza novas possibilidades para a aplicação do direito aos litígios, alternativas à via judicial. O que se preconiza atualmente é que o Estado não é único – e, algumas vezes, sequer é o mais adequado ente vocacionado para esta função, que pode muito bem ser exercida por particulares, algumas vezes com resultados mais

7. Nesse sentido, bem pondera Luiz Antonio Scavone Junior que "as partes podem ingressar no Judiciário e, se não quiserem, em razão do princípio da autonomia da vontade, podem optar pela via arbitral para dirimir os litígios decorrentes de direitos passíveis de transação (patrimoniais disponíveis). [...] Em resumo, o que se entendeu, e acompanhamos, é que o princípio da inafastabilidade da tutela jurisdicional pelo Poder Judiciário (art. 5º, XXXV, da CF) significa – o que parece óbvio a partir do dispositivo constitucional – que 'a lei não excluirá da apreciação jurisdicional do Poder Judiciário lesão ou ameaça a direito.' Ou seja, nenhuma lei pode impor a aplicação compulsória da arbitragem. Não é isso que faz a Lei 9.307/1996, vez que não impõe a ninguém a utilização compulsória da arbitragem. De outro lado, ao contratar, as partes já dispõem de ampla e constitucional possibilidade de acessar o Judiciário, o que está à disposição de qualquer cidadão. Todavia, por se tratar de direitos patrimoniais e disponíveis, podem, manifestando livremente sua vontade, preferir levar seus eventuais conflitos para a solução arbitral e não judicial. E essa decisão, que decorre da autonomia da vontade das partes sobre os seus direitos patrimoniais disponíveis, passíveis, portanto, de transação, é perfeitamente constitucional." (*Manual de arbitragem*, 5ª ed. rev., atual. e ampl., Rio de Janeiro : Forense, 2014, p. 75-76).

8. NERY JÚNIOR, Nelson. *Princípios...*, p. 188.

proveitosos do que aqueles obtidos no âmbito do Judiciário. Não se trata de destituição do poder estatal para solucionar conflitos e, menos ainda, de inobservância do princípio da inafastabilidade da apreciação jurisdicional; o poder-dever do Estado remanesce, facultando-se às partes a utilização da arbitragem para os litígios patrimoniais que envolvam direitos disponíveis e entre partes que sejam maiores e capazes ("pessoas capazes de contratar", art. 1º, da Lei 9.307/1996)."[9]

A Lei n. 9.307/96 – Lei da Arbitragem vigente – foi, em verdade, um importante marco na consagração da efetividade da arbitragem como meio adequado de solução de conflitos. Em primeiro lugar, como visto, cabe destacar que a referida lei deu à sentença arbitral a mesma eficácia de uma sentença judicial, conforme se extrai de seu artigo 31. Dessa forma, a sentença arbitral deixou de ter de passar por um necessário procedimento para homologação judicial, produzindo eficácia própria de uma sentença proferida pelo Judiciário. Na mesma linha, o artigo 515, inciso VII, do CPC arrolou a sentença arbitral entre os títulos executivos judiciais, mais um demonstrativo da dignidade de tal decisão.

---

9. ALVIM, Arruda. *Manual...*, p. 203. Adicionalmente, também defendem a constitucionalidade da arbitragem, por exemplo: Fredie Didier Jr.: "Não há qualquer vício de inconstitucionalidade na instituição da arbitragem, que não é compulsória; trata-se de opção conferida a pessoas capazes para solucionar problemas relacionados a direitos disponíveis." (*Curso de direito processual civil...*, p. 170); Luis Guilherme Marinoni: "O princípio da inafastabilidade, ao afirmar que 'a lei não excluirá da apreciação do Poder Judiciário lesão ou ameaça a direito'(CF, art. 5.º, XXXV), evidentemente não proíbe que pessoas capazes possam excluir a possibilidade de o Poder Judiciário rever conflitos que digam respeito a direitos patrimoniais disponíveis. Portanto, não há qualquer cabimento em pensar em lesão ao princípio da inafastabilidade quando as partes, usando livremente da vontade, optam pela arbitragem. Nesse caso, como é óbvio, não se exclui direito algum do cidadão ou se retira qualquer poder do Estado, pois os litigantes, quando se definem pela arbitragem, *exercem uma faculdade que está em suas mãos como corolário do princípio da autonomia da vontade.*" (*Teoria geral...*, p. 158-159); e Miguel Reale: "Não há dúvida que uma das conquistas fundamentais da democracia é a proclamada pelo art. 5.º, XXXV, da CF/1988, segundo o qual 'a lei não excluirá da apreciação do Poder Judiciário lesão ou ameaça a direito.'. Pois bem, somente uma errônea interpretação poderia ver na arbitragem uma violação desse mandamento, sobretudo nos termos em que a disciplina a citada Lei 9.307 de 1996." (Crise da justiça e arbitragem, *Doutrinas Essenciais Arbitragem e Mediação*, vol. 1, p. 603, Set.2014).

Como forma de deferência à decisão tomada pelo árbitro ou pela instituição arbitral, o artigo 32 regulamentou as hipóteses de nulidade da sentença arbitral[10], sendo que o Poder Judiciário somente pode declarar tal nulidade por meio de ação própria e nos casos estabelecidos em lei, conforme institui o artigo 33 da Lei n. 9307/96. Importante destacar que as hipóteses legalmente previstas não se referem à revisão do mérito da sentença, mas sim a questões procedimentais da arbitragem ou relativas à cláusula arbitral.

A limitação das situações que ensejam a nulidade da sentença arbitral, sem que estejam arrolados pela Lei n. 9307/96 casos de revisão do mérito, é claro indicativo de que o legislador se preocupou em proteger a decisão do árbitro da revisão do Judiciário. Além de conferir a devida relevância à arbitragem, isso se revela como mais uma proteção à efetividade desse método de solução de conflitos, o que, em última análise, estimula seu uso, tendo em vista que aumenta a confiança na autoridade da sentença arbitral.

Nessa linha, o artigo 18 da Lei nº 9.307 de 1996 estabelece que o árbitro é juiz de fato e de direito, e a sentença que proferir não fica sujeita a recurso ou a homologação pelo Poder Judiciário, reforçando igualmente a confiança na autoridade da sentença arbitral.

Dessa forma, pode-se afirmar que a arbitragem é mais um dos mecanismos possíveis de Acesso à Justiça, já que pode resolver com definitividade o conflito de interesses, pacificando-o, com limitadas hipóteses em que é admissível a sua revisão pelo Judiciário.

---

10. Art. 32. É nula a sentença arbitral se: I – for nula a convenção de arbitragem; (Redação dada pela Lei nº 13.129, de 2015); II – emanou de quem não podia ser árbitro; III – não contiver os requisitos do art. 26 desta Lei; IV – for proferida fora dos limites da convenção de arbitragem; V – (Revogado pela Lei nº 13.129, de 2015); VI – comprovado que foi proferida por prevaricação, concussão ou corrupção passiva; VII – proferida fora do prazo, respeitado o disposto no art. 12, inciso III, desta Lei; e VIII – forem desrespeitados os princípios de que trata o art. 21, § 2º, desta Lei.

3.2 A ARBITRAGEM ONLINE

Tradicionalmente a arbitragem gera importantes benefícios para as partes que a escolheram, especialmente com relação à independência e à expertise dos árbitros, à privacidade dos envolvidos, à flexibilidade do procedimento e à celeridade na obtenção da sentença[11].

Por outro lado, a arbitragem tradicional - arbitragem comercial off-line, ou seja, que se realiza predominantemente com atos presenciais, sem o uso expressivo das tecnologias da informação - também pode ter alguns inconvenientes que afetam a escolha desse método pelas partes, sobretudo os altos custos relacionados aos honorários de árbitros e honorários advocatícios. Em alguns países, como o Brasil, ingressar em juízo no Poder Judiciário é mais barato do que escolher um árbitro. Ademais, apesar de a arbitragem buscar uma decisão em tese mais rápida, pode ser que acabe por levar a uma solução tão ou mais demorada que a judicial. É preciso dizer que a arbitragem, por vezes, não atende às expectativas geradas por sua geração mais entusiasta.

11. No campo da arbitragem comercial internacional, Alec Stone Sweet e Florian Grisel inferem que "empresas valorizam a arbitragem por sua neutralidade política, confidencialidade, expertise especializada e flexibilidade" (SWEET, Alec Stone; GRISEL, Florian. *Evolution of International Arbitration*. Oxford: Oxford University, 2017, p. 2). Adilson de Abreu Dallari, após apontar algumas das vantagens que a arbitragem possui, tais como a maior celeridade e menores custos, critica a visão no sentido de a via arbitral ser, em todo e qualquer caso, superior ao processo judicial. Confira-se: "[é] equivocado pensar na arbitragem como uma espécie de remédio milagroso para todos os males, uma solução ótima para todas as circunstâncias, seja qual for o conflito ou controvérsia. Na verdade, dependendo da circunstância, assim como da espécie de conflito ou dúvida sobre direitos ou interesses, a arbitragem poderá ser bem mais conveniente do que uma disputa judicial. Mas, além de ter um âmbito próprio, onde poderá ser utilizada com perfeita adequação e com ótimo resultado, a boa arbitragem tem seus ônus, implicando despesas que serão maiores ou menores, dependendo do caso. Considere-se também que a boa arbitragem exige empenho, cuidado e prudência, o que significa a necessidade de um tempo razoável para a conclusão. Assim, pois, seria também um equívoco exagerar nas vantagens, pensando que a arbitragem propicia sempre decisões muito rápidas e sem despesas. Em benefício da preservação e valorização da arbitragem como instrumento democrático, mais rápido e menos oneroso para a solução de controvérsias, é indispensável reconhecer que ela tem limitações e não é solução mágica para todas as divergências nem garantia da obtenção de vantagens em qualquer circunstância." (DALLARI, Adilson de Abreu. A tradição da arbitragem e sua valorização contemporânea. *In Revista de Arbitragem e Mediação*, vol. 35, p. 299-407, out-dez./2012).

No entanto, as tecnologias possibilitaram, nesse contexto, um novo meio arbitral de resolver o conflito: a arbitragem online, que pode ser uma importante forma de atenuação desses inconvenientes, por meio do seu potencial de redução de custos e garantia de maior velocidade à arbitragem, como se verá mais à frente. A arbitragem online tem, assim, potencial para aprimorar o próprio método arbitral de resolver conflitos e, por consequência, potencializar o próprio conteúdo do princípio do Acesso à Justiça. Parece, então, ser possível conceituar a arbitragem online como a arbitragem que tenha seu procedimento integralmente desenvolvido por meio digital ou com os usos das tecnologias da informação.

Vale destacar que o uso da arbitragem online se intensificou como forma de respeitar as medidas de distanciamento social decorrente da pandemia da covid-19, evitando-se os atos presenciais. O *online dispute resolution*, a respeito do qual se entrará no nível de detalhe ao longo dessa obra – e sobretudo a arbitragem online – ainda está intimamente relacionado ao *e-commerce*, embora seu uso esteja se tornando mais amplo em outras áreas. No *e-commerce*, é de se ressaltar que a resolução online de conflitos também desempenha importante papel no sentido de aumentar a confiança nesse tipo de comércio[12].

3.2.1 Algumas experiências de relevo na arbitragem online

Em primeiro lugar, cabe mencionar a Plataforma Europeia para resolução de disputas consumeristas, regulada pela Diretiva 2013/11/EU e pelo Regulamento EU n. 524/13, de 21 de maio de 2013[13], que

12. ALFORD, Roger. The Virtual World and the Arbitration World *In Journal Of Arbitration*. v. 449, p. 452. Disponível em: http://kluwerlawonline.com/abstract.php?area=Journals&id=358382 Acesso em: 10/01/2020.

13. Abordando diversas questões relacionadas a resolução online de disputas consumeristas: CAPONI, Remo; GASCÓN, Fernando; STURNER, Michael. *The Role of Consumer ADR in the*

cuida da resolução online de conflitos entre consumidores e fornecedores e traz a arbitragem dentre as modalidades de mecanismos de solução de controvérsias.

De acordo com o Regulamento EU n. 524/13, consumidores podem registrar reclamações na Plataforma de Resolução Online de Conflitos, cujo uso é facultativo, o que significa dizer que os consumidores podem optar por ingressar diretamente em juízo contra o fornecedor, ainda que a obtenção da resolução seja mais lenta e custosa.

O Artigo 8º do Regulamento prevê que o consumidor pode apresentar uma reclamação contra o fornecedor utilizando a plataforma de ODR (*Online Dispute Resolution*). Depois que o fornecedor é notificado, ambas as partes podem definir qual entidade de ADR (*Alternative Dispute Resolution*) apreciará o caso[14]. As partes podem alcançar um acordo dentro do prazo de 30 dias após a apresentação do formulário da reclamação a uma entidade, e esta possui 90 dias para fornecer um resultado às partes por arbitragem, o qual poderá ser estendido por mais 90 dias, se o caso for de excepcional alta complexidade, segundo o Artigo 8º da Diretiva.

Vale salientar que a plataforma de consumo europeia tem obtido boa taxa de êxito. Ao longo do primeiro ano de implementação da Plataforma Europeia Consumerista ODR, uma pesquisa indicou que mais de 24.000 consumidores prestaram reclamação na Plataforma e mais de 40% alcançaram um acordo[15]. É um percentual expressivo, que demonstra a utilidade desse sistema de resolução de conflitos europeu.

Administration of Justice: New Trends in Access to Justice Under EU Directive 2013/11. SELP, Sellier European Law Publishers, 2015.

14. Artigo 9. (...) 6. A plataforma ODR deve automaticamente e sem atraso transmitir o requerimento da entidade ADR que as partes tenham acordado em utilizar, de acordo com os parágrafos 3 e 4.

15. *"Survey: 40% of consumers solved disputes against online traders thanks to ODR platform"*. Disponível em: https://evropskyspotrebitel.cz/news/survey-40-of-consumers-solved- disputes-against-online-traders-thanks-to-odr-platform/. Acesso em: 05/04/2019.

Outro relevante sistema de arbitragem online é o *Uniform Domain-Name Dispute Resolution Policy* (UDRP), adotada por registradores credenciados pela ICANN em todos os gTLDs (*Generic Top-Level Domain*), a fim de analisar supostos abusos no uso do domínio de determinado site.

Uma outra experiência interessante é a plataforma Kleros, a qual consiste em um protocolo de resolução online de conflitos que utiliza *blockchain* e *crowsourcing* para resolver disputas de modo mais eficiente. Este sistema visa conflitos envolvendo áreas como *e-commerce* e economia compartilhada[16].

3.3 BENEFÍCIOS E DESVANTAGENS DA ARBITRAGEM ONLINE

Podem ser arrolados uma série de benefícios a partir da análise das experiências da arbitragem online. O primeiro deles é a conveniência: considerando que a arbitragem é realizada online, atos podem ser praticados a qualquer momento do dia, mesmo de forma assíncrona (ou seja, por meio de comunicação que não acontece no mesmo tempo e espaço).

Assim, audiências ou outros atos que devem ser transmitidos ao vivo podem ser realizados no momento mais conveniente para as partes e os árbitros, pois embora na arbitragem tradicional os árbitros determinem as datas e horários que lhes são convenientes e geralmente estejam abertos às solicitações de ajustes feitas pelas partes e seus respectivos advogados, as plataformas podem estabelecer a comunicação assíncrona, em que cada parte terá determinado prazo (horas ou dias), para acessar o sistema, de modo a praticar os atos que lhe sejam pertinentes.

16. Disponível em: https://kleros.io/en/about/ Acesso em: 20/09/2020.

Um outro benefício da arbitragem online é o fácil acesso a esse mecanismo de solução de controvérsias, pois as partes não precisam comparecer numa instituição arbitral ou no escritório do árbitro para praticar os atos do procedimento, necessitando apenas ligar seus dispositivos eletrônicos e acessar à plataforma de arbitragem online, munidas de suas credenciais de acesso (*login* e senha).

Além disso, um terceiro benefício é o fácil armazenamento de dados. É certamente mais simples armazenar dados digitais do que em outras espécies de formato, como papel, que necessita de um espaço físico para seu armazenamento. Dados digitais podem ser guardados em discos rígidos, computadores ou *websites* seguros. Isso também impacta os custos, visto que escritórios de grandes espaços físicos são dispensáveis para instituições de arbitragem ou árbitros online. Destaque-se que esse benefício também vem sendo incorporado à arbitragem tradicional, em que são cada vez mais frequentes os casos em que se dispensam vias físicas, diante dos benefícios de os autos do procedimento serem eletrônicos. E mesmo com as necessárias medidas de segurança da informação, ainda assim, o resultado de simplicidade e economia final é imensamente mais positivo.

Outro benefício está relacionado ao próprio custo da arbitragem. Instituições arbitrais cobram taxas para realizar uma arbitragem. É preciso analisar algumas despesas arbitrais, para verificar se a arbitragem online é mais barata. Primeiramente, os custos da arbitragem na Corte Internacional de Arbitragem da Câmara de Comércio Internacional (CCI). De acordo com o Regulamento de Arbitragem dessa instituição e o cálculo de gastos, a parte que quiser iniciar o processo necessita pagar uma taxa de registro de US$ 3.000. Para além, pode ser exigida a provisão de custos antecipadamente, e o valor mínimo das taxas administrativas é de US$ 3.000 – variando de US$ 3.000 a US$ 113.215. Somados a essas taxas, as partes devem pagar antecipadamente os honorários dos árbitros, os quais variam segundo o valor econômico em disputa.

No âmbito nacional brasileiro, um exemplo é o Centro de Arbitragem e Mediação da Câmara de Comércio Brasil-Canadá (CCBC). Essa instituição arbitral exige o pagamento[17] da taxa de inscrição de R$ 4.000, um depósito de fundo de despesas de R$ 10.000, e uma taxa administrativa de R$ 52.500, se o valor da disputa for acima de R$ 4.000.000. Além dessas taxas, é também necessário pagar os honorários significativos dos árbitros.

Como contraponto, no Sistema Online de Resolução de Conflitos Consumeristas da União Europeia, as taxas variam de uma entidade a outra – inclusive, é importante destacar que existem diferentes métodos de resolução online de conflitos, como a mediação e arbitragem, a depender da entidade credenciada. Além do mais, há variação sobre o pagamento ser também realizado pelo consumidor ou apenas pelo fornecedor. Como exemplo de despesas de arbitragem online podemos utilizar o Centro para Resolução Efetiva de Disputa com Companhias Aéreas (CEDR), no Reino Unido. Caso levem seu conflito a esse Centro, os consumidores devem pagar 25 libras quando ingressam com sua reclamação, mas, caso se saiam bem-sucedidos em alguma medida, o julgamento é gratuito e eles recebem 100% de reembolso[18]. As companhias aéreas, por sua vez, devem arcar com 100 libras por cada caso que é levado à CEDR. Como se percebe, os custos da arbitragem online são mais baixos, e os lucros dessas plataformas advêm do volume de arbitragens que realizam.

Há, portanto, uma grande diferença entre os custos das instituições de arbitragem tradicional e das instituições arbitrais online – muito embora se esteja tratando de demandas de natureza bastante distinta, além de valores econômicos muito diversos –, sendo esse

17. Disponível em: https://ccbc.org.br/cam-ccbc-centro-arbitragem-mediacao/resolucao-de-disputas/arbitragem/tabela-despesas-calculadora-2019/ Acesso em: 20/09/2020

18. De acordo com <https://ec.europa.eu/consumers/odr/main/?event=main.adr.show2 Acesso em: 20/09/2020

um importante benefício da arbitragem online[19], o que também estimula o seu uso.

Outra importante vantagem está relacionada à velocidade da tramitação dos processos de arbitragem online[20]. O fácil acesso e a conveniência para as partes e árbitros facilitam o procedimento arbitral online e permitem que este tramite mais rápido do que a arbitragem tradicional. De fato, no *e-commerce*, esta é uma necessidade real para a confiança nessa modalidade de negócio, o que pode consequentemente aumentar as transações.

Por fim, e relacionado a todas as vantagens supracitadas, podemos dizer que há um aumento de eficiência nas arbitragens online, já que é uma forma mais rápida e barata na busca por uma resolução de disputas[21].

Em contrapartida, por outro lado, há autores que sustentam que pode haver desvantagens na arbitragem online que podem por em risco a confiança neste método de resolução online de disputas. A primeira seria o suposto risco à privacidade e à confidencialidade[22]. Não se ignoram os custos, sobretudo, com as estruturas de segurança

19. Inclusive, Roger P. Alford acredita que a redução de custos é o principal benefício da resolução online de disputas. (ALFORD, Roger. *op. cit.*, p. 450)
20. Kaufmann-Kohler e Schultz defendem que a velocidade e o baixo custo são características inerentes à resolução online de disputas (KAUFMANN-KOHLER, Gabrielle. SCHULTZ, Thomas. *Online Dispute Resolution: Challenges for Contemporary Justice.* International Arbitration Law Library, 2004, p. 114).
21. "Speed and economy are particularly sensitive in online arbitration. In fact, the very raison d'être of online arbitration is the parties' pursuit of a radically faster and cheaper form of dispute resolution. The disadvantages inherent in the replacement of face-to- face communication by online communication are only acceptable as a trade-off for significantly increased speed and drastically reduced costs." (SCHULTZ, Thomas. Internet Disputes, Fairness in Arbitration and Transnationalism: A Reply to Julia Hörnle *In International Journal of Law and Information Technology*. v. 19, n. 2, 2011, pp. 153-155. Disponível em https://academic.oup.com/ijlit/issue/13/1 Acesso em: 11/01/2020).
22. KALLEL, Sami. Online Arbitration *In Journal of International Arbitration*, v. 25, n. 3, 2008, pp. 345-352. Disponível em http://www.kluwerlawonline.com/toc.php?pubcode=JOIA Acesso em: 11/01/2020; CLARK, Eugene; CHO, George; HOYLE, Arthur. Online Dispute Resolution: Present Realities, Pressing Problems and Future Prospects *In International Review of Law,*

da informação. Tendo em vista que todos os dados são armazenados online, é possível que documentos dos processos de arbitragem sejam disponibilizados indevidamente a terceiros, pondo em risco algum segredo comercial. Ademais, pessoas mal-intencionadas podem invadir o sistema online da instituição arbitral para subtrair dados. No entanto, é preciso ponderar que esse risco também faz parte da arbitragem tradicional, pois qualquer dado pode ser subtraído, e até mesmo papéis podem ser copiados e obtidos por terceiros. Assim, não se pode creditar essa alegada desvantagem unicamente à arbitragem online a ponto de descreditar o método.

Outra alegada desvantagem seria a falta de relações pessoais entre partes e árbitros. A arbitragem tradicional é realizada com bastante contato entre as partes e árbitros, mesmo que tenha suporte tecnológico. Para além, na arbitragem *off-line – ad hoc* ou em instituições arbitrais – as partes normalmente escolhem qual árbitro ou quais árbitros decidirão a disputa. Nas instituições arbitrais, geralmente cada um escolhe um árbitro e estes dois escolhem o terceiro. Porém, há certas instituições de arbitragem online nas quais as partes não podem escolher o árbitro ou árbitros. Por exemplo, Kleros é uma plataforma de arbitragem online em que as partes não possuem a possibilidade de saber quem os árbitros (julgadores) são. Uma vez que a decisão afeta a alocação de recursos, a justificativa para a confidencialidade dessa informação é evitar suborno ou intimidação dos árbitros[23]. Nesse ponto, importante destacar que a falta de relações pessoais ou a confidencialidade na figura dos árbitros pode evitar, de outro lado, a incidência de vieses cognitivos na análise do caso, considerando que o contato entre os envolvidos gera influências na cognição sobre a controvérsia.

Computers & Technology 7, v. 17, n. 1, 2010, pp. 7/19-20. Disponível em https://www.tandfonline.com/loi/cirl20 Acesso em: 12/01/2020.

23. De acordo com https://kleros.io/en/faq Acesso em: 21/09/2020.

Além disso, as diferentes filosofias em termos de regulamentação e o arcabouço jurídico fragmentado ao redor do mundo são outras desvantagens. Com relação às filosofias, Clark, Cho e Hoyle lembram que, enquanto a América do Norte confia mais na regulamentação privada, deixando sobretudo a cargo das entidades arbitrais e dos fornecedores de *e-commerce* a definição das regras de tais arbitragens, a União Europeia envida esforços para a regulamentação pública[24], e um importante exemplo é o Regulamento EU n. 254/13, que demonstra a preocupação da União Europeia em estabelecer diretrizes para a proteção dos interesses dos envolvidos nos procedimentos de arbitragem online. Isso evidencia diferentes formas de pensar acerca do controle sobre a resolução online de disputas e, especialmente, a arbitragem online.

Registre-se, ainda, que o arcabouço jurídico fragmentado é também uma desvantagem. As diversas leis – já que cada país possui suas próprias leis de arbitragem, seja esta da forma tradicional ou online – e a carência de regulamentação internacional põem em risco o uso das arbitragens nacionais e internacionais online, uma vez que as partes não confiarão se o processo online será aceito em um futuro processo de execução ou no reconhecimento de uma sentença estrangeira.

Dito isso e ponderadas as vantagens e desvantagens, identifica-se uma certa tendência, especialmente na arbitragem online consumerista, em direção a um padrão diferente de arbitragem. Conforme defendido acima, uma das razões tradicionais para a escolha pela arbitragem é a expertise do árbitro e uma das inconveniências é o alto custo. Mesmo assim, a arbitragem online permite a redução de custos e uma maior rapidez da sentença arbitral, uma vez que muitos procedimentos online não precisam ser remunerados mediante valores exorbitantes, devido à baixa complexidade e necessidade de julgamento em curto período. No entanto, isso não significa,

24. CLARK; CHO; HOYLE. *op. cit.*, p. 15-17.

necessariamente, uma perda de espaço da arbitragem comercial tradicional. Evidentemente, ainda haverá mercado para esta, sobretudo para disputas de alto valor[25], embora a arbitragem tradicional tenha ampliado a utilização de mecanismos digitais no período de isolamento social[26], aproximando-se, em certa medida, daquilo que podemos definir como arbitragem online.

3.4 A ARBITRAGEM TRADICIONAL *VERSUS* A ARBITRAGEM ONLINE: PROPOSTA DE LEITURA A PARTIR DO DEVIDO PROCESSO LEGAL

3.4.1 A arbitragem tradicional

3.4.1.1 Devido processo legal

Ainda que existam desvantagens, os benefícios da arbitragem online tornam-na muito mais atrativa, especialmente quando as partes desejam um método de resolução de disputas rápido e barato. De todo modo, a velocidade e o baixo custo não podem ser uma autorização para um procedimento sem quaisquer garantias para os envolvidos. Sendo assim, o devido processo legal deve ser respeitado tanto na arbitragem tradicional como na arbitragem online. O devido processo legal é um direito fundamental das partes nos processos jurisdicionais em diversos países. Inclusive, embora o devido processo tenha se desenvolvido como um direito fundamental no processo judicial, também deve ser reconhecido como uma exigência na

25. ALFORD, Roger. *op. cit.*, p. 451.

26. Nesse sentido, a título de exemplo, vale salientar que a Câmara CIESP/FIESP editou Orientações para a Realização de Audiências Virtuais em 02 de julho de 2020. Também constatando que a pandemia acelerou o uso de mecanismos digitais na arbitragem: https://www.jota.info/tributos-e-empresas/mercado/pandemia-acelera-digitalizacao-de-arbitragens-que-quase-nao-tiveram-suspensoes-13072020 Acesso em: 21/09/2020

arbitragem. Ainda que o presente estudo tenha o objetivo de analisar o que é o devido processo na arbitragem online, é importante, inicialmente, estudar o que significa o devido processo na arbitragem. A arbitragem é, por natureza, mais flexível: as partes optam por resolver a disputa via instituição arbitral ou especialista.

Julia Hörnle recorda que há, na arbitragem, relevantes fontes de direito: códigos de conduta profissionais, normas institucionais e de arbitragem, legislação nacional de arbitragem, *common law*, e normas constitucionais, de direitos humanos e convenções internacionais[27]. Pode-se extrair dessas fontes de lei requisitos mínimos do devido processo, ainda que por vezes haja regras não obrigatórias na legislação[28]. No *common law* inglês, por exemplo, o devido processo chegou a ser exigido na resolução privada de um conflito quando submetida à revisão judicial.

No contexto jurídico interno de cada país, há legislações que fornecem requisitos para a arbitragem. No Brasil, a Lei 9.307/96 estabelece alguns elementos essenciais para arbitragens no artigo 21, parágrafo 2º, que são o contraditório, o tratamento igualitário das partes, a imparcialidade do árbitro e o livre convencimento deste[29]. Em última análise, todos esses elementos estão inseridos no devido

27. HÖRNLE, Juliam. *op. cit.*, p. 110. De forma parcialmente distinta, Kurkelae Turunem defendem que as exigências do devido processo transnacional devem ser extraídos das seguintes fontes: "1) The New York Convention; 2) Human rights conventions; 3) International soft law concerning arbitration; 4) Principles of law formulated from various national procedural laws" (KURKELA, Matti S. TURUNEN, Santtu. *Due process in international commercial arbitration*. 2. ed. Oxford: Oxford University Press, 2010, p. 10).

28. Kurkela e Turunem fazem uma comparação interessante entre o devido processo e a *lex* mercatória, propondo, deste modo, um tipo de *lex proceduralia*: *"There is a need for some kind of cross-border and cross-legal order approach similar to lex mercatoria that also concerns procedural requirements. It should be no surprise that the law of due process seems to have a structure or character somewhat similar to that of the law merchant."* (*Idem* p. 8).

29. "Art. 21. (...) § 2º. Serão, sempre, respeitados no procedimento arbitral os princípios do contraditório, da igualdade das partes, da imparcialidade do árbitro e de seu livre convencimento".

processo legal, cuja função "guarda-chuva" equilibra muitos direitos processuais em conjunto[30].

No âmbito da arbitragem internacional, a Convenção de Nova York é um importante parâmetro para o devido processo, uma vez que estabelece, em seu Artigo V, requisitos para o reconhecimento das sentenças arbitrais estrangeiras. Nesse sentido, os Artigos V, 1, alíneas b, d, e V, e 2, alínea b, trazem elementos especiais do devido processo à arbitragem internacional. O Artigo V, 1, alínea b, traz às partes o direito a ciência adequada e a apresentar seus argumentos. O Artigo V, 1, alínea d, confere às partes o direito a uma autoridade arbitral conforme ao que acordaram, ou caso não tenham pactuado anteriormente, de acordo com a lei do país onde a arbitragem ocorreu, e o Artigo V, 2, alínea b exige que arbitragens estrangeiras respeitem a ordem pública do país no qual a sentença será cumprida. Todavia, é importante notar que o respeito à ordem pública não se aplica apenas às questões processuais, as quais eventualmente estarão inclusas no direito ao contraditório do Artigo V, 1, alínea b, mas também aos aspectos de direito substancial julgados na sentença[31]. Do mesmo modo, há doutrina[32] que inclui o Artigo V, 1, alínea a – o acordo arbitral é inválido – como um elemento do devido processo na arbitragem internacional, porém acredita-se que a validade do pacto de arbitragem é uma questão de direito substancial, anterior à arbitragem, e não exatamente uma questão processual.

É importante frisar, ainda, que até mesmo as normas das instituições de arbitragem internacional exigem alguns desses elementos previstos na Convenção de Nova York. Por exemplo, a imparcialidade

30. ÁVILA, Humberto Bergmann. *op. cit.*, p. 78 et seq.

31. Por exemplo, se uma sentença define que um devedor deve ser morto porque não pagou uma certa quantia de dinheiro, em muitos países, como o Brasil, essa sentença estrangeira não seria reconhecida, devido à violação de política pública nacional.

32. HÖRNLE. *op. cit.*, p. 111.

e independência dos árbitros são requeridas pelo Regulamento de Arbitragem da CCI, Artigo 11, 1.

Ao optarem por uma arbitragem institucional, na maioria das vezes, as partes renunciam à escolha de uma norma procedimental específica, para utilizarem as regras adotadas pela instituição arbitral. Por outro lado, quando a arbitragem é *ad hoc*, é possível que as partes escolham qual regra procedimental regerá a arbitragem. Embora haja um certo nível de flexibilidade nos processos arbitrais, há elementos fundamentais do devido processo legal nas arbitragens[33] que podem ser extraídos das fontes normativas anteriormente mencionadas: a igualdade entre as partes, o contraditório e a imparcialidade e independência do árbitro[34]. Uma vez que esses elementos são essenciais, na hipótese de a arbitragem carecer de um deles, o Poder Judiciário poderá anular a sentença ou recusar sua execução, devendo ser registrado, porém, que a revisão judicial deve apenas ocorrer quando não há dúvidas de que o devido processo foi violado.

Nesse sentido, é importante reiterar que mesmo quando a arbitragem é realizada por uma instituição arbitral ou as partes elegem as normas de uma instituição, é possível que sejam escolhidas diferentes regras, a fim de tornar a arbitragem mais eficiente, ou que renunciem à possibilidade de contestar o uso de diferentes regras pela instituição[35]. Esta é uma consequência advinda da autonomia inerente da

---

33. Contudo, é necessário mencionar que as diferentes fontes do direito processual trarão diferentes exigências ao processo legal em arbitragens.

34. Nesse sentido, Kaufmann-Kohler e Schultz: *"In adjudicative proceedings, fairness is equivalent to due process as it is traditionally understood, which encompasses equal treatment, impartiality and independence, and the right to be heard in adversary proceedings"* (KAUFMANN-KOHLER. SCHULTZ. *op. cit.*, p. 119).

35. Exemplificativamente, é permitido, pela Regulamentação de Arbitragem da CCI, Artigo 40: "A parte que prosseguir com a arbitragem sem fazer objeção ao não cumprimento das disposições contidas no Regulamento, de quaisquer outras regras aplicáveis ao procedimento, das determinações do tribunal arbitral, ou de qualquer outra estipulação contida na convenção de arbitragem quanto à constituição do tribunal arbitral ou à condução do procedimento, será considerada como tendo renunciado a essas objeções".

arbitragem: sendo um contrato, a convenção arbitral pode trazer regras específicas para o processo.

A arbitragem é o método de resolução de conflitos escolhido pelas partes por diversas possíveis razões, e uma delas é, precisamente, o ganho de eficiência. Por consequência, as partes podem adaptar o processo, para obterem um melhor desempenho de arbitragem. A análise do devido processo na arbitragem é, por conseguinte, mais flexível que nos processos judiciais.

Quanto aos elementos fundamentais do devido processo, é importante mencionar, ainda, o Artigo 18 da Lei Modelo da UNCITRAL sobre Arbitragem Comercial Internacional[36], que prevê: "Artigo 18. Igualdade de tratamento entre as partes. As partes devem ser tratadas de forma igualitária e deve ser dada a cada uma delas plena possibilidade de expor seu caso."

3.4.1.2 Igualdade

Igualdade entre as partes é o primeiro elemento do devido processo na arbitragem[37]. Em nossa visão, igualdade de tratamento significa o dever do árbitro de conferir às partes as mesmas oportunidades concretas. Por exemplo, se uma das partes tem o direito de trazer testemunhas ou de participar de uma audiência, a outra deve receber a mesma oportunidade, caso contrário, a igualdade não seria respeitada. Uma exceção a isso é a hipótese de as partes, de forma válida, mudarem as regras procedimentais e, consequentemente, sua

---

36. Embora tal regra diga respeito à arbitragem comercial internacional, traz ela princípios que devem ser aplicáveis à arbitragem como um todo.

37. Matti S. Kurkela e Santtu Turunen inserem as exigências do devido processo no conceito de arbitragem justa e afirmam que *"the core of fair arbitration is the fairness of the procedure itself, including equality of arms (i.e., no party should be at a disadvantage vis-à-vis the other(s)), reasonable opportunity to present one's case, and the principle and rule of audiatur altera pars"* (KURKELA; TURUNEN. *Op. cit.*, p. 185).

igualdade. Diz-se válida porque, em determinadas relações, a parte mais forte pode impor condições processuais piores à outra, sendo essa uma violação à igualdade.

No entanto, em algumas situações sobre as quais as partes possuem um desequilíbrio de poder, oportunidades melhores para um dos lados podem ser estabelecidas, visando reduzir o desequilíbrio. Imagine-se, numa arbitragem de consumo, que o fornecedor concorde que o consumidor terá mais dias para expor sua versão dos fatos, pois assume que este consumidor está na posição mais vulnerável.

3.4.1.3 Contraditório

O direito ao contraditório – ou ao *fair hearing*, na tradição do *common law* – é um direito fundamental estabelecido em muitas Constituições[38], no Artigo 6º, Parágrafo 1º, da Convenção Europeia de Direitos Humanos, e até mesmo no Artigo V, Parágrafo 1, alínea b da Convenção de Nova York. Não é possível o desenvolvimento da função jurisdicional sem o respeito ao princípio fundamental do contraditório. Previstos no art. 5º, inciso LV, da Constituição Federal integra o próprio conteúdo do devido processo legal.

Cumpre destacar o art. 7º do Código de Processo Civil que elenca a ampla defesa e o contraditório como preceitos fundamentais do processo, dispondo que: "É assegurada às partes paridade de tratamento em relação ao exercício de direitos e faculdades processuais,

38. Por exemplo, na Constituição Brasileira, esse direito é assegurado pelo Artigo 5º, LV. Para parcela da doutrina, a origem do contraditório remonta à Bíblia, no Gênesis 3:9 (Mas o Senhor Deus chamou o homem, "Onde está você?"), porque o Senhor fez esta pergunta à Adão e Eva e questionou-os sobre o desrespeito de uma regra, para finalmente expulsá-los do Jardim do Éden. Para um apanhado histórico do *contradictoire*, PICARDI, Nicola. *Audiatur et altera pars. Le matrici storico-culturali del contraddittorio In Rivista Trimestrale di Diritto e Procedura Civile*. Editora Giuffrè, 2003.

aos meios de defesa, aos ônus, aos deveres e à aplicação de sanções processuais, competindo ao juiz zelar pelo efetivo contraditório.".

O princípio do contraditório preconiza um estado ideal das coisas em que as partes envolvidas no processo, e eventualmente o Ministério Público, tenham sempre a ciência dos fundamentos da ação e da defesa, das decisões e todos os demais atos processuais. Além disso, as partes devem ter a oportunidade de se manifestar ou reagirem aquilo que tomaram conhecimento[39].

Nesse sentido, a doutrina identifica que o contraditório é formado pelo binômio ciência e resistência ou informação e reação. O primeiro desses elementos é sempre indispensável, o segundo é eventual. Assim, as partes devem ter sempre o conhecimento de todos os atos do processo e a oportunidade para se manifestar, porém, até por informação do princípio dispositivo, a opção de se manifestar ou não é ônus da parte, a qual deverá suportar as consequências dessa escolha.

Ponto fundamental de integração entre os princípios do contraditório e da inafastabilidade da jurisdição é a compreensão de que o exercício do contraditório deve ser adequado e efetivo, em identidade com a forma como a atividade jurisdicional deve ser prestada. Não por outra razão, o referido art. 7º, CPC, determina que compete ao juiz "zelar pelo efetivo contraditório".

Assim, devem ser criadas condições concretas e reais de implementação do contraditório durante o desenvolvimento do processo, não sendo suficiente a mera possibilidade de manifestação. Como exemplos dessa ideia, pode se pensar no estabelecimento de prazos

39. Rui Portanova conceitua o princípio do contraditório como "a ciência bilateral dos atos e termos processuais e possibilidade de contrariá-los com alegações e provas" (*op. cit.*, p. 160).

em tempo ajustado à natureza da lide ou na adaptação dos meios de prova.

O princípio do contraditório assume, nesse contexto, um significado de maior profundidade. A verificação do referido binômio ciência e resistência ou informação e reação não parece satisfazer os ditames contemporâneos do Estado Constitucional, é preciso mais. Impõe-se uma leitura sobre o contraditório que vai além da oportunidade e da prática do ato. É necessário compreendê-lo como verdadeiro direito de influência e participação nos procedimentos e nos provimentos jurisdicionais, como bem explica Luiz Guilherme Marinoni: "Atualmente, porém, a doutrina tem identificado no direito ao contraditório muito mais do que simples bilateralidade da instância. Ao binômio conhecimento-reação tem-se oposto a ideia de cabal participação como núcleo-duro do direito ao contraditório. É lógico que o contraditório, no processo civil do Estado Constitucional, tem significado completamente diverso daquele que lhe era atribuído à época do direito liberal. Contraditório significa hoje conhecer e reagir, mas não só. Significa participar do processo e influir nos seus rumos. Isto é: direito de influência. Com essa nova dimensão, o direito ao contraditório deixou de ser algo cujos destinatários são tão somente as partes e começou a gravar igualmente o juiz. Daí a razão pela qual eloquentemente se observa que o juiz tem o dever não só de velar pelo contraditório entre as partes, mas fundamentalmente a ele também se submeter. O juiz encontra-se igualmente sujeito ao contraditório."[40].

Do mesmo modo, com exemplos retirados do direito estrangeiro, também lecionam Humberto Theodoro Júnior, Dierle José Coelho Nunes, Alexandre Melo Franco Bahia e Flávio Quinaud Pedron, explicando de forma muito precisa a evolução do conteúdo do preceito, da preconização de uma ordem isonômica entre os sujeitos

40. SARLET, Ingo Wolfgang, MARINONI, Luiz Guilherme, MITIDIERO, Daniel. *op. cit.*, p. 735-736.

processuais, desvirtuada posteriormente por noções de hierarquia do magistrado sobre as partes, até a compreensão dinâmica do princípio como direito de influência: "Normalmente, o aludido princípio é analisado no quadro dos princípios gerais do ordenamento processual ou no contexto das *Prozessmaximen*, de modo a regular a repartição dos poderes e das funções entre as partes e o juiz. Sua utilização transitou de uma ordem isonômica entre os sujeitos processuais para uma ordem assimétrica, em que o protagonismo judicial e a concepção hierárquica entre a magistratura e as partes se imporiam, e com essa mudança configuraram-se o aviltamento e o enfraquecimento do debate e do contraditório. Este foi relegado a uma mecânica contraposição de direitos e obrigações, ou, como se tornou costumeiro afirmar, tão somente como um direito de bilateralidade da audiência, possibilitando às partes a devida informação e possibilidade de reação. Ocorre que essa visão de um contraditório estático somente poderia atender a uma estrutura procedimental monologicamente dirigida pela perspectiva unilateral de formação do provimento pelo juiz, algo que a moderna processualística, até mesmo na busca de maior eficiência do processo, passou a combater. [...] Ao notar a insuficiência do conteúdo atribuído ao contraditório, e já o vislumbrando como garantia dinâmica e como núcleo do processo, a doutrina italiana configurou, porém, perfis dinâmicos para um contraditório, agora substancial, atribuindo às partes possibilidades de participação preventiva sob qualquer aspecto fático ou jurídico que esteja sendo discutido e julgado. Na França, o art. 16 do *Nouveau Code de Procédure Civile* impede o juiz de fundamentar sua decisão sobre aspectos jurídicos que ele suscitou de ofício sem ter antecipadamente convidado as partes a se manifestar acerca de suas observações. Assim, a garantia opera não somente no confronto entre as partes, transformando-se também num dever-ônus para o juiz [...]. Na Alemanha, após o segundo pós-guerra, o conteúdo da cláusula estabelecida no texto do art. 103, §1.º, da Lei Fundamental da República Federal da Alemanha como "pretensão de audição jurídica" (*Anspruch auf Rechtliches Gehör*) foi interpretada de modo a garantir um alcance maios que a simples literalidade. O Tribunal Constitucional Federal (*Bundesverfassungsgericht*) passou a afirmar que o dispositivo não só operava seus efeitos no confronto entre as partes, mas, sim, convertia-se também num dever para o magistrado, de modo que se atribuía às partes a possibilidade de posicionar-se sobre qualquer questão de fato ou de direito, de procedimento ou de mérito, de tal modo a poder influir sobre o resultado dos provimentos. [...] Impõe-se, assim, a leitura do contraditório como garantia de influência no desenvolvimento e resultado do processo."[41].

A propósito, como já mencionado quando do estudo da atividade jurisdicional adequada e efetiva, o Código de Processo Civil vai além da referida previsão de seu art. 7º e adota a cooperação e o modelo cooperativo de processo como duas de suas principais normas matrizes, consolidando e reafirmando o princípio do contraditório sob essa nova perspectiva. Nesse sentido, Hermes Zaneti Júnior, de forma brilhante, reconhece no contraditório verdadeiro valor-fonte do processo constitucionalizado: "A Constituição Federal de 1988, ao incluir no seu texto diversos princípios de direito processual que não estavam anteriormente expressos (v.g. devido processo legal) ou que tinham âmbito mais limitado (v.g. contraditório), assumiu expressamente essa postura garantista. É justamente no contraditório, ampliado pela Carta do Estado Democrático brasileiro, que se irá apoiar a noção de processo democrático, o processo como procedimento em contraditório, que tem na sua matriz substancial a "máxima de cooperação" (*Kooperationmaxima*). Trata-se de "extrair do próprio direito fundamental de participação a base constitucional para o princípio da colaboração. O contraditório surge então renovado, não mais unicamente como garantia do direito de resposta, mas como

41. THEODORO JÚNIOR, Humberto, NUNES, Dierle, BAHIA, Alexandre Melo Franco, PEDRON, Flávio Quinaud, *op. cit.*, p. 104-107.

direito de influência e dever de debate. [...] Portanto, pelo menos dois valores ideológicos principais para este livro estão subjacentes à ideia de processo constitucional: o valor efetividade, que surge da influência dos direitos fundamentais, com sua consequente necessidade de realização; e o valor segurança jurídica, tomado na sua dimensão não racionalista absoluta, de certeza anterior dos fatos, mas como garantia contra o arbítrio estatal, em uma palavra, previsibilidade. Agrega-se ainda, porque subjaz ao Estado Democrático e Pluralista de Direito, o valor instrumental da democracia, que é a necessária observância do procedimento em contraditório (entre as partes e entre elas e o juiz) [...]. É justamente nesse quadro que o contraditório surge como "valor-fonte" do processo constitucional."[42].

Assume, assim, conteúdo mais substancial do que a compreensão de uma mera bilateralidade de atuação das partes. Determina, por exemplo, o fomento do debate preventivo e a submissão de todos os fundamentos da futura decisão ao contraditório, constituindo em verdadeira garantia de não surpresa, ratificada pelo art. 10, CPC, segundo o qual "O juiz não pode decidir, em grau algum de jurisdição, com base em fundamento a respeito do qual não se tenha dado às partes oportunidade de se manifestar, ainda que se trate de matéria sobre a qual deva decidir de ofício.".

Pois bem, desenvolvido originalmente desenvolvido nos processos judiciais, tais preceitos devem ser replicados aos demais meios de resolução de conflitos, inclusive, já o são na arbitragem.

A extensão do direito ao contraditório não está definida em nenhuma lei sobre arbitragem. Assim, para a sua compreensão na esfera arbitral, toma-se como ponto de partida o Artigo 18 da Lei Modelo da UNCITRAL sobre Arbitragem Comercial Internacional, que menciona plena oportunidade de exposição do caso. Contudo,

42. ZANETI JÚNIOR, Hermes. *op. cit.*, p. 179-182.

a expressão "plena oportunidade" é abstrata e pode levar à ideia de que as partes têm o direito de apresentar o máximo de argumentos e provas que puderem. De acordo com Redfern e Hunter, esse direito traz a exigência de uma oportunidade razoável à exposição do caso[43]. A arbitragem precisa ser eficiente, e a possibilidade de apresentar argumentos e provas a todo momento pode causar ineficiências ao procedimento.

Embora o contraditório na arbitragem seja, nessa linha, o direito à razoável oportunidade de exposição do caso, é igualmente importante mencionar que esse direito impõe que, para todas as vezes em que uma das partes ou árbitros trouxerem qualquer argumento ou prova ao processo, a outra deva ser notificada, para que possa influenciar a decisão dos árbitros. O direito ao contraditório impõe que uma parte não seja surpreendida por uma decisão na qual o árbitro levou em conta argumentos ou provas sobre os quais não teve a possibilidade de ser ouvido.

---

43. Alex Redfern e Martin Hunter (REDFERN, Alan; HUNTER, Martin. *Redfern and Hunter on International Arbitration*. 6ª ed., Oxford: Oxford University Press, 2016, p. 357). Kurkela e Turunem (KURKELA; TURUNEM. *Op. cit.*, pp. 187-189) definem alguns direitos derivados do direito à exposição do caso: "1) right to all information in submissions; proper notice of the initiation of the proceedings must be given. Proper notice implies reasonable time to prepare the case and full disclosure of the parties and the claims made and reference to the rules applicable, if any; 2) full and simultaneous access with other parties and the panel to all communications, pleadings, arguments, and testimony; 3) right to be present at all physical hearings and at hearings via Internet or by means of tele- or video conferencing; 4) full access to all written documents, evidence, and reports submitted in the proceedings by the parties, witnesses, experts, or other third parties without undue delay; 5) right to submit claims and argue in support of them, to raise material and procedural defenses and objections, and to bring new claims and raise new defenses; 6) right to submit relevant documentary evidence in either defense or support of claims; 7) right to cross-examine witnesses and experts and other parties heard in the proceedings (including reasonable time to prepare); 8) right to comment on any and all statements made, comments given, and communications and a reasonable time to elaborate on an answer to any of them; 9) right to bring further evidence and testimony as may be necessary to fully elucidate and defend the party's position should new facts emerge or new claims be made; 10) adequate notice of closing of the proceedings given in advance to allow the parties to fully develop their pleadings and exhaust their testimony".

Além do mais, terceiros podem ter o direito ao contraditório. Por vezes os processos arbitrais ensejarão consequências a terceiros, e estes não podem sofrer efeitos negativos sem a possibilidade prioritária de serem ouvidos e apresentarem quaisquer provas. Por exemplo, caso a sentença arbitral gere consequências ao garantidor do contrato, esse garantidor deve ter a oportunidade de ser escutado.

Essa preocupação em equilibrar a eficiência e o direito ao contraditório gera diferentes entendimentos no âmbito da arbitragem internacional sobre se este último foi respeitado; no entanto, parece ser caso de avaliar cada processo, a fim de verificar se o contraditório foi observado ou não. Por exemplo, em Iran Aircraft Industries v. Avco Corporation 980[44], um tribunal dos EUA recusou a aplicação de uma sentença arbitral proferida pelo Tribunal de Reclamações Irã-Estados Unidos, sob o fundamento de desrespeito ao contraditório, uma vez que a instituição arbitral, em audiência, pareceu isentar a companhia norte-americana de apresentar determinadas notas fiscais. Contudo, posteriormente decidiu em favor da Indústrias Aéreas Iranianas, proferindo sentença arbitral no valor de US$ 3,5 milhões, porque a aquela outra companhia não apresentou as aludidas faturas. Por outro lado, em Minmetals v. Ferco Steel[45], a execução de uma sentença arbitral foi contestada perante um tribunal inglês, sob a alegação de que os árbitros decidiram baseados em evidências produzidas por suas próprias investigações. No entanto, o Tribunal recusou tal contestação, entendendo que uma das partes perdeu a oportunidade de solicitar a divulgação das provas e de recusar seu uso.

44. Iran Aircraft Industries v Avco Corporation 980 F.2d 141 (2nd Cir. 1992).

45. (1999) XXIV YBCA 739.

3.4.1.4 Motivação das decisões arbitrais

Também como consequência do devido processo legal e do Acesso à Justiça, impõe o dever de motivação da sentença aos árbitros e à instituição arbitral.

Historicamente, é possível identificar no direito romano, na fase do processo extraordinário ou *cognitio extraordinaria*, algumas primeiras indicações da necessidade de motivação das decisões judiciais[46]. Outra referência inicial importante parece estar nas determinações do Papa Inocêncio IV que, no século XIII, estabeleceu por decreto que todas as sentenças de excomunhão deveriam ser necessariamente motivadas[47].

---

46. José Rogério Cruz e Tucci, em brilhante monografia dedicada ao tema, relata que: "o ato decisório do magistrado no âmbito da *extraordinaria cognitio* não mais correspondia à expressão do parecer jurídico (*sententia*) de um simples cidadão autorizado pelo Estado, mas sim a um comando vinculante emanado de um órgão estatal [...]. Assim, com a paulatina adequação da *extraordinaria cognitio*, novas regras passaram a informar o processo de época pós-clássica. No tocante à sentença, é de constatar-se que sua validade e eficácia são agora subordinadas à observância de determinados requisitos formais. Com efeito, considerando as garantias processuais dos litigantes sob a égide da legislação pós-clássica, Pugliese lembra que o imperador Constantino, mediante uma constituição endereçada a A. Aeliano, procônsul da África, estatuiu a obrigatoriedade das sentenças cíveis e penais serem proferidas publicamente e na presença das partes. Essa disposição vem reafirmada, pouco tempo depois, pelos imperadores Valentiano, Valente e Graciano, com a ressalva de que somente a pronúncia *praesentibus partibus* tinha eficácia de tornar imutável a sentença. Ainda esses mesmos governantes, mediante uma constituição do ano de 374, determinam a necessidade dos julgamentos serem efetivados por escrito [...]. Ora, todas essas importantes modificações – que iriam perdurar até a época justinianéia – somadas à possibilidade de interpor-se recurso contra os atos decisórios injustos, induzem-nos, não obstante a lacunosidade das fontes, a uma única realidade, qual seja a de que as sentenças prolatadas na órbita da *cognitio extra ordinem* eram *motivadas*!" (*A motivação da sentença no processo civil*, São Paulo : Saraiva, 1987, p. 32-33).

47. Nesse sentido, explica Hugo Filardi Pereira: "Nota-se que grande contribuição ao desenvolvimento do princípio da motivação das decisões judiciais foi dada pelo direito canônico. O Papa Inocêncio IV, através de decreto, determinou que toda sentença de excomunhão necessariamente deveria ser motivada. Inicialmente na França e depois na Inglaterra, o Papa Inocêncio incutiu, respectivamente, nos governos de S. Luís IX e Henrique III, um estilo conciliador, pouco formal e humano de condução dos processos." (*Motivação das decisões judiciais e o Estado constitucional: alternativa para legitimação dos provimentos decisórios através do convencimento dos jurisdicionados. Adoção no âmbito processual da democracia participativa*, Dissertação de Mestrado em Direito, 2010, 200 p, São Paulo, Pontifícia Universidade Católica de São Paulo, p. 45).

Com o desenvolvimento e aplicação da cláusula do devido processo legal, a motivação das decisões passou a ser exigida e compreendida nesse contexto, ao lado dos preceitos do contraditório, ampla defesa e do juiz natural, sobretudo nos países de sistema *common law*. Já no sistema da *civil law*, a motivação das decisões judiciais foi expressamente exigida na já referida Lei de Organização Judiciária francesa de 1790, mais precisamente em seu artigo 15 do título V. Em 1793, igualmente adotou-se na Prússia a *Allgemeine Gerichtsordnung* estabelecendo a obrigatoriedade de fundamentação das decisões judiciais. No século seguinte, a positivação do preceito foi ainda mais expressiva, com destaque para *Code de Procédure Civile* francês de 1807 e a Lei de Organização Judiciária francesa de 1810, o *Codice di Procedura Civile* italiano de 1865 e a *Ley de Enjuiciamiento Civil* espanhola de 1881[48].

No Brasil, pode se dizer que há uma certa tradição em prever juridicamente a necessidade de motivação das decisões judiciais. Já nas Ordenações Filipinas, com vigência no país a partir do início do século XVII, havia a determinação de que as decisões fossem fundamentadas[49]. O Regulamento 737, de 1850, igualmente, previu tal necessidade em seu artigo 232.

O Código de Processo Civil de 1939, do mesmo modo, também exigia que o magistrado devidamente motivasse suas decisões, essa é a leitura de seus artigos 118, parágrafo único, e 280, inciso II[50].

---

48. MELLO, Rogério Licastro Torres. Ponderações sobre a motivação das decisões judiciais *In Revista de Processo*, vol. 111, Jul.2003, p. 273.

49. "E para as partes saberem se lhes convém apelar, ou agravar das sentenças definitivas, ou vir com embargos a elas, e os Juízes da mor alçada entenderem melhor os fundamentos, por que os Juízes inferiores se movem a condenar, ou absolver, mandamos que todos nossos Desembargadores, e quaisquer outros Julgadores, ora sejam Letrados, ora não o sejam, declarem especificamente em suas sentenças definitivas, assim na primeira instância, como no caso da apelação, ou agravo, ou revista, as causas, em que se fundaram a condenar, ou absolver, ou a confirmar, ou a revogar." *Ibidem*.

50. "Art. 118, parágrafo único. O juiz indicará na sentença ou despacho os fatos e circunstâncias que motivaram o seu convencimento." e "Art. 280. A sentença, que deverá ser clara e precisa, conterá: I – o relatório; II – os fundamentos de fato e de direito; III – a decisão.".

O Código de Processo Civil de 2015 prestigia tal exigência e dispõe expressamente em seu art. 11 que: "Todos os julgamentos dos órgãos do Poder Judiciário serão públicos, e fundamentadas todas as decisões, sob pena de nulidade.".

Destaca-se, também no Código de 2015, o artigo 489 como uma de suas disposições mais elogiáveis. Não só prevê em seu inciso II os fundamentos da sentença como um elemento essencial, como em seu §1º traça uma série de requisitos mínimos para se considerar uma decisão devidamente fundamentada[51].

A Constituição Federal de 1988, por sua vez, inaugurou, em patamar constitucional no Brasil, a exigência expressa de motivação das decisões judiciais. Em seu artigo 93, inciso IX, dispõe que: "todos os julgamentos dos órgãos do Poder Judiciário serão públicos, e fundamentadas todas as decisões, sob pena de nulidade.".

Essa disposição constitucional é, por certo, de enorme relevância, sobretudo considerando as tradições brasileiras pelo apego às leis escritas. Porém, cabe ressaltar que a exigência de que todas as decisões judiciais sejam fundamentadas é condição do próprio Estado de Direito e deriva diretamente da cláusula do devido processo legal. Em outras palavras, implica dizer que, ainda que o texto constitucional

51. "Art. 489. São elementos essenciais da sentença: I – o relatório, que conterá os nomes das partes, a identificação do caso, com a suma do pedido e da contestação, bem como o registro das principais ocorrências havidas no andamento do processo; II – os fundamentos, em que o juiz analisará as questões de fato e de direito; III – o dispositivo, em que o juiz resolverá as questões principais que as partes lhe submeterem. § 1º Não se considera fundamentada qualquer decisão judicial, seja ela interlocutória, sentença ou acórdão, que: I – se limitar à indicação, à reprodução ou à paráfrase de ato normativo, sem explicar sua relação com a causa ou a questão decidida; II – empregar conceitos jurídicos indeterminados, sem explicar o motivo concreto de sua incidência no caso; III – invocar motivos que se prestariam a justificar qualquer outra decisão; IV – não enfrentar todos os argumentos deduzidos no processo capazes de, em tese, infirmar a conclusão adotada pelo julgador; V – se limitar a invocar precedente ou enunciado de súmula, sem identificar seus fundamentos determinantes nem demonstrar que o caso sob julgamento se ajusta àqueles fundamentos; VI – deixar de seguir enunciado de súmula, jurisprudência ou precedente invocado pela parte, sem demonstrar a existência de distinção no caso em julgamento ou a superação do entendimento."

não exigisse expressamente a motivação das decisões, ela deveria ser compreendida como manifestação implícita do princípio do devido processo legal previsto no artigo 5º, inciso LIV, da Constituição, como já visto nesse trabalho[52].

Embora, porém, não haja uma previsão constitucional categórica em relação à necessidade de motivação das decisões arbitrais, entende-se que o devido processo impõe que a sentença arbitral tenha fundamentação, o que pode ser encontrado em algumas fontes normativas, como a Lei de Arbitragem Inglesa de 1996[53] e o Regulamento de Arbitragem da CCI[54].. A exceção ao dever de fundamentação se dá na hipótese de as partes acordarem com a sua ausência, o que é autorizado, por exemplo, pela Seção 52, Parágrafo 4, da Lei de Arbitragem Inglesa de 1996. Na verdade, como se defenderá a seguir, a autonomia das partes permite a flexibilidade do processo arbitral.

Na Lei Brasileira (Lei nº 9.307/1996), o art. 26 é claro em determinar os fundamentos como requisito essencial da sentença arbitral, cuja ausência, inclusive, pode ensejar a anulação do procedimento arbitral em juízo estatal: "Art. 26. São requisitos obrigatórios da sentença arbitral: I – o relatório, que conterá os nomes das partes e um resumo do litígio; II – os fundamentos da decisão, onde serão analisadas as questões de fato e de direito, mencionando-se, expressamente, se os árbitros julgaram por eqüidade; III – o dispositivo, em que os árbitros resolverão as questões que lhes forem submetidas e

52. Pontuam Luiz Rodrigues Wambier e Eduardo Talamini que "ainda que o princípio da motivação não estivesse expresso nem no texto constitucional e nem no Código de Processo Civil, é possível extraí-lo, mesmo que implicitamente, do próprio modelo político de Estado Democrático de Direito proposto pela Constituição." (WAMBIER, Luiz Rodrigues, TALAMINI, Eduardo. *Curso avançado de processo civil : teoria geral do processo e processo de conhecimento,* vol. 1, 14. ed. rev. e atual., São Paulo : Editora Revista dos Tribunais, 2014, p. 74).

53. A Seção 52, parágrafo 4º, estabelece que "the award shall contain the reasons for the award unless it is an agreed award or the parties have agreed to dispense with reasons".

54. Isso pode ser encontrado no Artigo 32, parágrafo 2º: "A sentença arbitral deverá ser fundamentada".

estabelecerão o prazo para o cumprimento da decisão, se for o caso; e IV – a data e o lugar em que foi proferida.".

A exceção ao dever de fundamentação se dá na hipótese de as partes acordarem com a sua ausência, o que é autorizado, por exemplo, pela Seção 52, Parágrafo 4, da Lei de Arbitragem Inglesa de 1996. Na verdade, como se defenderá a seguir, a autonomia das partes permite a flexibilidade do processo arbitral.

Exposta brevemente essa contextualização do preceito, cumpre dizer que são possíveis vários conceitos para a motivação das decisões judiciais. José Rogério Cruz e Tucci, por exemplo, aponta os conceitos de motivação como exposição histórica, como instrumento de comunicação e como fonte de indícios, como discurso judicial e como atividade crítico-intelectual[55].

É por meio da motivação ou fundamentação que é possível apreender as razões e os porquês de toda decisão, ou seja, o que levou o julgador a decidir da forma como decidiu. Permite-se, assim, o controle democrático das decisões e a verificação da imparcialidade do julgador e dos demais preceitos inerentes ao devido processo legal[56].

Particularmente às partes, possibilita que saibam se todos seus fundamentos foram devidamente apreciados e considerados pelo ente jurisdicional, como determina o princípio da inafastabilidade.

---

55. TUCCI, José Rogério Cruz e. *A motivação da sentença...*, p. 11-14.
56. Nesse sentido, José Carlos Barbosa Moreira, em texto de referência sobre o tema intitulado A motivação das decisões judiciais como garantia inerente ao estado de direito, explica: "O pensamento jurídico de nossos dias propugna concepção mais ampla da controlabilidade das decisões judiciais, que não se adstringe ao quadro das impugnações previstas nas leis do processo. Não é apenas o controle endoprocessual que se precisa assegurar: visa-se, ainda, e sobretudo, a tornar possível um controle 'generalizado' e 'difuso' sobre o modo como o juiz administra a justiça; e isso implica que os destinatários da motivação não sejam somente as partes, seus advogados e o juiz da impugnação, mas também a opinião pública entendida seja no seu complexo, seja como opinião do quisquis de populo." (*Temas de direito processual* : segunda série, 2ª ed., São Paulo : Saraiva, 1988, p. 90).

No mesmo sentido, como colocado quando do estudo do princípio da indeclinabilidade da jurisdição, o julgador tem o dever de julgar de forma clara, completa e coerente, não por outra razão há a possibilidade da parte opor embargos de declaração para sanar qualquer vício nesse sentido. Além disso, é importante dizer, a eventual interposição de recursos pelas partes depende diretamente do conhecimento das razões da decisão, já que só assim poderão questionar a justiça ou legalidade do ato decisório.

A motivação constitui, portanto, elemento essencial de qualquer ato jurisdicional que contenha conteúdo decisório, seja decisão interlocutória, sentença ou acórdão, notadamente esses dois últimos que são atos decisórios por excelência. Aliás, nessa condição, é importante que a fundamentação da decisão não seja feita apenas para atender formalmente ao princípio da motivação. É preciso que a motivação seja minimamente completa, suficiente e adequada para expor as razões de convencimento do julgador, respeitando substancialmente o preceito constitucional.

3.4.1.5 Independência e imparcialidade dos árbitros

A independência e a imparcialidade dos árbitros são outros elementos do devido processo legal. Sobre a distinção entre tais figuras, Gabrielle Kaufmann-Kohler e Thomas Schultz defendem que "imparcialidade é um conceito abstrato, no qual se refere a um estado de espírito independente, enquanto a independência é um conceito factual que se refere a ausência de conexões entre aqueles encarregados da resolução de conflitos e as partes antes deles"[57].

57. KAUFMANN-KOHLER; SCHULTZ. *op. cit*, p. 112. Em sentido similar, Julia Hörnle (HÖRNLE. *op. cit.*, pp. 113-114.), que destaca que a imparcialidade é a ausência de real viés, relacionado à predisposição e preconceitos internos do árbitro, e independência é a ausência da aparência de viés.

Quanto à imparcialidade, como seres humanos e juízes, árbitros possuem seus vieses cognitivos, o que significa que não são neutros[58]. Todavia, seus vieses não podem ser um pretexto para que julguem sem imparcialidade.

A independência, por sua vez, está ligada às possíveis relações entre o árbitro e uma ou ambas as partes, ou seja, em que grau um conflito de interesses desqualifica a independência do árbitro. Embora existam situações nas quais o conflito é evidente – por exemplo, se o árbitro já foi advogado da parte em diversos casos –, nem sempre é fácil verificar um conflito real. Isso depende, em nossa opinião, da análise de cada caso[59] e da verificação se independência e imparcialidade estão em risco.

Como consequência da necessidade de análise da independência e imparcialidade em cada caso, os árbitros têm o dever de revelação, devendo informar às partes qualquer fato que possa prejudicar sua independência e imparcialidade, para que elas possam recursar o julgamento por alguém que aparente ser parcial ou sem independência. No entanto, se o árbitro revela um fato e a parte não o contesta, a sentença não pode ser contestada depois de proferida, pois houve renúncia da parte ao seu direito de contestar o árbitro[60].

A Lei Brasileira é determinante nesse sentido, ao prever, em seu art. 13, §6º, que: “No desempenho de sua função, o árbitro deverá proceder com imparcialidade, independência, competência, diligência e discrição.”.

---

58. Nesta linha, BARROSO, Luis Roberto. *Curso de direito constitucional contemporâneo*: os conceitos fundamentais e a construção do novo modelo, 4. ed., São Paulo : Saraiva, 2013, p. 288.

59. Julia Hörnle lembra que "conflicts may arise, in particular where specialist knowledge of a field is required, simply for the reason that the number of 'insiders', such as leading members of a particular trade association or experts in the field, is limited." (ibid, p. 122).

60. A Lei de Arbitragem Inglesa vai no mesmo sentido na Seção 73

3.4.1.6 A autonomia da vontade e o devido processo legal

Após a análise dos elementos do devido processo legal na arbitragem, pode-se afirmar que é possível, em nome da autonomia das partes, que estas venham a dispensar algum destes. A autonomia, portanto, permite a flexibilidade do procedimento arbitral[61]. Note-se que mesmo nos processos judiciais há uma tendência de possibilitar que o contrato entre as partes possa ser adaptado - por exemplo, *les contrats de procédure* na França[62] e as convenções processuais no Brasil[63] - inclusive no CPC brasileiro a autonomia da vontade é uma diretriz presente de forma consistente.

A arbitragem, por outro lado, é por natureza baseada na autonomia das partes, que optam por resolver sua disputa mediante tal meio de resolução de conflitos, e não pelo Judiciário. A convenção arbitral é um contrato e, diante disso, pode definir as regras específicas para a arbitragem. Assim, a autonomia das partes permite, por exemplo, que reduzam em certa medida as garantias ligadas ao contraditório, ou até renunciem à impugnação da nomeação do árbitro, após avaliação de risco e com base em seus próprios interesses.

O importante papel da convenção arbitral pode ser encontrado, por exemplo, no Artigo V, 1, alínea d, da Convenção de Nova York, que prevê a possibilidade de recusa do reconhecimento de uma sentença arbitral com base no fato de que "a composição da autoridade arbitral ou o processo arbitral não estava de acordo com o acordo entre as partes". Assim, na arbitragem internacional, a flexibilidade

61. Para Redfern e Hunter, a autonomia das partes é o princípio que serve como guia na determinação do procedimento em arbitragem internacional (REDFERN; HUNTER. *Op. cit*, p. 355). A Lei Modelo da UNCITRAL sobre Arbitragem Comercial Internacional estabelece em seu Artigo 19, Parágrafo 1º: "Subject to the provisions of this Law, the parties are free to agree on the procedure to be followed by the arbitral tribunal in conducting the proceedings."

62. Art. 781 do Código de Processo Civil francês.

63. Art. 190, CPC.

do procedimento é garantida para as partes, em consequência da sua autonomia[64].

Contudo, a flexibilidade do procedimento arbitral não é ilimitada. Por um lado, pode-se defender que a igualdade no tratamento das partes é elemento do devido processo. Por outro lado, a igualdade cumpre o papel de limitar a flexibilidade do devido processo[65], pois a arbitragem não pode estabelecer vantagens e desvantagens a apenas uma das partes. Ademais, se a desigualdade é extremamente substancial entre as partes, isso pode caracterizar a retirada da autonomia de vontade de uma delas, inexistindo verdadeira liberdade na escolha de renúncia parcial ou total a qualquer direito processual na arbitragem[66].

Além disso, boa-fé é outro limite para a flexibilidade do processo arbitral. A convenção arbitral é uma espécie de contrato, e as partes do contrato têm o dever de agir com boa-fé. Em termos de processo arbitral, isso pode ser traduzido como o dever de que as partes colaborem para um processo adequado[67], assim como as partes possuem tal dever nos processos judiciais. A Lei de Arbitragem Inglesa de 1996[68] é um bom exemplo de legislação que exige boa-fé na arbitragem.

---

64. Outros exemplos são o Estatuto Suíço de Direito Internacional Privado, 1987, Art. 182, parágrafo 1º, e o Código de Processo Civil Suíço, 2010, Art. 373.

65. Nesse sentido, Redfern e Hunter (REDFERN; HUNTER. *op. cit*, p. 356-358). Esses autores também afirmam que políticas públicas, regras de arbitragem e terceiras partes são limitações à flexibilidade (*Ibidem*, pp. 357-358).

66. Nesse sentido, se o desequilíbrio entre as partes do contrato é tão considerável que não houve livre vontade na escolha de determinadas cláusulas, em muitos países isso dá ensejo à anulação do contrato.

67. Kurkela e Turunen afirmam que, na arbitragem, o dever de boa-fé "would mean that the parties are under a duty actively to take part in the proceedings in order to have the disputes settled expeditiously and cost effectively." (KURKELA; TURUNEN. *Op. cit.*, p. 68).

68. INGLATERRA, 1996, English Arbitration Act, Art. 40, General duties of parties, paragraph 1º: "The parties shall do all things necessary for the proper and expeditious conduct of the arbitral proceedings."

Outra característica que é bastante comum na arbitragem é o sigilo. Contudo, não é um elemento central da arbitragem. Embora o sigilo seja uma preocupação que muitas partes têm quando optam pela resolução do conflito via arbitragem – por exemplo, porque há um segredo de negócio envolvendo a relação jurídica a ser analisada –, é possível renunciá-lo, caso julguem não lhes ser essencial. Por exemplo, se uma das partes é uma companhia que tem o controle rígido de seus acionistas, talvez seus administradores prefiram que a arbitragem seja pública.

Para além, quando há interesse público envolvido, o sigilo pode ser renunciado, a fim de aumentar a possibilidade de controle do processo[69]. Por exemplo, no Brasil, a Lei nº 9.307/96 sofreu alterações em 2015 para estabelecer expressamente, no Artigo 2º, parágrafo 3º[70], que arbitragens em que a Administração Pública for parte devem ser públicas, o que demonstra que a confidencialidade não é elemento essencial da arbitragem[71].

3.4.2 A arbitragem online

3.4.2.1 Devido processo legal

O desenvolvimento dos processos e das instituições arbitrais online, além da prática de atos online pelas instituições arbitrais tradicionais, trouxeram um importante questionamento: o que é do devido processo na arbitragem online?

69. Sobre a arbitragem comercial internacional, Redfern e Hunter defendem REDFERN; HUNTER. *op. cit*, p. 127.

70. "Article 2. (...) Paragraph 3. Arbitration that involves public administration will always be at law and will be subject to the principle of publicity."

71. RODRIGUES, Marco Antonio. *op. cit.*, p. 369.

O devido processo legal é usualmente estudado sem diferenciações entre processos arbitrais online ou presenciais, o que gera um verdadeiro desafio em responder a tal pergunta. No entanto, esse questionamento não é um problema teórico, mas demonstra relevância prática: se o devido processo não for respeitado, sendo necessária uma intervenção jurisdicional para fazer valer a sentença, a execução judicial provavelmente será negada. Ou mesmo, diante do desrespeito, serão frequentes ações anulatórias, cenário indesejado para segurança jurídica necessária e condizente com a existência de um ecossistema que permita o uso crescente dos meios online de resolução de conflitos. Igualmente, se a sentença arbitral online for estrangeira, o Superior Tribunal de Justiça há chance provável de que a Corte negue seu reconhecimento[72].

Uma primeira premissa que deve ser estabelecida é a de que não há diferenças significativas entre atos em papel ou por meio eletrônico, caso inexistam requisitos especiais para os atos eletrônicos definidos por lei ou pelos regulamentos das instituições arbitrais. No entanto, as arbitragens online podem ter especificidades, uma vez que os atos são realizados por meios eletrônicos. Nesse sentido, pode-se pensar em uma audiência para oitiva de testemunhas. Embora não haja diferença na natureza de uma audiência via arbitragem online para outra realizada presencialmente de forma tradicional, conforme analisado quanto às cortes digitais, haverá requisitos tecnológicos mínimos para as audiências online, como uma internet de qualidade mínima e o uso de navegadores que comportem o acesso aos sites ou sistemas necessários para a participação na audiência.

72. Sobre a homologação de sentenças estrangeiras, saliente-se que a Resolução n. 9, de 2005, do Superior Tribunal de Justiça, prevê requisitos à homologação em seus artigos 5º e 6º, valendo destacar, pelo impacto no devido processo legal, que não será homologada sentença estrangeira que tenha sido proferida sem observância do contraditório ou sem que a revelia tenha sido legalmente caracterizada (artigo 5º, inciso II), bem como se ofender a ordem pública (artigo 6º).

No entanto, em termos do devido processo na arbitragem online, além da necessária observância dos demais conteúdos próprios do devido processo legal arbitral, como visto no item precedente, há uma preocupação adicional da avaliação do devido processo com relação a dois dos mais importantes benefícios desse método de resolução online de conflitos que foram listados acima: a velocidade e o custo do processo. Antes de analisar cada requisito do devido processo, é necessário olhar como o custo e velocidade podem afetar o seu uso.

Em primeiro lugar, o custo da arbitragem online, que está também relacionado ao direito ao contraditório e à igualdade entre as partes. Como se sustentou acima, a arbitragem online assumiu um campo de destaque nos conflitos consumeristas na União Europeia e nos Estados Unidos, uma vez que esses são conflitos que precisam de um método de resolução mais barato, bem como mais recentemente vem se expandindo para outros campos. Contudo, a arbitragem online não pode ser cara em comparação ao valor da disputa. Caso contrário, o custo será um obstáculo ao seu uso. Como exemplo, se o custo da arbitragem for maior do que o valor da disputa, o devido processo será violado, haja vista que, nessa hipótese, o custo é uma real negação ao uso da arbitragem[73].

O custo da arbitragem como obstáculo à sua utilização já foi, inclusive analisado pela Suprema Corte dos EUA em Brower v. Gateway 2000. Nesse caso, a questão estava relacionada à validade de uma cláusula arbitral que estabelece o uso das Normas de Mediação e Arbitragem da Câmara de Comércio Internacional em um contrato de adesão entre consumidores e uma empresa no ramo da computação. Uma das questões analisadas relacionava-se ao custo da arbitragem, pois, de acordo com o caso, o consumidor teria que desembolsar por volta de 7.000 dólares para resolver o conflito contra

73. P. ALFORD. *op. cit*, p. 456.

a Gateway 2000, embora muitos produtos da empresa custassem menos que isso[74].

Analisando o excessivo custo da arbitragem, a Suprema Corte dos EUA entendeu serem inexequíveis e irrazoáveis comercialmente cláusulas arbitrais que imponham o uso de uma arbitragem excessivamente cara[75]. É importante lembrar que as cláusulas arbitrais geralmente definem que quaisquer conflitos relacionados ao contrato devem ser resolvidos por esse método de resolução de conflitos, criando, assim, uma barreira para levar o caso ao Poder Judiciário. Desse modo, se o custo da arbitragem é alto em relação ao valor econômico da disputa, será economicamente irrazoável ingressarem na arbitragem, o que afastará a parte de acessar a justiça.

Embora Brower v Gateway seja um caso relacionado à arbitragem tradicional, ele traz um importante fundamento para o que ora se sustenta acerca da arbitragem online. Assim como em Brower v. Gateway, a arbitragem online é por vezes utilizada para solucionar conflitos consumeristas, como mencionado acima. Sendo assim, o custo da arbitragem online não pode ser alto ao ponto de criar

74. "[A]ppellants submitted a copy of the ICC's Rules of Conciliation and Arbitration and contended that the cost of ICC arbitration was prohibitive, particularly given the amount of the typical consumer claim involved. For example, a claim of less than $50,000 required advance fees of $4,000 (more than the cost of most Gateway products), of which the $2000 registration fee was nonrefundable even if the consumer prevailed at the arbitration. Consumers would also incur travel expenses disproportionate to the damages sought, which appellants' counsel estimated would not exceed $1,000 per customer in this action, as well as bear the cost of Gateway's legal fees if the consumer did not prevail at the arbitration; in this respect, the ICC rules follow the"loser pays" rule used in England"(Brower v. Gateway 2000, INC. 676 N.Y.S.2d 569 (N.Y. App. Div. 1998))"

75. "We do find, however, that the excessive cost factor that is necessarily entailed in arbitrating before the ICC is unreasonable and surely serves to deter the individual consumer from invoking the process. See In re Teleserve Systems, 230 A.D.2d 585, 594, 659 N.Y.S.2d 659 (1997). Barred from resorting to the courts by the arbitration clause in the first instance, the designation of a financially prohibitive forum effectively bars consumers from this forum as well; consumers are thus left with no forum at all in which to resolve a dispute… Excessive fees, such as those incurred under the ICC procedure, have been grounds for finding an arbitration provision unenforceable or commercially unreasonable. See, e.g., In re Teleserve Systems, 230 A.D.2d at 593-94"

barreiras para a utilização desse método de resolução de conflitos. Do contrário, o devido processo é violado, haja vista que apenas uma das partes é economicamente capaz de utilizar a arbitragem, sendo a cláusula arbitral irrazoável e, consequentemente, inexequível.

Julia Hörnle propõe, então, o uso do conceito de resolução de conflitos proporcional: em outras palavras, a ideia de que a natureza do conflito define qual processo deve ser adequado. Nesse sentido, argumenta que a litigância convencional possa ser a forma mais apropriada de resolução de conflitos que envolvam altos valores. Por outro lado, para conflitos de baixos valores, sustenta que arbitragem online pode ser o melhor método para a resolução de conflitos.

Como as formas de resolução de conflitos estão diretamente ligadas à cultura e ao sistema jurídico de cada país, importante recordar, no caso brasileiro, da existência de Juizados Especiais Cíveis, regulados pela Lei n. 9.099/95, e que não possuem custos, em regra, no primeiro grau de jurisdição, na forma do seu artigo 54[76]. A ausência de despesas processuais e de honorários da sucumbência é, sem dúvida, um fator que influencia o uso do Poder Judiciário para conflitos de pequeno valor no Brasil[77]. Ademais, em matéria de consumo, cabe recordar da regra do artigo 51, inciso VII, do Código de Defesa do Consumidor, que estabelece ser nula de pleno direito cláusula contratual que determine a utilização compulsória de arbitragem em sede de relação de consumo – o que não impede, contudo, que consensualmente se escolha a arbitragem para a solução a tais conflitos.

---

76. Art. 54. O acesso ao Juizado Especial independerá, em primeiro grau de jurisdição, do pagamento de custas, taxas ou despesas.

77. Vale destacar que a própria Julia Hornle faz essa constatação: "However, we need to remind that, in some countries like Brazil, there are small claims courts free of fees to parties in the first instance, as a form of promotion of access to justice. In countries like Brazil, the absence of fees is an incentive to the use of the Judiciary Power, even though an online dispute resolution platform – consumidor.gov.br – is trying to reduce the use of adjudication with the direct negotiation on the platform". (HÖRNLE. *op. cit.*, p. 250).

Ocorre que a arbitragem e outros meios de resolução de conflitos online podem e devem ser estimulados mesmo nas relações de consumo, como forma de desafogar o Poder Judiciário e permitir respostas mais rápidas aos interesses dos consumidores, e não apenas dos fornecedores. Não se pode permitir, contudo, que estes últimos imponham sobre os consumidores o uso da arbitragem, o que contraria a própria autonomia da vontade inerente ao pacto de uma cláusula compromissória, assim como a proteção conferida pelo Código de Defesa do Consumidor às relações de consumo.

No entanto, qual valor deve ser adequado para ingressar a disputa na arbitragem online? É bastante difícil definir, pois muitos interesses entram em jogo quando alguém dá início a uma forma de resolução de conflitos. Julia Hörnle menciona que a arbitragem online pode não ser apropriada para solução de conflitos que envolvam valores abaixo de 100 libras. Assim, para conflitos abaixo desse valor, haveria um risco financeiro nas relações, o que poderia tornar a reparação de danos impossível. De todo modo, parece ser possível utilizar a arbitragem online até para valores de disputas bastante baixos, especialmente em relações com desequilíbrio de poder, pois pode ser estabelecido, por exemplo, que a parte economicamente mais forte da relação arque com os custos da arbitragem. Por exemplo, na resolução de conflitos consumeristas na Europa, mesmo que a disputa tenha o valor de 50 libras, o fornecedor pode voluntariamente suportar os custos da arbitragem online, pois essa é uma questão de ampliar da confiança do consumidor em seus serviços ou produtos. Ademais, leis podem criar um dever obrigatório aos fornecedores de arcar com os custos da arbitragem online, mas isso certamente acarretará uma incorporação desses valores aos custos do produto ou serviço vendidos.

A respeito da celeridade dos processos, devido a todos os benefícios do uso da tecnologia já analisados anteriormente, é esperado que a arbitragem online seja mais rápida que a arbitragem total ou parcialmente por meios físicos. No entanto, isso não pode uma autorização para uma supressão do devido processo e seu conteúdo. Ele pode ser reduzido, mas não completamente afastado.

Como consequência, por exemplo, alcançar um procedimento célere e menos caro pode resultar na redução da imparcialidade? Pablo Cortés argumenta que é necessário verificar se os padrões mais elevados do devido processo criam um método de resolução de conflitos mais oneroso, pois, em sua visão, "o nível das exigências do devido processo nas arbitragens online consumeristas não pode ser tão alto quanto nos altos valores na arbitragem comercial tradicional."[78]. No entanto, segundo o autor afirma, isso não significa que o devido processo deva ser renunciado para assegurar a eficiência da arbitragem online[79].

Portanto, na arbitragem online, o devido processo legal é importante garantia às partes, especialmente nas relações em que há desequilíbrio de poder. O devido processo é um relevante instrumento

78. O autor também diz (loc. cit.) que: "It must be noted from the outset that ODR rules for these types of disputes require balancing minimum due process requirements with the economic constraints of resolving low-value disputes. Ensuring due process for these disputes creates tension between efficiency and fairness, particularly in binding processes such as arbitration. It can be argued that, on the one hand, due process requirements should be reduced because increasing legal formalities has a knock-on effect on the cost and time of the dispute resolution process; on the other hand, due process standards should be even more stringent in asymmetric relationships as they can counteract the advantages enjoyed by the stronger party." (CORTÉS, Pablo. *The Law of Consumer Redress in an Evolving Digital Market: Upgrading from Alternative Dispute Resolution To Online Dispute Resolution.* Cambridge: Cambridge University Press, 2017, p. 181).

79. No tocante ao sistema online de arbitragem da UDRP, Elizabeth Thornburg defende que o baixo custo e a velocidade dos procedimentos foram obtidos reduzindo a proteção dos princípios processuais (THORNBURG, Elizabeth. *Fast, Cheap, and out of Control: Lessons from the ICANN Dispute Resolution Process,* Computer Law Review & Technology Journal, v.6, 2002, p. 89/107). Há argumentos invocados em defesa desta opinião, e podemos destacar algumas. Primeiramente, devido ao fórum shopping: requerentes podem escolher entre 4 provedores de internet qual deles irá decidir, optando, provavelmente, pelo que for mais aberto aos argumentos do reclamante. Além disso, ele diz que as regras processuais da ICANN são estruturadas para proteger os requerentes em detrimento dos requeridos. Uma terceira razão é a violação do princípio da liberdade, já que que a arbitragem é obrigatória à outra parte, uma vez que há ingresso pelo requerente. Ainda, ele sustenta que há um problema no processo de compartilhamento das evidências e na neutralidade dos árbitros.

para evitar que as partes fiquem vinculadas, por exemplo, a uma sentença proferida sem imparcialidade do julgador, mas é também importante que, para arbitragens online de baixos valores envolvidos, os requisitos do devido processo não sejam tão rigorosos quanto os das arbitragens de elevados valores, a fim de garantir a eficiência e de conferir incentivos à sua utilização[80]. Tal lógica é semelhante à que se vê nos Juizados Especiais, que possuem reduções de garantias processuais em relação à Justiça Comum, de modo a estimular seu uso, a partir da celeridade e da informalidade que os regem[81].

3.4.2.2 Igualdade

Tal qual a arbitragem tradicional, a arbitragem online deve respeitar a igualdade, não devendo existir diferenças significativas que possam colocar uma das partes em posição muito superior à outra.

---

80. No mesmo sentido, Thomas Schultz expõe: "It is possible, even likely, that an arbitrator would find moral reasons to apply the heightened due process standards, advocated by Hörnle, in an online arbitration of an Internet dispute because of the possible lack of true consent to arbitrate and the power imbalances between the parties. Prudential reasons-for-action, however, create the opposite incentives, supporting a low due process standard. First, online arbitration is used because access to court is forbiddingly expensive for small cross-border cases. This lack of access to the court also implies that an 'online award' cannot realistically be challenged in court. An arbitrator applying lower standards of due process than those required by the *lex arbitri* is very unlikely to see her award set aside in court. Second, it seems very difficult to create the right financial incentives, with a case worth GBP 100 or even 20 times that value, to lead an arbitrator to examine, for instance, what exactly the European Convention on Human Rights may entail for arbitral proceedings, as Hörnle would seem to require. For parties to small cross-border disputes, there seem to be only two choices: no justice or rough justice, the sort of rough justice found in simplified arbitration procedures and in small claims courts." (SCHULTZ. *op. cit*, pp. 158-59). Na direção oposta, devido ao desequilíbrio de poderes, Julia Hörnle acredita que padrões de devido processo mais rigorosos devem ser aplicados à arbitragem online B2C em relação aos utilizados na arbitragem comercial tradicional entre corporações (HÖRNLE. *op. cit*, pp. 170-71). Contudo, acreditamos que isso deve aumentar os custos e a duração da arbitragem online, consequentemente aumentando os custos do e-commerce, colocando em risco até mesmo o custo-benefício de sua utilização.
81. Tratando do déficit garantístico dos Juizados Especiais, GRECO, Leonardo. Os Juizados Especiais como tutela diferenciada. In: *Revista Eletrônica de Direito Processual (REDP)*, vol. III, p. 29-47, 2009.

Se a desigualdade entre as partes puser uma delas em dificuldades que prejudiquem frontalmente suas chances em um processo arbitral, o devido processo legal é violado.

Além disso, a arbitragem online não pode gerar melhores oportunidades para apenas uma das partes[82]. Teoricamente, sustenta-se que a tecnologia é uma grande aliada para facilitar e criar benefícios para a arbitragem. No entanto, se apenas uma parte receber esses benefícios e a outra estiver com dificuldade para se adaptar a essa realidade, o devido processo legal estará em risco.

Uma proposta que se pode fazer para proteger a igualdade na arbitragem online, especialmente quando uma das partes é mais forte que a outra na relação e quase impõe a cláusula arbitral – por exemplo, numa relação comercial de grande desigualdade entre as partes –, é que a parte mais fraca tenha o direito de acessar, na cidade de seu domicílio, computadores com os requisitos tecnológicos mínimos, em local indicado pela parte que sugeriu ou impôs a arbitragem online.

Para mais, outra questão é o uso da arbitragem online como um método de resolução de disputas obrigatório ou voluntário. Uma vez que a arbitragem é calcada na autonomia das partes, se há condições iguais, a escolha de solução de conflitos fora do Poder Judiciário deve ser respeitada. Contudo, nos conflitos consumeristas e mesmo em outras relações, as partes não estão em condições iguais e, consequentemente, o uso da arbitragem pode ter sido imposto pelo fornecedor ao consumidor[83] ou por uma das partes sobre a outra.

82. Thomas Schultz analisa a desigualdade criada pela tecnologia: *"Regarding the technology itself, disparities between the parties will in general largely depend on the complexity of the technology being used; on what computer scientists call its 'deployment', i.e., how widespread its use is; and on its overall acquisition costs."* (SCHULTZ, Thomas. *Information Technology and Arbitration: A Practitioner's Guide*. Kluwer Law International, 2006, p. 116).

83. De forma similar, Julia Hörnle afirma que a escolha da arbitragem pelos consumidores é uma falácia (HÖRNLE. *op. cit.*, p. 171).

Nas disputas consumeristas, e em outras em que a arbitragem é consequência de um contrato de adesão ou de uma situação de grande desigualdade, a arbitragem não pode ser obrigatória ao consumidor ou à parte vulnerável. Ao contrário, a arbitragem deve ser uma opção para tal sujeito após o surgimento do conflito, de modo que as partes possam optar sem que estejam presas à cláusula arbitral[84]. No contexto brasileiro, cabe recordar o mencionado artigo 51, inciso VII, que estabelece serem nulas de pleno direito cláusulas contratuais que estabeleçam a utilização compulsória de arbitragem em relações de consumo, e por isso legitima a ideia de que opção posterior à emergência do conflito de consumo. No contexto brasileiro, cabe recordar o mencionado artigo 51, inciso VII, que estabelece serem nulas de pleno direito cláusulas contratuais que estabeleçam a utilização compulsória de arbitragem em relações de consumo, e por isso legitima a ideia de que opção posterior à emergência do conflito de consumo.

3.4.2.3 Contraditório

Na arbitragem online, as partes também possuem a garantia fundamental do contraditório. No entanto, é necessário lembrar que arbitragem online geralmente costuma ser mais rápida e menos custosa. Devido a essas características usuais da arbitragem online, é possível renunciar completamente o direito ao contraditório?

A resposta para essa questão é negativa: ainda que uma das preocupações do procedimento arbitral online seja a velocidade, o contraditório não pode ser suprimido, diante do exercício de função jurisdicional, ainda que privada. O direito ao contraditório tem o papel fundamental de influenciar os árbitros e suas atividades de apuração e raciocínio de fatos, e integra o devido processo legal. No entanto, a

---

84. Por outro lado, Pablo Cortés sustenta que a voluntariedade é o "Calcanhar de Aquiles" das ADR (CORTÉS. *op. cit*, p. 206)

celeridade do processo admite algumas restrições, se comparadas à arbitragem comercial tradicional – por exemplo, prazos mais apertados para petições e para apresentação de provas pelas partes[85].

3.4.2.4 Motivação das decisões arbitrais

Por fim, assim como na arbitragem tradicional, o dever de motivação também é um requisito na arbitragem online. As partes têm o direito de saber por que os árbitros decidiram de certa maneira e, como consequência, controlar a juridicidade ou equidade da sentença. No entanto, a necessidade por velocidade e menor custos na arbitragem online leva à possibilidade de que essas razões sejam mais sucintas do que aquelas encontradas na arbitragem tradicional.

A arbitragem online visa, muitas vezes, oferecer uma resposta adequada para as partes em um conflito. Portanto, o dever de motivação não precisa ser tão rigoroso como na arbitragem tradicional, mas certamente os árbitros devem apresentar brevemente suas razões. Essa sentença sucinta pode representar, ao nosso ver, um equilíbrio entre as exigências de eficiência e devido processo na arbitragem online. A falta de fundamentação não pode ser confundida com uma motivação sucinta, que de forma breve expõe as razões do convencimento do árbitro. Uma proposta, inclusive, é possibilidade de dispensa do relatório na decisão, à semelhança do que ocorre nos Juizados Especiais Cíveis.

85. Com ponto de vista similar, Thomas Schultz (SCHULTZ. Information Technology and Arbitration. *op. cit*, p. 155-156): "Given as much, truth must yield to efficacy: as the adage aptly cited by Park says, *veritas filia temporis* (truth is the daughter of time).' In the field of arbitration, truth is the daughter of time and costs. Approximate decision- making, in the sense of a rough correspondence between the facts in the decision and the facts in reality, is the best we can get in online arbitration of small cross-border disputes. For such disputes, arbitration is no longer the truth-seeking process that it is for commercial, investment or interstate disputes,' but a process to avoid crass disrespect of the contract or basic legal obligations in a consumer transaction".

Dessa forma, não é possível que as decisões arbitrais proferidas em procedimento online não sejam fundamentadas, pois não demonstrariam as razões do livre convencimento do árbitro ou painel arbitral, em ofensa ao próprio artigo 21, §2º da Lei da Arbitragem, e mesmo o próprio art. 26 já mencionado.

3.4.2.5 Independência e imparcialidade dos árbitros

Assim como na arbitragem tradicional, os árbitros devem ser imparciais e independentes na arbitragem online. No entanto, é necessário verificar em cada caso se há um verdadeiro conflito de interesses que possa retirar a independência do árbitro. Ademais, as partes devem analisar se não há nenhuma predisposição pública ou preconceitos dos árbitros que possam prejudicar a imparcialidade.

O controle da independência e da imparcialidade na arbitragem online gera preocupações específicas que precisam ser frisadas. Embora na arbitragem tradicional os árbitros já tenham o dever de revelação, na arbitragem online as partes muitas vezes não possuem contato algum com o árbitro, o que aumenta a importância da transparência para o devido processo legal.

Na resolução online de disputas, tal qual se mencionou ao discorrer sobre as cortes digitais, a transparência desempenha um papel fundamental. Kaufmann-Kohler e Schultz defendem que a transparência é um dos princípios regulatórios da resolução online de conflitos por três razões básicas: "transparência permite que os consumidores façam escolhas informadas. Escolhas informadas parecem ser fundamentais para a credibilidade e aceitação do sistema; (...) podem trazer à atenção fraudes e abusos em larga escala às agências reguladoras e às organizações de proteção ao consumidor; (...) permite que os consumidores "nomeiem e envergonhem" uma empresa, o que pode deter potenciais futuros usuários"[86]. Resumindo, transparência permite mais informação e controle da qualidade e da legitimidade dos procedimentos.

Nesse sentido, a transparência é um importante fator para permitir o controle da independência e da imparcialidade dos árbitros, sendo assim um elemento central para a proteção ao devido processo. As partes na arbitragem online possuem o direito de saber quem serão os árbitros que irão julgar seu caso. No caso de uma escolha voluntária - não imposta por uma das partes - de uma instituição de arbitragem online na qual os árbitros são definidos aleatoriamente, o devido processo legal impõe que as partes conheçam a lista de árbitros e que possam recusar qualquer um dos membros da lista em razão da parcialidade ou falta de independência. Um procedimento, ainda que online, deve respeitar todo o passo a passo de uma arbitragem tradicional.

Com relação à imparcialidade dos árbitros, é importante mencionar a preocupação sobre de que forma a assegurar na arbitragem online. Nas arbitragens tradicionais, as partes escolhem o árbitro ou concordam com aquele nomeado pela instituição arbitral. De todo modo, na arbitragem online e a depender das regras da instituição, as partes por vezes não sabem quem desempenhará o papel de árbitro. A instituição online pode não fornecer essa informação aos usuários e, em certos casos, a escolha do árbitro pode depender da conduta dos possíveis árbitros, como no Kleros, que conforme explicado acima, é um sistema de arbitragem online no qual as partes não sabem quem será o árbitro.

Assim, o modelo de escolha dos árbitros na arbitragem online pode pecar na transparência, pondo em risco o devido processo legal. Em termos de imparcialidade, é essencial que as instituições de arbitragem online forneçam, ao menos, a lista dos possíveis árbitros,

86. KAUFMANN-KOHLER; SCHULTZ. *Op. cit*, p. 109.

ainda que as partes não possam escolher quem decidirá a disputa, ou que conheçam quem são os árbitros antes de a sentença ser publicada.

Por outro lado, o fato de que, em algumas instituições de arbitragem online, não haja contato cara-a-cara entre o árbitro e as partes pode ser um fator de potencialização da imparcialidade, pois pode reduzir vieses cognitivos. No entanto, mesmo quando as partes conhecem o árbitro único ou os árbitros que compõem o painel online, ainda assim há um risco de parcialidade do julgador. Por exemplo, no sistema UDRP, há críticas de que os árbitros podem ser fortemente influenciados pelos requerentes, uma vez que nesse sistema é o requerente que escolhe e custeia a instituição de arbitragem online, o que gera um incentivo econômico, mesmo que inconsciente, a que os árbitros decidam favoravelmente ao requerente. Assim, as identidades do árbitro e de qual é a instituição arbitral tornam-se cruciais para determinar os resultados do conflito, e críticos apontam casos que tendem a estar concentrados nas mãos de árbitros amigáveis e próximos aos requerentes[87].

3.4.2.6 A autonomia da vontade e o devido processo legal

Outra preocupação relacionada ao devido processo na arbitragem online é a flexibilidade dos procedimentos. Argumentou-se anteriormente que, embora existam requisitos ao devido processo, o processo arbitral é altamente influenciado pela autonomia das partes. A autonomia permite que as partes escolham ingressar na arbitragem e definam diversos aspectos do procedimento.

Na arbitragem online, as partes também podem escolher em qual instituição arbitral irão realizar a arbitragem e quais serão as

87. GEIST, Michael. *Fair.com?*: An examination of the Allegations of Systemic Unfairness in the ICANN UDPR, Ottawa, 2001. Disponível em http://aix1.uottawa.ca/~geist/geistudpr.pdf Acesso em: 27/09/2020.

normas arbitrais, se a instituição lhes conferir essa possibilidade. Todavia, se houver um desequilíbrio de poder na relação jurídica em jogo – como nos conflitos consumeristas por exemplo –, será importante analisar se as especificidades procedimentais foram impostas de uma parte à outra.

Como mencionado acima, a igualdade entre as partes é um limite à flexibilidade da arbitragem. Se a mudança do procedimento for imposta por uma das partes e prejudicar a parte mais frágil, há a possibilidade de a sentença ser anulada pelo Poder Judiciário, com base no artigo 32 da Lei n. 9.307/96. Mesmo se o conflito envolver baixo valor, em alguns sistemas – como no Brasil[88] – a assistência judiciária é ampla, e ingressar em juízo para contestar o processo ou a sentença arbitral pode ser gratuito ou mais barato, sendo um incentivo para contestações ou um desencorajamento para a arbitragem online.

Ademais, em alguns países, como o Brasil, há a possibilidade do uso de ações coletivas por legitimados extraordinários, os quais podem questionar a existência de plataformas online ou instituições arbitrais que desrespeitem direitos coletivos.

Portanto, vê-se que há um risco para a credibilidade da arbitragem online, caso o devido processo legal seja prejudicado e isso represente uma disparidade concreta, ou se a flexibilidade for imposta por uma das partes a fim de se colocar em uma posição melhor que a outra. É fundamental que os procedimentos de arbitragem online respeitem os preceitos de direito e o equilíbrio entre as situações das partes, relativizando a autonomia da vontade quando isso se fizer materialmente necessário, sob pena do seu desuso por insegurança ou em razão das consequências nefastas e prejudiciais decorrentes do próprio desequilíbrio.

---

88. O Artigo 5º, LXXIV, da Constituição estabelece que "o Estado prestará assistência jurídica integral e gratuita aos que comprovarem insuficiência de recursos".

4

DESIGN DE SISTEMAS DE DISPUTAS - DSD

No contexto aqui estudado, assume muita importância o estudo do Design de Sistemas [de resolução] de Disputas (DSD) ou *Dispute System Design*, que representa, em síntese, a criação de mecanismos ou procedimentos sob medida para a resolução de determinados tipos de conflito[1]. Pensada também pela Escola de Negócios de Harvard, é a customização mais prática e mais condizente com a ideia de Acesso à Justiça: a possibilidade das partes desenharem um método de resolução de acordo com o conflito. Permitida a metáfora, é como se as partes chegassem a um restaurante e um *chef* as abordassem na mesa para elaborar um prato de acordo com a vontade e fome delas. Como sinaliza Diego Faleck: "O DSD pode ser entendido como a organização deliberada e intencional de procedimentos ou mecanismos processuais, que interagem entre si, e quando aplicáveis, de recursos

---

1. URY, William L.; BRETT, Jeanne M.; GOLDBERG, Stephen B. *Getting Disputes Resolved*: Designing Systems to Cut the Costs of Conflict. Cambridge, PON Books, 1993.

materiais e humanos, para a construção de sistemas de prevenção, gerenciamento e resolução de disputas."[2].

O uso de sistemas de disputa sob medida procura ampliar a eficiência na pacificação do conflito, assim como permitir o acesso a uma solução que satisfaça adequadamente os interesses em jogo, o que em última análise potencializa o próprio conteúdo do princípio do Acesso à Justiça. Isso porque o sistema de resolução acaba por ser customizado para as especificidades concretas do tipo de conflitos em jogo, permitindo que sejam obtidas soluções de forma mais célere, atendendo aos interesses dos envolvidos de pacificação sem a necessidade de que uma solução a ser imposta pelo Poder Judiciário e que pode demorar muito mais para ser obtida, além de não ser necessariamente satisfatória a todos.

Note-se que o DSD pode ser adotado para os mais diferentes tipos de disputa, sejam complexas ou mais simples. Em virtude do surgimento de novos conflitos, isso pode ter importante eficiência. Imagine-se, por exemplo, considerando os perfis diferentes de disputas provocadas pela pandemia de Covid-19, o surgimento de novas situações repetitivas e sem uma regulamentação completa no ordenamento jurídico podem ser resolvidas mais rapidamente por mecanismos de resolução sob medida – seria o caso de questionamentos, a título exemplificativo, de reduções de mensalidades escolares em tal período, em razão de as aulas passarem a ocorrer por mediação tecnológica, ou da revisão de contratos de locação não residenciais, em virtude da impossibilidade de os locatários exercerem suas atividades empresariais diante do isolamento social.

O processo de criação de um sistema específico e customizado de disputas envolve o mapeamento das partes envolvidas, a análise

2. FALECK, Diego. *Manual de design de sistemas de disputas*: criação de estratégias e processos eficazes para tratar conflitos, Rio de Janeiro : Lumen Juris, 2018, p. 1.

jurídica e avaliação de custos e riscos, e o diagnóstico se as alternativas disponíveis são melhores que o sistema existente. Trata-se de um método tanto político quanto técnico, buscando obter a participação de todos os envolvidos para que o mecanismo obtenha sucesso[3].

Nos últimos anos, alguns importantes exemplos de sistemas de disputa sob medida foram adotados no Brasil e em outros países e podem ser mencionados. Nos Estados Unidos, foi criado um fundo de compensação que chegou à casa de 23 bilhões de dólares, com a finalidade de indenização das vítimas do vazamento de petróleo pela British Petroleum no Golfo do México[4]. No Brasil, um caso pioneiro foi a Câmara de Indenização 3054 (CI 3054), concebida para indenizar os beneficiários das vítimas do acidente do voo TAM 3054, em São Paulo no dia 17 de julho de 2007, que teve 199 mortos. A Câmara desenhada de forma customizada para o caso chegou ao índice de pagamento de aproximadamente 92% das indenizações antes de dois anos do ocorrido[5].

O DSD permite, então, a criação de sistemas customizados para a solução de conflitos não apenas presencialmente, mas também em ambiente online, o que se analisará em seguida.

---

3. Nessa linha, Diego Faleck (FALECK, Diego. *op. cit.*), que também esclarece: "Para que o sistema seja bem-sucedido, ele deve ser aprovado por todas as partes interessadas e afetadas. A aprovação está intimamente ligada com a participação. As partes interessadas e afetadas que participarem, influenciarem, opinarem e que, na medida do possível, forem trazidas para o processo de criação, poderão expor seus pontos sensíveis e sentir-se cocriadoras do projeto. Esse dado não pode ser subestimado: permitir participação e compartilhar controle são as mais poderosas ferramentas de persuasão disponíveis para um resolvedor de problemas. Se uma parte se sente cocriadora de um projeto, ela se considera dona dele, e não apenas decidirá aderir, mas advogará em seu favor."

4. Nesse vazamento, ocorrido no ano de 2010, uma plataforma de petróleo da British Petroleum explodiu, despejando 5 milhões de barris de petróleo no mar do Golfo do México, ocasionando a morte de sete trabalhadores e danos ao meio ambiente.

5. FALECK, Diego. *Introdução ao Design de Sistemas de Disputas: Câmara de Indenização 3054. Revista Brasileira de Arbitragem,* Porto Alegre e Curitiba, ano V, n. 23, p. 7-32, jun./set. 2009.

5

EXPERIÊNCIAS INTERNACIONAIS E NACIONAIS

Na sequência e sem qualquer pretensão de exaurir as possibilidades existentes, que, ainda bem, são cada vez mais frequentes, serão relacionadas algumas das experiências internacionais e nacionais de mecanismos de resolução de conflitos que utilizem das tecnologias da informação ou que com elas se relacionam de alguma forma, seja porque versam sobre o uso da tecnologia em si ou porque o conflito repousa em negócio próprio que tenha nas tecnologias da informação seu principal ecossistema.

5.1 ALGUMAS CORTES ONLINE PELO MUNDO

Algumas experiências falharam na construção de um tribunal on-line, como a Justiça Integrada de Ontário e o Projeto HBS na Holanda[1].

---

1. SMITH, Roger. *Goodbye, Rechtwijzer: hello, Justice42*. Disponível em: https://law-tech-a2j.org/advice/goodbye-rechtwijzer-hello-justice42/

Porém uma experiência importante de corte online de sucesso é a Corte Online de Cobranças de Quantias (Online Civil Money Claim), do Reino Unido. Em 2016, o Lord Justice Brigg's preparou um relatório[2] com medidas importantes para o incremento da eficiência da justiça, e deve-se mencionar a sugestão da criação de um tribunal online que incorpore técnicas de resolução online de conflitos e que seja acessível aos litigantes pessoalmente com disputas abaixo de £ 25.000[3].

O Online Civil Money Claims Pilot é um piloto criado pela Justiça do Reino Unido para facilitar as reivindicações, e seria executado de 7 de agosto de 2017 a 30 de novembro de 2019[4], mas acabou sendo prorrogado pela 103ª Emenda ao Código de Processo Civil inglês. Trata-se de uma espécie de tribunal de pequenas causas, uma vez que o valor solicitado não deve exceder 10.000 libras, o reclamante não pode ser assistido por um representante legal e deve apresentar sua reclamação sozinho, sem outro demandante, enquanto deve haver apenas um réu[5].

---

2. BRIGGS, Lord Justice. *Civil Courts Structure Review*: Final Report (July 2016) para. 5.14.
3. CORTÉS, Pablo. *op. cit.*
4. De acordo com a regra 2.1 (1) da Diretiva de Práticas 51R:

   2.1(1) The purpose of this practice direction is to establish a pilot to test an online claims process, called "Online Civil Money Claims". Claimants who could otherwise make their claim through the main Money Claim Online system may use the pilot to make their claim, if their claim is suitable for the pilot. (Sub-paragraph (3) sets out the conditions that need to be met for a claim to be suitable for the pilot). The pilot is to run from 7th August 2017 to 30th November 2019. The pilot applies in the County Court.
5. Rule 2.1(3) of Practice Direction 51R.

   2.1(3) claim is only suitable for the pilot if all the following conditions are met–

   (a) the claim is a claim for a specified amount of money not exceeding £10,000 including interest;

   (b). the claim would not ordinarily follow the Part 8 procedure;

   (c). the claim is not being brought under the Consumer Credit Act 1974 unless it is brought under section 141 of that Act, to enforce a "regulated agreement" (as defined) relating only to money;

   (d) the claimant will not be getting help with bringing the claim from a "legal representative" (as defined);

Para fazer uma reclamação contra outra pessoa perante o tribunal online, o requerente deve preencher um formulário virtual, informando todos os detalhes sobre sua reivindicação e listando os documentos e possíveis evidências que pretende apresentar[6].

Depois de emitir a reclamação, o tribunal notificará o réu, enviando uma versão impressa do formulário de reclamação on-line para o endereço postal[7]. É importante mencionar que o réu tem o

---

(e). the claim is not for personal injury;

(f) there is only one claimant making the claim, and the claimant informs the court that there is only one defendant;

(g). the claimant is aged 18 years or older;

(h). the claimant is not a "protected party" (as defined);

(i). the claimant's postal address for service is within the United Kingdom;

(j). the claimant has an email address which can be used for the case;

(k). the fee for issuing the claim is paid in full, in sterling and using a valid debit or credit card;

(l). the claim is conducted in English;

(m). the claimant does not have in force against them –

(1) "civil proceedings order" (as defined);

(2) an "all proceedings order" (as defined); or

(3) "civil restraint order" (as defined);

(n). the claimant believes that the defendant–

(i). will not be getting help with defending the claim from a "legal representative" (as defined);

(ii). has a postal address for service within England and Wales;

(iii) is aged 18 years or older;

(iv). is not a "protected party"(as defined); and

(v). is not the Crown.

6. Rule 4.1(2) of Practice Direction 51R:

4.1(2)

As part of completing the claim form, the claimant must –

(a) set out all the details about their claim that they want to rely on to support their claim; and

(b) list any documents or other evidence that they may want to rely on to support their claim.

7. Rule 4.3(4) of Practice Direction 51R:

4.3(4) The court serves the claim on the defendant by sending a paper version of the completed online claim form to the defendant at the postal address given for the defendant.

direito de apresentar uma resposta em papel ou, se puder responder online, a enviará por um formulário próprio[8]. Eles devem responder dentro de 19 dias a partir da data em que o tribunal emitiu a reclamação ao réu, a menos que o réu informe o tribunal de que não pode fornecer a resposta completa até então. Nessa situação, a regra 5.1 (7) permite que o réu apresente sua resposta completa com 33 dias a partir da data de emissão.

5.2 O MODRIA E AS PLATAFORMAS EUROPEIAS DE RESOLUÇÃO DE CONFLITOS DE CONSUMO

Um dos principais mecanismos de solução consensual de controvérsias em uso na internet, atualmente, é o Modria, plataforma utilizada, inclusive, pelas empresas Ebay e Paypal para solução de conflitos entre consumidores e fornecedores que utilizaram os seus serviços. A plataforma possui suporte para realização de negociação, mediação, conciliação e arbitragem, sendo responsável, nos Estados Unidos, pela solução consensual de mais de 60 milhões de litígios por ano[9].

Note-se que o *e-commerce* e, sobretudo, as plataformas de *marketplace* (ver exemplo interessantíssimo do Mercado Livre abaixo), por sua natureza, tem aptidão para ser um terreno fértil para desenvolvimento das ODRs, pois se tratando de comércio online, a solução de conflitos consensual online é fator de aumento da confiança no

8. Rule 5.1(3) of Practice Direction 51R:

   5.1(3). The defendant must provide the detail of their response to the court by completing and submitting the appropriate form ("response form") depending on the nature of their response, as set out in Table A and accessible via the OCMC website.

9. CAMES. Resolução de conflitos online e o case do Modria. Disponível em https://www.camesbrasil.com.br/resolucao-conflitos-online-case-modria/ . Acesso em 20/07/2020.

negócio digital, o que estimula esse tipo de atividade econômica. Além disso, a ODR é responsável por reduzir os custos da própria atividade, caso tais mecanismos de resolução de conflitos sejam exitosos, evitando que sejam iniciadas múltiplas ações judiciais que geram custos ao fornecedor.

Ademais, em matéria de resolução online de conflitos fora dos tribunais, importante destacar o sistema relativo a conflitos de consumo da União Europeia, regulamentado pela Diretiva 2013/11/UE, e pelo Regulamento EU n. 524/13 de 21 de maio de 2013[10]. Na União Europeia, têm-se diferentes mecanismos de ODR para a solução de conflitos de consumo[11]. A depender da instituição, pode se tratar de negociação, mediação ou mesmo arbitragem, por exemplo.

5.3 TRIBUNAL DE RESOLUÇÃO CIVIL DE CONFLITOS DA COLUMBIA BRITÂNICA, CANADÁ

Outro mecanismo de destaque é o Tribunal de Resolução Civil de Conflitos da Columbia Britânica (CRT), que adota negociação, mediação e arbitragem online no Canadá, muito embora possua o nome de Tribunal.

O CRT é competente para resolver conflitos para reparação de danos decorrentes de acidentes com veículos automotores em até US$ 50.000; pequenas causas de até US$ 5.000; conflitos de propriedade condominial de qualquer valor; e desde 01 de junho de 2019,

10. Discutindo diversos assuntos relacionados à resolução de disputas online, Michael Sturner, Fernando Gascón Inchausti e Remo Caponi, *The Role of Consumer ADR in the Administration of Justice: New Trends in Access to Justice Under EU Directive 2013/11* (SELP, Sellier European Law Publishers 2015)

11. Sobre a experiência na Europa, recomenda-se a leitura da obra CORTÉS, Pablo. *Online dispute resolution for consumers in the European Union*, (Routledge Research in Information Technology and E-Commerce Law) . Taylor and Francis, 2011, Kindle Edition.

conflitos de algumas sociedades registradas na Columbia Britânica e de associações cooperativas de qualquer valor[12].

Em primeiro lugar, é importante mencionar que o CRT possui uma área chamada "Solution Explorer" (Explorador de Soluções) em seu site, na qual alguém que precisa de ajuda para resolver um conflito encontrará informações e ferramentas legais para tentar obter a solução sem a intervenção do Tribunal.

Se necessário, a parte interessada pode registrar uma reclamação e, após a aceitação do pedido, as partes são redirecionadas para uma plataforma de negociação, onde podem chegar a um acordo sem a intervenção de terceiros. Caso contrário, um terceiro, especialista em resolução de conflitos independente e neutro, os ajudará a obter um acordo por meio de uma mediação. Se as partes chegam a um acordo, por negociação ou por mediação, isso pode ser transformado em um título executivo, de acordo com o artigo 5.2 das Regras do CRT[13], com eficácia equivalente a uma decisão final de um tribunal[14], à semelhança do que se tem no Brasil, no artigo 515, III, CPC, que prevê ser título executivo judicial a decisão homologatória de autocomposição extrajudicial de qualquer natureza.

Se as partes não conseguirem chegar a um acordo, o conflito precisará ser decidido por um julgador do CRT. Para tanto, será iniciado um procedimento de preparação da decisão do tribunal[15]. É

---

12. Informações disponíveis em: https://civilresolutionbc.ca.
13. 5.2 – Agreements in Negotiation or Facilitation 1) If the parties reach a resolution by agreement on any or all of the claims in their dispute, they can make the terms of their agreement an order of the tribunal by a) asking the tribunal to approve a consent resolution or consent dismissal order, and b) paying the required fee.
14. Number 6 of Rule 5.2 stablishes: 6) If the tribunal issues a consent resolution order, it becomes a final decision of the tribunal.
15. Rule 5.4 – End of Agreement-based Activities and Start of Tribunal Decision Preparation 1) If the case manager decides the parties cannot resolve their dispute by agreement, the case manager will a) inform the parties that the facilitation phase is over, b) confirm the claims that are going forward for decision, c) provide directions for the preparation and

uma oportunidade para as partes delimitarem os problemas e reivindicações a serem resolvidos e os fatos relevantes a serem analisados. O gerente de caso também pode permitir que as partes preparem um Plano de Decisão do Tribunal[16], ocasião em que as partes poderão produzir provas e influenciar a decisão. A decisão final do Tribunal terá eficácia executiva típica de decisão judicial, podendo ser contestada por pedido de cancelamento perante o Judiciário apenas em situações excepcionais.

5.4 CORTE DE INTERNET DE BEIJING, CHINA

Outra experiência internacional de renome e que vale ser citada é a Corte de Internet de Beijing, China[17]. A partir da ideia de que casos de internet deveriam ser tratados ou resolvidos também por meio da internet (o que passa um pouco pela ideia de contrapartida das tecnologias aos conflitos por elas mesmas criados ou potencializados, como visto na Parte I), a Corte lida com alguns casos específicos que envolvem a internet. Como o próprio órgão informa, o serviço "will promote China's strategy of becoming a powerful country in science and technology , as well as law-based governance of cyberspace.".

A Corte se vale de um sistema online de resolução dos conflitos ("E-litigation Platform"), acessível a qualquer hora e de qualquer lugar, por meio do qual as partes podem resolver seus conflitos por

exchange of expert evidence, if necessary, and d) ask the applicant to pay the tribunal decision fee.

16. Rule 7.3 -- Tribunal Decision Plan 1) The case manager can direct the parties to complete a Tribunal Decision Plan, including directing the parties to a) provide information and evidence relating to any claims or issues, b) provide information and explanations relating to their own or to another party's positions and submissions, c) provide an agreed statement of facts, d) exchange all the information and evidence required by the plan with the other parties, e) respond to any submissions or evidence provided by other parties, and f) complete any of the steps required by the plan by specific dates or within specific timelines.

17. Informações disponíveis em https://english.bjinternetcourt.gov.cn/2019-03/26/c_26.htm.

meio da mediação ou mesmo pela resolução judicial. Além disso, a publicidade dos atos é potencializada, dado que o público pode assistir aos julgamentos públicos. O sistema funciona, ainda, como uma base de dados de consulta a documentos, casos e leis aplicáveis.

A plataforma conta ainda com uma parceria muito interessante com as entidades chinesas líderes na tecnologia blockchain e sistema de inteligência artificial que é utilizada para fazer a confirmação de identidade das partes a partir de reconhecimento facial; estruturar petições; extrair impressões preditivas, de forma independente, sobre as chances de sucesso para partes, com base os principais fatos apresentados pelas partes; reconhecer voz de forma síncrona; identificar QR codes nas telas para confirmar assinaturas de forma remota; preparar rascunhos de decisões judiciais; enviar instantaneamente atos dos processos às partes; e criar um espaço aberto ao público para melhor visibilidade das regras e métodos utilizados[18].

18. "Balance Blockchain: Judicial blockchain contributes to the protection of trial data and the certification of electronic evidence Beijing Internet Court, as the initiator and leader, formed an alliance with China's leading blockchain industry institutions and companies such as the Security Center of Ministry of Industry and Information Technology, Baidu, and TRUST DO. The features of blockchain technology such as multi-party supervision, non-tampering, and easy traceability ensure the security of the uplink data and realize the pre-storage and post-verification of electronic data. Intelligent Justice: AI technology is utilized to make fairness and justice more efficient and convenient. Identity Authentication: The parties use a built-in camera of a mobile terminal such as a mobile phone or a computer to perform facial recognition for identity authentication. Pleading Automatic Generation: Structured questions are designed according to the type of cases, which are checked and answered by parties to help writing the pleadings. Litigation Risk Assessment: The probability of winning a lawsuit is independently assessed based on the basic facts entered by the parties. Real-time Voice Recognition: The voice-to-text system keeps court records in real time. Online Electronic Signature: Scan the QR code on the screen for remote signature confirmation. Document Writing Assistant: The first draft of judgement document is automatically generated according to the transcript of the trial and the rules of the case. One-click Delivery: The litigation documents such as judgments can be sent to the parties at the same time via e-mail, SMS and WeChat, etc. Offline Panoramic Experience: The court has set up an online litigation experience area, which is open to the public.Visitors can perceive the online litigation rules and operation methods on the spot with their ID cards." (Disponível em: https://english.bjinternetcourt.gov.cn/2019-03/26/c_26.htm. Acesso em: 29/09/2020)

5.5 ODR NA RECUPERAÇÃO JUDICIAL: RUPTURA DE PARADIGMAS NA PRESERVAÇÃO DA EMPRESA

Outro importante mecanismo de negociação e mediação online que teve grande impacto foi a plataforma Credor OI[19]. A plataforma foi criada pela Fundação Getúlio Vargas para gerenciar o contato entre a companhia telefônica Oi (em recuperação judicial) e seus credores listados no quadro geral de credores consolidado em abril de 2017, facilitando a realização de acordos entre a recuperanda e seus credores e o pagamento dos créditos, tal como estabelecido no plano de recuperação judicial aprovado em Assembleia-Geral de Credores.

No que se refere ao uso de plataformas para a realização de acordos quando já em curso uma recuperação judicial, vale recordar que a celebração de acordos que reduzam o passivo de uma recuperanda tem o papel vital de contribuir com o restabelecimento da saúde financeira de uma pessoa jurídica em recuperação judicial, o que evita que tal processo desague numa falência.

Assim, a ODR se mostra como importante mecanismo de promoção à preservação da empresa, princípio basilar em sede de recuperação judicial.

5.6 CONSUMIDOR.GOV.BR

Criado em 2014, a plataforma Consumidor.gov.br é um serviço público monitorado pela Secretaria Nacional do Consumidor – SENACON[20] que permite, como o próprio site define, "a interlocução direta entre consumidores e empresas para solução de conflitos de consumo pela internet."[21]. É uma das providências mais alinhadas

19. Disponível em https://www.credor.oi.com.br/. Acesso em 13/07/2020.

20. Todas as informações disponíveis em: https://consumidor.gov.br/pages/principal/?1599861214587 Acesso em: 11/09/2020

21. *Ibidem.*

com a Política Nacional de Relações de Consumo que tem por objetivo "o atendimento das necessidades dos consumidores, o respeito à sua dignidade, saúde e segurança, a proteção de seus interesses econômicos, a melhoria da sua qualidade de vida, bem como a transparência e harmonia das relações de consumo" (art. 4º, CDC), tendo o incentivo e a estruturação de mecanismos de solução de conflitos de consumo, em paralelo à jurisdição estatal, como um dos seus princípios (art. 4º, V, CDC). Está igualmente alinhada como o Plano Nacional de Consumo e Cidadania instituído com o Decreto nº 7.963/2013.

Serviço público e gratuito, a plataforma se desenvolve de forma integralmente online (ODR) e de forma transparente. Permite que consumidores e empresas dialoguem diretamente para tentar solucionar questões associadas a produtos ou serviços prestados. A participação é voluntária de ambos os lados, devendo o consumidor se cadastrar e identificar adequadamente, com a apresentação dos detalhes da reclamação. A empresa, por sua vez, adere ao serviço mediante a assinatura de termo de adesão, documento formal que passa a sujeitá-la à plataforma e a apresentação de índices nela presentes. Se a empresa não for aderente, não fica sujeita às reclamações na plataforma. Todos os detalhes do procedimento *online* são colocados em documento muito didático para consumidores e empresas ("Guia Usuário – Empresa"[22]). O serviço tem caráter adicional, não substituindo os Serviços de Atendimento ao Consumidor – SACs das empresas e os serviços prestados e associados aos Procons, Ministério Público, Defensoria Pública, etc.

Hoje, é ferramenta expressiva no cenário de resoluções de conflitos no País e absolutamente importante para melhores resultados em conflitos que tenham a relação material de consumo[23] como plano de fundo. Para melhor visibilidade, a própria plataforma sinaliza

22. Disponível em: https://consumidor.gov.br/pages/publicacao/externo/ Acesso em: 11.09.2020.
23. Juridicamente, a relação de consumo é aquela de aquisição ou utilização de produto ou serviço por alguém considerada destinatária final.

o resultado de que 80% das reclamações feitas são solucionadas pelas empresas fornecedoras de produtos e serviços, sendo as demandas respondidas em um prazo médio interessantíssimo de 7 dias[24]-[25]. Também para se ter a dimensão do serviço prestado: (i) são quase 900 empresas cadastradas; (ii) são mais de 2.000.000 de usuários cadastrados; e (iii) mais de 3.000.000 de reclamações finalizadas[26].

Conforme último "Boletim Consumidor.gov.br - 2019"[27], o número de empresas cadastradas (216 no ano de criação de 2014), já é hoje, como visto, de quase 900:

Gráfico 1: Evolução da quantidade de empresas participantes e de reclamações finalizadas

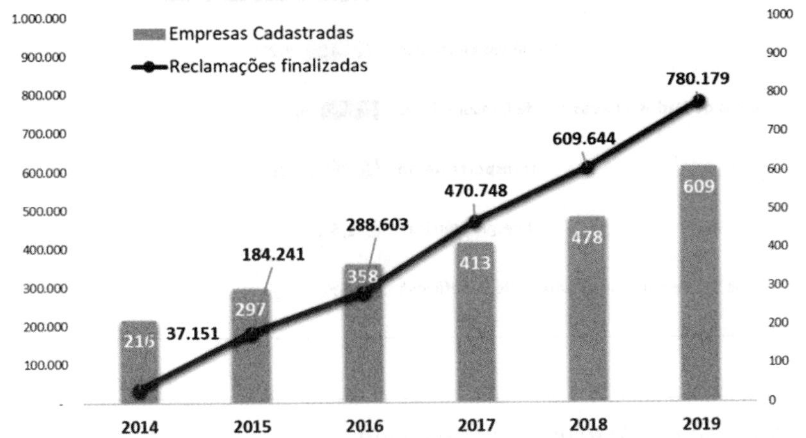

24. Disponível em: https://consumidor.gov.br/pages/conteudo/sobre-servico Acesso em: 11.09.2020.
25. A plataforma também apresenta nível de detalhe importante em seus indicadores, inclusive com a utilização de inteligência artificial para alimentação, disponíveis em: https://consumidor.gov.br/pages/indicador/geral/abrir Acesso em: 11.09.2020.
26. Disponível em: https://consumidor.gov.br/pages/indicador/infografico/abrir Acesso em: 11.09.2020.
27. Disponível em: https://consumidor.gov.br/pages/publicacao/externo/ Acesso em: 11.09.2020.

Apenas em 2019, quase 800.000 reclamações foram finalizadas. Isso também demonstra o uso crescente e expressivo da plataforma, dado que, no primeiro ano, o número foi de quase 5% disso, com 40.000 reclamações finalizadas. Abaixo dois gráficos do próprio Boletim. Um primeiro com o percentual de reclamações por segmento de atividade empresarial e o segundo com percentual de sucesso na solução das reclamações também por segmento:

Gráfico 2: Reclamações por Segmento[1]

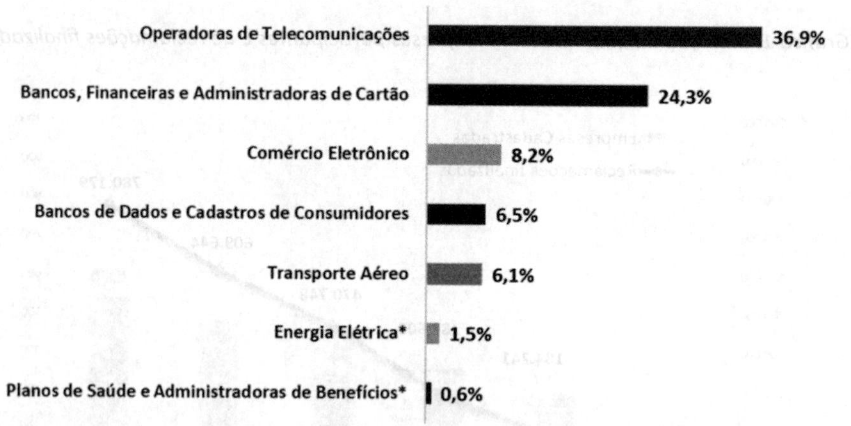

Gráfico 3: Índice de solução por Segmento

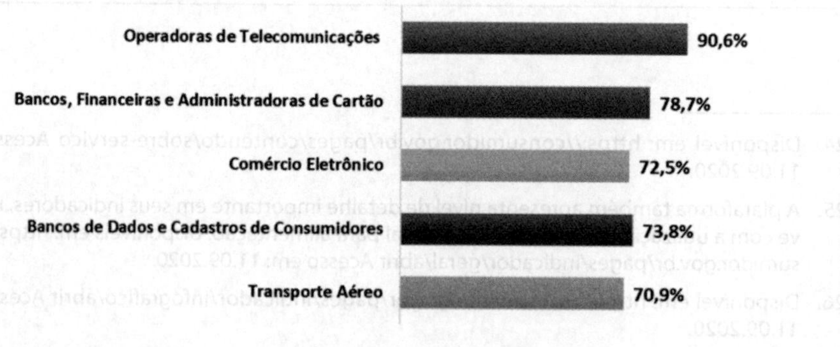

Como procedimento, o consumidor, devidamente cadastrado na plataforma (nos termos do "Guia Usuário-Empresa), apresentará sua reclamação, preenchendo o conteúdo da reclamação, com a descrição e o pedido à empresa. Apresentada a reclamação, a empresa terá 10 dias para respondê-la e, se não cumprir esse prazo, a reclamação será classificada automaticamente como "não respondida". Seu conteúdo é público, exceto os anexos. Respondida ou não (no caso do final do prazo), o consumidor terá 20 dias para avaliar se a reclamação foi atendida e poderá atribuir uma nota de satisfação com o atendimento da empresa.

Ainda, vale dizer que as reclamações podem ser redirecionadas pelas empresas, desde que essas sejam do mesmo grupo econômico, o que, porém, não altera ou suspende os prazos acima. Pode a empresa, também, solicitar a recusa da reclamação nos casos em que não for parte legítima (não estiver no polo passivo da lide/do conflito que a reclamação apresenta) ou ainda se o consumidor descumprir os termos de uso da plataforma. Nesse último caso, o prazo da resposta ficará suspenso pelo prazo de 15 dias, durante o qual, o gestor da plataforma avaliará se a alegação de descumprimento procede.

A utilização da plataforma é mais uma opção voluntária à disposição dos consumidores e empresas para resolução dos conflitos. Integra, assim, um cardápio de possibilidades que o próprio Acesso à Justiça preconiza e, caso a solução ao conflito não tenha sido atingida, nada obsta a utilização de outros métodos, dentre eles a própria jurisdição estatal.

Inclusive, além das parcerias existentes, sobretudo para levantamento de dados e de aproveitamento da experiência, em outubro de 2019, foi firmado acordo de cooperação técnica entre o Ministério da Justiça e Segurança Pública com o CNJ para integração do Processo Judicial Eletrônico – Pje e a plataforma. A ideia, conforme o "Boletim", "é permitir ao cidadão que optou por judicializar sua demanda buscar uma solução mais célere via Consumidor.gov.br, como mais uma ferramenta para o tratamento adequado de seu conflito. Dessa forma, ao ingressar com uma ação consumerista no Poder Judiciário, o cidadão terá a possibilidade de, após a distribuição de seu processo, negociar diretamente com a empresa. Se frutíferas as tratativas, o acordo será homologado pelo magistrado dentro do Processo Judicial."[28].

5.7 PLATAFORMA DE MEDIAÇÃO DIGITAL DO PODER JUDICIÁRIO

Outra iniciativa *online* que precisa ser destacada é o Sistema de Mediação Digital do Poder Judiciário, criado pelo CNJ[29].

Conforme "Manual do Usuário – Perfil pessoa física"[30], "O Sistema de Mediação e Conciliação Digital é uma ferramenta que permite a aproximação dos envolvidos em um conflito, a fim de oferecer rápida comunicação, linguagem positiva e respostas breves, possibilitando que participantes de lugares diversos, interligados pelo sistema on-line, estabeleçam uma solução à divergência de forma ponderada, ágil e econômica.". O Sistema "busca facilitar a comunicação dos interessados de forma a estimulá-los a se perceberem não mais em lados opostos, mas de um mesmo lado, o de buscar uma solução satisfatória a todos.".

A aproximação das partes se dá de forma *online*, inclusive com comunicações automáticas via e-mail cadastrado. Essa talvez seja a sua maior característica: ser uma plataforma gratuita de reaproximação das partes.

28. Disponível em: https://consumidor.gov.br/pages/publicacao/externo/ Acesso em: 11.09.2020.
29. Disponível em: https://www.cnj.jus.br/mediacaodigital/ Acesso em: 11.09.2020.
30. Disponível em: https://www.cnj.jus.br/mediacaodigital/pages/public/Manual_Pessoa_Fisica.pdf Acesso em: 11.09.2020.

Sem a necessidade da representação pelos advogados, as partes se cadastram no portal e no ambiente do usuário, poderão (i) cadastrar novas mediações; (ii) indicar se o conflito já é tratado ou não no Poder Judiciário; (iii) acompanhar as mediações iniciadas e propostas de acordo feitas; e (iv) firmar os acordos que serão levados à homologação. Se, em alguma etapa, quaisquer das partes tiver interesse na participação de um mediador presencial, essa opção pode ser feita com o redirecionamento para o Núcleo Permanente de Mediação e Conciliação – NUPEMEC estadual respectivo.

Feita a proposta de acordo e sendo essa aceita, a empresa proponente ficará responsável preencher um termo de acordo para análise em 5 dias corridos subsequentes ao aceite. No caso de desrespeito desse prazo, a mediação será encerrada por "inatividade da requerida". Elaborada a minuta do acordo, a parte contrária poderá aceitá-la ou não. Se aceito, o termo de acordo é encaminhado para homologação do juiz.

5.8 PLATAFORMA DIGITAL DO CENTRO DE MEDIAÇÃO DA ASSOCIAÇÃO DOS ADVOGADOS DE SÃO PAULO - AASP

Recentemente, a AASP também lançou a Plataforma Digital de seu Centro de Mediação (CMAASP) e que também pode ser mencionada considerando a abrangência dos serviços da associação em estado da federação com o número mais representativo de conflitos.

Conforme seu regulamento[31], o procedimento se desenvolve de forma sigilosa (art. 6º) e digital, com todas as comunicações entre partes, advogados e intervenientes por meio dos e-mails cadastrados

31. Disponível em: https://www.aasp.org.br/regulamentos/centro-de-mediacao/ Acesso em: 11.09.2020.

na própria plataforma. O recebimento, por sua vez, será considerado a partir da confirmação automática do e-mail do destinatário (art. 8º)

A esses também competirá a responsabilidade "pelos próprios meios de conexão e comunicação necessários para participar das sessões digitais de mediação, devendo, na forma do artigo precedente, (i) assegurar o sigilo da sessão, documentos e informações trocados, inclusive e especialmente, a privacidade da conexão; (ii) impedir que pessoas não participantes da mediação possam compartilhar o mesmo ambiente ou ter acesso ao som e imagem das sessões de mediação; (iii) abster-se de gravar imagens ou sons de qualquer sessão de mediação ou parte delas, exceto se houver obrigação legal em sentido diverso." (art. 7º).

O procedimento tem início com a apresentação do pedido na plataforma digital (art. 3º) e deverá "(i) conter os dados pessoais e de contato, em especial o endereço de e-mail de todas as partes envolvidas na controvérsia e dos advogados da parte solicitada, se conhecidos; a indicação sumária dos fatos e dos valores estimados; a informação de se a disputa é objeto de processo judicial ou arbitral, indicando número de processo e vara judicial ou câmara arbitral e se há outras demandas pendentes de decisão entre as mesmas partes; (ii) ser instruído, por arquivos carregados na plataforma digital CMAASP, com o documento de identidade, se a parte solicitante for pessoa física, ou os atos constitutivos, contrato social ou estatuto social, número de inscrição no CNPJ/MF, se pessoa jurídica; a procuração; o contrato de que conste a cláusula de mediação, se houver; outros documentos que a parte entender relevantes." (art. 4º).

A parte solicitada, por sua vez, "deverá, por advogado(a) constituído(a), manifestar sua concordância em participar da mediação em até 48 (quarenta e oito horas) do recebimento do convite mediante confirmação de seus dados na plataforma digital AASP e apresentação dos elementos indicados no artigo 04.".

Na sequência, será designada a primeira sessão conjunta que pode acontecer de forma presencial ou digital (art. 13). Após ela, a mediação será conduzida com quantas sessões fizerem sentido e tendo em vista "a natureza da controvérsia e o relacionamento das partes, podendo, durante qualquer sessão, tratar com elas em separado ou em conjunto, sempre observando os princípios da independência, imparcialidade, autonomia da vontade, oralidade, informalidade, decisão informada e sigilo." (art. 15). "Alcançada uma solução consensual, as partes, assessoradas pelos(as) advogados(as), redigirão e assinarão, preferencialmente durante a sessão de mediação, o Termo de Composição, cabendo-lhes, se for o caso, requerer a respectiva homologação judicial, escrituração ou registro." (art. 16). Caso contrário, a mediação será encerrada (art. 17).

5.9 SISTEMA ADMINISTRATIVO DE CONFLITOS DE INTERNET - SACI-ADM

No campo específico de conflitos relacionados aos nomes de domínio registrados no País, com o final ".br" portanto, é importante mencionar o Sistema Administrativo de Conflitos de Internet - SACI-Adm que tem por objetivo solucionar conflitos ou lides existentes entre o titular do nome de domínio e qualquer terceiro que tenha interesse jurídico apto a questionar a legitimidade do registro do nome de domínio questionado[32]. Quer dizer, um interesse jurídico apto a questionar o "poder legal" da utilização dos termos presentes no domínio pelo registrante original.

O Sistema é administrado pelo Núcleo de Informação e Coordenação do Ponto BR – NIC.br, criado para implementar as decisões e os projetos do Comitê Gestor da Internet no Brasil – CGI.br, esse

32. Disponível em: https://registro.br/dominio/saci-adm/ Acesso em: 11.09.2020.

último responsável por coordenar e integrar as iniciativas e serviços da internet no País[33]. O procedimento de resolução do conflito, conforme regulamento[34], que é conduzido por alguma das instituições credenciadas (Associação Brasileira da Propriedade Intelectual – ABPI, Câmara de Comércio Brasil-Canadá – CCBC e World Intellectual Property Organization – WIPO) (art. 2º) e transcorre com a utilização ainda parcial dos meios digitais, destacadamente para comunicação via e-mail. Como, por exemplo, com a comunicação inicial ao titular do início do procedimento (art. 6º).

O procedimento tem início com a apresentação de requerimento, que indicará (art. 2º): "a) nome(s) de domínio objeto do conflito e correspondente pesquisa Whois do Registro.br (whois.registro.br); b) nome, qualificação e endereço eletrônico das Partes; c) as razões e os documentos que comprovam as hipóteses descritas no artigo 3º deste Regulamento, bem como o seu legítimo interesse em relação ao(s) nome(s) de domínio objeto de disputa, devendo desde logo apresentar todos os argumentos e documentos que os comprovem; d) nome completo, qualificação e endereço de e-mail da pessoa que representará o Reclamante no procedimento, se assim o desejar, e documento hábil para essa representação; e) opção pelo número de especialistas para decidir o conflito: se apenas um ou três especialistas; f) finalidade do pedido de abertura do procedimento do SACI-Adm: se a transferência ou o cancelamento do(s) nome(s) de domínio objeto do conflito; g) indicação se deseja que a comunicação da decisão final do procedimento seja realizada por via postal ou fac-simile, além da eletrônica; h) a existência de qualquer outro procedimento judicial ou extrajudicial que tenha iniciado ou terminado com relação ao(s) nome(s) de domínio objeto do conflito.".

33. Disponível em: https://nic.br/quem-somos/ Acesso em: 11.09.2020.

34. Disponível em https://registro.br/dominio/saci-adm/regulamento/ Acesso em: 11.09.2020.

Além disso, deverá arcar com todas as despesas e honorários dos especialistas (art. 26) e expor "as razões pelas quais o nome de domínio foi registrado ou está sendo usado de má-fé, de modo a causar prejuízos ao Reclamante" (art. 3º, *caput*) e, com essas, deve demonstrar que está caracterizada alguma das situações a seguir: (i) "o nome de domínio é idêntico ou similar o suficiente para criar confusão com uma marca de titularidade do Reclamante, depositada antes do registro do nome de domínio ou já registrada, junto ao Instituto Nacional da Propriedade Industrial - INPI;" (ii) "o nome de domínio é idêntico ou similar o suficiente para criar confusão com uma marca de titularidade do Reclamante, que ainda não tenha sido depositada ou registrada no Brasil, mas que se caracterize como marca notoriamente conhecida em seu ramo de atividade para os fins do art. 126 da Lei nº 9.279/96 (Lei da Propriedade Industrial);" e (iii) "o nome de domínio é idêntico ou similar o suficiente para criar confusão com um título de estabelecimento, nome empresarial, nome civil, nome de família ou patronímico, pseudônimo ou apelido notoriamente conhecido, nome artístico singular ou coletivo, ou mesmo outro nome de domínio sobre o qual o Reclamante tenha anterioridade;".

Com isso, o que se observa é que o interesse jurídico que justifica a movimentação do SACI-Adm é justamente a situação em que falta a legitimidade do registrante em utilizar o nome de domínio questionado e que, somado a isso e ao mesmo tempo, o nome do domínio está em conflito com marca do autor do procedimento ou que, mesmo sem a marca, seja suficientemente capaz de gerar conflito com outros elementos de identificação do autor do procedimento.

Iniciado o procedimento e superado uma fase preliminar de eventuais correções (art. 6º, §§1º e 2º), o titular após ser comunicado poderá apresentar defesa no prazo estabelecido. Na oportunidade (art. 10), apresentará: "a) nome, qualificação e endereço eletrônico do Titular; b) indicação se deseja que a comunicação da decisão final do Procedimento seja realizada por via postal ou fac-simile, além da eletrônica; c) todos os motivos pelos quais possui direitos e legítimos interesses sobre o nome do domínio em disputa, devendo anexar todos os documentos que entender convenientes para o julgamento; d) nome completo, qualificação e endereço de e-mail da pessoa que representará o Titular no Procedimento, se assim o desejar, e documento hábil para essa representação; e) manifestação de sua concordância com o número de especialistas sugerido pelo Reclamante para decidir o conflito ou indicação do número de especialista(s) que deseja; f) declaração isentando o NIC.br de qualquer ônus decorrente do procedimento do SACI-Adm instaurado, exceto se o NIC.br praticar atos que infrinjam a lei; g) indicação da existência de qualquer outro procedimento judicial ou extrajudicial que tenha iniciado ou terminado com relação ao nome de domínio objeto do procedimento do SACI-Adm.". Em suma, fará considerações sobre o procedimento e sobre os "porquês" que acredita ter legitimidade para o registro do domínio e mantê-lo sob sua titularidade.

Ao final, o(s) especialista(s) designado(s) para avaliar o caso (arts. 4º e 5º[35]) emitirá(ão) a decisão que conterá necessariamente:

35. "Art. 4º. Os conflitos submetidos ao SACI-Adm serão decididos por especialista(s) escolhido(s) exclusivamente dentre os profissionais integrantes do Corpo de Especialistas da instituição credenciada que administrar o procedimento. Parágrafo único: O(s) especialista(s) será(ao) escolhido(s) na forma estabelecida pela instituição credenciada. Art. 5º. Não poderá ser nomeado especialista aquele que: a) for Parte no conflito b) interveio na solução do conflito objeto do procedimento do SACI-Adm como mandatário da Parte, testemunha ou perito; c) for cônjuge, parente, consanguíneo ou afim, em linha reta ou colateral de alguma das Partes, até o terceiro grau; d) for cônjuge, parente, consanguíneo ou afim, em linha reta ou colateral do procurador, representante ou advogado das Partes no procedimento do SACI-Adm, até o terceiro grau; e) participar de órgão de direção ou administração de Pessoa Jurídica Parte no conflito ou for sócio ou acionista; f) for amigo íntimo ou inimigo de uma das Partes; g) for credor ou devedor, de uma das partes ou de seu cônjuge, ou ainda parentes, em linha reta ou colateral, até terceiro grau; h) for herdeiro, empregador ou empregado de uma das Partes; i) receber dádivas antes ou depois de iniciado o procedimento do SACI-Adm; j) aconselhar alguma das Partes acerca do objeto do procedimento do SACI-Adm, ou fornecer recursos para atender às despesas do procedimento; k) for membro ou funcionário do NIC.br ou do CGI.br. §1º: Ocorrendo qualquer das hipóteses previstas neste artigo 5º, competirá ao especialista declarar, a qualquer momento, seu impedimento ou suspeição e recusar a sua nomeação ou apresentar renúncia, ficando pessoalmente responsável pelos danos que vier a causar pela inobservância desse dever. §2º: Qualquer das Partes poderá

"a) relatório com o nome das partes e um resumo do conflito; b) os fundamentos da decisão, que disporá sobre as questões de fato e de direito; c) o dispositivo, com todas as suas especificações e prazo para intimação do NIC.br para cumprir a decisão, se for o caso; d) a data e lugar em que foi proferida." (art. 19), devendo as partes serem comunicadas em até 5 dias (art. 20).

Após, nos 5 dias subsequentes, em uma espécie de *embargos de declaração* (art. 21), quaisquer das partes podem pedir que se corrija qualquer erro material, ou seja, erro simples e de fácil visualização, e não sobre o mérito da decisão, tais como erros de digitação, erros de data, inversão de partes, etc. Adicionalmente, poderão pedir que se esclareça qualquer parte obscura (não clara e, por isso, de difícil entendimento e aplicação), explicar qualquer dúvida presente, eliminar quaisquer contradições (contradições internas, ou seja, entre os próprios trechos da decisão) ou mesmo pedir a manifestação sobre ponto omisso da decisão (ou seja, qualquer ponto apresentado ao longo do procedimento e sobre o qual não se posicionou).

Interessante observar que a decisão, dentro das atribuições do NIC.br, apenas poderá se pronunciar se o registro será mantido na forma como se encontra, se será transferido a quem de direito ou se será cancelado (art. 1º, §1º). Assim, em uma ótica processual e ao lado do fato de que o procedimento não é conduzido por uma autoridade jurisdicional, a decisão não faz coisa julgada. Inclusive, nos termos do p. único do art. 22 do regulamento, "Se qualquer das Partes comprovar que ingressou com ação judicial ou processo arbitral no período mencionado no caput deste Artigo, o NIC.br não

---

argüir o impedimento ou suspeição do especialista, comunicando imediatamente à instituição credenciada. §3º: Se o especialista renunciar ou se sobrevier qualquer causa de suspeição ou impedimento, incapacidade moral ou física ou morte, ele será substituído por um novo especialista na forma estabelecida pela instituição credenciada.". (Disponível em: https://registro.br/dominio/saci-adm/regulamento/ Acesso em: 11.09.2020).

implementará a decisão proferida no procedimento e aguardará determinação judicial ou do processo arbitral.".

Significa, portanto, que o Sistema é muito interessante e recomendável em relação às disputas associadas aos domínios de internet, sobretudo porque conduzidos por profissionais especializados na matéria. Porém, isso não afasta a possibilidade de discussão jurisdicional do tema ou por outro meio de igual ou maior adequação às partes envolvidas. O art. 23, inclusive, admite essa ideia de certa forma, ao aceitar a composição amigável das partes que será declarada pelo(s) especialista(s) designado(s). Tal composição pode, muito bem, ser alcançada por mecanismos de negociação, mediação ou conciliação paralelos.

Proferida a decisão, se essa determinar a transferência do domínio ao autor do procedimento ou o seu cancelamento, aguardará 15 dias úteis contados da comunicação da decisão às partes e implementará a providência.

5.10 MERCADO LIVRE

Na iniciativa privada, também existem iniciativas relevantes e que muito se aproveitam da experiência e avanços internacionais. Um *case* de muita importância nacional, sobretudo pelo alto volume de transações envolvidas, e pelos resultados alcançados é aquele conduzido pela empresa Mercado Livre de *marketplace*.

Como explica Humberto Chiesi Filho: "Diferentemente de uma empresa de comércio eletrônico que venda produtos próprios, onde existe uma relação de consumo direta de fornecimento de produto, o Mercado Livre, na qualidade de *marketplace*, presta um serviço de tecnologia consistente na disponibilização de uma plataforma eletrônica para que usuários vendedores e compradores realizem compras e vendas de qualquer localidade do país."[36]. É um modelo de negócio utilizado em alta escala no País, o que também justifica o estudo da solução.

Em 2016, a empresa iniciou o chamado Projeto Action e, posteriormente, Programa Action[37] que utiliza de ferramentas digitais como e-mail e aplicativo de conversa *online* a fim de conter disputas entre usuários da plataforma, objetivando reduzir o número de conflitos gerados e direcionados à resolução pela jurisdição estatal. A ideia, inclusive, conquistou o prêmio "Conciliar É Legal" do CNJ[38].

Segundo consta, a empresa identificou que 65% da ações judiciais propostas em face da empresa se referia "a reclamações de usuários compradores quanto a algo que o usuário vendedor não teria feito a contento, tal como algum problema ou divergência no produto adquirido, demora no envio ou outra obrigação que incumbe ao usuário vendedor."[39]. A empresa, então, passou a mediar tais situações[40].

Como está descrita a prática no portal do Prêmio Innovare[41], "o Mercado livre, ao receber uma demanda judicial, realiza uma

---

36. CHIESI FILHO, Humberto. *Um novo paradigma de acesso à justiça*: autocomposição como método de solução de controvérsias e caracterização do interesse processual, Belo Horizonte: Editora D`Plácido, 2019, p. 62.

37. *Idem*, p. 64 e 65.

38. Disponível em: https://www.cnj.jus.br/cnj-premia-mercado-livre-por-conciliar-conflitos--antes-do-processo-judicial/ Acesso em: 11.09.2020.

39. CHIESI FILHO, Humberto. *op. cit.*, p. 67.

40. "Observou-se que havia uma primeira ação judicial entre o usuário comprador e o Mercado Livre que poderia se estender por muito tempo e, ainda, uma segunda possível ação do Mercado Livre contra o usuário vendedor para exercer o direito de regresso atualmente previsto. Com o Programa Action, houve uma mudança na postura, no sentido de que ao receber uma ação judicial dessa natureza, a primeira providência do Mercado Livre passou a ser informar ao usuário vendedor que uma venda sua havia gerado uma ação judicial, bem como que a melhor alternativa seria buscar uma composição amigável.". (CHIESI FILHO, Humberto. *op. cit.*, p. 68).

41. Disponível em: https://www.premioinnovare.com.br/praticas/projeto-action-mercado-livre Acesso em: 11.09.2020.

'triagem' de modo a identificar se a questão pode ser solucionada, diretamente entre o vendedor e comprador, conciliando ambos os interesses. Uma vez identificada esta possibilidade, a equipe do Mercado Livre, que envolve profissionais de Atendimento a Clientes e do Jurídico, contatam os envolvidos e atuam como mediadores, expondo quais os aspectos legais envolvidos, os limites de responsabilidade de cada um dos litigantes, os seus direitos e como outras pessoas vem conseguindo compor amigavelmente conflitos semelhantes, até que a melhor solução para ambos seja encontrada.". E continua: "Além de reduzir o número de ações em trâmite, esta prática objetiva transmitir e disseminar o conhecimento junto aos usuários do site, independentemente de sua posição.". Como etapas: "1) Jurídico recebe os processos judiciais, classifica o objeto da ação, faz a triagem de acordo com os critérios estabelecidos (data da audiência e objeto da ação); 2) Equipe de triagem encaminha os casos selecionados, ou seja, passíveis de solução para a Equipe de Mediação que entrará em contrato com o vendedor por e-mail e telefone, explica a demanda e coloca o mesmo em contato com o comprador; 3) Equipe de Mediação acompanha e auxilia na solução do conflito no prazo estipulado; 4) Jurídico formaliza a solução do caso seja a desistência ou acordo no processo judicial.".

Também no âmbito da empresa, considerando o elemento de *dispute avoidance* do Acesso à Justiça, vale a referência ao programa "Compra Garantida"[42] que, mediante o preenchimento das condições estabelecidas, assegura a devolução do valor pago ao comprador, caso haja algum problema com o produto ou sua entrega. Ainda, na linha de evitar disputas e otimizar a resolução dos conflitos, com respeito à propriedade intelectual de terceiros, também é relevante citar o *Brand Protection Program* ou Programa de Proteção à Propriedade

42. Disponível em: https://www.mercadolivre.com.br/compra-garantida Acesso em: 11.09.2020.

Intelectual – PPPI da empresa que facilita, e muito, a conformidade em relação à proteção da propriedade intelectual[43].

5.11 PROPOSTA À AUTORIDADE NACIONAL DE PROTEÇÃO DE DADOS - ANPD

A Lei Geral de Proteção de Dados – LGPD, como se verá mais adiante no terceiro capítulo, disciplina o tratamento de dados pessoais no Brasil. Dentre os vários temas, disciplina os chamados direitos dos titulares de dados pessoais, ou seja, quem é identificado ou identificável a partir da informação. Estão destacados no art. 18, porém é preciso ter os olhos abertos para entender que, no fim do dia, todos os deveres legais agregados ao tratamento de dados pessoais e decorrentes da LGPD implicam direitos que podem ser exercidos pelos titulares dos dados pessoais.

Há, portanto, um notório potencial na criação de novos conflitos ou lides que tenham o tratamento de dados pessoais como plano de fundo, inclusive no capítulo 3 a seguir pretender-se-á entrar em maior nível de detalhe a respeito. Fato é que as empresas têm de se organizar a esse respeito, sobretudo os controladores dos dados, que deverão ter nos seus sistemas as formas de como atender aos direitos dos titulares, em especial, ao acesso transparente sobre as informações do tratamento com a confirmação de autenticidade prévia. A requisição do titular (art. 18, *in fine*), do ponto de vista de solução de demandas e *dispute avoidance* é um desafio consistente.

Em paralelo, esse potencial também trará reflexos nos mecanismos de solução de conflitos, gerando um incontável número de conflitos que precisarão ser tratados adequada e efetivamente. Tudo

43. Disponível em: https://www.mercadolivre.com.br/ajuda/por-que-cadastrar-brand-protection_1771 Acesso em: 11.09.2020.

que não se deseja é que modelos anteriormente consolidados, como a multiplicação de demandas de volume junto ao Poder Judiciário, seja replicado. O risco é grande disso acontecer.

O que se propõe, brevemente aqui, é que tais alterações no direito material sirvam também como mais uma força motriz para o repensar dos mecanismos de solução de conflitos, servindo a proposta de mudança cultural trazida pela proteção de dados também como um grande incentivo prático para que sejam estruturados mecanismos práticos de solução e que usem das próprias tecnologias da informação para resolver os conflitos jurídicos decorrentes da própria LGPD. Nesse sentido, seria de muito bom tom e interessante, que a própria Autoridade Nacional de Proteção de Dados – ANPD, dentro de suas vocações legais[44], capitaneie tal função, aproveitando-se das experiências nacionais, em especial, a própria plataforma Consumidor.gov.br.

A Autoridade de Proteção de Dados da Bélgica, por exemplo, conta com plataforma de mediação em que a própria entidade se propõe a mediar questões envolvendo o tema[45].

44. "Art. 55-J. Compete à ANPD: [...] III – elaborar diretrizes para a Política Nacional de Proteção de Dados Pessoais e da Privacidade; [...] VII – promover e elaborar estudos sobre as práticas nacionais e internacionais de proteção de dados pessoais e privacidade; e XXIV – implementar mecanismos simplificados, inclusive por meio eletrônico, para o registro de reclamações sobre o tratamento de dados pessoais em desconformidade com esta Lei.".

45. https://www.dataprotectionauthority.be/citizen/actions/request-a-mediation.

PARTE III

OUTROS TEMAS PERTINENTES À RESOLUÇÃO DOS CONFLITOS E AS TECNOLOGIAS DA INFORMAÇÃO

1 NOTA INTRODUTÓRIA

Na primeira parte desse trabalho, procurou-se trabalhar a ideia do Acesso à Justiça e as mudanças provocadas pelas tecnologias da informação. Na segunda parte, o estudo foi direcionado para a análise de outros métodos de resolução de conflitos e que, inclusive, se aproveitem das tecnologias da informação para seu desenvolvimento.

Nesta terceira parte, porém, em rápida nota introdutória, tem por objetivo aprofundar alguns pontos da primeira parte e propor a discussão sobre outros temas em que há a relação entre a resolução de conflitos e o uso das tecnologias da informação e cujo estudo, ao fim e ao cabo, também é importante para otimizar o próprio Acesso à Justiça. Seja porque os conflitos jurídicos apresentam perfis próprios, buscando nas estruturas e mecanismos de resolução de conflitos a melhor e mais adequada resposta, seja porque as tecnologias da informação propõem um repensar dos próprios institutos de resolução, destacadamente os processuais.

Tem estes autores, assim, a intenção de aproveitar o debate que o Acesso à Justiça propõe enquanto fim último a ser buscado para estudar, de forma reunida e até sob os mantos desse mesmo vetor, outros temas procedimentais e processuais que parecem dignos de atenção e de consciência pelas classes acadêmica e processual.

Entendem estes autores que o desperdício dessa oportunidade não só limitaria o trabalho a discutir os novos métodos de solução e as questões relacionadas, sem reconhecer que parte significativa das chances de sucesso do Acesso à Justiça e de sua otimização em relação às tecnologias da informação também na rediscussão de alguns institutos procedimentais e, principalmente, nas discussões e ajustes que o direito material propõe.

2

PROVAS DIGITAIS

Como referido na introdução, na ideia de uma *teoria das seis dimensões* sobre a relação entre o Direito e as tecnologias da informação, em uma delas, talvez uma das mais decisivas, há a alteração no próprio suporte fático sobre o qual a interpretação normativa repousa. Reitera-se: é no fato e nas suas circunstâncias que as tecnologias da informação apresentam mais provocações, reverberando em efeito dominó nos demais elementos de construção da norma jurídica e apresentando os debates jurídicos e acadêmicos mais acalorados.

Nessa perspectiva, portanto, e considerando que a aplicação do direito material e qualquer ajuste seu com a resolução dos conflitos dependem diretamente da demonstração completa dos fatos, e que isso é tarefa primeira e própria da atividade probatória, nada parece mais coerente do que pensar que a busca pela observância do Princípio do Acesso à Justiça passa necessariamente pela compreensão de como tal atividade se desenvolve tendo as tecnologias da informação (e os fatos a elas associados) como plano de fundo. Essa é a ideia central do presente capítulo.

2.1 DIREITO CONSTITUCIONAL À PROVA

Há verdadeiro direito constitucional à prova[1]. E isso deve ser enfatizado sobretudo em razão da necessidade de se compreender a prova e os respectivos meios de confecção dentro da realidade contemporânea em que os fatos a serem demonstrados estão inseridos. A prova deve ser viabilizada de acordo com as configurações com o que o fato a ser provado se apresenta. Enquanto direito constitucional fundamental[2], tal premissa não pode ser desconsiderada às partes,

1. "Natureza constitucional do direito à prova. A premissa estabelecida no item anterior, além de compatível com o escopo do processo, confere efetividade à garantia da ampla produção probatória, cuja natureza constitucional é incontroversa. O acesso efetivo à prova é direito fundamental, compreendido nas ideias de acesso à justiça, devido processo legal, contraditório e ampla defesa (art. 5.º, XXXV, LIV e LV da CF/1988). Assegurar o direito de ação, no plano constitucional, é garantir o acesso ao devido processo legal, ou seja, ao instrumento tal como concebido pela própria Constituição Federal. Entre os princípios inerentes ao processo, destacam-se o contraditório e a ampla defesa. Expressões diferentes para identificar o mesmo fenômeno: a necessidade de o sistema processual infraconstitucional assegurar às partes a possibilidade da mais ampla participação na formação do convencimento do juiz. Isso implica, evidentemente, a produção das provas destinadas à demonstração dos fatos controvertidos. Contraditório efetivo e defesa ampla compreendem o poder conferido à parte de se valer de todos os meios de prova possíveis e adequados à reconstrução dos fatos constitutivos, impeditivos, modificativos ou extintivos do direito afirmado. O direito à prova é componente inafastável do princípio do contraditório e do direito de defesa [...]. Necessário examiná-lo do ponto de vista da garantia constitucional ao instrumento adequado à solução das controvérsias, dotado de efetividade suficiente para assegurar ao titular de um interesse juridicamente protegido em sede material a tutela jurisdicional. Em última análise, o amplo acesso aos meios de prova constitui corolário natural dos direitos de ação e de defesa. Para que o processo possibilite real acesso à ordem jurídica juta, necessária a garantia da produção da prova, cujo titular é, em princípio, a parte, mas não exclusivamente ela, pois ao juiz, como sujeito interessado no contraditório efetivo e equilibrado e na justiça das decisões, também assiste o poder de determinar as provas necessárias à formação de seu convencimento." (BEDAQUE, José Roberto dos Santos. *Poderes instrutórios do juiz*, 7. ed., rev., atual. e ampl., São Paulo : Editora Revista dos Tribunais, 2013, p. 25-27).

2. Lembra-se que, a grosso modo, a Constituição Federal brasileira é composta por três grandes grupos de normas: (i) normas de estruturação do Estado e seus poderes, o que passa pela estruturação dos Poderes Legislativo, Executivo e Judiciário e respectivas funções, bem como da formatação legislativa, essa verdadeira ossatura de estruturação dos entes estatais; (ii) normas caracterizadas como direitos fundamentais que representam verdadeiros limites à atuação Estatal; e (iii) normas programáticas que perfazem deveres a serem observados enquanto prestações positivas pelo Estado.

sobretudo sob, por vezes, o argumento utilizado – e frágil a nosso ver – da ausência de um meio típico de prova.

O principal fundamento constitucional dessa ideia é justamente o Acesso à Justiça. Nesse sentido, considerando que os direitos materiais se perfazem em suportes fáticos e esses são demonstrados a partir dos meios probatórios, na mais coerente que o ordenamento procedimental e processual viabilize a realização da prova e que tal atividade goze das possibilidades ajustadas à realidade.

Adicionalmente, por certo, os demais princípios fundamentais constitucionais, que com esse último interagem normativamente[3], também revestem de constitucionalidade o direito à prova, especialmente os princípios do devido processo legal e do contraditório. Como assinala Arruda Alvim, "A prova é direito fundamental das partes, que emana do princípio do contraditório (art. 5º, LV, da Constituição Federal) e do decorrente direito que estas possuem de influir no convencimento do juiz."[4].

O princípio do contraditório preconiza um estado ideal das coisas em que as partes envolvidas no processo, e eventualmente o Ministério Público, tenham sempre a ciência dos fundamentos da ação e da defesa, das decisões e todos os demais atos processuais, e possam efetivamente influir no convencimento do julgador ou autoridade. Além disso, as partes devem ter a oportunidade de se manifestar ou

3. "A integração principiológica entre a inafastabilidade e os outros princípios, que também informam o desenvolvimento do processo, se apresenta como uma via de mão dupla. Ao passo que a inafastabilidade orienta a aplicação dos demais princípios, esses contribuem diretamente na construção e preenchimento de seu conteúdo." (TAMER, Maurício Antonio. *op. cit.*, p. 159).

4. ALVIM, Arruda. *Manual de direito processual civil*: teoria geral do processo e processo de conhecimento, 17. ed. rev., atual. e ampl., São Paulo : Editora Revista dos Tribunais, 2017, p. 830. No mesmo sentido: COMOGLIO, Luigi Paolo. *Le prove civili*, 3. ed., Torino : UTET, 2010, p. 10.

reagirem aquilo que tomaram conhecimento[5]. Se perfaz, classicamente, por assim dizer, no binômio ciência e resistência ou informação e reação. O primeiro desses elementos é sempre indispensável, o segundo é eventual. Assim, as partes devem ter sempre o conhecimento de todos os atos do processo e a oportunidade para se manifestar, porém, até por informação do princípio dispositivo, a opção de se manifestar ou não é ônus da parte, a qual deverá suportar as consequências dessa escolha.

Em verdade, porém, o princípio do contraditório assume, no contexto contemporâneo, um significado de maior profundidade. O binômio puro e simples não mais atende ao conteúdo normativo principiológico posto. O estado ideal das coisas, cuja determinação de constante busca e máxima eficácia que advém do postulado constitucional do contraditório, hoje passa pela possibilidade concreta e verificável de que a parte possa influir no entendimento e convencimento do julgador ou autoridade sobre os fatos alegados[6]. No fenô-

5. Rui Portanova conceitua o princípio do contraditório como "a ciência bilateral dos atos e termos processuais e possibilidade de contrariá-los com alegações e provas." (PORTANOVA, Rui. *Princípios do processo civil*, 6. ed., Porto Alegre : Livraria do Advogado, 2005, p. 160); "O princípio do contraditório apresenta-se como uma consequência natural do Estado de Direito. Significa, esse princípio, que se deve dar conhecimento da existência da ação e de todos os atos do processo às partes, e, de outro, a possibilidade de as partes reagirem a atos que lhes sejam desfavoráveis. Nesse diapasão, percebe-se a íntima correlação existente entre o principio do contraditório e o da isonomia." (ALVIM, Eduardo Arruda. GRANADO, Daniel Willian. FERREIRA, Eduardo Aranha. *Direito processual civil*, 6. ed., São Paulo : Saraiva, 2019, p. 187).

6. "Atualmente, porém, a doutrina tem identificado no direito ao contraditório muito mais do que simples bilateralidade da instância. Ao binômio conhecimento-reação tem-se oposto a ideia de cabal participação como núcleo-duro do direito ao contraditório. É lógico que o contraditório, no processo civil do Estado Constitucional, tem significado completamente diverso daquele que lhe era atribuído à época do direito liberal. Contraditório significa hoje conhecer e reagir, mas não só. Significa participar do processo e influir nos seus rumos. Isto é: direito de influência. Com essa nova dimensão, o direito ao contraditório deixou de ser algo cujos destinatários são tão somente as partes e começou a gravar igualmente o juiz. Daí a razão pela qual eloquentemente se observa que o juiz tem o dever não só de velar pelo contraditório entre as partes, mas fundamentalmente a ele também se submeter. O juiz encontra-se igualmente sujeito ao contraditório." (MARINONI, Luiz Guilherme, ARENHART, Sérgio Cruz. MITIDIERO, Daniel. *Novo curso de processo civil* : teoria do processo civil, vol. 1, 3. ed. em e-book baseada na 3. ed.

meno da constitucionalização do processo, que se dá notadamente pelo elenco de seus princípios no art. 5º da Constituição Federal, o contraditório se apresenta renovado integrado pelo direito de influência e pelo dever de debate jurisdicional[7], ao que se agrega, por lógica e natureza das coisas, a instrução probatória.

---

impressa, São Paulo : Editora Revista dos Tribunais, 2017, posição n. 394); "Normalmente, o aludido princípio é analisado no quadro dos princípios gerais do ordenamento processual ou no contexto das Prozessmaximen, de modo a regular a repartição dos poderes e das funções entre as partes e o juiz. Sua utilização transitou de uma ordem isonômica entre os sujeitos processuais para uma ordem assimétrica, em que o protagonismos judicial e a concepção hierárquica entre a magistratura e as partes se imporiam, e com essa mudança configuraram-se o aviltamento e o enfraquecimento do debate e do contraditório. Este foi relegado a uma mecânica contraposição de direitos e obrigações, ou, como se tornou costumeiro afirmar, tão somente como um direito de bilateralidade da audiência, possibilitando às partes a devida informação e possibilidade de reação. Ocorre que essa visão de um contraditório estático somente poderia atender a uma estrutura procedimental monologicamente dirigida pela perspectiva unilateral de formação do provimento pelo juiz, algo que a moderna processualística, até mesmo na busca de maior eficiência do processo, passou a combater. [...] Ao notar a insuficiência do conteúdo atribuído ao contraditório, e já o vislumbrando como garantia dinâmica e como núcleo do processo, a doutrina italiana configurou, porém, perfis dinâmicos para um contraditório, agora substancial, atribuindo às partes possibilidades de participação preventiva sob qualquer aspecto fático ou jurídico que esteja sendo discutido e julgado. Na França, o art. 16 do *Nouveau Code de Procédure Civile* impede o juiz de fundamentar sua decisão sobre aspectos jurídicos que ele suscitou de ofício sem ter antecipadamente convidado as partes a se manifestar acerca de suas observações. Assim, a garantia opera não somente no confronto entre as partes, transformando-se também num dever-ônus para o juiz [...]. Na Alemanha, após o segundo pós-guerra, o conteúdo da cláusula estabelecida no texto do art. 103, §1.º, da Lei Fundamental da República Federal da Alemanha como "pretensão de audição jurídica" (*Anspruch auf Rechtliches Gehör*) foi interpretada de modo a garantir um alcance maios que a simples literalidade. O Tribunal Constitucional Federal (*Bundesverfassungsgericht*) passou a afirmar que o dispositivo não só operava seus efeitos no confronto entre as partes, mas, sim, convertia-se também num dever para o magistrado, de modo que se atribuía às partes a possibilidade de posicionar-se sobre qualquer questão de fato ou de direito, de procedimento ou de mérito, de tal modo a poder influir sobre o resultado dos provimentos. [...] Impõe-se, assim, a leitura do contraditório como garantia de influência no desenvolvimento e resultado do processo." (THEODORO JÚNIOR, Humberto, NUNES, Dierle, BAHIA, Alexandre Melo Franco, PEDRON, Flávio Quinaud. *op. cit.*, p. 104-107).

7. "A Constituição Federal de 1988, ao incluir no seu texto diversos princípios de direito processual que não estavam anteriormente expressos (v.g. devido processo legal) ou que tinham âmbito mais limitado (v.g. contraditório), assumiu expressamente essa postura garantista. É justamente no contraditório, ampliado pela Carta do Estado Democrático brasileiro, que se irá apoiar a noção de processo democrático, o processo como procedimento em contraditório, que tem na sua matriz substancial a "máxima de cooperação" (*Kooperationmaxima*). Trata-se de "extrair do próprio direito fundamental de participação a base

Pergunta-se então: como exercer o poder de influência assegurado constitucionalmente sem a possibilidade de realizar a prova adequada e efetiva em relação ao fato alegado? Não é possível. Pergunta-se, adicionalmente: como exercer tal poder em conflitos que tenham alguma relação com as tecnologias da informação de alguma forma sem uma atividade probatória ajustada a tal realidade? Não é possível. Pergunta-se, por fim: ciente das conclusões negativas às perguntas anteriores, como não estudar o tema?

2.2 CONCEITO DE PROVA DIGITAL

Como já trabalhado por um destes autores em obra em coautoria com o professor Rennan Thamay dedicada exclusivamente ao tema[8], a prova é o instrumento jurídico vocacionado a demonstrar a ocorrência ou não de determinado fato, e, em caso positivo, delimitar todas as suas características e circunstâncias, respondendo não só a pergunta se o fato ocorreu ou não, mas como ocorreu e quais sujeitos estão a ele atrelados, ativa ou passivamente. Alguém, responsável por conferir a leitura jurídica sobre o fato, precisa saber se o fato ocorreu ou não e, se sim, todas as suas circunstâncias. A prova, em linhas

constitucional para o princípio da colaboração. O contraditório surge então renovado, não mais unicamente como garantia do direito de resposta, mas como direito de influência e dever de debate. [...] Portanto, pelo menos dois valores ideológicos principais para este livro estão subjacentes à ideia de processo constitucional: o valor efetividade, que surge da influência dos direitos fundamentais, com sua consequente necessidade de realização; e o valor segurança jurídica, tomado na sua dimensão não racionalista absoluta, de certeza anterior dos fatos, mas como garantia contra o arbítrio estatal, em uma palavra, previsibilidade. Agrega-se ainda, porque subjaz ao Estado Democrático e Pluralista de Direito, o valor instrumental da democracia, que é a necessária observância do procedimento em contraditório (entre as partes e entre elas e o juiz) [...]. É justamente nesse quadro que o contraditório surge como "valor-fonte" do processo constitucional." (ZANETI JÚNIOR, Hermes. *op. cit.*, 179-182).

8. THAMAY, Rennan. TAMER, Maurício. *Provas no direito digital*: conceito da prova digital, procedimentos e provas digitais em espécie, São Paulo : Thomson Reuters Brasil, 2020.

gerais, é o meio pelo qual é formada a convicção desse alguém em relação a fato específico[9-10].

Muitos são os possíveis destinatários da atividade (juiz, árbitro, membro do Ministério Público, autoridades administrativas, advogados, etc.), porque muitos são os procedimentos em que a prova pode ser feita: processos judiciais, procedimentos arbitrais, procedimentos oficiais administrativos, procedimentos e tratativas não oficiais (*v.g.* tratativas de acordo, *due diligences*, investigações internas das mais diversas naturezas, etc.).

Os meios probatórios, ao seu turno, devem ser compreendidos em relação à prova a partir de uma relação instrumental de meio e

9. Nesse ponto, sobre a ideia contemporânea de prova, interessante verificar a proposta feita por Luis Guilherme Marinoni e Sérgio Cruz Arenhart, segundo os quais: "Comumente, a definição de prova vem ligada à ideia de reconstrução (pesquisa) de um fato, que é demonstrado ao magistrado, capacitando-o a ter certeza sobre os eventos ocorridos e permitindo-lhe exercer a sua função [...] Cumpre reconhecer que o fenômeno probatório assume, atualmente, um caráter multifacetário, capaz de imprimir à figura, conforme o prisma através do qual se observa, diferentes nuances. [...] Nessa perspectiva, se retorna à definição que já lançamos, e que parece refletir, razoavelmente, a natureza da prova como se pretende denotá-la: a prova, direito processual, é *todo meio retórico, regulado pela lei, e dirigido dentro dos parâmetros fixados pelo direito e de critérios racionais, a convencer o Estado-juiz da validade das proposições, objeto de impugnação, feitas no processo*." (MARINONI, Luiz Guilherme, ARENHART, Sérgio Cruz. *Prova e convicção*, 5. ed., rev., atual. e ampl.. São Paulo : Thomson Reuters Brasil, 2019, p. 65-68).

10. "Toda norma jurídica condiciona la producción de sus efectos a la existencia de determinada situación de hecho. Por consiguiente, la parte que pretende haberse verificado, en la realidad, la situación de hecho descrita por la norma o normas que invoca como fundamento de su pretensión o defensa, ante todo, asumir la carga de *afirmar* la existencia de esa situación. Ahora bien: los hechos sobre los que versan tales afirmaciones pueden ser, a su vez, admitidos o negados por la otra parte. [...] Desde un primer ponto de vista, la expresión '*prueba*' denota esa peculiar actividad que corresponde desplegar durante el transcurso del proceso y que tiende a la finalidad mencionada. Pero también abarca, por un lado, el conjunto de modos u operaciones (*medios de prueba*) del que se extraen, a raíz de la '*fuente*' que proporcionan, el motivo o motivos generadores de la convicción judicial (*argumentos de prueba*), y, por otro lado, el hecho mismo de esa convicción, o sea el *resultado* de la actividad probatoria. En ánimo de formular un concepto comprensivo de todas esas significaciones puede decirse que *la prueba es la actividad procesal, realizada con el auxilio de los medios establecidos por la ley, y tendiente a crear la convicción judicial sobre la existencia o inexistencia de los hechos afirmados por las partes como fundamento de sus pretensiones o defensas*." (PALACIO, Lino Enrique. *Manual de derecho procesal civil* 21. ed., atual. por Carlos Enrique Camps, Ciudad Autónoma de Buenos Aires : Abeledo Perrot, 2016, p. 417-418).

resultado. É a técnica processual ou procedimental de obtenção da prova. De uma maneira geral, toda técnica representa a predisposição de meios ordenados a obter certos resultados, só se justificando pela existência de determinada finalidade a cumprir[11]. Os meios probatórios são técnicas processuais ou procedimentais, portanto, porque são mecanismos delineados à obtenção de um resultado, no caso, a prova sobre o fato.

Os fatos ocorrem no respectivo plano, no plano fático. A eles cumpre dar a leitura jurídica devida a partir da construção normativa que deles se extrai. Os meios probatórios são os instrumentos por meio dos quais os fatos saem do plano puramente fático e adentram aos processos ou procedimentos. Deixam de ser puramente fatos para representar um acontecimento, dentro do processo ou procedimento, juridicamente apto a levar o destinatário ao convencimento sobre o interesse jurídico respectivo.

Meios probatórios, são, assim, esses meios de transferência ou transporte dos fatos de fora dos processos ou procedimentos para dentro. O que os diferencia e permite, por assim dizer, a categorização na expressão provas em espécie, é onde e como os fatos foram registrados e, por consequência, como se dará essa transferência para dentro dos processos e procedimentos. Assim, por exemplo, se o fato foi registrado na memória de alguém, a prova testemunhal será o meio probatório habilitado a levar tal fato para dentro do processo ou procedimento. Se o fato estiver registrado em determinado documento (compra e venda de imóvel, recibo de pagamento, data de nascimento ou óbito, postagem em mídia social, envio de e-mail, etc.), a prova documental seria o meio apto. Se a transferência do fato para dentro do processo ou procedimento depender de sua tradução técnica especializada (digital, médica, de engenharia, etc.), a

11. BEDAQUE, José Roberto dos Santos. *Efetividade do processo e técnica processual*, 3. ed., São Paulo : Malheiros Editores, 2010, p. 81.

prova pericial será o meio próprio. Após essa transferência do fato para dentro do processo ou procedimento, o resultado obtido pode ser entendido como a prova em si considerada. Assim, os meios probatórios são os instrumentos de obtenção das provas nos processos e procedimentos, por meio da inclusão, nesses, dos fatos. As provas são os resultados obtidos após a realização dessa tarefa de transferência. As consequências jurídicas, por sua vez, são extraídas dessas provas ou resultados probatórios. Por fim, a atividade probatória é a atividade relacionada a todos esses procedimentos.

Feitas essas considerações sobre o conceito de prova, meios probatórios e atividade probatória, é interessante pensar qual critério ou quais critérios podem ser úteis na evolução desse conceito, para definição do conceito de prova digital. Como já se teve oportunidade de dizer, a identificação desses critérios parece possível a partir da própria semântica do termo *digital* agregado, o que induz a duas acepções de compreensão. Uma primeira, segundo a qual, a prova digital pode ser entendida como a demonstração de um fato ocorrido nos meios digitais, isto é, um fato que tenha como suporte a utilização de um meio digital. E, uma segunda, em que, embora o fato em si não tenha ocorrido em meio digital, a demonstração de sua ocorrência pode se dar por meios digitais.

São fatos ocorridos por meios digitais e a respeito dos quais a prova pode ser feita (prova digital), por exemplo: envio de um e-mail, envio de uma mensagem por aplicativo de mensagens (WhatsApp, Telegram, entre outros), cópia ou desvio da base de dados, cópia de software, disponibilização de um vídeo na internet (conteúdo íntimo ou difamador), entre outros. Também é possível que o meio digital sirva de instrumento para demonstrar a existência de um fato ocorrido em meio não digital. Basta pensar, por exemplo, em uma ata notarial lavrada a partir da constatação pelo tabelião de foto em mídia social em que constam juntos um colaborador da empresa e um diretor da empresa concorrente, a fim de demonstrar o conluio fático entre eles. Na seara criminal, é possível que por meio de monitoramento autorizado judicialmente de conta de conversas de Whatsapp se prove a prática de tráfico de drogas ou outros crimes. Os fatos não são digitais em si, mas os suportes digitais servem de mecanismo de demonstração.

Nessa lógica e como já se teve oportunidade de conceituar, a prova digital é "o instrumento jurídico vocacionado a demonstrar a ocorrência ou não de determinado fato e suas circunstâncias, tendo ele ocorrido total ou parcialmente em meios digitais ou, se fora deles, esses sirvam como instrumento para sua demonstração. A prova digital é o meio de demonstrar a ocorrência de um fato ocorrido em meio digital ou que tem no meio digital um instrumento de demonstração de determinado fato de seu conteúdo."[12].

2.3 PRESSUPOSTOS DE VALIDADE E UTILIDADE DA PROVA DIGITAL

Partindo-se da premissa principal desse trabalho e de sua segunda parte de que o Acesso à Justiça, no cenário das tecnologias da informação, depende também da prova dos fatos digitais ou da prova digital de fatos não digitais – considerando o conceito acima apresentado – é necessário estudar os pressupostos de validade e utilidade da prova digital como *condições necessárias de sucesso* ao próprio Acesso à Justiça.

Sem a demonstração correta do fato e sem a possibilidade de uso da prova digital feita (por falta de tais pressupostos), o exame do mérito e a resolução adequada do conflito restam prejudicados. A primeira questão que se coloca é: como resolver adequadamente

12. THAMAY, Rennan. TAMER, Maurício. *op. cit.*, p. 33.

um conflito que tem como plano de fundo as tecnologias da informação e fatos a ela associados sem que a prova digital seja feita? Não parece possível e isso leva a uma segunda pergunta: se a prova digital é necessária à resolução de tais conflitos, é possível pensar em sucesso em tais soluções sem que os pressupostos de validade e utilidade da prova sejam respeitados? A resposta parece ser igualmente negativa.

Dito isso, a validade e a utilidade da prova digital passa, além do respeito à tríade principiológica que rege toda atividade probatória (vedação à prova ilícita, liberdade probatória e persuasão racional do destinatário da prova) a respeito da qual se tratará mais dedicadamente em ponto subsequente, pela observância de três fatores principais: (i) autenticidade; (ii) integridade; e (iii) preservação de cadeia de custódia. A falha em qualquer deles resultará na fragilidade da própria prova, tornando-a fraca e até, por vezes, imprestável ou impotente de produzir efeitos no caso concreto. Em outras palavras, não servirá para trazer ao processo ou procedimento o fato ocorrido no meio digital, razão pela qual, inclusive, pretende-se trabalhar também tais premissas quando do estudo adiante sobre as provas em espécie.

Interessante observar que não são pressupostos exclusivos ou característicos das provas digitais, mas de todas as provas em si. É para verificação da autenticidade da prova testemunhal, por exemplo, que a testemunha é qualificada com a apresentação de documentos de identificação antes da coleta da prova oral. Porém, não se ignora que no caso da prova digital tais pressupostos apresentam circunstâncias próprias que chamam ainda mais importância aos temas.

Em primeiro lugar, a autenticidade deve ser entendida como a qualidade da prova digital que permite a certeza com relação ao autor ou autores do fato digital. Ou seja, é a qualidade que assegura que o autor aparente do fato é, com efeito, seu autor real. É a qualidade que elimina toda e qualquer hipótese válida e estruturada de suspeição sobre quem fez ou participou da constituição do fato no meio digital.

Uma prova falha nesse aspecto ou não autêntica é aquela, portanto, sobre a qual repousa dúvida em relação à autoria. E, se essa dúvida existe, consequência lógica é a perda de chances de utilidade da prova, ao passo que os questionamentos em relação ao responsável pelo fato passam a ser possíveis. Ao final do dia, o que se tem no processo ou procedimento se desrespeitada a autenticidade, é a falha do interessado juridicamente na prova digital em seu ônus de demonstrar o fato constitutivo do seu direito. Uma prova digital falha em sua autenticidade acaba por reproduzir um fato, por assim dizer, pela metade e sem autoria certa.

Alguns exemplos parecem demonstrar a perda de utilidade prática da prova digital em razão da não autenticidade.

Assim, por exemplo, há autenticidade se o autor aparente de uma postagem ofensiva em mídia social é de fato o titular do perfil ou página e o autor real de tal publicação. Agora, pode muito bem ser um perfil falso ou *fake*, sendo o autor real do fato outra pessoa. Nesse segundo caso, há falha na autenticidade sendo recomendável, portanto, a realização judicial da quebra de sigilo da postagem.

Imagine-se, também, a situação em que determinada organização, em investigação interna de compliance, identifica e-mail encaminhado de computador corporativo de colaborador para algum agente público prometendo determinada vantagem ilícita. O dispositivo deve ser imediatamente isolado e seus compartimentos de armazenamento (HD ou SSD) clonados e lacrados, preservando-se a prova. O que não pode ocorrer é o encaminhamento desse dispositivo para área técnica de verificação ou qualquer outra pessoa acessar o dispositivo. Basta que isso aconteça para se instaurar a possibilidade de dúvida sobre quem de fato enviou a comunicação. O mesmo exemplo se aplica em casos em que as organizações buscam responsabilizar colaboradores por desvio eletrônico de informação. Se a autenticidade não estiver preservada, fatalmente diminuíram, em muito, as chances de sucesso em qualquer medida de responsabilização extra ou judicial do empregado.

Em segundo lugar, a integridade pode ser entendida como a qualidade da prova digital que permite a certeza com relação à sua completude e não adulteração. A prova digital íntegra é aquela isenta de qualquer modificação em seu estado ou adulteração desde o momento da realização do fato até a apresentação do resultado prova. Prova digital íntegra, portanto, é aquela não modificada ou adulterada, apta, portanto, a demonstrar a reprodução do fato em sua completude e integridade.

A inutilidade da prova não íntegra, assim como no caso da prova sem autenticidade, também é fácil de visualizar. Nesse sentido, os mesmos exemplos acima também são aplicáveis. Adulterada a prova, obviamente ela se torna muito mais frágil, resultando, na inutilidade da prova para os fins aos quais está vocacionada, especialmente a formatação da convicção do destinatário da prova sobre a responsabilização do autor do fato. É por essa razão, por exemplo, que se prefere uma ata notarial à apresentação de *printscreen* ou captura de tela em um procedimento, judicial ou não. O *printscreen* é adulterável facilmente. É muito simples e fácil, construir ou alterar uma conversa de aplicativo de mensagens, de e-mails ou postagens em mídias sociais.

Com essa preocupação e também como exemplo, é necessário preservar a integridade inclusive na própria coleta da prova na sua fonte. Situação prática e que parece ilustrar bem essa ideia é o procedimento de clonagem de dispositivos de armazenamento (as já referidas HD – *hard disk* – e SSD – *solid state drive*, principalmente. Com isso, conserva-se o dispositivo origina de forma íntegra, sendo a verificação da prova e os estudos periciais feitos no dispositivo versão clone, garantindo toda contraprova necessária e eliminando qualquer levantamento de dúvida sobre adulteração.

Aliás, não só o procedimento de manutenção da integralidade deve ser adotado, como também deve-se dar aparência de segurança para esse procedimento. Por essa razão, é recomendável que o procedimento de coleta da prova seja acompanhado de lavratura presencial de ata notarial apta a atestar, com fé pública, que a integralidade for respeitada. Alternativa também importante é a extração de código Hash sobre a cópia feita, atestando que ela é um espelho fidedigno do dispositivo original. Esse código (reprodução de uma composição alfanumérica – ex. 0956bcaf7fe61322696edb2efb0cf7fe5d) gerado é único para o dispositivo clonado, pois sua sequência numérica é extraída apenas após a análise byte a byte comparativa. O código é extraído porque se compara todas as partes de todos os arquivos de ambos dispositivos (original e cópia), atestando a plena e completa identidade entre eles. Em outras palavras, esse método técnico assegura de forma irretocável a integridade da prova.

Por fim, além da autenticidade e da integridade é importante preservar a cadeia de custódia da prova digital, quer dizer, preservar tais pressupostos em todo processo de produção da prova digital, desde sua identificação até sua apresentação no procedimento de destino. A ideia é construir verdadeiro registro histórico da evidência, de toda a vida da prova, de modo que se alguém seguir os mesmos passos já dados na produção da prova, o resultado será exatamente o mesmo.

2.4 TRÍADE PRINCIPIOLÓGICA DA ATIVIDADE PROBATÓRIA DIGITAL: VEDAÇÃO DA PROVA ILÍCITA, LIBERDADE PROBATÓRIA E PERSUASÃO RACIONAL DO DESTINATÁRIO

Prezando pela objetividade, não se discorrerá aqui sobre os conceitos de princípio enquanto categoria normativa, sobre o que estes autores fazem nova referência ao estudo do assunto na primeira parte desse trabalho e cujas considerações aqui se aplicam.

Ainda, inicialmente, importa dizer que esses três princípios (vedação da prova ilícita, liberdade probatória e persuasão racional do destinatário) não são os únicos aplicáveis à atividade probatória, mas sem dúvida são os que mais se destacam. Aliás, tendo em vista que o Acesso à Justiça e as resoluções de conflito devem se desenvolver em ecossistema de respeito absoluto ao devido processo legal, fundamental que tais princípios sejam observados.

Muito bem, o primeiro da vedação da prova ilícita está previsto no art. 5º, LVI, da CF, segundo o qual "são inadmissíveis, no processo, as provas obtidas por meios ilícitos". Na mesma esteira, determina o art. 369 do CPC que: "As partes têm o direito de empregar todos os meios legais, bem como os moralmente legítimos, ainda que não especificados neste Código, para provar a verdade dos fatos em que se funda o pedido ou a defesa e influir eficazmente na convicção do juiz.".

Em síntese e dentro do que foi estudado até esse ponto, determina que não serão aceitas nos processos e procedimentos as provas (resultados sobre a ocorrência ou não de fatos e todas as suas características e circunstâncias) ilícitas, ou seja, contrárias ao Direito ou "confeccionadas em violação ao Direito vigente"[13]-[14]. Também se

13. STJ, HC nº 481.201/MT, 6ª T., Rel. Min. Nefi Cordeiro, j. 21.05.2019, DJe 03.06.2019.

14. "O ato ilícito é aquele praticado em oposição a uma regra de direito, provenha esta de qualquer ramo ou disciplina jurídica. Em princípio, a ilicitude é *una*, no sentido de significar uma ofensa ao Direito como um todo. Poder acontecer, por certo, a coincidência entre uma ou mais regulações normativas, isto é: a prática de um fato pode afetar bens ou direitos regulados em mais de um texto legislativo, como ocorre com a maioria dos ilícitos penais nos quais são atingidos bens individualizados. De modo geral surgirá nessas hipóteses, além da responsabilidade penal, o dever de reparar o dano civil. A prova ilícita significa, então, a prova *obtida, produzida, introduzida ou valorada* de modo contrário à determinada ou específica previsão legal. A ilicitude que acabamos de mencionar surgiria nas fases essenciais do aparecimento da prova no processo penal, a saber: (a) a de sua *obtenção*; (b) a da sua *produção*; (c) a da sua *introdução* no processo; e, por fim, (d) a da sua *valoração* pelo juiz da causa." (PACELLI, Eugênio. FISCHER, Douglas. *Comentários ao Código de Processo Penal e sua jurisprudência*, 6. ed., rev. e atual., São Paulo : Atlas, 2014, p. 332); "Prova ilícita é aquela que, em si mesma considerada, fere o ordenamento jurídico. Assim, por exemplo, a tortura expressamente proibida pelo inciso III do art. 5º da CF. Prova obtida por meios ilícitos é aquela que, como meio de prova, e

fala em prova ilícita se esse resultado se dá por derivação ou pela aplicação da teoria dos frutos da árvore envenenada (*the fruit of the poisonous tree*). Criada pela Suprema Corte Norte-Americana, a teoria consigna que as provas derivadas das provas ilícitas também estarão eivadas de ilicitude, desde que demonstrada a conexão de antijuridicidade ou causalidade entre as provas[15-16].

Os exemplos são muitos, basta que, como visto, a obtenção, formação, produção ou admissão da prova seja contrária ao Direito

admitida ou tolerada pelo sistema, mas cuja forma de obtenção, de constituição, de formação, fere o ordenamento jurídico." (BUENO, Cássio Scarpinella. *Manual de direito processual civil*: volume único, 5. ed., São Paulo : Saraiva, 2019, item 21.1.13).

15. "Pouca coisa diz a afirmação da conhecida teoria dos frutos da árvore envenenada – criada pela Suprema Corte Americana como o título *the fruit of the poisonous tree* – quando entendida no sentido de que as provas derivadas da ilícita também devem ser reputadas ilícitas. [...] O problema passa a ser o da identificação da conexão de antijuridicidade entre as provas. Para tanto é preciso verificar não apenas se existe algum elemento fático capaz de romper juridicamente a relação de causalidade, mas, sobretudo, analisar se a admissão da segunda prova como ilícita contribui para a defesa dos direitos que se objetiva proteger através da proibição da prova ilícita." (MARINONI, Luiz Guilherme, ARENHART, Sérgio Cruz. *op. cit.*, p. 299-301);"

16. "Ninguém pode ser investigado, denunciado ou condenado com base, unicamente, em provas ilícitas, quer se trate de ilicitude originária, quer se cuide de ilicitude por derivação. Qualquer novo dado probatório, ainda que produzido, de modo válido, em momento subseqüente, não pode apoiar-se, não pode ter fundamento causal nem derivar de prova comprometida pela mácula da ilicitude originária. – A exclusão da prova originariamente ilícita – ou daquela afetada pelo vício da ilicitude por derivação – representa um dos meios mais expressivos destinados a conferir efetividade à garantia do "*due process of law*" e a tornar mais intensa, pelo banimento da prova ilicitamente obtida, a tutela constitucional que preserva os direitos e prerrogativas que assistem a qualquer acusado em sede processual penal. Doutrina. Precedentes. A doutrina da ilicitude por derivação (teoria dos "frutos da árvore envenenada") repudia, por constitucionalmente inadmissíveis, os meios probatórios, que, não obstante produzidos, validamente, em momento ulterior, acham-se afetados, no entanto, pelo vício (gravíssimo) da ilicitude originária, que a eles se transmite, contaminando-os, por efeito de repercussão causal. Hipótese em que os novos dados probatórios somente foram conhecidos, pelo Poder Público, em razão de anterior transgressão praticada, originariamente, pelos agentes da persecução penal, que desrespeitaram a garantia constitucional da inviolabilidade domiciliar. – Revelam-se inadmissíveis, desse modo, em decorrência da ilicitude por derivação, os elementos probatórios a que os órgãos da persecução penal somente tiveram acesso em razão da prova originariamente ilícita, obtida como resultado da transgressão, por agentes estatais, de direitos e garantias constitucionais e legais, cuja eficácia condicionante, no plano do ordenamento positivo brasileiro, traduz significativa limitação de ordem jurídica ao poder do Estado em face dos cidadãos." (STF, RHC nº 90.376/RJ, 2ª T., Rel. Min. Celso de Mello, j. 03.04.2007, DJe 18.05.2007). No mesmo sentido: STF, HC nº 156.157/PR, 1ª T., Rel. Min. Alexandre de Moraes, j. 19.11.2018, DJe 26.11.2018.

material ou processual, ou ainda, que a prova seja derivada de resultado prova anterior ilícito. Para o presente trabalho, parecem de mais utilidade aqueles exemplos extraídos da realidade digital. Ou seja, as provas relacionadas aos fatos que tenham o meio digital como suporte ou que, embora não os tenham, podem por meio dos instrumentos digitais serem demonstrados.

O exemplo mais claro é a obtenção de registros de conexão ou de acesso a aplicações de internet (registros de *log* – Endereço de IP ou Internet Protocol, data, hora e porta lógica de origem[17] sem ordem judicial. É requisito legal imprescindível que seja dada autorização legal para a obtenção de tais informações, seja na esfera civil, trabalhista ou criminal. Assim, ausente tal condição, o resultado prova decorrente – as informações que identificam o usuário ou que podem identificá-lo (ex. obtenção de outros dados cadastrais como e-mail, telefone, etc., que ensejarão nova autorização judicial sobre esses), será ilícito e não poderá ser utilizado. Também será ilícita, com base na teoria da derivação, qualquer medida probatória decorrente dessa identificação ilegal, como, *v.g.*, eventual medida busca e apreensão dos dispositivos eletrônicos realizada no endereço atrelado à conexão identificada.

O Superior Tribunal de Justiça também é pródigo em exemplos. Assim, já se decidiu que a condição de proprietária de dispositivo

17. Segundo definição da Lei nº 12.965/2014, conhecida como Marco Civil da Internet: "Art. 5º Para os efeitos desta Lei, considera-se: [...] V – conexão à internet: a habilitação de um terminal para envio e recebimento de pacotes de dados pela internet, mediante a atribuição ou autenticação de um endereço IP; VI – registro de conexão: o conjunto de informações referentes à data e hora de início e término de uma conexão à internet, sua duração e o endereço IP utilizado pelo terminal para o envio e recebimento de pacotes de dados; VII – aplicações de internet: o conjunto de funcionalidades que podem ser acessadas por meio de um terminal conectado à internet; e VIII – registros de acesso a aplicações de internet: o conjunto de informações referentes à data e hora de uso de uma determinada aplicação de internet a partir de um determinado endereço IP".

eletrônico não gera, somente por isso, a ilicitude da prova[18]. Igualmente, são ilícitos os acessos a "dados constantes de aparelho celular, decorrentes de mensagens de textos SMS, conversas por meio de programa ou aplicativos (WhatsApp), mensagens enviadas ou recebidas por meio de correio eletrônico"[19] sem autorização judicial específica e justificada ou o consentimento livre do próprio usuário. Também reconheceu a ilegalidade da prova obtida por meio do espelhamento do aplicativo do WhatsApp por meio da funcionalidade conhecida como WhatsApp Web se ausente a autorização judicial específica[20].

Adicionalmente, na esfera trabalhista é ilícita a prova obtida a partir do acesso pelo reclamante à comunicação eletrônica entre membros da diretoria da organização, se a obtenção se deu sem autorização judicial[21]. Em contrapartida, é lícito o resultado prova de-

---

18. "São idôneos os motivos invocados pelo Juízo de primeiro grau para embasar a ordem de prisão, ao demonstrar a periculosidade da ora paciente, tendo em vista a menção de que ela não teria tomado nenhuma providência a fim de cessar as práticas abusivas contra a sua filha, 'ao contrário, apesar de ciente do todo ocorrido, manteve seu 'namoro' com L., a todo momento minimiza os fatos e tenta desacreditar a menor perante as autoridades policiais'. Ainda, ficou registrado que a insurgente ostenta passagens criminais pretéritas. O aparelho telefônico objeto de análise, conquanto houvesse sido adquirido pela insurgente e no nome dela estivesse, era de uso pessoal da ofendida e o conteúdo lá armazenado dizia respeito ao seu cotidiano. Não é razoável proteger-se a intimidade de quem foi vítima dos seguidos estupros e que permitiu, por meio de seu representante legal, o exame do conteúdo das mensagens trocadas entre ela e seus agressores em aparelho celular de uso próprio – ainda que adquirido por sua genitora, a ora paciente.". (STJ, HC nº 503.518/RJ. 6ª T., Rel. Min. Rogerio Schietti Cruz, j. 24.09.2019, DJe 02.10.2019).
19. STJ, RHC nº 78.065/SP, 5ª T., Rel. Min. Reynaldo Soares da Fonseca, j. 03.09.2019, DJe 12.09.2019. No mesmo sentido: STJ, HC nº 517.509/SP, 5ª T., Rel. Min. Ribeiro Dantas, j. 27.08.2019, DJe 02.09.2019; STJ, AgRg no HC nº 499.425/SC, 5ª T., Rel. Min. Reynaldo Soares da Fonseca, j. 06.06.2019, DJe 14.06.2019; STJ HC nº 432.896/MG, 5ª T., Rel. Min. Feliz Fischer, j. 24.04.2018, DJe 08.05.2018; STJ, RHC nº 67.379/RN, 5ª T., Rel. Min. Ribeiro Dantas, j. 20.10.2016, DJe 09.11.2016; STJ, RHC nº 51.531/RO, 6ª T., Rel. Min. Nefi Cordeiro, j. 19.04.2016, DJe 09.05.2016, Informativo nº 583; e STJ, HC nº 315.220/RS, 6ª T., Rel. Min. Maria Thereza de Assis Moura, j. 15.09.2015, DJe 09.10.2015.
20. STJ, RHC nº 99.735/SC, 6ª T., Rel. Min. Laurita Vaz, j. 27.11.2018, DJe 12.12.2018.
21. "O acesso ao conteúdo de e-mails da diretoria da empresa, obtido de forma anônima, sem prévia autorização judicial, configura quebra do sigilo de correspondência, garantia assegurada pela Constituição Federal e pela legislação de regência. Trata-se, a toda evidência, de prova contaminada, ilegítima e ilegal, impossível de ser usada para a formação do convencimento do Julgador. Não se conhece dos documentos juntados, impondo-se o

corrente da gravação ambiental feita pela organização, se os colaboradores têm ciência, providência essa integrante do poder diretivo do empregador[22]. Ainda, é plenamente lícita a prova decorrente do monitoramento ou acesso a e-mail corporativo se o empregado tinha ciência inequívoca dos limites de sua utilização e, sobretudo, se o dispositivo eletrônico utilizado era de propriedade da organização[23].

---

desentranhamento dos mesmos dos autos." (TST, RR nº 0044900-19.2012.5.17.0012, 2ª T., Rel. Min. Delaíde Miranda Arantes, DEJT 23.08.2019).

22. "Vídeo monitoramento. Veículo da empresa. Gravação ambiental. Prova lícita. No caso, a reclamada, empresa de segurança privada, instalou câmera de vídeo no veículo onde os requeridos trabalhavam, a fim de verificar a conduta dos mesmos durante atividades externas. A controvérsia diz respeito a licitude da prova obtida mediante a gravação do ambiente de trabalho. É sabido que a intimidade e a privacidade das pessoas não constituem direitos absolutos, podendo sofrer restrições, como, por exemplo, quando presentes os requisitos exigidos pela Constituição (art. 5º, XII). Da mesma forma, o poder diretivo e fiscalizador do empregador não são absolutos, pois nosso ordenamento jurídico veda condutas que agridam a privacidade, a intimidade e a dignidade dos trabalhadores. Segundo a Corte de origem, por se tratar de empresa de segurança patrimonial, a prova dos fatos ocorridos dentro do veículo da reclamada durante as atividades externas não poderia ser obtida por outros meios que não o monitoramento por vídeo, GPS e outros dispositivos de segurança, razão pela qual admitiu a utilização das gravações ambientais feitas. Do quadro-fático retratado no acórdão do Tribunal Regional, extrai-se que um dos recorrentes (Sr. Gilberto) estava ciente do sistema de monitoramento da frota. E que, não obstante, ele e o outro recorrente (Sr. Wildson), acompanhados de um terceiro não identificado, fizeram varredura no veículo em busca dos equipamentos de segurança. Nesse cenário, não se vislumbra ilegalidade na decisão recorrida que admitiu a utilização do vídeo de monitoramento realizado dentro do veículo de propriedade da empresa, pois demonstrada a indispensabilidade da medida para fins de prova da falta grave praticada pelos recorrentes" (TST, RR nº 1536100-23.2003.5.11.0007, 4ª T., Rel. Min. Antônio José de Barros Levenhagen, DEJT 12.11.2004).

23. "1. Os sacrossantos direitos do cidadão à privacidade e ao sigilo de correspondência, constitucionalmente assegurados, concernem à comunicação estritamente pessoal, ainda que virtual (e-mail- particular). Assim, apenas o e-mail pessoal ou particular do empregado, socorrendo-se de provedor próprio, desfruta da proteção constitucional e legal de inviolabilidade. 2. Solução diversa impõe-se em se tratando do chamado -e-mail- corporativo, instrumento de comunicação virtual mediante o qual o empregado louva-se de terminal de computador e de provedor da empresa, bem assim do próprio endereço eletrônico que lhe é disponibilizado igualmente pela empresa. Destina-se este a que nele trafeguem mensagens de cunho estritamente profissional. Em princípio, é de uso corporativo, salvo consentimento do empregador. Ostenta, pois, natureza jurídica equivalente à de uma ferramenta de trabalho proporcionada pelo empregador ao empregado para a consecução do serviço. 3. A estreita e cada vez mais intensa vinculação que passou a existir, de uns tempos a esta parte, entre Internet e/ou correspondência eletrônica e justa causa e/ou crime exige muita parcimônia dos órgãos jurisdicionais na qualificação da ilicitude da prova referente ao desvio de finalidade na utilização dessa tecnologia, tomando-se em conta,

O segundo princípio que orienta a atividade probatória (formação, obtenção, produção e admissão da prova) é o princípio da liberdade probatória, que, aliás, exerce profundo diálogo com o princípio anterior da vedação das provas ilícitas. A ideia básica nesses termos é: se não há vedação jurídica, qualquer elemento (típico ou atípico) pode ser utilizado para trazer o fato à luz e tentar o convencimento

inclusive, o princípio da proporcionalidade e, pois, os diversos valores jurídicos tutelados pela lei e pela Constituição Federal. A experiência subministrada ao magistrado pela observação do que ordinariamente acontece revela que, notadamente o -e-mail- corporativo, não raro sofre acentuado desvio de finalidade, mediante a utilização abusiva ou ilegal, de que é exemplo o envio de fotos pornográficas. Constitui, assim, em última análise, expediente pelo qual o empregado pode provocar expressivo prejuízo ao empregador. 4. Se se cuida de -e-mail- corporativo, declaradamente destinado somente para assuntos e matérias afetas ao serviço, o que está em jogo, antes de tudo, é o exercício do direito de propriedade do empregador sobre o computador capaz de acessar à internet e sobre o próprio provedor. Insta ter presente também a responsabilidade do empregador, perante terceiros, pelos atos de seus empregados em serviço (Código Civil, art. 932, inc. III), bem como que está em xeque o direito à imagem do empregador, igualmente merecedor de tutela constitucional. Sobretudo, imperativo considerar que o empregado, ao receber uma caixa de -e-mail- de seu empregador para uso corporativo, mediante ciência prévia de que nele somente podem transitar mensagens profissionais, não tem razoável expectativa de privacidade quanto a esta, como se vem entendendo no Direito Comparado (EUA e Reino Unido). 5. Pode o empregador monitorar e rastrear a atividade do empregado no ambiente de trabalho, em -e-mail- corporativo, isto é, checar suas mensagens, tanto do ponto de vista formal quanto sob o ângulo material ou de conteúdo. Não é ilícita a prova assim obtida, visando a demonstrar justa causa para a despedida decorrente do envio de material pornográfico a colega de trabalho. Inexistência de afronta ao art. 5º, incisos X, XII e LVI, da Constituição Federal." (TST, RR nº 0061300-23.2000.5.10.0013, 1ª T., Rel. Min. João Oreste Dalazen, j. 18.05.2005, DJ 10.06.2005); "Forma de acesso às provas apresentadas pela reclamada. Articula o recorrente que as provas da demandada são unilaterais e obtidas de forma ilícita, com violação de correspondência. Constam dos autos que a reclamada descobriu e comprovou a quebra de fidúcia do reclamado, por se utilizar de "e-mail's" corporativo da empregadora, na execução de serviços de advocacia, no horário do expediente de trabalho, como empregado da demandada, efetivado pelo reclamante, usando para isso o computador da demandada, e havendo até causa contra o próprio empregador. Em se tratando de aparelho de informática do empregador, utilizado pelo empregado, no ambiente de trabalho, não se constitui violação de correspondência uma perícia efetivada pelo empregador em maquinas de sua propriedade, onde há "e-mail" corporativo de empregado, pois faz parte do poder diretivo do empregador, e assim vem decidindo o Tribunal Superior do Trabalho, com exceção de invasão de privacidade, resguardando, assim, a intimidade do trabalhador. No caso sob exame, não houve invasão de privacidade ou de intimidade, mas quebra de fidúcia do empregado, mau procedimento, ato prejudicial ao empregador, com previsão na CLT, portanto, fora do alcance da violação de correspondência prevista na Constituição Federal vigente." (TST, Ag no AIRR nº 0000820-70.2012.5.07.0004, 2ª T., Rel. Min. Delaíde Miranda Arantes, j. 21.08.2019).

do destinatário. É o conteúdo essencial do art. 369 do CPC: "Art. 369. As partes têm o direito de empregar todos os meios legais, bem como os moralmente legítimos, ainda que não especificados neste Código, para provar a verdade dos fatos em que se funda o pedido ou a defesa e influir eficazmente na convicção do juiz.".

Intimamente ligado ao direito constitucional à prova e a ideia dele decorrente de viabilização da obtenção do resultado prova a partir do ajuste às próprias configurações do fato, o princípio da liberdade probatória impõe a busca constante por um estado ideal das coisas em que qualquer fato, por mais específico e peculiar que seja, possa ser provado ou tenha, à sua disposição, os métodos adequados de atividade probatória. Nesse aspecto de adequação, por assim dizer, a liberdade probatória tem como conteúdo essencial e representa a principal conexão entre o ideal de Acesso à Justiça e a atividade probatória, estando, inclusive, compreendido nas próprias dimensões do Acesso.

Como assinala Mario Masciotra: "Para que la prueba cumpla su fin de obtener la verdad o lograr la convicción del juez sobre la verosimilitud o no de los hechos litigiosos, es indispensable otorgar libertad a las partes y al juez, para utilizar todos los medios probatorios admisibles, ya que no puede haber prueba donde falta la libertad de probar, esta libertad es postulado indiscutible de la prueba. Consecuentemente se veda el *numerus clausus*. Este principio puede sintetizarse en el derecho a invocar la libertad de los medios de pruebas pero, sobre todo, el derecho de elección del medio probatorio, elección que supone aquella libertad."[24].

Tal princípio ganha especial relevância no contexto do direito digital e dos fatos relacionados ao uso da tecnologia da informação,

24. MASCIOTRA, Mario. Principios que rigen el ofrecimiento, producción y apreciación de la prueba en el proceso civil *In* ROJAS, Jorge A. [coord.] *La prueba*, 1. ed. rev., Santa Fe: Rubinzal--Cuizoni, 2016, p. 82.

justamente porque tais situações põem à prova, de forma recorrente, as estruturas jurídicas existentes e, por certo, os mecanismos probatórios.

Interessante discussão há, por exemplo, na possibilidade da utilização de capturas de tela (*printscreen*) para provar o fato nela consubstanciado, por exemplo, uma conversa em aplicativo de mensagens (*v.g.* WhatsApp ou Telegram), uma postagem em mídia social (*v.g.* Instagram ou Facebook), ou e-mail recebido ou enviado. Considerando a liberdade probatória, a possibilidade de sua utilização se impõe. Até porque não há, *a priori*, qualquer barreira de ilicitude a inviabilizar seu uso. E se não se proíbe, se permite. A negativa de realização de tal prova, certamente, violaria o estado ideal preconizado pelo Acesso à Justiça. Negar uma prova possível e não ilícita ou ilegítima é negar a possibilidade constitucional de resolução adequada e efetiva do conflito posto.

Por outro lado, é preciso dizer que isso não afasta a ideia de que sua utilização e avaliação jurídica deve se dar de forma cuidadosa, sobretudo considerando suas próprias fragilidades materiais. O principal ponto focal é a possibilidade de manipulação do conteúdo em razão de sua fácil e rápida edição. No entanto, com foco no Acesso à Justiça, garantir o uso da prova de forma livre, ainda que os cuidados inerentes da avaliação probatória, parece a solução mais equilibrada e mais ajustada aos ideias constitucionais.

Por exemplo, é simples se alterar o conteúdo de uma conversa de WhatsApp, se utilizar de capturas de tela selecionadas – sem respeitar a sequência verdadeira da conversa, alterar textos, remetentes e destinatários de e-mail, por aí em diante. Não à toa, o Código de Processo Civil e a legislação notarial prevê um meio de prova típico – a ata notarial (art. 384, CPC) – a ser utilizado em tais situações, sobre o qual se discorrerá mais adiante. Embora não seja um meio completamente blindável de qualquer adulteração, sem dúvida é muito mais confiável em razão da fé-pública envolvida em sua elaboração.

De todo modo, questões como ausência de conhecimento técnico sobre tal meio, tempo e custo para elaboração podem torná-lo, no caso concreto, inviável. Por isso, sua existência não pode, de forma absoluta, afastar a possibilidade de utilização dos *printscreen*. Cumprirá aos envolvidos no caso concreto e aos destinatários da prova – na premissa de seu livre convencimento motivado – realizar a avaliação do resultado prova e demonstrar as adulterações se existentes.

Por fim – e isso não significa que não existam outros princípios que também tenham relação com a atividade probatória, como dito, tem-se o princípio da persuasão racional ou do livre convencimento motivado. O destinatário da atividade probatória (*v.g.* juiz, membro do ministério público, etc.) está livre de regras preestabelecidas em relação aos valores probatórios de meios de prova específicos, vincula as conclusões do destinatário à necessária exposição dos critérios lógico-racionais que lhe deram base[25].

A ideia, justamente, é que o destinatário fará sua avaliação sobre o conjunto probatório que está à sua disposição. No momento da tomada de decisão sobre a ocorrência ou não dos fatos e as consequências jurídicas respectivas, confere o valor ou maior relevância ao meio probatório e ao fato vinculado que, na sua percepção transparente e racionalmente fundamentada, tem mais peso no deslinde

25. "Consoante já foi assinalado, a expressão 'livre convencimento motivado' designa um sistema em que o juiz não esteja vinculado a regras preestabelecidas a respeito do valor a ser atribuído às provas. Contudo, tal não significa que o juiz esteja liberado da justificativa de seu convencimento a respeito dos fatos que embasam a decisão. E essa justificativa, exposta na fundamentação, deve vir amparada em critérios lógico-racionais, sendo inconcebível uma conclusão fática extraída de elementos externos aos autos." (ALVIM, Arruda. *Manual....*, p. 840); "Adotando o novo Código o princípio democrático da participação efetiva das partes na preparação e formação do provimento que haverá de ser editado pelo juiz para a se chegar à *justa composição do litígio*, entendeu o legislador de suprimir a menção ao 'livre convencimento do juiz' na apreciação da prova. [...] Com isso, estabeleceu-se o dever de apreciar não a prova que livremente escolher, mas todo o conjunto probatório existente nos autos. Repeliu-se a tendência esboçada em certa corrente jurisprudencial que reconhecia ao juiz o dever de de justificar a conclusão a que chegou, expondo apenas as razões capazes de sustentá-la." (THEODORO JÚNIOR, Humberto. *Curso de direito processual civil*, vol 1, 60. ed. rev., atual. e ampl., versão eletrônica, Rio de Janeiro : Forense, 2019, Item 650).

da dúvida. Inclusive, a mesma motivação deve ser dada em relação à credibilidade do meio probatório[26]. Afasta-se, portanto, sistemas como o da prova tarifada em que determinados meios têm, de forma tabelada preestabelecida, valores probatórios superiores aos demais ou do livre convencimento, em que há liberdade, mas ausência da necessária motivação.

2.5 PROVAS DIGITAIS EM ESPÉCIE: O ACESSO À JUSTIÇA EM TERMOS PRÁTICOS EM MATÉRIA PROBATÓRIA

Ainda em matéria probatória, é importante a referência às provas digitais em espécie que representam, em termos práticos e teóricos, os meios de transporte dos fatos digitais para procedimentos de avaliação jurídica ou os meios de transporte digitais de fatos não digitais para os procedimentos de avaliação jurídica. O que diferencia, nessa perspectiva, uma prova em espécie da outra, com foco na utilidade de tal classificação, é justamente a forma como tal transporte é feito.

E, adicionalmente, é preciso dizer que são as provas em espécie ou tais meios de transporte que parecem representar ou concretizar, em termos práticos, parte importante do Acesso à Justiça, justamente porque são elas que permitem que os fatos digitais sejam levados de forma válida e útil aos procedimentos em que o direito material será

26. "Toda prova impõe ao juiz o dever de relacioná-la com o fato que deseja evidenciar. Isso ocorre, com maior clareza, no caso da prova de um fato direto, mas também está presente quando se pensa na prova de um fato indireto, uma vez que, antes de o juiz poder raciocinar a partir do fato indiciário para o fato essencial, deve concluir a respeito da relação entre a prova indiciária e o indício. Isso quer dizer, simplesmente, que, antes de o juzi estabelecer a ligação entre a prova e o fato, deve valorar a credibilidade da prova. Não se trata de valorar se a prova identifica o fato, mas sim se o documento é formalmente exato ou se o perito e a testemunha são idôneos ou mesmo se a prova pericial e a prova testemunhal têm saliências que retirem sua credibilidade. [...] Qualquer circunstância que aponte para a desestabilização da prova deve ser revelada na motivação da sentença, ainda que não interfira na valoração individual da prova ou no resultado do julgamento." (MARINONI, Luiz Guilherme, ARENHART, Sérgio Cruz. *Prova...*, p. 318-320).

debatido ou porque elas facilitam ou representam novos meios de demonstração de fatos não digitais para os mesmo procedimentos. Ausente uma prova em espécie ou seu correto entendimento ou aplicação, consequência que parece lógica é o desconhecimento sobre o fato e, logo, a fragilização das chances de fazer valer o direito material, objetivo último do próprio acesso.

Apresentada essa perspectiva de leitura sobre as provas digitais em espécie ou típicas, é possível entender que essas seriam: prova documental, ata notarial, fornecimento de informações pelos provedores de internet, prova pericial, depoimento pessoal, prova testemunhal, interrogatório e blockchain. Sem adentrar em pormenores sobre cada uma delas, até para prezar pela objetividade do presente trabalho, procurar-se-á tratar do que há de mais essencial em relação a cada uma delas.

Os documentos, que podem ser classificados como públicos ou particulares[27], para efeitos de prova, devem ser entendidos não apenas como uma escrita em um papel, e ao se falar em direito digital, a obviedade dessa ideia parece ficar ainda mais clara. De forma ampla, documento é um objeto com capacidade em materializar um fato, seja por meio da escrita, de sinais, gráficos, símbolos, etc. São documentos, portanto, os filmes, as fotos, as transcrições, desenhos[28]. Mesmo

27. "A grande classificação dos documentos os divide em públicos e particulares. Os primeiros (públicos) são elaborados por repartições públicas ou por serviços com natureza pública; os ultimos (particulares) são confeccionados por particulares. Os primeiros presumem-se verdadeiros, pois a autoridade que os elaborou (autora material do documento) goza de fé pública. Desse modo, prescindem de concordância da outra parte para se reputarem autênticos." (ALVIM, Eduardo Arruda. GRANADO, Daniel Willian. FERREIRA, Eduardo Aranha. *op. cit.*, p. 677).

28. A esse respeito, sobre o conceito de documento: "A palavra documento é, fundamentalmente, utilizada como sinônimo de prova literal, mas nem por isto deixa de ser o documento uma coisa. E é, também, usada em sentido algo diverso. Alude, assim, o CPC/2015 (art. 422, caput e § 1.º) à reprodução mecânica, à fonográfica, à fotografia digital etc., salientando-se que tais provas não se ajustam, com rigor, ao conceito de prova literal. Há uma tendência de se rever a identificação estrita entre documento e coisa, dado que, à vista da evolução tecnológica, nem todo documento possui um suporte físico. Nesse sentido,

a ata notarial, meio probatório em si considerado, é um documento, mas um documento dotado de pressupostos próprios de formatação de sua autenticidade a justificar sua categorização em separado.

Com efeito, "o termo prova documental abrange os instrumentos e os documentos, públicos e privados. Qualquer representação material que sirva para reconstituir e preservar através do tempo a representação de um pensamento, ordem, imagem, situação, ideia, declaração de vontade etc., pode ser denominada documento. Os escritos que são celebrados, por oficial público no exercício de seu mister, na forma prevista pela lei, com o intuito de fazer prova solene de determinado ato jurídico, compondo, por assim dizer, a própria essência do negócio (CC 104), ou não, denominam-se instrumentos. Estes são constituídos com a finalidade de servirem de prova. O documento não é confeccionado para o fim de servir de prova, mas pode ser assim utilizado, casualmente."[29].

Documento, portanto, é qualquer suporte físico ou eletrônico em que um fato e suas circunstâncias estão registrados. A prova documental, por sua vez, é o resultado obtido no processo ou procedimento a partir da utilização desse documento. É prova documental, por exemplo, o resultado prova obtido no processo a partir de CD, mídia ou HD juntado aos autos em que consta determinado vídeo que interessa à discussão jurídica estabelecida. Também é prova documental o resultado no processo a partir do contrato juntado. Igualmente, é prova documental aquela obtida a partir da junta de extratos de registros eletrônicos (IP, data e hora) obtidos em demanda anterior de quebra de sigilo em face de provedor. As capturas de tela ou

---

parece-nos correto ampliar a abrangência do conceito para considerar como documentos aqueles criados através de tecnologias modernas da informação e das comunicações, como os dados inseridos na memória do computador ou transmitidos por uma rede de informática, em geral denominados documentos de informática ou documentos eletrônicos." (ALVIM, Arruda. *Novo contencioso...*, p. 255-256).

29. NERY JÚNIOR, Nelson. NERY, Rosa Maria de Andrade. *Código de processo civil comentado*. 18. ed. rev., atual. e ampl., São Paulo : Thompson Reuters Brasil, 2019, p. 1051.

printscreen também produzem provas documentais. Em suma, o fato está registrado em algum suporte físico ou eletrônico? E esse suporte não é outra prova específica? Se a resposta for positiva para ambas questões, o resultado prova extraído será documental.

Paralelamente, pode se dizer ainda sobre o documento eletrônico, documento digital e o documento digitalizado.

O documento eletrônico é aquele produzido, autenticado, armazenado e transmitido em suporte eletrônico na sua forma original. É, por exemplo, qualquer documento nos formatos e extensões .pdf ou .doc, assinados eletronicamente ou não. Tal assinatura, como se verá, confere presunção de autenticidade e integridade, mas sua ausência não desnatura, por assim dizer, o documento como eletrônico. É o vídeo elaborado integralmente pelo meio eletrônico ou presente na plataforma conhecida do *Youtube*, acessível via petição nos autos por *QR Code*. São as mensagens trocadas por qualquer aplicativo vocacionado para tanto. São os contratos eletrônicos celebrados.

Há uma diferença de pouca utilidade prática entre documento eletrônico e documento digital, sendo esse último todos aqueles eletrônicos e formatados a partir de dígitos binários (padrões 0 e 1)[30]. Embora a diferença conceitual seja importante, traz consequências práticas quase inexistentes, ao passo que ambos são admitidos igualmente e estão sob o mesmo regime legal.

Na definição do Conselho Nacional de Arquivos – CONARQ, "Um documento eletrônico é acessível e interpretável por meio de um equipamento eletrônico (aparelho de videocassete, filmadora, computador), podendo ser registrado e codificado em forma analógica ou em dígitos binários. Já um documento digital é um documento eletrônico caracterizado pela codificação em dígitos binários e acessado

30. *Idem*, p. 1078

por meio de sistema computacional. Assim, todo documento digital é eletrônico, mas nem todo documento eletrônico é digital. Apesar de ter seu foco atualmente direcionado para os documentos digitais, a CTDE (Câmara Técnica de Documentos Eletrônicos) mantém seu nome, uma vez que este escopo pode ser expandido ao longo do desenvolvimento de seus trabalhos. Exemplos: 1) documento eletrônico: filme em VHS, música em fita cassete. 2) documento digital: texto em PDF, planilha de cálculo em Microsoft Excel, áudio em MP3, filme em AVI."[31].

Documento digitalizado, por sua vez, um terceiro tipo, é o documento originalmente produzido em meio físico e depois transportado, por meio da digitalização (fotografia, utilização de aplicativos, digitalização via *scanner*, etc.), para suporte eletrônico. É, por exemplo, o instrumento de mandato (procuração ou substabelecimento) feito e assinado em papel e digitalizado para protocolo em processo eletrônico. É o contrato digitalizado para ser encaminhado por e-mail (o e-mail em si é um documento eletrônico, seu anexo, nesse caso, um documento digitalizado). É a foto do documento de identidade encaminhada pelo cliente para distribuição da ação. São os documentos digitalizados e compartilhados por empresa, via sistema, para escritório de advocacia que realiza investigação de compliance.

Em relação ao documento eletrônico, o CPC – aplicável subsidiariamente aos processos penais e trabalhistas, nesse caso –, considera sua existência e uso, mas delega à legislação extravagante sua caracterização. Em seus arts. 193 a 199, permite a prática dos atos processuais total ou parcialmente por meios digitais, dispondo também sobre providências administrativas nesse aspecto[32].

31. CONARQ. Disponível em: http://conarq.gov.br/index.php/documentos-eletronicos-ctde/perguntas-mais-frequentes Acesso em: 06/08/2020.

32. Da Prática Eletrônica de Atos Processuais. Art. 193. Os atos processuais podem ser total ou parcialmente digitais, de forma a permitir que sejam produzidos, comunicados, armazenados e validados por meio eletrônico, na forma da lei. Parágrafo único. O disposto nesta Seção

Mais adiante, em seus arts. 439, 440 e 441 dispõe especificamente sobre os documentos eletrônicos, justamente em seção específica inserida na própria parte dedicada à prova documental.

No art. 439, prevê que "A utilização de documentos eletrônicos no processo convencional dependerá de sua conversão à forma impressa e da verificação de sua autenticidade, na forma da lei.". Processo convencional deve ser entendido como aquele *não eletrônico*. Interessante notar não só a referida delegação à legislação extravagante, da qual se falará a respeito, mas também a existência de aparente impropriedade atrelada à sua validade ou utilidade processual de que essa só seria possível se viabilizada sua "conversão à forma impressa e da verificação de sua autenticidade". Isso se diz porque sua autenticidade, como se verá, não depende de sua conversão em forma impressa, mas sim da assinatura eletrônica nele constante.

---

aplica-se, no que for cabível, à prática de atos notariais e de registro. Art. 194. Os sistemas de automação processual respeitarão a publicidade dos atos, o acesso e a participação das partes e de seus procuradores, inclusive nas audiências e sessões de julgamento, observadas as garantias da disponibilidade, independência da plataforma computacional, acessibilidade e interoperabilidade dos sistemas, serviços, dados e informações que o Poder Judiciário administre no exercício de suas funções. Art. 195. O registro de ato processual eletrônico deverá ser feito em padrões abertos, que atenderão aos requisitos de autenticidade, integridade, temporalidade, não repúdio, conservação e, nos casos que tramitem em segredo de justiça, confidencialidade, observada a infraestrutura de chaves públicas unificada nacionalmente, nos termos da lei. Art. 196. Compete ao Conselho Nacional de Justiça e, supletivamente, aos tribunais, regulamentar a prática e a comunicação oficial de atos processuais por meio eletrônico e velar pela compatibilidade dos sistemas, disciplinando a incorporação progressiva de novos avanços tecnológicos e editando, para esse fim, os atos que forem necessários, respeitadas as normas fundamentais deste Código. Art. 197. Os tribunais divulgarão as informações constantes de seu sistema de automação em página própria na rede mundial de computadores, gozando a divulgação de presunção de veracidade e confiabilidade. Parágrafo único. Nos casos de problema técnico do sistema e de erro ou omissão do auxiliar da justiça responsável pelo registro dos andamentos, poderá ser configurada a justa causa prevista no art. 223, caput e §1º. Art. 198. As unidades do Poder Judiciário deverão manter gratuitamente, à disposição dos interessados, equipamentos necessários à prática de atos processuais e à consulta e ao acesso ao sistema e aos documentos dele constantes. Parágrafo único. Será admitida a prática de atos por meio não eletrônico no local onde não estiverem disponibilizados os equipamentos previstos no caput. Art. 199. As unidades do Poder Judiciário assegurarão às pessoas com deficiência acessibilidade aos seus sítios na rede mundial de computadores, ao meio eletrônico de prática de atos judiciais, à comunicação eletrônica dos atos processuais e à assinatura eletrônica.

A ideia, porém, da afirmação feita no art. 439 em relação à dependência de conversão está atrelada à digitalização de documentos ou dos documentos digitalizados. Reconhece-se, ainda, o estado de transição dos processos físicos no país para os eletrônicos ou da instauração de processos eletrônicos, mas a partir de documentos físicos, de modo que, nesses casos, a autenticidade dos documentos digitalizados nesse processo (inicialmente físicos, portanto) passa também pela sua verificação de correspondência em relação à sua forma física anterior. Por isso, já se comentou: "Como o processo físico ainda se encontra em fase de transição para o processo eletrônico, por vezes suas formas e práticas se intercalam. Os arts. 439 a 411 do NCPC visam disciplinar essa dualidade, dispondo a respeito da admissibilidade do documento eletrônico no processo físico. Para tanto, dispõe que a utilização de documentos eletrônicos no processo convencional dependerá de sua conversão à forma impressa e da confirmação de sua autenticidade. [...] O dispositivo, porém, não pode ser interpretado como uma vedação ao uso de documento eletrônico cuja conversão à forma impressa seja impossível."[33]

Na mesma linha, dispõe o art. 440 que "O juiz apreciará o valor probante do documento eletrônico não convertido, assegurado às partes o acesso ao seu teor.". Tal dispositivo é altamente elogiável, pois consubstancia em plano infraconstitucional e prático o direito constitucional à prova, a partir do reconhecimento do valor probante contemporâneo dos documentos eletrônicos. É reconhecer e validar juridicamente a realidade das coisas. Ao mesmo passo, prevê o art. 441 que: "Serão admitidos documentos eletrônicos produzidos e conservados com a observância da legislação específica.".

33. WAMBIER, Teresa Arruda Alvim [et. al]. *Primeiros comentários ao novo código de processo civil artigo por artigo*, 2. ed. rev., atual. e ampl., São Paulo : Editora Revista dos Tribunais, 2016, p. 799.

A legislação específica referendada pelo CPC e que, diga-se, também se aplica aos processos penais e trabalhistas[34], se resumem à Lei nº 11.419 de 2006, conhecida como Lei do Processo Eletrônico e à Medida Provisória nº 2.200-2/2001 que trata da Infra-Estrutura de Chaves Públicas Brasileira - ICP Brasil.

A Lei nº 11.419 de 2006 considera, então, originais os documentos produzidos eletronicamente (documentos eletrônicos, portanto), com garantia da origem e de seu signatário (autenticidade), nos termos do seu art. 11: "Os documentos produzidos eletronicamente e juntados aos processos eletrônicos com garantia da origem e de seu signatário, na forma estabelecida nesta Lei, serão considerados originais para todos os efeitos legais.". Nos parágrafos do referido artigo, trata dos documentos digitalizados, dispondo que esses têm a mesma força probante dos originais (§1º). Dispõe também que os documentos físicos originais - que foram digitalizados - devem ser guardados por seu detentor pelo até o trânsito em julgado da demanda ou até o prazo decadencial da ação rescisória (§3º), a ideia é justamente permitir o confronto probatório se a autenticidade ou a integridade do documento vierem a ser questionadas.

E por qual razão se justifica classificação entre documentos eletrônicos e digitalizados? Além das questões práticas acima, tal separação se faz necessária, sobretudo, porquê a verificação da autenticidade, integridade e a cadeia de custódia é diferente em cada um dos casos. Especialmente, as duas primeiras.

No documento digitalizado, tais características são verificadas em dois momentos distintos. Um primeiro relacionado ao próprio documento físico original. Deles serão apuradas a autenticidade (se os autores do documento ou cujas manifestações de vontade nele

34. Essa é a previsão do §1º, do art. 1º da Lei nº 11.419 de 2006: "§1º Aplica-se o disposto nesta Lei, indistintamente, aos processos civil, penal e trabalhista, bem como aos juizados especiais, em qualquer grau de jurisdição.".

consta é o verdadeiro) e a integridade (se o documento não sofreu qualquer adulteração material). Há, ainda, um segundo momento, relacionado à digitalização do documento em si considerada. Nesse caso, a autenticidade e a integridade serão verificadas, em caso de questionamento, com a comparação com a via física original. Por isso, como visto anteriormente, deve o detentor guardar as cópias físicas para eventual contraprova. Guarda, porém, presunção de autenticidade e integridade o documento digitalizado em que nele aposta a assinatura eletrônica do peticionário (art. 11, §1º, Lei nº 11.419/2006).

No documento eletrônico, porém, a autenticidade e a integridade são verificadas fundamentalmente pela aposição da assinatura eletrônica no documento ou, em outras palavras, goza de presunção de autenticidade e integridade o documento eletrônico assinado eletronicamente. Uma assinatura que respeite a Medida Provisória nº 2.200/2001, convertida em lei, e observe corretamente a estrutura ICP Brasil nela prevista.

A ata notarial, por sua vez, é documento de alta importância na atividade probatória relacionada ao direito digital e ao uso da tecnologia para realização de fatos que tenham repercussão jurídica é a ata notarial. A diferença essencial para as demais provas documentais, é que a ata notarial goza de qualificativos próprios de formatação a justificar sua previsão legal como meio típico de prova específico, inclusive inaugurando tal rol do CPC[35].

---

35. "O primeiro meio de prova expressamente disciplinado pelo Código é a ata notarial. A rigor, trata-se de uma prova documental. Porém, vem tratada de modo destacado, especialmente porque seu emprego vem crescendo ultimamente, em especial diante da ausência de outros meios de prova específicos, concebidos para lidar com casos particulares de necessidade de registro de informações. De fato, recentemente, esse meio de prova tem-se mostrado essencial para a demonstração da ocorrência de fatos cuja comprovação por outro meio seria muito difícil ou até impossível. Assim, tem-se empregado a medida para a prova de fatos ocorridos na internet, especialmente diante da falta de eficiência da regulamentação da prova eletrônica por outro meio." (MARINONI, Luiz Guilherme, ARENHART, Sérgio Cruz. *Prova...*, p. 467).

Prevista originalmente no art. 7º, III, da Lei nº 8.935 de 1994[36], conhecida como Lei do Cartórios, que regulamenta o art. 236 da Constituição Federal[37], a ata notarial também é definida no CPC, em seu art. 384, assumindo, a partir de então, a condição de meio de prova típico[38]. Segundo o dispositivo: "A existência e o modo de existir de algum fato podem ser atestados ou documentados, a requerimento do interessado, mediante ata lavrada por tabelião.". Inclusive, poderão constar em ata "dados representados por imagem ou som gravados em arquivos eletrônicos." (art. 384, p. ú., CPC). O que se extrai dessa disposição é justamente o reconhecimento da realidade das coisas, permitindo que o tabelião registre documentalmente, em ata, fatos observados eletronicamente. Para os processos penais e trabalhista, bem como aos procedimentos administrativos ou particulares, a dinâmica é a mesma.

Em razão da função pública que lhe é conferida por lei, os fatos contidos na ata notarial contam com fé pública e presunção de veracidade. Ou seja, em termos práticos, significa que quem apresenta a ata notarial não precisa, em regra, utilizar de meios probatórios acessórios àquela, por assim dizer, para confirmar ou reforçar a veracidade dos fatos e circunstâncias nela consubstanciados. Embora possa fazê-lo como método de robustecer o convencimento, a presunção de veracidade que possui a ata notarial afasta tal necessidade. Trata-se de presunção relativa[39]. Isso em termos práticos significa que se admite demonstração probatória em contrário, seja para sinalizar que

36. Art. 7º Aos tabeliães de notas compete com exclusividade: [...] III – lavrar atas notariais.

37. Art. 236. Os serviços notariais e de registro são exercidos em caráter privado, por delegação do Poder Público.

38. "A ata notarial é um meio de prova admitido expressamente pelo CPC/2015, inicialmente prevista no art. 7º, III, da Lei nº 8.935/94. Antes disso, a ata notaral era considerada um meio de prova atípico, diante da falta de previsão legal." (ALVIM, Eduardo Arruda. GRANADO, Daniel Willian. FERREIRA, Eduardo Aranha. *op. cit.*, p. 647).

39. Nesse sentido: THEODORO JÚNIOR, Humberto. *op. cit.*, p. 930; e ALVIM, Eduardo Arruda. GRANADO, Daniel Willian. FERREIRA, Eduardo Aranha. *op. cit.*, p. 647.

o fato constante em ata não ocorreu ou não ocorreu da forma como está documentado.

O notário observa e percebe o fato e o descreve com todas as suas circunstâncias em documento que, por força legal, lhe é próprio: a ata notarial. Todo e qualquer fato, de qualquer natureza e sobretudo os ocorridos em meios eletrônicos ou digitais, podem ser registrados em ata. Há o fato, a observação notarial e a descrição em documento. O que não for observado presencial e pessoalmente pelo notário não poderá constar em ata. Assim, *v.g.*, não pode o notário lavrar ata notarial com base em capturas de tela recebidas por WhatsApp do cartório, é preciso que o notário tenha acesso, pessoal e presencialmente, ao telefone celular. A parte deve levar a ele o dispositivo para que possa verificar presencialmente e registrar em ata ou ele vai até a parte para constatação *in loco*. Também, como mais um exemplo recorrente na realidade digital, não pode o notário fazer constar em ata passo a passo feito para acesso a servidor em nuvem, a e-mail ou à conta em mídia social para constatação de informações neles constantes se esse acesso não foi feito por ele próprio ou na sua presença. Como alternativa e viabilização da prova ou o notário acompanha *in loco* o acesso ao servidor ou à conta, ou a parte interessada lhe confere as credenciais de acesso (*login* e senha) necessárias, mediante assinatura de termo próprio, para que o próprio notário proceda pessoalmente. Essa é prática comum e permitida, inclusive, no termo, recomenda-se que conste expressamente que a parte alterará suas credenciais após a realização de preservação da prova em ata, retomando o acesso exclusivo à conta.

A ata notarial é muito útil, por exemplo, para registro de atos ou posturas tidas por desonrosas praticas por meio da internet, como, *v.g.*, postagens em mídias sociais que atacam diretamente terceiros ou atribuem a terceiros fatos desonrosos (Twitter, Instagram, Facebook, etc.); *blogs* ou sites criados justamente para a mesma finalidade; mensagens enviadas ou colocadas em grupos de aplicativos de mesmo teor (WhatsApp, Telegram, etc.); etc. Lembra-se que são situações extremamente voláteis, bastando uma simples ação do usuário para que o conteúdo seja indisponibilizado de forma imediata. A ata notarial é fundamental para preservar o conteúdo e assegurar sua perpetuidade probatória, de modo que, mesmo se o usuário vier a apagá-lo ou retirá-lo do ar, a aplicação do direito material ainda será possível.

Igualmente, ilegalidades relacionadas ao desrespeito à propriedade intelectual de terceiros também encontram na ata notarial um meio probatório muito útil. É muito comum, por exemplo, a criação de sites ou páginas em mídias sociais utilizando-se do nome e marca de terceiros para as mais diversas finalidades ilícitas como fraudes e as práticas de concorrência desleal (desvio de clientela, aproveitamento parasitário, etc.). O mesmo se aplica com a reprodução ilícita de conteúdo autoral ou de software.

A ata notarial também é muito importante, útil e recomendável para a preservação de identificação e coleta de provas digitais. Assim, é recomendável o acompanhamento de notário e a lavratura de ata notarial respectiva de: (i) identificação e coleta dos registros de log (IP, data e hora) externos indicados por empresa como sendo de endereço de conexão externo relacionado a acesso indevido à base de dados ou a qualquer tentativa de ataque; (ii) identificação e coleta de e-mails de colaborador encaminhados para conta sua particular ou para terceiros, com o desvio de informações; (iii) a realização de clonagem de dispositivos de armazenamento (HD, SSD, etc.) para realização de posterior perícia, conferindo fé pública à extração do código *hash* que assegura que a cópia sobre a qual a perícia será feita é idêntica ao dispositivo original; (iv) constatação de cópia de código-fonte; etc.

Seguindo, o fornecimento das informações de usuário de internet pelos provedores (de aplicação ou de conexão) será melhor detalhado adiante, mas justifica-se sua referência aqui, desde logo, enquanto prova digital em espécie. A obtenção de informações eletrônicas que os provedores de internet possuem, sobretudo com respaldo no art. 22 do Marco Civil da Internet – Lei nº 12.965/2014, é relevante para a demonstração da autenticidade do fato e da prova, ou seja, são imprescindíveis para certificar quem é o autor do fato. É medida probatória acessória a fim de viabilizar a identificação de usuários de internet. Só com isso, ter-se-á a segurança técnica da autenticidade do responsável a fim de buscar fazer valer os interesses jurídicos materiais pertencentes às vítimas dos ilícitos.

Também é prova digital em espécie a prova pericial que pode ser entendido como o meio transporte do fato para dentro do processo ou procedimento que se dá por uma forma necessária e específica: por meio da tradução técnica especializada[40].

Ou seja, o trabalho do perito é fundamental para que o fato seja compreensível e inteligível. Sem sua participação técnica (sua *tradução*) não é possível constatar, com a mínima segurança jurídica necessária, a ocorrência ou não do fato e suas circunstâncias. Em outras palavras, se o fato demandar uma leitura técnica, portanto, a ausência dos trabalhos periciais resulta em meros indícios e mera dedução, estimativa ou cogitação sobre o fato e suas circunstâncias. É por essa razão que a prova pericial é tão relevante em relação ao uso das tecnologias. Nesses casos, a compreensão técnica do fato, quase como uma regra, depende da tradução ou explicação sobre (i) como

40. "A prova pericial tem cabimento no processo civil para demonstração técnica ou científica de fatos narrados pelas partes. Sua realização mostra-se pertinente e necessária à verificação da existência de um fato ou constatação de um estado, de coisa, local ou pessoa, cuja comprovação não se possa fazer de forma documental ou mediante a oitiva de testemunhas, ou ainda que possível, não seja suficiente à formação do convencimento do juiz. Mais do que isso, há casos em que, a despeito até mesmo da confissão, a perícia se mostra necessária, como nos casos de investigação de paternidade ou indenização por invalidez total e permanente para o trabalho. Pode haver documentos, pode haver relatos de testemunhas, mas a aferição técnica nem por isso deixará de ser imprescindível, nos casos em que a especificidade da prova assim requeira." (CABRAL, Antonio do Passo. CRAMER, Ronaldo [coords.] *Comentários ao novo Código de Processo Civil*, Rio de Janeiro : Forense, 2015, comentários ao art. 464).

funciona a tecnologia utilizada (dispositivos eletrônicos, serviços em nuvem, *blockchain*, etc.); e (ii) o passo a passo técnico do uso da tecnologia utilizada (como a tecnologia foi utilizada para a prática do fato e suas circunstâncias.

Quer dizer, é o perito em tecnologia que será responsável (extrajudicial ou judicialmente, inclusive com a possibilidade da participação de assistentes técnicos nomeados) pela explicação do fato, esclarecendo o funcionamento dos dispositivos e tecnologias envolvidas e o como essas foram utilizadas. Feito isso, o fato antes ininteligível ao homem médio[41], passa a ser compreendido, sendo possível, a partir de então, a atribuição das consequências jurídicas respectivas. Os peritos em tecnologia da informação e os institutos ou empresas que desenvolvem o trabalho dessa natureza tem, cada vez mais, uma função relevante e quase imprescindível. Nesse contexto, os exemplos práticos da importância de tal prova são muitos.

É o perito, *v.g.*, o responsável por identificar se em equipamentos eletrônicos de determinada empresa há a presença de arquivos relacionados ao concorrente e de sua utilização (com a verificação de *uploads* de arquivos na internet por exemplo) para a prática de concorrência desleal (*v.g.* abordagem ilícita de clientes, criação de site mentindo sobre o concorrente de que esse integraria organização criminosa, etc.).

---

41. "A prova pericial advém da necessidade de se demonstrar no processo fato que dependa de conhecimento especial que esteja além dos conhecimentos que podem ser exigidos do homem e do juiz de cultura média. Não importa que o magistrado que está tratando da causa, em virtude de capacitação técnica individual e específica (porque é, por exemplo, formado em engenharia civil), tenha qualificação para analisar a situação concreta. Se a capacitação requerida por essa situação não estiver dentro dos parâmetros daquilo que se pode esperar de um uiz, não há como dispensar a prova pericial, ou seja, a elucidação do fato por prova em que participe o perito – nomeado pelo juiz – e em que possam atuar assistentes técnicos indicados pelas partes, a qual deve resultar em laudo técnico-pericial, que por essas poder ser discutido." (MARINONI, Luiz Guilherme, ARENHART, Sérgio Cruz. *op. cit.*, p. 880).

A perícia, nessa linha, também é super relevante para confirmar a autoria de ilícitos praticados pela internet. Após a promoção de ações de identificação do usuário, em face dos provedores de aplicação e conexão responsáveis (sobre as quais se falou anteriormente), identifica-se o endereço da conexão utilizada. Para identificar a conduta ilícita do usuário com a máxima certeza – sendo isso imprescindível em razão da pessoalidade da conduta para responsabilização penal, como já pontuado – recomenda-se a medida de busca e apreensão no endereço de conexão identificado e a perícia dos equipamentos lá localizados. A perícia será responsável por identificar a utilização dos dispositivos e até mediante quais credenciais de acesso (*login* e senha do usuário) para a prática de ilícito, fechando com fidedignidade o nexo causal entre conduta e resultado.

A prova pericial também será necessária para identificar tecnicamente se o código-fonte de determinado software foi ou não copiado, possibilitando a leitura sobre a violação do direito de propriedade intelectual respectivo (Lei nº 9.609 de 1998; arts. 524 e 525, CPP[42]). Ou, ainda, para constatar a cópia de propriedade intelectual de uma maneira geral.

Ainda, sem prejuízo sobre as considerações sobre a tecnologia da *blockchain* a seguir, cumpre a referência ao depoimento pessoal e à prova testemunhal.

O depoimento pessoal da parte é relevante mecanismo para a internalização do fato ao processo judicial pois permite que esse e suas circunstâncias sejam colhidos na fonte, a partir da oitiva do autor ou do réu em juízo. O fato está, portanto, registrado na própria memória

42. Art. 524. No processo e julgamento dos crimes contra a propriedade imaterial, observar-se-á o disposto nos Capítulos I e III do Título I deste Livro, com as modificações constantes dos artigos seguintes. Art. 525. No caso de haver o crime deixado vestígio, a queixa ou a denúncia não será recebida se não for instruída com o exame pericial dos objetos que constituam o corpo de delito.

de uma das partes. A prova testemunhal, por sua vez, é o meio probatório que se operacionaliza a partir do transpasse do fato e circunstâncias registrados na memória de pessoa alheia ao processo.

Do ponto de vista do direito digital, ou mais propriamente, da prova digital em si (meio de demonstrar a ocorrência de um fato ocorrido em meio digital ou que tem no meio digital um instrumento de demonstração de determinado fato e de seu conteúdo) tanto o depoimento pessoal e a prova testemunhal têm, por assim dizer, menor relevância prática em relação aos demais meios. Isso não significa, porém, que gozem de menor poder de influência em relação ao destinatário cuja convicção fática se busca, até porque afirmar isso seria ignorar por completo os postulados da liberdade probatória e, sobretudo, da persuasão racional. O que se quer dizer, no entanto, é que, na prática, a prova documental, a ata notarial e a prova pericial se mostram mais relevantes e úteis, afastando, na imensa maioria das vezes, a desnecessidade de oitiva de autor/réu e testemunhas. De todo modo, existindo a pertinência na colheita da prova oral sobre algum fato relevante ao deslinde da causa, isso poderá ser feito.

Por fim, é importante a referência à tecnologia do *blockchain* e sua utilidade também probatória. *Blockchain*, em tradução livre, traz a ideia de uma cadeia de blocos. Essa é a principal imagem de sua essência estrutural. *Blockchain* pode ser compreendido como uma rede descentralizada de terminais eletrônicos, na grande maioria computadores, distribuídos ao redor do mundo e interligados pela internet. É uma rede *peer-to-peer*, em que cada usuário de forma voluntária disponibiliza seu dispositivo em prol dessa malha descentralizada de dispositivos. A principal característica das redes *peer-to-peer* é a de que cada um dos dispositivos conectados nessa rede descentralizada é ao mesmo tempo um cliente ou receptor da informação como um servidor da rede.

Cada dispositivo, portanto, exerce essa dupla função. Difere da rede mais comum em que há um servidor concentrando a emissão da informação e todos os demais dispositivos a ele conectados apenas funcionam como clientes ou receptores dessa informação ou mensagem eletrônica[43]. Cada dispositivo representa, portanto, a imagem de um *nó* ou um ponto de intersecção dessa rede[44]. As informações ficarão salvas de forma descentralizada e integral em cada terminal conectado na rede. Em outras palavras, os arquivos ou movimentações online feitas ficarão registradas em toda a rede. Isso significa, em termos práticos, que qualquer terminal integrante do *blockchain* (computador, dispositivo eletrônico ou estrutura computacional) tem uma cópia integral das informações (arquivo, transações, etc.)

---

43. "A blockchain is a distributed computing architecture where a computer is called a node if they are participating in the blockchain network. Every node has full knowledge of all the transactions that have occurred, information is shared. Transactions are grouped into blocks that are successively added to the distributed database. Only one block at a time can be added, and for a new block to be added it has to contain a mathematical proof that verifies that it follows in sequence from the previous block. The blocks are thus connected to each other in a chronological order." (BERGQUIST, Jonatan H. *Blockchain technology and smart contracts*: Privacy-preserving tools. 2017. 62 f. Dissertação (Mestrado), Uppsala Universitet, Uppsala, 2017, p. 11. Disponível em: http://uu.diva-portal.org/smash/get/diva2:1107612/FULLTEXT01.pdf. Acesso em: 08/08/2020).

44. "By the turn of the twenty-first century, new models for delivering online services had emerged. Instead of relying on a centralized server, parties began experimenting with peer-to-peer (P2P) networks, which relied on a decentralized infrastructure where each participant in the network (typically called a 'peer' or a 'node') acted as both a supplier and consumer of informational resources. This new model gained mainstream popularity, with the launch of Napster. By running Naspter's software, anyone could download music files from other users (acting as a client) while simultaneously serving music files to others (acting as a server). Using this approach, at its peak, Napster kitted together millions of computers across the globe, creating a massive music library. Napster's popularity, however, was short lived. Underlying the peer-to-peer network was centrally controlled, continually updated index of all music available on the network. This index directed members to the music files they wanted, acting as a linchpin for the entire network. Although necessary for the network's operation, this centralized index proved to be Napster's downfall. Following lawsuites against Napster, courts found it liable for secondary copyright infringement, in part because it maintained this index. Napster was forced do manage the files available to peers on the network more carefully, and it scrubbed its index of copyright-protected music. Once this was implemented, the popularity of Napster waned and its users dispersed. Following Napster's defeat, a second generation of peer-to-peer networks emerged, bringing file sharing to an even larger audience. New peer-to-peer networks, such as Gnutella and BitTorrent, enable people to share information about files located on their personal computers, without the need for centralized indices." (DE FILIPPI, Primavera. WRIGHT, Aaron. *Blockchain and the law*: the rule of code, Cambridge, Massachusetts : Harvard University Press, 2018, p. 17-18).

e pode acessá-las imediatamente. Além disso, cada um dos terminais é responsável por validar ciberneticamente qualquer alteração informacional da rede, de tal modo que qualquer alteração precisa do consenso de toda a estrutura do *blockchain*. Funciona como uma grande livro-razão de registro eletrônico de informações[45].

Dentre muitas utilidades da tecnologia, a preservação probatória talvez seja uma das mais relevantes. Inclusive, lembra-se desde logo que a liberdade probatória e a ausência de vedação jurídica de utilização legitimam tal utilização. O próprio CPC dá essa abertura em seu art. 411, *caput* e inc. II, ao dispor que: "Art. 411. Considera-se autêntico o documento quando: [...] II – a autoria estiver identificada por qualquer outro meio legal de certificação, inclusive eletrônico, nos termos da lei". Como exemplo, a Corte de Internet de Hangzhou na China (*Hangzhou Court of the internet*) já adotou um sistema de preservação judicial de provas via *blockchain* para lides que envolvam direitos autorais digitais, contratos financeiros e contratos de serviços de rede[46]. A 5ª Câmara de Direito Privado, do Tribunal de Justiça do Estado de São Paulo, no julgamento do Agravo de Instrumento nº 2237253-77.2018.8.26.0000, embora não tenha enfrentado a questão de validade da prova preservada via *blockchain*, menciona

---

45. "The blockchain is the public ledger of all Bitcoin transactions that ever been executed. It is constantly growing as miners add new blocks to it (every 10 minutes) to record the most recent transactions. The blocks ar added to the blockchain in a lienar, chronological order. Each ful node (i.e. every computer connected to the Bitcoin network using a cliente that performs the task of validating an relaying transactions) has a copy of the blockchain, which is downloaded automatically when the miner joins the Bitcoin network." (SWAN, Melanie. *Blockchain*. Sebastopol : O'Reilly Media, Inc., 2015, Preface X).

46. "Direitos autorais digitais. Os números incluem, entre outros, publicação móvel, jornais digitais, jornais digitais, literatura original on-line, e-books, vídeo on-line, áudio e vídeo na web, jogos on-line, educação on-line, bancos de dados na web e muito mais. Contrato financeiro. Um contrato de empréstimo financeiro é um contrato no qual um mutuário toma emprestado de uma instituição financeira e devolve o empréstimo no vencimento e paga juros. Sua particularidade é que o credor é uma instituição financeira. Contrato de serviço de rede. Um contrato de serviço de rede é um contrato que um provedor de serviços de rede fornece acesso aos consumidores e um serviço intermediário que fornece conectividade da Internet a um consumidor ou fornece serviços de conteúdo." (Disponível em: https://blockchain.netcourt.gov.cn/portal/main/domain/index.htm. Acesso em: 11.11.2019).

a tecnologia, conforme referida pela parte, e reconhece, ao menos indiretamente, sua utilidade[47].

Assim, como plataforma conectada de armazenamento digital descentralizado, permite que nela sejam salvos documentos de conteúdo fático dos quais, como qualquer documento, pode se extrair o resultado prova respectivo e, após, conferir-lhe a utilidade jurídica. Como em qualquer meio probatório – e, nesse ponto, fica aqui a proposta de desmistificação da tecnologia para torná-la mais acessível e utilizável na prática – cumprirá ao destinatário da formação do convencimento, em persuasão racional, dar o valor que entender devido de forma fundamentada.

A preservação do conteúdo fático no *blockchain* pode se dar de duas formas ou por meio de duas funcionalidades principais. Em uma primeira, de compreensão aparentemente mais simples, salva-se na rede *blockchain* um documento eletrônico (normalmente com a terminação .pdf) ou na própria rede esse documento é confeccionado (*v.g.*, *smartcontracts* ou contratos inteligentes[48]). Ou seja, para facilitação da ideia, nessa primeira finalidade a rede funciona como

---

47. "Trata-se de ação de obrigação de fazer e não fazer, em que o autor alega, em síntese, que é político brasileiro conhecido nacionalmente e tomou conhecimento da existência de páginas disponibilizadas nas plataformas Facebook e Twitter, nas quais há publicação de conteúdos inverídicos e ofensivos, com o objetivo de produzir seu descrédito junto à opinião pública, inclusive com ameaças e acusações de cometimento de crimes (fls. 32). Requereu, a título de tutela provisória de urgência, o fornecimento dos dados dos usuários responsáveis pelas publicações e a remoção dos conteúdos, além da abstenção de comunicação a terceiros, inclusive usuários eventualmente identificados, dos requerimentos e dos termos da demanda (fls. 54/55). [...] Outrossim, não se justifica a pretensão de abstenção de comunicação de terceiros a respeito dos requerimentos do agravante e dos termos da demanda, inclusive porque o próprio recorrente afirmou que 'a partir do conhecimento dos fatos, o Autor providenciou a preservação de todo o conteúdo via Blockchain, junto à plataforma OriginalMY, hábil a comprovar a veracidade e existência dos conteúdos' (fls. 36)." (TJSP, Agravo de Instrumento nº 2237253-77.2018.8.26.000, 5ª C. Dir. Privado, Rel. Des. Fernanda Gomes Machado, j. 19/12/2018).
48. Tais contratos são desenvolvidos diretamente nessa rede descentralizada, e como qualquer contrato de papel, podem conter direitos e obrigações as partes envolvidas. Além disso, depois de tecnicamente configurados são auto executáveis, não dependendo da interação humana para o desenvolvimento das relações jurídicas deles decorrentes. Reduz os custos

qualquer dispositivo eletrônico de salvamento ou armazenamento, a diferença é que a informação é inserida em uma rede descentralizada e o conteúdo será, em regra, imutável. Na segunda funcionalidade de preservação probatória, a rede *blockchain* permite a verificação da existência de determinado conteúdo disponível na internet (precisamente na World Wide Web[49-50]). A partir da indicação da URL ou do endereço específico da página de internet, essa publicamente acessível, a rede *blockchain* faz a verificação se de fato a página está acessível e salva, na própria rede, uma cópia idêntica do conteúdo, fazendo prova da sua existência no momento da verificação. Imagine-se, por exemplo, se é criada uma página destinada a dizer inverdades sobre determinada pessoa, com o objetivo de atingir-lhe sua honra. Nesse caso, se é feita o salvamento na rede *blockchain* por essa segunda funcionalidade, mesmo que a página venha a ser removida, a prova está preservada.

---

de forma significativa ao passo que elimina os intermediários nas transações que, para tanto, cobram altas taxas que encarecem o preço dos produtos finais.

49. Importa esclarecer, nesse ponto, que a internet não se confunde com a World Wide Web, essa última caracterizada por uma parcela do que se utiliza da estrutura da internet em que é acessível o conjunto das webpages, páginas de internet, sites ou sítios eletrônicos, acessíveis via browsers (Internet Explorer, Firefox, Google Chrome, Vivaldi, etc.). As redes *blockchain*, contas privadas de e-mail, serviços de streaming não acessíveis via browsers e jogos online também se utilizam da internet, mas não são acessíveis para fins de verificação de conteúdo na funcionalidade referida.

50. Sobre essa segunda funcionalidade, é interessante a explicação por parte da empresa OriginalMy que presta esse tipo de serviço no País: "A Prova de Autenticidade de Conteúdo Web é a maneira mais fácil, segura e econômica de se coletar provas processuais com plena validade jurídica. O que faz? A PACWeb faz uma cópia completa do conteúdo que está sendo visualizado no seu navegador e gera um relatório comprovando a sua existência. A partir do relatório gerado pelo plugin, é criado um hash, código único e exclusivo, que identifica o seu documento em nosso site. Por que Blockchain? Com a certificação em blockchain, é possível comprovar que a prova coletada não sofreu qualquer modificação, com o conteúdo sendo preservado mesmo que a ação original seja excluída. Ele recebe ainda uma camada adicional de proteção que indica a data e horário exatos em que a prova foi coletada. Validade jurídica. A PACWeb já é reconhecida pelo TJ/SP como válida em processos judiciais (art. 369 do CPC/2015). Garantimos máxima segurança por meio da tecnologia Blockchain, e a parceria com o cartório Azevêdo Bastos garante fé pública em todo território nacional." Disponível em: https://originalmy.com/pacweb Acesso em: 08/08/2020.

3

IDENTIFICAÇÃO DE USUÁRIO NA INTERNET: PRESSUPOSTO AO ACESSO À JUSTIÇA

3.1 A IDENTIFICAÇÃO E O ACESSO À JUSTIÇA

O fornecimento das informações pelos provedores de internet, necessárias essas à identificação de usuários responsáveis por ilícitos que se aproveitam de tal infraestrutura, é, como visto, também meio probatório em espécie e propõe discussões muito relevantes na perspectiva do Acesso à Justiça.

Ora, se o direito material da parte pode ser potencialmente violado pelo uso da internet, terá ela interesse jurídico de fazer valer seu direito material perante o usuário responsável por tal violação. Caso não haja a imediata compensação e sanação da violação – o que no perfil dos ilícitos dessa natureza raramente ocorre – estar-se-á caracterizado o conflito jurídico que precisará ser resolvido. Os exemplos são os mais variados, dada a criatividade própria das atividades humanas somada à infinitude de possibilidades que a internet agrega. Qualquer disposição de direito material pode ser violada (*v.g.* publicações ofensivas ou inverídicas em mídias sociais, uso de propriedade intelectual de terceiros, fraudes eletrônicas, práticas associadas a incidentes de segurança da informação).

A questão que se coloca, porém, é que raramente ou nas mínimas vezes que tal situação é verificada se tem a segurança necessária de conhecimento do responsável (caso em que, *v.g.*, outras circunstâncias adicionais ao uso da internet revelam o autor do ilícito). Em outras palavras, na imensa maioria das vezes, se instaurará um conflito jurídico entre uma parte conhecida e uma parte desconhecida. Logo, o conhecimento dessa é absolutamente imprescindível para que qualquer resolução de conflito se inicie, pois, só com tal conhecimento, as circunstâncias pessoais da segunda parte poderão ser avaliadas e essa poderá exercer seu contraditório e defesa na plenitude do devido processo legal.

Isso significa, portanto, que a identificação da segunda parte é – e tem de ser – condição indispensável à resolução do conflito originado no uso da internet. Em consequência, só há possibilidade de resolução de tais conflitos e chance de satisfazer o direito material e o ideal de Acesso à Justiça se há tal identificação. Nessa perspectiva, o Acesso à Justiça depende diretamente da estruturação normativa procedimental que possibilite, de forma efetiva e adequada, a identificação do usuário de internet responsável por ilícitos que dela se aproveitem.

3.2 ASPECTOS INICIAIS

O fornecimento de informações pelos provedores de internet também é meio probatório. Isso porque, por meio da obtenção de tais informações há a obtenção do resultado prova do fato praticado no meio digital. Especialmente, a obtenção de informações eletrônicas que os provedores de internet possuem é relevante para a demonstração da autenticidade do fato e da prova, ou seja, são imprescindíveis para certificar quem é o autor do fato. É medida probatória acessória a fim de viabilizar a identificação de usuários de internet.

Por provedores de internet, devem ser entendidos tanto os provedores de conexão à internet como aqueles de aplicações de internet. Os primeiros são as empresas que fornecem os serviços de acesso à internet para os usuários (pessoas jurídicas ou físicas), seja por meio de rede fixa ou móvel. Nessa categoria estão as empresas mais conhecidas de fornecimento de conexão e as de telefonia. Os segundos, os provedores de aplicação de internet, são quaisquer empresas que forneçam uma funcionalidade acessível na internet (e-mail, portais de notícias, lojas *online*, aplicativos de mensagens, serviços de armazenamento em nuvem, etc.). Toda e qualquer empresa que disponibilize um serviço acessível via estrutura da internet, é um provedor de aplicação[1]-[2].

---

1. A Lei nº 12.965/2014 ou Marco Civil da Internet traz as definições: Art. 5º Para os efeitos desta Lei, considera-se: I – internet: o sistema constituído do conjunto de protocolos lógicos, estruturado em escala mundial para uso público e irrestrito, com a finalidade de possibilitar a comunicação de dados entre terminais por meio de diferentes redes; II – terminal: o computador ou qualquer dispositivo que se conecte à internet; III – endereço de protocolo de internet (endereço IP): o código atribuído a um terminal de uma rede para permitir sua identificação, definido segundo parâmetros internacionais; IV – administrador de sistema autônomo: a pessoa física ou jurídica que administra blocos de endereço IP específicos e o respectivo sistema autônomo de roteamento, devidamente cadastrada no ente nacional responsável pelo registro e distribuição de endereços IP geograficamente referentes ao País; V – conexão à internet: a habilitação de um terminal para envio e recebimento de pacotes de dados pela internet, mediante a atribuição ou autenticação de um endereço IP; VI – registro de conexão: o conjunto de informações referentes à data e hora de início e término de uma conexão à internet, sua duração e o endereço IP utilizado pelo terminal para o envio e recebimento de pacotes de dados; VII – aplicações de internet: o conjunto de funcionalidades que podem ser acessadas por meio de um terminal conectado à internet; e VIII – registros de acesso a aplicações de internet: o conjunto de informações referentes à data e hora de uso de uma determinada aplicação de internet a partir de um determinado endereço IP.

2. "O art. 5, VII, do Marco Civil da Internet, define aplicações de internet como 'o conjunto de funcionalidades que podem ser acessadas por meio de um terminal conectado à internet', sendo, portanto, o provedor de aplicações qualquer entidade que proporcione ao usuário da grande rede mundial de computadores algo funcional, seja qual for a finalidade. Portanto, qualquer serviço de internet, excetuando os provedores *backbones* e os provedores de conexão ou de acesso, seja pago, gratuito ou filantrópico, como redes sociais, portais de conteúdo, contas de e-mail, mensagens instantâneas e demais aplicativos, podem ser

Justamente para possibilitar a identificação dos autores de fatos digitais, sobretudo aqueles que tragam em relação a si uma ilicitude, a Lei nº 12.965/2014 ou chamada de Marco Civil da Internet – MCI determina que os provedores de internet devem guardar as informações que possuem em relação à utilização de seus serviços. No caso dos provedores de aplicação, 6 meses. No caso dos provedores de conexão, 1 ano[3]. Trata-se de prazo decadencial, pois há obrigação legal de guarda e de fornecimento das informações pelos provedores durante esses períodos. Assim, proposta a medida procedimental de identificação e descumprida a guarda das informações, há o descumprimento da obrigação pelo provedor, podendo esse ser responsabilizado civilmente pela ausência de identificação do usuário. Isso não significa que as empresas de conexão e aplicação não possam guardar as informações por prazo superior a esses e que o interessado não possa pleitear o fornecimento após tal período. A única diferença é que, superado tal prazo e ausente a guarda, a responsabilização civil do provedor não será possível.

Os provedores de aplicação guardam com si os registros de acesso a aplicações de internet, ou seja, "o conjunto de informações referentes à data e hora de uso de uma determinada aplicação de internet a partir de um determinado endereço IP" (art. 5º, VIII, MCI). São as informações relacionadas à conexão utilizada para o uso da aplicação ou funcionalidade, os endereços IP, data e hora (inclusive fuso

considerados como de aplicações de internet, utilizados em escala mundial por bilhões de usuários no mundo inteiro." (VAINZOF, Rony. Responsabilidade por danos decorrentes de conteúdo gerado por terceiros *In* DEL MASSO, Fabiano Dolenc. ABRUSIO, Juliana. FLORÊNCIO FILHO, Marco Aurélio [coord.]. *Marco civil da internet*: Lei 12.965/2014, São Paulo : Revista dos Tribunais, 2014, p. 188-189).

3. Art. 13. Na provisão de conexão à internet, cabe ao administrador de sistema autônomo respectivo o dever de manter os registros de conexão, sob sigilo, em ambiente controlado e de segurança, pelo prazo de 1 (um) ano, nos termos do regulamento. [...] Art. 15. O provedor de aplicações de internet constituído na forma de pessoa jurídica e que exerça essa atividade de forma organizada, profissionalmente e com fins econômicos deverá manter os respectivos registros de acesso a aplicações de internet, sob sigilo, em ambiente controlado e de segurança, pelo prazo de 6 (seis) meses, nos termos do regulamento.

horário). Assim, por exemplo, o provedor de aplicação, se lhe indicada determinada postagem, consegue fornecer as informações do endereço de IP, data e hora utilizado para fazê-la. A partir dessas informações é possível identificar os provedores de conexão atrelados ao acesso à internet utilizado. Há discussões consistentes, ainda, sobre se tais provedores devem guardar e fornecer conteúdos produzidos por suas respectivas funcionalidades. De um lado, há quem defenda que sim, especialmente com respaldo no art. 10, MCI, e no fato de que tais informações são dados estáticos presentes nos servidores dos provedores. Por outro, há quem defenda pela impossibilidade de tal dever, especialmente na esfera civil, pois implicaria em interceptação de comunicações.

Os provedores de conexão, por sua vez, guardam com si os registros de conexão, ou seja, "o conjunto de informações referentes à data e hora de início e término de uma conexão à internet, sua duração e o endereço IP utilizado pelo terminal para o envio e recebimento de pacotes de dados" (art. 5º, VI, MCI) e os dados cadastrais fornecidos pela pessoa jurídica ou física quando da contratação dos serviços de conexão. Quer dizer, as informações sobre quem acessou à internet, por meio dos seus serviços, em determinada data e hora, e as informações do contratante dos serviços de conexão.

Com relação às empresas de telefonia, se essas prestarem serviços de internet móvel, são categorizadas como provedores de internet, como referido. Se o fato estiver associado à prestação dos serviços de telefonia em si, as empresas também devem contribuir com a identificação do usuário, conforme sinaliza a Agência Nacional de Telecomunicações - ANATEL.

No uso da estrutura da internet para a prática de qualquer fato (*v.g.* utilização de e-mails, mídias sociais, práticas fraudulentas, compras, envio de mensagens, etc.), o usuário deverá primeiro utilizar do serviço de um provedor de conexão, conectando-se à internet. Após, passará a acessar às funcionalidades que lhe estão disponíveis na internet, e, por meio dessas funcionalidades, praticará o fato digital cuja autenticidade precisará ser demonstrada, *v.g.* enviará e receberá e-mails, fará uma postagem ou criará um perfil ou página em mídia social, enviará mensagens por aplicativos, disponibilizará conteúdos, criará páginas de internet, etc. Esse é, por assim dizer, o passo a passo de *ida* para realização do fato digital na internet: usuário, provedor de conexão, provedor de aplicação e, por fim, realização do fato.

Nessa perspectiva, a identificação da autoria ou a certificação da autenticidade do fato digital na internet, dependerá da realização e do caminho ou passo a passo de *volta* e da obtenção das respectivas informações, o que será desenvolvido em cinco fases: (i) identificação e preservação do fato na internet; (ii) identificação do provedor de aplicação utilizado (*v.g.* de e-mail, de hospedagem, de mídia social, etc.); (iii) obtenção das informações junto ao provedor de aplicação; (iv) identificação do provedor de conexão utilizado (*v.g.* empresas que fornecem internet banda larga para residências ou endereços comerciais ou empresas de telefonia que fornecem serviços de internet móvel); e (v) obtenção das informações junto ao provedor de conexão. Nem sempre todas essas fases serão necessárias. Pode ser, por exemplo, que o provedor de conexão possa ser diretamente identificado, como nos casos de recebimento de e-mail, em que é possível a identificação do IP de conexão no cabeçalho técnico da mensagem eletrônica.

O Marco Civil da Internet traz regras específicas de como esse passo a passo de volta para a identificação do autor do fato, sobretudo a fim de preservar a privacidade dos usuários de internet. As principais delas: (i) a existência de indícios de ilícito; (ii) a identificação precisa do conteúdo fático; e (iii) a cláusula de reserva da jurisdição, ou seja, a necessária obtenção de ordem judicial que determine o fornecimento das informações. Poderia o texto ter ido além, como se discorrerá na sequência, orientando um procedimento específico para obtenção das informações.

A necessidade da existência de indícios de ilicitude em relação ao fato cuja autenticidade se busca tem justificativa na própria relativização da privacidade que o procedimento de fornecimento de informações dos provedores implica. Ou seja, há de se ter uma provável ilegalidade a justificar que a privacidade do usuário seja concretamente afastada com sua identificação. A *provável ilegalidade*, nesse caso, representa, de certa forma, uma manifestação infraconstitucional do próprio Acesso à Justiça e funciona como uma espécie de *gatilho* ou *pressuposto autorizativo* de relativização da privacidade. A *provável ilegalidade do conteúdo ou uso de internet* parece ser, assim, a chave concreta apta a abrir a porta da privacidade e entender *quem* está atrás dela, até então, pretensamente anônimo.

Essa ponderação de interesses jurídicos constitucionais pode ser extraída do art. 10, MCI: "A guarda e a disponibilização dos registros de conexão e de acesso a aplicações de internet de que trata esta Lei, bem como de dados pessoais e do conteúdo de comunicações privadas, devem atender à preservação da intimidade, da vida privada, da honra e da imagem das partes direta ou indiretamente envolvidas.".

Por sua vez, a identificação e preservação do conteúdo (primeira fase) passa pela identificação do conteúdo específico, especialmente, com a indicação da respectiva URL (*Uniform Resource Locator*), ou seja, o endereço eletrônico identificador de um conteúdo na Internet, em forma de link. Normalmente, a URL é localizada na barra de endereços do navegador da Internet, seja de uma página, uma publicação, uma imagem, etc. Mas pode também estar presente em alguma postagem ou ter sido compartilhado por aplicativo de mensagem (*v.g.* WhatsApp) ou por e-mail. Cada conteúdo criado, terá uma URL específica respectiva.

Essas duas primeiras principais regras (indícios de ilícito e identificação específica do conteúdo) são trazidas no art. 22, MCI, que traz os pressupostos legais autorizadores do pedido judicial de fornecimento de informações dos provedores. Os indícios, no inciso I do parágrafo único. A identificação precisa do conteúdo, nos incisos II e III. *In verbis*: "Art. 22. A parte interessada poderá, com o propósito de formar conjunto probatório em processo judicial cível ou penal, em caráter incidental ou autônomo, requerer ao juiz que ordene ao responsável pela guarda o fornecimento de registros de conexão ou de registros de acesso a aplicações de internet. Parágrafo único. Sem prejuízo dos demais requisitos legais, o requerimento deverá conter, sob pena de inadmissibilidade: I – fundados indícios da ocorrência do ilícito; II – justificativa motivada da utilidade dos registros solicitados para fins de investigação ou instrução probatória; e III – período ao qual se referem os registros.".

Como terceira regra principal para a obtenção das informações pelos provedores de internet, talvez a mais importante delas na perspectiva da obtenção da prova, tem-se a referida cláusula de reserva de jurisdição. Ou seja, a obtenção dos registros de acesso ou de conexão dos provedores depende necessariamente de ordem judicial específica (isto é, relacionada precisamente ao fato identificado nos termos do art. 22, MCI). É o que determinam os artigos 13, §5º, e 15, §3º, MCI[4]. Vale dizer que o MCI faz referência expressa aos registros de acesso ou de conexão, e não aos dados cadastrais, razão pela qual para a obtenção desses últimos não se faz necessária ordem judicial. É possível a parte interessada obter tal informação diretamente e de forma extrajudicial junto aos provedores.

---

4. Art. 13. Na provisão de conexão à internet, cabe ao administrador de sistema autônomo respectivo o dever de manter os registros de conexão, sob sigilo, em ambiente controlado e de segurança, pelo prazo de 1 (um) ano, nos termos do regulamento. [...] § 5º Em qualquer hipótese, a disponibilização ao requerente dos registros de que trata este artigo deverá ser precedida de autorização judicial, conforme disposto na Seção IV deste Capítulo. [...] Art. 15. O provedor de aplicações de internet constituído na forma de pessoa jurídica e que exerça essa atividade de forma organizada, profissionalmente e com fins econômicos deverá manter os respectivos registros de acesso a aplicações de internet, sob sigilo, em ambiente controlado e de segurança, pelo prazo de 6 (seis) meses, nos termos do regulamento. [...] § 3º Em qualquer hipótese, a disponibilização ao requerente dos registros de que trata este artigo deverá ser precedida de autorização judicial, conforme disposto na Seção IV deste Capítulo.

Desses dispositivos decorrem dois aspectos processuais fundamentais das medidas de identificação: o interesse processual e a legitimidade. O interesse processual a justificar o pedido de identificação dos usuários será concretamente aferido a partir da própria presença da *provável ilegalidade*, que justifica a necessidade das informações. Adicionalmente, deve se somar à necessidade, a demonstração pela parte de que as informações obtidas lhe serão úteis enquanto provas para futura discussão de mérito. Quanto à legitimidade, terá legitimidade ativa a parte cujo direito material fora pretensamente violado e a legitimidade passiva será do provedor de aplicação ou conexão, ou ainda a empresa de telefonia cujos serviços foram utilizados para a prática do ilícito na internet.

Alguns exemplos parecem ajudar na melhor compreensão desse passo a passo de identificação.

Imagine-se que há a criação de blog sem qualquer identificação em que se acusa o CEO de determinada empresa de participar de organização criminosa ou da prática de atos de corrupção. Em sendo inverídico o fato, o indício de ilicitude está caracterizado e se faz necessário a identificação da autoria da criação do blog (autenticidade do fato). Como primeiro passo, então, identifica-se o provedor de hospedagem do blog. Feito isso, deve ser proposta medida judicial (com a apresentação da URL do blog) para que o provedor seja compelido a apresentar os registros de acesso à sua aplicação que possui e demais dados cadastrais informados pelo usuário. Emitida a ordem judicial e recebidas as informações, identifica-se o provedor de conexão responsável pelo acesso. Pede-se, então, a esse último as informações associadas à conexão. Chega-se, assim, ao endereço de conexão do usuário responsável, podendo significar isso a autoria do fato. Imagine-se, por exemplo, que o endereço é de uma empresa concorrente. A criação do blog terá claros contornos de concorrência desleal, permitindo a adoção de medidas de responsabilização a título de próximos passos.

Também vale citar os eventos de incidente de dados pessoais que serão mais detalhados adiante. Imagine-se que algum portal online especializado em tecnologia, divulga a informação que alguma base de dados de consumidores de determinada empresa está disponível de forma livre na internet. Nela constam informações absolutamente importantes e enorme potencial danoso, como nome, endereços, dados de cartão de crédito e senhas de clientes. Sabedora do evento e sabedora que deve adotar as medidas de apuração do incidente em relação à proteção de dados pessoais, a empresa alvo do episódio contrata parceiro técnico que identifica vários registros de log ou conexão de acesso à sua base de dados não reconhecidos. Para identificar os possíveis responsáveis pelo acesso, a empresa propõe então medida judicial em face dos provedores de conexão identificados a fim de obter as informações necessárias.

Imagine-se, também, o caso de envio de e-mails fraudulentos *phishing*. São criados e-mails falsos, com nome e marca da empresa objetivando enganar seus clientes e obter seus dados, inclusive, em casos de bancos, possibilitar a transferência de valores. Nesses casos, a medida judicial pode ser proposta em face do provedor de conexão cujo IP é identificado nos cabeçalhos técnicos das mensagens e em face do provedor de e-mail utilizado (*v.g.* se for *gmail*, será o Google). Com a obtenção das informações, pode se chegar ao usuário responsável.

Por fim, importa lembrar, obviamente, que como qualquer formatação probatória, essa é uma atividade circunstancial, ou seja, dependerá da verificação do caso concreto. A vocação, em si, das medidas de fornecimento de informações por parte dos provedores de internet é, como visto, certificar a autoria do fato. Mas essa vocação só atingirá sua função de forma plena a depender das circunstâncias de cada caso.

3.3 DEVER DE GUARDA E FORNECIMENTO DOS DADOS DE PORTA LÓGICA DE ORIGEM

A primeira discussão mais específica e de relevância para o Acesso à Justiça, justamente porque toca de forma direta e sensível na identificação do usuário responsável pelo ilícito, é a divergência sobre a existência da obrigação legal de guarda e fornecimento da chamada porta lógica de origem pelo provedor de aplicação. Em outras palavras, pergunta-se: nos registros de acesso a aplicações que devem ser guardados por 6 meses pelos provedores de aplicação, estão inclusos os dados de porta lógica de origem ou não? Se olhada a questão pela perspectiva do Acesso à Justiça proposta nesse estudo, a resposta parece ser positiva.

Em termos práticos, a informação sobre a porta lógica de origem representa uma regra técnica de transição. Hoje, ainda há a transição entre os padrões de IP: IPV4 (*v.g.* 200.181.13.43) para IPV6 (*v.g.* 2001:0db8:85a3:0000:0000:8a2e:0370:7334), o segundo com uma maior possibilidade de distribuição de números IPs e, portanto, de conexões em todo mundo. Porém, esgotadas as conexões disponíveis no modelo IPV4 teve de se criar uma alternativa técnica a fim de viabilizar novas conexões, ainda nessa fase de transição. A grosso modo, portanto, as portas lógicas de origem são instrumentos técnicos que permitem o uso de um mesmo IP (ainda em modelo IPV4) de forma compartilhada, de modo que a cada usuário conectado no IP corresponde a uma porta lógica. Assim, nessa fase de transição, para a identificação do usuário, não basta a identificação do IP, data e hora, mas também a porta lógica de origem. Do contrário, sem o seu fornecimento, chega-se a um IP de conexão, mas se esse for compartilhado a identificação segura é impossível.

Há duas posições mais claras sobre se os provedores de aplicação devem ou não guardar tais informações e, portanto, podem ou não ser obrigados judicialmente a fornecê-las (e responsabilizados civilmente em caso negativo): (i) uma primeira de interpretação restritiva do Marco Civil da Internet, no sentido de que não prevê a obrigação legal de guarda também da porta lógica de origem e que tal exigência, portanto, infringiria o princípio da reserva legal; e (ii) uma segunda ampliativa e contemporânea que entende pela existência dessa obrigação.

Honestamente, as duas posições têm fundamentos jurídicos e raciocínios consistentes. Se a primeira se respalda, decisivamente, nos princípios constitucionais da legalidade e da livre iniciativa, a segunda se respalda no próprio Acesso à Justiça e na ideia, inclusive referendada em outros momentos desse estudo, de distinção entre texto normativo e norma jurídica, sendo essa a ideia concreta vinculante extraída para o caso concreto sob avaliação.

Dito isso, respeitando e compreendendo a posição pela ausência do deve de guarda, bem como no aguardo de definição legislativa ou judicial consistente a esse respeito[5], por coerência ao tema da presente obra, parece que o provedor de aplicação também deveria guardar essa informação. É preciso conferir a Lei uma interpretação contemporânea e condizente com a realidade técnica em que suas normas serão entendidas e aplicadas, sobretudo pois um dos objetivos primordiais do Marco Civil da Internet é justamente permitir de forma lícita e segura a identificação dos usuários que cometam ilícito na internet.

Não bastasse a compreensão contemporânea de todo texto legislativo ser um princípio basilar de todo e qualquer procedimento hermenêutico, sem ignorar a ideia de que a própria norma é extraída da reunião do texto legislativo e as circunstâncias do caso concreto, o

5. A jurisprudência ainda diverge a respeito, mas recentemente, o STJ, pela primeira vez em decisão colegiada, se manifestou pela existência do dever de guarda dos dados de porta lógica de origem pelos provedores de aplicação. (STJ, REsp nº 1.784.156/SP, 3ª T., Rel. Min. Marco Aurélio Bellizze, j. 05/11/2019).

próprio Marco Civil da Internet, claramente convicto de que sua aplicação está associada diretamente ao estado da técnica, dispõe expressamente em seu art. 6º que "na interpretação desta Lei serão levados em conta, além dos fundamentos, princípios e objetivos previstos, a natureza da internet, seus usos e costumes particulares e sua importância para a promoção do desenvolvimento humano, econômico, social e cultural.".

3.4 AUSÊNCIA DE UM PROCEDIMENTO ESPECIAL DA OBTENÇÃO DAS INFORMAÇÕES: A BUSCA POR UM PROCEDIMENTO QUE OTIMIZE O ACESSO À JUSTIÇA

Como já sinalizado, o art. 22, MCI, apenas traz os pressupostos autorizadores da obtenção judicial das informações dos provedores de internet (aplicação e conexão), mas não traz a existência de um procedimento próprio e específico para tanto. Assegura, assim, o direito subjetivo da parte de adotar medida autônoma com essa finalidade, utilizando-se de procedimento que entender mais adequado, respeitadas as regras de competência.

Assim, considerando as especificidades da matéria e o ideal de Acesso à Justiça, bem último a ser buscado por comando constitucional, fica a crítica de que poderia o MCI ter avançado mais e estabelecido um procedimento judicial próprio ao fornecimento das informações, que apresentasse um instrumento tecnicamente mais hábil e apto a resolver grande parte dos problemas encontrados na prática, tais como prazos de fornecimento, citação de provedores estrangeiros, expedições de ofício, recursos, discussões sobre honorários, *astreintes*, conversões em perdas e danos, etc. Mesmo o CPC, poderia ter avançado nesse ponto, o que não foi feito.

Outrora já se discorreu sobre os procedimentos hoje viáveis para pleitear jurisdicionalmente as informações dos provedores de internet (ação de obrigação de fazer e não fazer em face dos provedores de internet; ação de produção antecipada de provas; expedição de ofícios; medida cautelar inominada criminal, queixa-crime e pedido de instauração de inquérito policial ou procedimento investigatório)[6], inclusive indicando naquela oportunidade que o perfil processual da ação de produção antecipada de provas seria o mais vocacionado à concretização do pedido de informações.

Aqui, porém e sem a pretensão de esgotar o tema, o foco é citar alguns problemas práticos observados, sobretudo nas medidas cíveis e que, talvez, pudessem ser melhor contornados com um procedimento especial dedicado à providência de obtenção das informações. A ideia, a seguir, é relacionar algumas sugestões que poderiam integrar um procedimento especial e que trariam mais segurança jurídica, bem como, ao final, otimizando a busca pelo estado ideal preconizado pelo Acesso à Justiça.

A primeira observação que parece pertinente seria a existência de prazos mais bem definidos e objetivos para o desenrolar do procedimento que, por vocação, deveria ser o mais célere possível, tendo a duração razoável esperada, qual seja, somente o tempo necessário e equilibrado para a obtenção das informações em respeito pleno ao devido processo legal.

De um lado, poderia se pensar em prazos processuais mais céleres, sobretudo, considerando (i) a contagem processual em dias úteis (art. 219, CPC) – que converte, na prática, em três semanas um prazo de 15 dias; (ii) a volatilidade ou efemeridade das informações nas bases de dados dos provedores de internet e empresas de telefonia (ou seja, em termos práticos, que elas são facilmente deletáveis com chances de não ser obtidas; (iii) a própria natureza da informação a ser obtida posteriormente, nos casos em que se justifica a busca e a

6. Sobre o tema ver: THAMAY, Rennan. TAMER, Maurício. *op. cit.*, item 2.3.3.

apreensão de equipamentos eletrônicos no endereço do responsável e se instaura uma verdadeira corrida contra o tempo, dado que esse a qualquer momento pode se desfazer ou substituir tais dispositivos.

Por outro lado, também é preciso considerar as dificuldades práticas que os provedores e empresas de telefonia têm de receber a solicitação das informações e dar o correto encaminhamento interno para fornecimento, o que passa, por vezes por várias áreas e ainda conta com escritórios de advocacia externos que precisarão se habilitar e fornecer a informações diretamente nos autos. Pode se argumentar que os grandes *players* desse mercado poderiam facilmente se estruturar para dar vazão a tais informações, mas é preciso ter em vista a realidade brasileira e que, por lei, qualquer empresa de menor ou pequeno porte que forneça uma funcionalidade na internet será provedor e terá igualmente de fornecer tais informações.

O que se observa na prática, hoje, é uma variedade incontável de possibilidades para esses prazos, dependendo de uma série de situações inerentes à realidade da prestação jurisdicional (lembrando que nesse ponto não é possível falar em utilização de outros meios de resolução não judiciais, por determinação expressa do Marco Civil da Internet), desde a estrutura jurisdicional em que o procedimento judicial se desenvolve, passando por entendimentos não uniformes, até o conhecimento técnico de todos os sujeitos processuais que nele atuam.

No fim do dia, o que se verifica é que cada procedimento corre de acordo com o que for determinado judicialmente no plano concreto. Ficam as partes que precisam da informação e as empresas do polo passivo em estado de insegurança jurídica constante e, por vezes, em diálogo para tentar solucionar os procedimentos que, por vocação, deveriam ser rápidos e apenas uma etapa célere e necessária de atividade probatória. Algumas ações chegam a levar tanto tempo que a parte demandante chega a desistir do direito material associado e internaliza o conflito jurídico porque a função jurisdicional não lhe foi capaz de auxiliar na entrega da prova, quiçá do interesse jurídico violado. Essas medidas de identificação ou quebras de sigilo que se tornam verdadeiros zumbis ou almas errantes em busca da solução (ou parafraseando famosa série televisiva, essas "*walking quebras*") claramente estão em vetor diametralmente oposto em relação ao Acesso à Justiça.

Não se pode ser inocente a ponto de acreditar que a simples previsão de um procedimento especial resolverá todas as mazelas próprias hoje da resolução judicial de conflitos (estruturas peculiares, entendimentos diversos, impropriedade de prazos e toda as listas decantadas das mais diversas críticas ao modelo jurisdicional estatal) ou mesmo apostar na criação de varas especializadas como a solução de todos os problemas (sobretudo considerando a realidade brasileira em que apenas as grandes cidades teriam a possível condição de fazê-lo).

Na perspectiva da presente obra, aliás, a criação de um canal digital de comunicação entre o Poder Judiciário e partes, destacado para o fim de obtenção das informações, seria bem mais promissor. Um canal em que os demandantes de forma simples preencheriam um formulário ou apresentariam a petição com os indícios de ilícito, utilidade e período das informações, um magistrado avaliaria a presença de tais pressupostos emitindo a ordem e as empresas seriam cadastradas, podendo discutir a ordem ou fornecer mais rapidamente as informações. Seria solução equilibrada entre a preservação da necessária cláusula de reserva de jurisdição e a celeridade necessária e esperada.

Porém, os argumentos com tom de desesperança, que emergem das críticas do atual modelo, não podem impedir avanços estruturais legais, ainda que pareçam tímidos no primeiro momento. Assim, parece ser possível sim, por tudo dito, em um procedimento especial que contenha prazos específicos e otimizados para fornecimento das informações, trazendo maior previsibilidade a todos os envolvidos e cujo desrespeito revelaria, de forma adicional, o desajuste do modelo judicial posto para tais providências.

Interessante observar que as tutelas provisórias antecipadas, em especial as de urgência, assumem relevante papel nesse cenário, trazendo, por função, a antecipação dos efeitos da decisão final de mérito. Assim, sob o argumento justo da necessidade de rapidez no recebimento das informações (pelas razões antes referidas), permitem a determinação judicial do fornecimento dos dados em caráter de urgência, pelo perigo de dano existente na situação (art. 300). O perigo de danos nesses casos é caracterizado, especialmente, nas chances concretas da parte não obter as informações (prazo decadenciais de guarda relativamente curtos em comparação ao tempo de tramitação jurisdicional da medida) e de não conseguir instaurar a providência de mérito em face do responsável pelo ilícito, considerando sobretudo o fato, já dito, de que esse pode rapidamente se desfazer dos seus dispositivos eletrônicos ou deletar as informações neles antes presentes.

Inclusive, ao se falar de tutela provisória, chega-se à segunda observação sobre o procedimento a ser pensado. O já mencionado art. 22 do Marco Civil da Internet não traz qualquer elemento que indique a urgência na providência, mas apenas o indício de ilícito, a utilidade probatória dos registros solicitados e o período das informações. Quer dizer, o MCI, em si, não traz a urgência como pressuposto e permite, portanto, a antecipação da tutela sem esse requisito.

Nota-se, porém, que a antecipação da tutela sem a urgência prevista na legislação processual (tutela de evidência do art. 311 do CPC) é muito pouco utilizada em demandas dessa natureza, talvez por falta de costume prático, talvez porque as circunstâncias de urgência são bem delimitadas e comuns nesses casos como referido anteriormente e, ainda, talvez porque as hipóteses mais adequadas (abuso do direito de defesa – inc. I e prova documental suficiente – inc. IV) têm as condições aperfeiçoadas após a defesa do réu e não *in limine* (leitura *a contrario sensu* do p. único do art. 311).

O risco existe, porém, e sobretudo, nas situações em que a caracterização da urgência não seja tão clara, com circunstâncias fáticas que dependam de interpretação. Imagine-se, por exemplo, a situação em que o pedido é feito em poucos dias após a publicação do conteúdo ilícito, com mais de 5 meses ainda de prazo de guarda pelo provedor de aplicação. Em contrapartida, na situação inversa, embora a proximidade do vencimento do prazo de guarda caracterize a urgência, não raramente se observa posicionamentos em que estaria ausente o perigo de dano em razão do longo período entre a disponibilização do conteúdo ilícito e o pedido judicial.

Diante dessas situações e pensando no ajuste do procedimento especial às características próprias do direito material digital, ajustando com a abertura trazida pelo art. 22 do MCI, parece que um procedimento pensado para a obtenção judicial de informações para identificação do usuário passa também pela previsão de uma hipótese processual de antecipação de tutela sem a urgência ou, por coerência nominal, de uma tutela de evidência específica. Bastaria, assim, a presença dos requisitos do referido art. 22 para tanto. E espaço processual e histórico legislativo há, considerando não só o art. 311, mas também a técnica de monitorização do processo já presente na própria ação monitória, nas liminares possessórias e mesmo na conhecida liminar na Lei do Mandado de Segurança (art. 7º, Lei nº 12.016/2009), em que a urgência nunca foi imprescindível, bastando a existência do estado injustiça flagrante a autorizar a inversão do ônus do tempo do processo[7].

7. THEODORO JR., Humberto. *Curso...*, Vol. I. 56 ed. rev. atual. ampl. São Paulo: RT, 2015; FUX, Luiz. *Tutela de Segurança e Tutela da Evidência (Fundamentos da Tutela Antecipada)*. 1 ed. São Paulo: Saraiva, 1996; RAMOS, Rodrigo. *A Tutela Provisória de Evidência no Novo Código de Processo Civil*. 201 f. Dissertação Mestrado em Direito Processual Civil. Pontifícia Universidade Católica de São Paulo. São Paulo, 2016.

Como terceira observação para o procedimento e também de certa forma decorrente do próprio uso frequente das tutelas antecipadas, tem-se com frequência o fornecimento judicial das informações depois da decisão antecipatória e, em alguns momentos[8], se instaura uma discussão de perda do objeto do feito em razão disso que pode resultar, se acolhida a tese da perda superveniente do objeto, na extinção do procedimento sem resolução do mérito (art. 485, CPC). Essa situação pode colocar em risco, por divergência de interpretação, o aproveitamento das informações obtidas. A divergência existe, inclusive, porque há racional jurídico respeitável em ambas as possibilidades.

A primeira interpretação decorre da própria natureza da tutela antecipada. Por função, a decisão que determina o fornecimento é provisória, nasce para ser substituída por uma decisão de mérito. Nessa lógica, prolatada uma sentença terminativa, processualmente a decisão antecipatória deixa de existir, sendo compreensível juridicamente a tese de que a utilização das informações obtidas não seria mais possível, por perda da ordem judicial que determinou o fornecimento. Admitida essa interpretação, recomenda-se a manutenção do interesse do processo, justamente pela necessidade de obter uma decisão final de mérito apta a adquirir a condição de imutabilidade com o trânsito em julgado (coisa julgada), afastando qualquer discussão sobre o uso das informações futuramente.

A segunda interpretação decorre de uma interpretação mais restritiva do próprio MCI, entendendo que basta apenas uma ordem judicial de fornecimento, seja essa provisória ou definitiva. O risco dessa interpretação está, justamente, ao que parece, no fato do MCI não tocar, como regra, em situações processuais, o que levaria ao

8. Fala-se, em alguns momentos, porque comumente – e é recomendável – as partes transacionam sobre o objeto da demanda, resultando no julgamento do procedimento com resolução do mérito (art. 487, III, *b*, CPC).

entendimento de que a dinâmica da primeira interpretação acima deveria ser preservada. Se o MCI não trata de normas processuais, em regra, natural que o principal texto brasileiro (CPC) prevaleça.

Nesse sentido, parece que um procedimento que verse sobre a obtenção de informações do uso da internet deva ser cauteloso em relação a tal divergência, afastando-a com previsão expressa. Poderia dizer, assim, que no caso da extinção do processo sem resolução do mérito por perda superveniente do objeto não impede a utilização lícita das informações obtidas mediante decisão judicial anterior.

Um quarto ponto importante parece estar também na dificuldade, por vezes enfrentada, na integração processual por citação de alguns provedores no polo passivo. Em relação às empresas no Brasil, as dificuldades são quase inexistentes e as que existem são facilmente superadas pelo respeito à ordem preferencial de citação do CPC (arts. 238 e ss.). O problema surge na citação de provedores situados no exterior e que, por regra e ausente cooperações civis internacionais consistentes, devem ser citados por carta rogatória, procedimento esse que não tem se mostrado adequado ao Acesso à Justiça.

De forma não rara, há a determinação do fornecimento das informações de por tutela antecipada, há o fornecimento das informações pelos provedores estrangeiros (com envio da ordem por e-mail por exemplo, normalmente por meio dos canais de abuso) e o procedimento segue longamente apenas para citação por rogatória do provedor, de forma prática inútil e com os custos decorrentes do tempo e do procedimento da instrumentalização da própria carta, especialmente a necessária tradução juramentada. Parece, então, que a integração dos provedores estrangeiros, nesses casos, deva ser otimizada em procedimento, permitindo o encerramento do feito e a redução dos custos, dois valores tão caros ao próprio Acesso à Justiça. Algumas podem ser as opções, desde que preservem o devido processo legal como essência.

A primeira delas, arrojada, mas nem tanto, é tornar a citação por edital, nesses casos, não subsidiária, mas diretamente possível se as informações foram fornecidas e o provedor estrangeiro, se ciente da decisão e após prazo razoável, não se preocupou em integrar a relação processual do país. Se o sistema admite o encaminhamento do procedimento judicial, em face de empresas brasileiras, em estado de revelia (ausente de contestação após regularmente citado), parece que os procedimentos nacionais, até por preservação da soberania nacional e dos interesses de cidadãos brasileiros, devam permitir essa via opcional. A segunda delas, mais arrojada, seria considerar a própria ciência da decisão e fornecimento por e-mail como ato citatório. Há, ainda, uma terceira opção que resolveria apenas parcialmente o problema e que é justamente a terceira observação acima (admitir a utilização das informações mesmo sobre decisão provisória). Permite o uso das informações, mas não resolve o problema da eternização da ação de obtenção das informações que seguirá até a citação efetiva ou caso a parte desista da demanda em relação a essa parte, pondo em risco o uso das informações por ausência de uma decisão final de mérito (possível apenas após a citação válida).

Como quinto ponto, parece ser importante que o procedimento contemple, expressamente, a possibilidade de obter informações adicionais, seja das próprias empresas demandadas, seja de outras que vierem a ser identificadas no decorrer do próprio procedimento. Um exemplo do primeiro caso está na situação em que se busca identificar um usuário responsável por vídeo ilícito presente na plataforma Youtube, de responsabilidade da empresa Google. Pode ser que o usuário tenha utilizado de uma conta de e-mail *gmail* também de responsabilidade da mesma empresa e em relação a qual pode se pedir informações adicionais. Um exemplo no segundo caso seria, nessa mesma situação, a identificação do uso de e-mail *hotmail* de responsabilidade da empresa Microsoft que pode ou não integrar a demanda. Caso não integre, existe o posicionamento pela impossibilidade de imposição judicial do fornecimento.

Tal possibilidade já é permitida no art. 382, §3º, CPC que permite na própria ação de produção antecipada de provas que "Os interessados poderão requerer a produção de qualquer prova no mesmo procedimento, desde que relacionada ao mesmo fato, salvo se a sua produção conjunta acarretar excessiva demora.". Porém tal dispositivo é muito pouco menos explorado em termos práticos, do que deveria.

Igualmente, há posicionamento em defesa da promoção direta da medida de mérito com réu desconhecido, valendo-se da faculdade do §1º do art. 319, CPC, que permite o requerimento do autor ao juiz que determine as medidas necessárias à identificação do réu. Porém, embora respeitável (dado que busca uma solução de adequação do procedimento, tarefa árdua e preconizada pelo próprio Acesso à Justiça) parece que tal método não só não foi pensado para os fins de uma ação de obtenção de informações de provedores, como pode apresentar algumas intercorrências.

A maior delas é saber como o autor irá propor a medida de mérito em face de alguém que desconhece, trazendo alguns possíveis problemas. Por exemplo, pode se instaurar uma lide judicial, sem mesmo saber se há um conflito jurídico entre as partes, seja porque o autor não teria interesse em movimentar sua pretensão em face de determinado usuário ou, pior, pode ser que o autor sequer tenha interesse jurídico a ser movimentado, bastando pensar na situação em que se busca a identificação de usuário por uso indevido da marca de forma online e a pessoa identificada no decorrer da ação de mérito tinha o tinha autorização contratual prévia para fazê-lo.

Além disso, pensando nos elementos do Acesso à Justiça estudados na primeira e segunda partes, destacadamente o objetivo de evitar o surgimento de novos conflitos, que é também um dos espíritos do CPC (considerando sobretudo as hipóteses II e III do próprio art. 381 que autorizam a medida antecipatória de provas sem a urgência), parece que uma ação de mérito *direta* em relação a réu desconhecido não é a medida mais ajustada ao cenário.

Apresenta-se, assim e de forma não exaustiva, algumas medidas importantes e aparentemente condizentes com o vetor de Acesso à Justiça, sem qualquer pretensão de esgotar o tema, mas como forma de ressaltar a importância do desenvolvimento de um procedimento especial civil para o art. 22 do Marco Civil da Internet de obtenção de informações.

Um procedimento que conte, ao menos, (i) com prazos mais definidos, (ii) com a possibilidade de uma tutela de evidência específica, (iii) que esclareça a possibilidade de utilização das informações independentemente da natureza da decisão judicial em si, (iv) que otimize a citação de provedores estrangeiros e (v) que contemple, de forma expressa, a exemplo do que é feito com a ação de produção antecipada de provas, a possibilidade de obter informações adicionais de outras empresas que não sejam parte na demanda.

4

LEI GERAL DE PROTEÇÃO DE DADOS PESSOAIS - LGPD E SEUS PRINCIPAIS REFLEXOS NA RESOLUÇÃO DOS CONFLITOS

4.1 NOTA INTRODUTÓRIA SOBRE A LGPD E OS REFLEXOS NA RESOLUÇÃO DE CONFLITOS E UMA LEITURA A PARTIR DE DOIS DIFERENTES FOCOS

A Lei Geral de Proteção de Dados Pessoais – LGPD (Lei nº 13.709/2018), já mencionada anteriormente em outros momentos desse estudo, parece representar bem uma das influências mais claras das tecnologias da informação no Direito: o fazer existir de novos textos normativos. Reconhece a existência de uma economia ou modelos de negócio baseados em dados pessoais e reveste as relações de fato neles existentes de caráter jurídico, resultando em uma multiplicidade de conflitos jurídicos antes inexistentes, ou ainda mais tímidos, dependendo por exemplo da interpretação do MCI, do Código de Defesa do Consumidor (se existente a relação de consumo) e do outras leis, como no caso da Lei do Cadastro Positivo.

Nesse sentido, estabelece os fundamentos da proteção de dados pessoais no País (art. 2º); seu âmbito de incidência e eficácia material e territorial (arts. 3º e 4º); apresenta as definições legais a serem consideradas na sua aplicação (art. 5º); estabelece os princípios a serem observados (art. 6º) – inclusive reiterando uma estrutura jurídica que deve ser cada vez mais frequente nos modelos de regulação, dada a multiplicidade de modelos de negócio; define o regime de tratamento de dados pessoais e as respectivas autorizações legais (arts. 7º a 10); faz o mesmo com o tratamento de dados pessoais sensíveis (arts. 11 a 13), com dados pessoais de crianças e de adolescentes (art. 14); determina o regime de fim do tratamento de dados (art. 15); relaciona os direitos dos titulares de dados pessoais, as pessoas que são identificadas ou identificáveis por tais informações e, portanto, gozam de autodeterminação informativa (arts. 17 a 22); determina o regime de tratamento de dados pessoais pelo Poder Público (arts. 23 a 30); dispõe sobre a transferência internacional de dados (arts. 33 a 36); explica a atuação esperada dos agentes de tratamento – quem trata os dados pessoais – e o regime de responsabilização (arts. 37 a 45); estabelece a necessidade de boas práticas de governança e segurança da informação durante o tratamento (arts. 46 a 51); e dispõe sobre o regime de responsabilização administrativa a ser exercido, especialmente, pela Autoridade Nacional de Proteção de Dados – ANPD (arts. 52 e ss).

Seria de todo presunçoso e mesmo fora do escopo do presente trabalho, entrar no nível de detalhe que a LGPD merece e também não se trata de fazer, neste momento, uma "Lei Comentada" ou dedicar o estudo à legislação de proteção de dados. Mas fato é que essa atribuição de caráter jurídico às relações de fato existentes e que tenham o dado pessoal como insumo implica, igualmente, a existência de interesses jurídicos às partes envolvidas. Interesses de direito material que, se não observados no comportamento que a LGPD espera dos envolvidos, serão a base de conflitos jurídicos a serem solucionados. Parece ser inegável, portanto, que a LGPD provocará reflexos nos mecanismos de resolução de conflitos que devem confortá-los com adequação e eficiência, nos termos do que o Acesso à Justiça propõe.

Esses reflexos e tal necessidade de conformação instrumental da resolução dos conflitos em relação aos direitos materiais parecem se dar ou podem ser analisados de forma mais útil em dois diferentes focos. Um primeiro que tem o titular do dado pessoal como protagonista e em que os conflitos jurídicos estão associados a fazer valer seus interesses jurídicos. E um segundo de reflexos que tem os agentes de tratamento (controlador ou operador) como protagonistas dos movimentos, especialmente para que possam adotar as medidas necessárias para seu posicionamento positivo e diligente em *compliance*, bem como para fazer valer eventuais direitos decorrentes das próprias relações jurídicas entre os agentes de tratamento em si.

4.2 OS DIREITOS DOS TITULARES EM ENFOQUE

4.2.1 Os interesses jurídico e processual do titular do dado pessoal na LGPD

Na prática, o mais relevante a ser dito em relação ao titular do dado pessoal e a resolução de conflitos é que a LGPD traz uma série de deveres e direitos a serem observados pelos agentes de tratamento. Esse conjunto objetivo de preceitos normativos implica a possibilidade de concreta dos titulares dos dados pessoais de fazer valer tais direitos, por meio dos métodos de resolução dos conflitos que lhes estão à disposição e, em última análise, de buscar junto ao Poder Judiciário (função jurisdicional estatal) à tutela jurisdicional apta a por a salvo tais direitos ou compensar eventuais inobservâncias feitas pelos agentes de tratamento.

A LGPD, então, perfaz os principais direitos objetivos em relação ao tratamento de dados pessoais. Direito objetivo, em linhas gerais, é o conjunto de normas que regulam determinados comportamentos humanos de forma abstrata e genérica. O que a Lei passa a conferir aos titulares dos dados pessoais é a verdadeira possibilidade de caracterização de direitos subjetivos, esses compreendidos como aqueles atribuídos a determinados indivíduos, a grupos ou à coletividade, após verificada a correspondência entre fatos ligados a esses sujeitos e as hipóteses dispostas previamente no direito objetivo. Ou seja, o direito objetivo é pressuposto do direito subjetivo que é atribuído a uma pessoa de forma particular, a qual se enquadra faticamente na situação prevista em lei. O direito subjetivo pode ser apreendido, então, pelo resultado do alinhamento entre as normas extraídas das regras e princípios que compõe o direito objetivo e as situações de fato que envolvem determinadas pessoas ou determinada coletividade. O direito subjetivo é compreendido nesse instante de coincidência ou subsunção.

Nessa perspectiva, o interesse jurídico dos titulares de dados pessoais ou de quem os legitimamente os represente está, a grosso modo, na possibilidade concretamente comprovada de se fazer valer de tais direitos subjetivos, ou seja, de levar à lide ou conflito entre o direito subjetivo do titular e os interesses jurídicos agente de tratamento para algum método de resolução de conflito. Além disso, também nessa perspectiva e pensando na lógica necessária proposta pelo Acesso à Justiça – como já referido na segunda parte do trabalho, a LGPD propõe a existência de métodos adequados e efetivos para que os titulares se valham de seus direitos.

Entender o interesse jurídico que deriva da LGPD, portanto, passa por entender quais são as possibilidades de instauração ou surgimento, no plano jurídico, das lides ou conflitos entre os titulares dos dados pessoais e os agentes de tratamento. Em suma, entender o interesse jurídico do titular de dado pessoal é responder à pergunta: quais são os direitos dos titulares de dados pessoais?

De uma forma geral, considerando que a legislação de proteção de dados tem por escopo trazer segurança jurídica às atividades que se valham dos dados pessoais e proteger os titulares dos dados, é possível identificar que, qualquer violação às suas disposições, ao final do dia, implica um direito a ser exercido pelo titular, ao menos em perspectiva. Sem prejuízo, na sequência, procurar-se-á delimitar as situações um pouco melhor, na tentativa de conferir maior visibilidade prática à resolução de conflitos em relação à LGPD.

Em primeiro lugar, de forma mais ampla, o tratamento deve observar a boa-fé e os seguintes princípios da finalidade, da adequação, da necessidade, do livre acesso, da qualidade dos dados, da transparência, da segurança, da prevenção, da não discriminação e da responsabilização e da prestação de contas (art. 6º, LGPD).

Considerando os objetivos da obra e por coerência e objetividade textual, não parece haver espaço para aprofundamento dos conteúdos principiológicos de tais normas. No entanto, isso não impede de reconhecer os direitos subjetivos que decorrem de tais princípios ou da possível interpretação concreta de seus conteúdos. Isso significa que, ainda que hipoteticamente a LGPD apenas dispusesse tais princípios em sua estrutura, ainda assim os titulares teriam direitos e poderiam exercê-los.

Assim, minimamente, é possível dizer que o titular de dado pessoal tem o interesse jurídico de fazer valer um tratamento de dados para propósitos legítimos, específicos, explícitos e que lhes foram informados (finalidade); um tratamento adequado, ou seja, compatível com as finalidades informadas (adequação); o tratamento de dados pessoais estritamente necessários (necessidade); seu direito de consulta facilitada e gratuita (livre acesso); seu direito à exatidão, clareza, relevância e atualização dos dados (qualidade dos dados); seu direito à transparência sobre o tratamento (transparência); seu direito ao tratamento seguro dos dados pessoais, com a adoção de medidas preventivas pelo agente responsável (segurança e prevenção); seu direito a não utilização dos dados pessoais para fins discriminatórios ilícitos ou abusivos (não discriminação); e a exigência de que o agente de tratamento de dados pessoais demonstre a adoção das melhores práticas de governança em privacidade e conformidade à LGPD (responsabilização e prestação de contas).

Em segundo lugar, tem o titular do dado pessoal o direito de exigir a existência de uma base legal de tratamento que esse autorize, nos termos do art. 7º, LGPD, ou, em se tratando de dados sensíveis, nos termos do art. 11, LGPD, ou ainda, em se tratando de dados pessoais de crianças e de adolescentes, nos termos do art. 14, LGPD. Em outras palavras, tem o titular o interesse jurídico que o agente de tratamento esclareça e comprove a base legal que pousa manto de legalidade sobre o tratamento dos seus dados pessoais, bem como que o cesse o tratamento ilícito se descoberto por quaisquer das bases legais ou que viole o regime respectivo.

Em terceiro, nos termos do art. 9º da LGPD, tem o titular de dados pessoais direito e, portanto, interesse jurídico de fazê-lo valer, ao acesso facilitado às informações sobre "o tratamento de seus dados, que deverão ser disponibilizadas de forma clara, adequada e ostensiva acerca de, entre outras características previstas em regulamentação para o atendimento do princípio do livre acesso: I – finalidade específica do tratamento; II – forma e duração do tratamento, observados os segredos comercial e industrial; III – identificação do controlador; IV – informações de contato do controlador; V – informações acerca do uso compartilhado de dados pelo controlador e a finalidade; VI – responsabilidades dos agentes que realizarão o tratamento; e VII – direitos do titular, com menção explícita aos direitos contidos no art. 18 desta Lei.".

Em quarto, há a possibilidade de caracterização do direito subjetivo para o titular para a eliminação dos dados pessoais, quando do término do tratamento (art. 15, LGPD), ressalvadas as hipóteses de exceção (art. 16, LGPD).

Em quinto, emblematicamente, os arts. 17 e 18 da LGPD descrevem os direitos dos titulares em capítulo específico vocacionado para tanto e que, de certa forma, concretiza o essencial dos direitos epigrafados.

Assim, tem o titular o direito subjetivo e o respectivo interesse jurídico de "I – confirmação da existência de tratamento; II – acesso aos dados; III – correção de dados incompletos, inexatos ou desatualizados; IV – anonimização, bloqueio ou eliminação de dados desnecessários, excessivos ou tratados em desconformidade com o disposto nesta Lei; V – portabilidade dos dados a outro fornecedor de serviço ou produto, mediante requisição expressa, de acordo com a regulamentação da autoridade nacional, observados os segredos comercial e industrial; VI – eliminação dos dados pessoais tratados com o consentimento do titular, exceto nas hipóteses previstas no art. 16 desta Lei; VII – informação das entidades públicas e privadas com as quais o controlador realizou uso compartilhado de dados; VIII – informação sobre a possibilidade de não fornecer consentimento e sobre as consequências da negativa.".

Em relação a tais direitos é relevante que a própria LGPD condiciona o exercício a tais direitos à requisição prévia junto ao agente de tratamento de dados pessoais, conforme parte final do próprio art. 18. Se há esse condicionamento extrajudicial, por certo e coerência jurídica do sistema, é de se esperar que tal exigência exista também em relação às providências judiciais, de modo que a necessidade e o interesse jurídico do titular dos dados pessoais apenas fiquem caracterizados se, quando da propositura da demanda judicial, esse demonstre que provocou o agente de tratamento de forma prévia. Do contrário, por questão lógica das próprias condições da ação e da própria exigência da LGPD referida, o processo deve ser extinto sem resolução do mérito, nos termos do art. 485, VI, CPC.

4.2.2 Legitimidade ativa para resolver os conflitos em defesa dos interesses do titular do dado pessoal

Vistas as principais situações que perfazem o interesse processual do titular do dado pessoal, importa lembrar que os interesses jurídicos desses, em qualquer meio de resolução dos conflitos respectivos, dependem da observação da legitimidade ativa apta para tanto, dado que essa é condição para tanto, conforme se extrai do art. 18 do CPC: "ninguém poderá pleitear direito alheio em nome próprio, salvo quando autorizado pelo ordenamento jurídico".

Se extrai dessa ideia que, no direito brasileiro, em qualquer mecanismo de resolução do conflito, a regra geral é que figure como parte o titular do direito alegado, que, portanto, pleiteará em nome próprio direito próprio. Ou seja, a regra é que figure no polo ativo ou passivo quem efetivamente gozar da chamada pertinência subjetiva da lide: "A legitimidade ad causam, uma das condições da ação – em face do direito positivo brasileiro – é definida em função dos elementos de direito material. A *legitimatio ad causam* é a atribuição, pela lei ou pelo sistema, do direito de ação ao autor, possível titular ativo de uma dada relação ou situação jurídica, bem como a possível sujeição do réu aos efeitos jurídicos-processuais e materiais da sentença."[1].

Nessa perspectiva, em relação ao interesse processual do titular do dado pessoal, nos moldes do item precedente, está o próprio titular do dado pessoal na lide (legitimidade ativa). Do outro lado, o agente de tratamento (controlador ou operador, legitimidade passiva portanto). Ou mesmo, mais de um agente de tratamento, como, *v.g.*, com ambos (controlador e operador) no polo passivo. Em caso de processo judicial, por configurar opção do autor da demanda e podendo o juiz decidir de forma diferente para cada um dos réus (*v.g.*

1. ALVIM, Arruda. *Manual...*, p. 162.

se caracterizadas as hipóteses de excludente de responsabilidade nos termos do art. 43 da LGPD) fala-se, respectivamente, em litisconsórcio passivo facultativo e simples.

Excepcionalmente, porém, a lei autoriza que alguém, em nome próprio, defenda direito alheio em juízo, o que decorre de lei expressa ou do sistema jurídico, identificando-se as figuras da legitimidade extraordinária e da legitimidade autônoma para o processo, especialmente se vem à tona a coletivização de direitos.

Não se ignora a possibilidade de caracterização de danos difusos ou coletivos *stricto sensu* em decorrência do tratamento de dados pessoais. Os direitos difusos como direitos de indeterminação absoluta dos sujeitos (não tem titular individual e a ligação entre os vários titulares difusos decorre de mera circunstância de fato) e indivisíveis (não podem ser satisfeitos nem lesados senão em forma que afete a todos os possíveis titulares). Os direitos coletivos *stricto sensu* como de determinação relativa dos titulares (não têm titular individual e a ligação entre os vários titulares coletivos decorre de uma relação jurídica-base) e indivisíveis.

No entanto, na ótica do interesse processual de titulares de dados pessoais perfeitamente identificados ou identificáveis (porque de dados pessoais se trata, do contrário não se falaria de dado pessoal para fins de incidência da Lei), fala-se na caracterização mais provável e comum, do ponto de vista do dia a dia prático, de uma categoria de direitos transindividuais específica: direitos individuais homogêneos.

Nessa, há perfeita identificação dos sujeitos, assim como da relação deles com o objeto do seu direito. A ligação que existe com os demais sujeitos decorre da circunstância de serem titulares (individuais) de direitos com origem comum. Além disso, são divisíveis, ou seja, podem ser satisfeitos ou lesados em forma diferenciada e individualizada, satisfazendo ou lesando um ou alguns sem afetar os demais. A reunião processual se dá não por necessidade como no caso dos difusos ou coletivos *stricto sensu*, mas comodidade sistemática ou opção histórica de promoção da inafastabilidade da jurisdição[2]. Assim, por exemplo, em episódios de incidentes de segurança em dados pessoais, como, *v.g.*, popularmente conhecidos como vazamentos, o que se tem é o possível atingimento dos direitos de cada um dos titulares de dados pessoais, conferindo o sistema jurídico, porém, a possibilidade de reunião processual de todos os casos (coletivização de direitos individuais ou direitos individuais homogêneos).

Em se tratando de direitos difusos ou coletivos *stricto sensu* fala-se em legitimação autônoma para o processo. Em se tratando de direitos individuais homogêneos, fala-se em legitimação extraordinária, justamente porque terceiro, por força de lei, defende em juízo e de forma coletiva (reunião de vários direitos individuais) direito alheio[3]. Assim, há legitimação extraordinária – substituição pro-

2. Sobre essas questões de direitos transindividuais ver: ZAVASCKI, Teori Albino. *Processo coletivo*: tutela de direitos coletivos e tutela coletiva de direitos. 7. ed. rev., atual. e ampl. São Paulo: Revista dos Tribunais, 2017; e LEONEL, Ricardo de Barros. *Manual do processo coletivo*. São Paulo: Malheiros, 2017.

3. "Há necessidade de abandonar as concepções tradicionais da legitimação como premissas absolutas. A dualidade de conceitos – legitimação ordinária e extraordinária – não serve de forma adequada à identificação da legitimação em matéria de interesses supraindividuais. O princípio da identificação do interesse ainda aqui é válido, bem como seu liame com aquele que postula em juízo, mas de forma peculiar, fugindo do raciocínio inflexível ligado à concepção individualista. Deve-se observar que quem demanda em defesa de interesses difusos ou coletivos postula ao mesmo tempo tanto aquilo que é próprio como alheio e indivisível; não se pode, assim, afirmar que atue como legitimado ordinário, pois não o é integralmente ao pretender a defesa do que é de titularidade alheia; não se pode, do mesmo modo, asseverar que postule como legitimado extraordinário, pois, embora atue em nome próprio em defesa de interesse alheio, também atua para a tutela de interesse próprio. Foge esta modalidade de legitimação às regras, aos princípios e concepções clássicos. A posição que melhor se ajusta à identificação da natureza jurídica da legitimação para a defesa dos interesses difusos e coletivos é no sentido de que se trata de legitimação denominada autônoma para a condução do processo. A afirmação desta nova modalidade de legitimação conta com o argumento ponderável de que os institutos do processo ortodoxo não podem explicar integralmente um fenômeno que apresenta caracteres diversos, como ocorre no processo coletivo. A legitimação autônoma não se confunde com a ordinária ou com a extraordinária. Parte de premissas distintas e da peculiaridade de defesa em juízos de interesses que são, por natureza, indivisíveis e inerentes conjuntamente a toda uma coletividade, composta por membros indeterminados (na hipótese dos difusos) e

cessual – somente nos casos de direitos individuais homogêneos, que são hipóteses de direitos subjetivos individuais. Nessa espécie de direitos transindividuais, de fato há alguém que não defende, em nenhum momento, interesse próprio, mas só interesse alheio em Juízo ou em procedimento investigativo prévio, portanto, em legitimação extraordinária autorizada pelo microssistema de tutela processual coletiva. Tal possibilidade é expressamente admitida pela própria LGPD, nos termos do seu art. 42, §3º: "As ações de reparação por danos coletivos que tenham por objeto a responsabilização nos termos do caput deste artigo podem ser exercidas coletivamente em juízo, observado o disposto na legislação pertinente.".

Se um titular de dados pessoais deseja atuar solitariamente é ele o legitimado ativo, na ótica dos direitos transindividuais resta saber, portanto, quem poderia, por lei, atuar em defesa dos direitos difusos, coletivos *stricto sensu* ou individuais homogêneos, seja em ação judicial (como originalmente pensado no microssistema de coletivização dos direitos), seja nos procedimentos prévios de investigação (procedimentos administrativos, inquéritos civis públicos, etc.) ou, ainda, seja em qualquer método de resolução dos conflitos que se mostre pertinente, adequado e efetivo.

Nessa perspectiva têm também legitimidade para atuar em defesa de tais interesses – sobretudo por meio das ações coletivas, nos termos do art. 5º da Lei da Ação Civil Pública (principal norma aplicável processualmente ao tema): "I – o Ministério Público; II – a Defensoria Pública; III – a União, os Estados, o Distrito Federal e os Municípios; IV – a autarquia, empresa pública, fundação ou sociedade de economia mista; V – a associação que, concomitantemente: a) esteja constituída há pelo menos 1 (um) ano nos termos da lei civil; b) inclua, entre suas finalidades institucionais, a proteção ao

---

eventualmente determináveis (na hipótese dos coletivos)." (LEONEL, Ricardo de Barros. *op. cit.*, p. 183-184).

patrimônio público e social, ao meio ambiente, ao consumidor, à ordem econômica, à livre concorrência, aos direitos de grupos raciais, étnicos ou religiosos ou ao patrimônio artístico, estético, histórico, turístico e paisagístico.".

Em relação às associações é importante pontuar, como visto, duas características necessárias, uma de ordem temporal e outra de ordem temática. Segundo a primeira, a Lei exige que a associação já conte com pelo menos um ano de existência, porém o Superior Tribunal de Justiça tem relativizado tal condição, admitindo, *v.g.*, que se complete esse um ano durante o transcurso do processo[4]. Já a segunda condição diz respeito à pertinência temática e aqui é de se recomendar uma interpretação restritiva de tal condição, sob pena de se desvirtuar por completo o instituto.

O que se quer dizer, com isso, é que quando da verificação dos estatutos sociais das associações, é importante que, para fins de legitimidade, questões de privacidade e proteção de dados estejam mais explicitadas dos atos constitutivos, demonstrando a verdadeira vocação da entidade, e não meramente termos que indiquem a defesa do consumidor pela associação ou outra disposição mais genérica nesse sentido. Com isso, espera-se um debate mais especializado, não no sentido de restrição do acesso à jurisdição, mas de fomentar o melhor trato jurisdicional da matéria. Inclusive, com o início dos trabalhos judiciais com tal temática, isso parece ser ainda mais recomendável juridicamente, em prol da formação de precedentes consistentes e de uma jurisprudência segura e estável para os modelos de negócio do País.

4. A exemplo, ver STJ, REsp nº 1.443.263/GO, 3ª T., Rel. Min. Nancy Andrighi, j. 21.03.2017, DJe 24.03.2017.

4.2.3 Principais ações à disposição do titular dos dados pessoais: o processo civil como instrumento da proteção de dados pessoais

Explicados os interesses processuais dos titulares de dados pessoais e a legitimidade ativa, passa-se, então, a compreender em linhas gerais – pois, cada ponto aqui debatido parece sustentar, por si só, um ensaio próprio – como os direitos dos titulares de dados pessoais podem ser exercidos junto ao Poder Judiciário.

Impõe-se, assim, que as condições da ação (interesse processual e legitimidade – art. 17, CPC) sejam devidamente preenchidas pelo titular do dado pessoal ou por quem, legitimamente, o represente licitamente. Nesse sentido, *v.g.*, por falta de tais condições e sem ignorar a observância concreta da teoria da asserção, não devem prosperar processualmente ações, com o indeferimento da petição inicial e extinção sem resolução do mérito (arts. 330, II e III, e 485, VI, CPC): (i) propostas por quem não tem comprovadamente dado pessoal em tratamento pela empresa demandada (*v.g.* no caso de dado anonimizado ou meramente estatístico; ou sem ao menos a tentativa de confirmação prévia de tratamento nos termos do art. 19, *caput*, LGPD; ou ainda se já demonstrado o término do tratamento nos termos do art. 15, LGPD); (ii) propostas diretamente sem que antes o titular tenha requisitado o atendimento a direito seu prévia e extrajudicialmente, nos termos do art. 18, *in fine*, LGPD; (iii) proposta coletivamente por qualquer entidade ou pessoa jurídica que não atenda às condições de legitimidade postas no microssistema de tutela coletiva; e (iv) proposta coletivamente para apurar responsabilidade administrativa decorrente de suposta inobservância da LGPD, se não pela ANPD, dado que tal apuração é de sua exclusividade, cf. art. 55-K. LGPD.

Por certo, também devem ser admitidas as hipóteses de intervenção de terceiros, tendo esse terceiro interesse na lide ou não. Assim, admite-se o chamamento ao processo feito por um agente de tratamento em relação ao outro, se apenas um foi demandado (art. 130, III, CPC) se caracterizada a responsabilidade solidária prevista na LGPD (art. 42, §1º), assegurado o direito de regresso próprio do regime de solidariedade civil e admitido na própria LGPD (art. 42, §4º). Reitera-se, como já dito, a formação de litisconsórcio facultativo e simples em relação aos agentes de tratamento.

A petição inicial deve atender aos requisitos do art. 319 do CPC, tendo o juiz o dever de facultar a emenda para correção de vícios técnicos apenas uma vez (art. 321, CPC). Superada a fase de emenda e não atendidos aos requisitos, a petição inicial deve ser indeferida. Especialmente, sob pena de indeferimento, destaca-se a necessidade do autor precisar, na ação, as efetivas irregularidades em relação ao tratamento de dados pessoais, o possível dano e o pedido (art. 319, IV e V, CPC), inclusive quantificando o suposto dano moral, se for o caso, no valor da causa (art. 292, V, CPC). Ações, cada vez mais comuns, de pessoas que na petição inicial meramente supõem que seus dados pessoais seriam tratados por determinada empresa, sem qualquer prova nesse sentido, não devem ter continuidade.

Quanto à competência, a princípio, deveria, em tese, o titular do dado pessoal propor a ação no domicílio do agente de tratamento diante da obrigação pessoal ou do local em que o tratamento de dados e possível dano ocorreu, ou seja, em seu domicílio nesse caso (arts. 46 e 53, IV, CPC). Porém, deve se ter em vista que, na grande maioria dos casos, deverá ficar caracterizada a relação de consumo, trazendo a possibilidade de propositura da ação no próprio domicílio do consumidor (art. 101, I, CDC). O próprio artigo 45 da LGPD parece também dar essa abertura em sua interpretação ("Art. 45. As hipóteses de violação do direito do titular no âmbito das relações de consumo permanecem sujeitas às regras de responsabilidade previstas na legislação pertinente."). Em se tratando de ação coletiva proposta por qualquer um dos legitimados, a ação pode ser proposta no foro do local do dano e, se caracterizado o dano da amplitude nacional, no foro do capital de qualquer Estado ou no Distrito Federal (arts.2º,

Lei da ACP, e 93, CDC). Ainda quanto à competência, lembra-se que pela natureza da matéria e valores envolvidos é preciso lembrar que muitas das ações individuais devem ser propostas junto aos Juizados Especiais, cuja dinâmica justificaria um artigo próprio inclusive.

Importante situação de ordem prática diz respeito à possibilidade colocada expressamente pela LGPD (art. 42, §2º) de inversão do ônus da prova em favor do titular dos dados pessoais. Trata-se de mais uma hipótese específica, em um sistema pródigo de inversão do ônus da prova, seja pelo CDC (art. 6º, VIII), seja pelo CPC (art. 373, §1º). É regra de julgamento vocacionada, como verdadeiro soldado de reserva, a evitar que o órgão jurisdicional remanesça no estado da dúvida. Se o juiz, no momento da decisão de mérito, não tiver certeza sobre a procedência ou improcedência da demanda, dará razão aquele que cumpriu com seu ônus probatório. Em relação ao momento, a inversão deve se dar em fase saneadora (art. 357, III, CPC).

O que a prática tem demonstrado é a inversão do ônus da prova na maioria dos casos que envolvem relações de consumo. Embora nem todo tratamento de dados pessoais tenha tal característica, é natural e esperado que o processamento de demandas dessa natureza replique modelos estabelecidos historicamente no País. Assim, por experiência cultural e previsão legal específica, é esperado que os agentes de tratamento tenham de se preparar em relação a essa inversão. Em termos práticos, isso significa que o ideal em cada procedimento será a demonstração por parte do agente de tratamento de que nenhuma desconformidade em relação à LGPD e aos dados pessoais aconteceu.

Nesses termos, é importante que o agente de tratamento apresente em sua defesa uma verdadeira trilha positiva de compliance que perfaça o respeito pleno à LGPD, lembrando, inclusive, que se afasta a responsabilidade se "embora tenham realizado o tratamento de dados pessoais que lhes é atribuído, não houve violação à legislação de proteção de dados" ou "que o dano é decorrente de culpa exclusiva do titular dos dados ou de terceiro." (art. 43, II e III, LGPD). Logo, *v.g.*, será em sua defesa (principalmente na contestação, tendo em vista o respectivo marco preclusivo) que o agente de tratamento poderá demonstrar que o tratamento está coberto por alguma das bases legais, que todas as providências de boas práticas para evitar o alegado incidente foram adotadas, que providências de identificação do usuário responsável foram adotadas, que a contratação com o operador dos dados pessoais foi a mais juridicamente cautelosa possível, etc.

Do ponto de vista decisório, *a priori* inexistem especificidades processuais mais claras em relação à matéria, resultando a procedência ou improcedência da demanda conforme os preceitos próprios de direito material, que, por coerência científica, não serão explorados aqui. Na ótica recursal, em se enquadrando as decisões entre aquelas elencadas no rol do art. 1.015 do CPC ou em razão da tese taxatividade mitigada, fala-se em agravo de instrumento. Da sentença de mérito ou das questões não agraváveis, fala-se em apelação. Nos procedimentos dos Juizados Especiais, fala-se em recurso inominado.

4.3 OS AGENTES DE TRATAMENTO COMO PROTAGONISTAS

Se de um lado há a formatação dos direitos subjetivos dos titulares de dados pessoais, com a configuração do interesse processual e legitimação *ad causam* respectivos, também é possível falar em um interesse processual e legitimidade ativa por parte dos agentes de tratamento.

A LGPD determina que os agentes de tratamento "devem adotar medidas de segurança, técnicas e administrativas aptas a proteger os dados pessoais de acessos não autorizados e de situações acidentais ou ilícitas de destruição, perda, alteração, comunicação ou qualquer forma de tratamento inadequado ou ilícito." (art. 46), bem como "poderão formular regras de boas práticas e de governança que estabeleçam as condições de organização, o regime de funcionamento, os procedimentos, incluindo reclamações e petições de titulares, as normas de segurança, os padrões técnicos, as obrigações específicas para os diversos envolvidos no tratamento, as ações educativas, os mecanismos internos de supervisão e de mitigação de riscos e outros aspectos relacionados ao tratamento de dados pessoais." (art. 50).

O que faz a Lei em tais dispositivos, portanto, é reconhecer que cumpre aos controladores e operadores de tratamento de dados pessoais estar em conformidade ou em compliance com as melhores práticas de privacidade, especialmente em ajuste pleno com o que prevê a própria LGPD. Para tanto, o ideal é que o agente de tratamento tenha um programa de compliance em privacidade completo e efetivo. Tal programa é o instrumento que instrumentaliza de forma concreta e prática a ideia de conformidade. É por meio de que a organização implementa padrões que são significantes para sua própria existência e sucesso.

Nessa perspectiva de um programa de compliance em privacidade efetivo e sério, dez pilares parecem ser imprescindíveis: (i) o desenvolvimento do programa deve ser específico à organização – desenvolvido de forma personalizada e artesanal; (ii) deve contar com o compromisso da mais alta administração; (iii) deve ter seu principal executor definido de forma clara; (iv) deve contar com verificações prévias de parceiros e colaboradores; (v) deve possuir um código de conduta em segurança de informação e privacidade claro, completo e objetivo; (vi) deve contar com constantes treinamentos e comunicações a colaboradores e parceiros; (vii) deve contar com canais de denúncia internos efetivos sobre possíveis desvios de procedimentos, riscos ou incidentes; (viii) deve ser constantemente revisitado e aprimorado; (ix) deve possui procedimentos e planos de ações vocacionados à resposta a incidentes e à construção de provas positivas à organização; e (x) deve contar com a estruturação de área interna destinada à sua execução, especialmente com a nomeação do encarregado[5].

Exige-se dos agentes de tratamento que adotem as medidas cabíveis para a efetividade de seu programa de compliance em relação à LGPD. Embora pareça uma ideia pleonástica, se estruturar em privacidade com um programa voltado para tanto é ao mesmo tempo um dever posto pela LGPD e um instrumento para cumprir os demais deveres por ela postos.

E isso se diz em relação a dois pilares de atuação dos agentes de tratamento na formação da trilha de prova positiva de programa de compliance de privacidade que tenha por escopo uma atuação preventiva e reativa diante de eventual incidente de segurança em dados pessoais: (i) formatação probatória em relação aos fatos; e (ii) responsabilização dos terceiros relacionados aos eventos de inobservância dos preceitos da LGPD. Ignorar fatos que vão de encontro com a melhor conformidade em relação à LGPD não só pode mostrar uma condescendência por parte da organização como demonstra um aceite em relação à falha nos mais altos padrões de privacidade. Se ter um incidente já é um problema gravíssimo em si (lembra-se nesse ponto, *v.g.*, as gravíssimas sanções do art. 52, LGPD), pior ainda será não adotar providências constantes para evitar episódios dessa natureza e não reagir veementemente em face do ocorrido. O posicionamento sancionatório da organização como recado jurídico e institucional é indispensável.

Alguns exemplos parecem explicar melhor essa utilidade, por assim dizer, do processo civil para a concretização do compliance pelo agente de tratamento. Vamos a alguns deles: (i) realização de medida cautelar de busca e apreensão dos dispositivos eletrônicos de ex-colaborador responsável por, ilicitamente, compartilhar com

---

5. Sobre esses pilares, ver: WULF, Katharina. *Ethics and compliance programs in multinational organizations*, Springer : Berlin, 2011.

terceiros a base de dados de clientes, expondo tais informações a riscos e sujeitando a organização à responsabilização decorrente da violação da LGPD; (ii) identificação de usuário de internet, nos termos do Marco Civil da Internet, responsável por ter acessado à base de dados da organização e tê-la disponibilizado indevidamente na rede; (iii) responsabilização desses dois personagens anteriores; (iv) realização de medida cautelar de busca e apreensão no endereço de empresa parceira (principalmente operador) para constatar, por meio de laudo pericial dos equipamentos, que as falhas de segurança são tecnicamente de sua exclusiva responsabilidade; (v) ações para discussão contratual ou execução em relação ao descumprimento de cláusulas contratuais associadas ao tratamento compartilhado de dados pessoais; (vi) ações de regresso entre agentes de tratamento de dados pessoais; (vii) ações indenizatórias em face de agentes de mercado ou órgão de imprensa que divulguem, com incorreção, incidente de segurança de dados pessoais inocorrentes, etc.

Paralelamente, não se pode ignorar as situações em que os agentes de tratamento tenham de resolver conflitos jurídicos entre si (no caso, *v.g.* que a violação à LGPD tenha ocorrido por falha na prestação de serviços de operador de dados) ou em que o agente de tratamento tenha interesse jurídico de responsabilizar contratual ou extracontratualmente algum prestador de serviço. Basta imaginar, como exemplo desse último caso, aquele prestador de serviço de segurança da informação que tenha falhado na sua prestação, não comunicando o agente de tratamento de uma necessária atualização de segurança e justamente essa foi responsável pela contaminação dos servidores e ulterior incidente de segurança. Igualmente, imagine-se que o agente de tratamento tenha de buscar judicialmente o ressarcimento contratual de seguro cibernético. Os exemplos são os mais variados possíveis.

Ao se falar em reflexos na resolução dos conflitos, não se ignora situações em que a organização terá de se socorrer do Poder Judiciário para se defender, anular ou reverter sanções administrativas (*v.g.* sanções aplicáveis pela Agência Nacional de Proteção de Dados – ANPD), como por meio de mandados de segurança ou ações anulatórias.

No entanto, consegue se vislumbrar melhor o arcabouço de resolução como instrumento para o agente de tratamento nas situações em que as providências estão associadas à cláusula de reserva da jurisdição (*v.g.* necessidade de ordem judicial para identificação de usuário de internet, nos termos do Marco Civil da Internet) ou situações em que o agente de tratamento tenha de se socorrer do Poder Judiciário para a implementação prática dos pilares de tais programas. Considerando os pilares de compliance mencionados, é de destacar a importante função instrumental do Acesso à Justiça em relação aos procedimentos de resposta a incidentes de segurança em dados pessoais e responsabilização dos responsáveis, como será melhor detalhado adiante.

Nessas ideias residem o interesse processual e a legitimidade ativa do agente de tratamento. Diante da necessidade da adoção de qualquer providência para demonstrar seu comprometimento com a tarefa e conformidade em relação à LGPD – que, repisa-se, é determinação da própria Lei – tem o agente de tratamento verdadeiro direito subjetivo de buscar à tutela jurisdicional que necessite. Assim, *v.g.*, se precisar identificar o usuário que acessou sua base de dados pessoais para ulterior e vazamento clandestino das informações, terá direito subjetivo de obter os registros eletrônicos e dados cadastrais associados ao acesso ilícito, nos termos do art. 22 do Marco Civil de Internet, valendo-se do processo civil como instrumento para que a ação seja proposta e as informações sejam obtidas.

4.4 A PROTEÇÃO DOS DADOS PESSOAIS NO PROCESSO DIGITAL: O DIREITO À PROTEÇÃO DOS DADOS APRESENTADOS NO PROCESSO

Nos tópicos anteriores do presente item, tratou-se da proteção dos dados pessoais por meio do processo. De outro lado, é preciso destacar que o processo também deve ser um ambiente de proteção aos dados pessoais.

Explica-se. As partes e mesmo terceiros podem juntar aos autos do processo digital uma série de documentos que apresentem dados pessoais. Se no processo que tramita em autos físicos (cada vez mais em extinção), muitas vezes há um maior controle e dificuldade no acesso deste por pessoas estranhas ao processo em comparação aos autos digitais, nesses últimos há uma ampla possibilidade de que os advogados cadastrados no sistema de cada tribunal visualizem os atos e documentos juntados. Nessa linha, é de se recordar que o artigo 11, parágrafo 7º, da Lei n. 11.419/06, com a redação conferida pela Lei n. 13.793/19, prevê que os sistemas de informações pertinentes a processos eletrônicos devem possibilitar que advogados, procuradores e membros do Ministério Público cadastrados, mas não vinculados a processo previamente identificado, acessem automaticamente todos os atos e documentos processuais armazenados em meio eletrônico, desde que demonstrado interesse para fins apenas de registro, salvo nos casos de processos em segredo de justiça.

Diante disso, pode-se afirmar que na esfera do processo digital os dados pessoais ficam mais expostos, sendo certo que a proteção de dados também deve incidir na esfera do Judiciário. Assim, em primeiro lugar, cabe destacar que a LGPD tutela a necessidade na coleta de dados, em seu artigo 6º, inciso III. Dessa forma, parece questionável a necessidade de que documentos pessoais de alguém – como, por exemplo, identidade, comprovante de residência ou informe de rendimentos – fiquem expostos ao acesso de qualquer pessoa cadastrada no sistema de processo eletrônico[6].

Dessa forma, pode-se extrair da Lei Geral de Proteção de Dados um dever de proteção também dos dados apresentados pelas partes e terceiros no processo, o que não contraria a publicidade do processo judicial, garantia constitucional em favor não só das partes, como da própria sociedade[7].

Numa demonstração de que publicidade do processo e tutela dos dados pessoais podem conviver, o artigo 28 da Resolução n. 185 do Conselho Nacional de Justiça consagra a possibilidade de a parte requerer segredo de justiça quanto a seus documentos pessoais.

Confira-se sua redação: "Art. 28. Na propositura da ação, o autor poderá requerer segredo de justiça para os autos processuais ou sigilo para um ou mais documentos ou arquivos do processo, através de indicação em campo próprio. § 1º Em toda e qualquer petição poderá ser requerido sigilo para esta ou para documento ou arquivo a ela vinculado. § 2º Requerido o segredo de justiça ou sigilo de documento ou arquivo, este permanecerá sigiloso até que o magistrado da causa decida em sentido contrário, de ofício ou a requerimento da parte contrária. § 3º O Tribunal poderá configurar o sistema de modo que processos de determinadas classes, assuntos ou por outros critérios

---

6. Nessa linha, MEDON, Filipe. *Quem precisa de vazamento de dados que já estão disponíveis no processo eletrônico?* Disponível em: https://www.jota.info/opiniao-e-analise/artigos/quem-precisa-de-vazamento-de-dados-que-ja-estao-disponiveis-no-processo-eletronico-14062020 Acesso em 12/09/2020.

7. "É inegável que a exigência de publicidade dos atos processuais guarda íntima relação com o impacto exercido pelo princípio democrático na conformação do processo, que se desenvolve como uma rede de diálogos estruturados composta pelas manifestações dos jurisdicionados em conjunto com a atuação do poder do Estado. Visto sob essa perspectiva, o processo acaba por se revelar em uma engrenagem que deve obrigatoriamente contemplar mecanismos capazes de assegurar o controle da legitimidade e da regularidade no exercício da atividade jurisdicional." (REICHELT, Luis Alberto. A exigência de publicidade dos atos processuais na perspectiva do direito ao processo justo. In: *Revista de Processo*, vol. 234, p. 77-97, ago/2014).

sejam considerados em segredo de justiça automaticamente. § 4º Nos casos em que o rito processual autorize a apresentação de resposta em audiência, faculta-se a sua juntada antecipada aos autos eletrônicos, juntamente com os documentos, hipótese em que permanecerão ocultos para a parte contrária, a critério do advogado peticionante, até a audiência.".

Adicionalmente, é preciso ter em mente que se trata mesmo de importante ponto de atenção, devendo, inclusive, ser respeitadas as previsões da LGPD, considerando o Poder Judiciário enquanto agente de tratamento e, especialmente, o regime de tratamento de dados pessoais pelo Poder Público, conforme seus arts. 23 e ss.

5

INTELIGÊNCIA ARTIFICIAL

5.1 O QUE PARECE SER A INTELIGÊNCIA ARTIFICIAL - IA?

O objetivo do presente trabalho não é esmiuçar ou entrar no nível de detalhe que seria necessário para o estudo do tema, o que, aliás, seria de todo presunçoso. Porém, de uma maneira geral e tentando simplificar o que não é simples, se é que isso é possível, inteligência artificial – IA parece ser uma ideia a ser extraída da junção lógica dos dois termos: inteligência e artificial.

Inteligência, em linhas muito gerais, decorre da ideia de reconhecer a capacidade de algo ou de alguém realizar a categorização de objetos e respectivas separando-os por características e propriedades que possuem, o que pode se dar em graus diferentes de capacidade e detalhe. O exercício subsequente da racionalidade vem então pela capacidade de tal separação aliada à correta tomada de decisão a partir das categorizações feitas. Inteligente é aquilo ou quem consegue diferenciar o mundo à sua volta e tomar decisões decorrentes dessa diferenciação. É a soma das fases sequenciais de identificação, categorização, raciocínio e tomada de decisão.

A percepção popular do "mais inteligente", então, seria associada aquilo ou a quem melhor consegue racionalizar esse processo e em maior nível de detalhe ou categorização. Assim, é um processo de inteligência desde a simples diferenciação entre um livro e uma maçã, tomando a decisão de se alimentar apenas do segundo, como também complexos raciocínios pautados em lógica, a partir de premissas e resultados consequenciais respectivos. De um modo amplo, "ser inteligente", na ideia média e popular e que interessa ao essencial de explicação desse trabalho, é saber lidar com um determinado objeto e extrair dele classificações e consequências lógicas e racionalmente válidas.

Soma-se a isso os termos e expressões que podem eventualmente categorizar a própria inteligência, seja porque dizem respeito ao próprio objeto sobre o qual se raciocina, seja porque dizem respeito a forma como as quatro etapas da inteligência se desenvolvem. Falar em "inteligência emocional" ou "inteligência jurídica" é falar de exemplos da primeira possibilidade. O raciocínio e a tomada de decisão sobre as emoções e sobre o Direito, respectivamente. Por sua vez, a "inteligência artificial" parece ser justamente exemplo do segundo, caracterizando uma forma não natural de identificar, categorizar, raciocinar e tomar a decisão. Em linhas gerais, portanto, parece que a inteligência artificial pode ser entendida pela capacidade programada, técnica e não natural de identificar objetos, categorizá-los, aplicar em relação a eles uma lógica racional e, a partir dessas três fases anteriores, tomar as decisões respectivas com a apresentação dos resultados de toda essa atividade de inteligência[8-9].

8. Como pondera Jordi Nieva Fenoll: "No existe un total consenso sobre lo que significa la expresión 'inteligencia artificial', pero sí que podría decirse que describe la possibilidade de que las máquinas, en alguna medida, 'piensen', o más bien imiten el pensamento humano a base de aprender y utilizar las generalizaciones que las personas usamos para tomar nuestras decisiones habituales." (FENOLL, Jordi Nieva. *Inteligencia artificial y proceso judicial*, Madrid : Marcial Pons, 2018, p. 20).

9. "For the present purpose the artificial intelligence problem is taken to be that of making a machine behave in ways that would be called intelligent if a human were so behaving." (MCCARTHY, J. MINSKY, M. L., ROCHESTER, N. and Shannon, C. E.. A proposal for

Adicionalmente, é importante dizer que a implementação prática dessa ideia se dá pelos mecanismos conhecidos como "algoritmos", ou seja, os instrumentos práticos e concretos por meio dos quais as fases de identificação à tomada de decisão, de forma artificial, são elaboradas. Em termos mais simples e sem aprofundar nas impressões técnicas a respeito, algoritmo pode ser entendido como uma sequência de instruções técnicas que determinará o que um dispositivo eletrônico (destacadamente, um computador) terá de fazer. Para maior visibilidade, algoritmo é um passo a passo técnico e sequencial com um ou mais comandos para o que o dispositivo eletrônico deverá fazer. Algoritmos podem ser programados, em que todas as etapas da sequência são previamente definidos por programação humana, e não programados em que não há a programação do passo a passo, competindo aos próprios dispositivos eletrônicos desenvolvê-los com base nas informações inseridas (*input*) e resultados esperados (*output*)[10].

---

the Dartmouth summer research project on artificial intelligence, august 31, 1955. *In* AI magazine 27 (4):12, 2006); "Although there is no single agreed definition of AI,5 there are similarities between many of those being used. Broadly, AI is a set of statistical tools and algorithms that combine to form, in part, intelligent software enabling computers to simulate elements of human behaviour such as learning, reasoning and classification" (HOUSE OF COMMONS – SCIENCE AND TECHNOLOGY COMMITTEE. *Algorithms in decision-making*: fourth report of session 2017-19, 2018, p. 7. Disponível em: https://publications.parliament.uk/pa/cm201719/cmselect/cmsctech/351/351.pdf Acesso em: 07.09.2020);" Sobre o tema, ver ainda: SILVA, Nilton Correia. Inteligência artificial *In* FRAZÃO, Ana. MULHOLLAND, Caitlin [coord.]. *Inteligência artificial e direito*: ética, regulação e responsabilidade, São Paulo : Thomson Reuters Brasil, 2019, p. 35-52.

10. "Uma das melhores definições de algoritmo, até pela sua simplicidade, é a empregada por Pedro Domingos, segundo o qual: 'Algoritmo é uma sequência de instruções que vai dizer a um computador o que fazer'. Então, tem-se o input, que são os dados que entram no sistema. Esses dados são processados pelo algoritmo e um resultado sai nesse sistema, aquilo que se chama de output. Ou seja, os dados saem de um ponto inicial para chegar ao ponto final; e o algoritmo é justamente a sequência de coisas que precisam de acontecer, desse ponto inicial até esse ponto final. Os algoritmos podem ser divididos em dois tipos fundamentais: os programados e os não programados. Algoritmos programados são aqueles que têm todas as suas etapas da sua programação definidas pelo programador, que sabe exatamente os caminhos que a informação vai traçar quando ela entra no sistema até o momento em que ela sai do sistema. Esse tipo de algoritmo não nos interessa, porque, caso haja algum problema, ele poderá ser reconduzido à atividade do programador, que tem todo o controle da forma como eles operam. O que nos interessa é o segundo tipo de algoritmo, o dos algoritmos não programados. São os chamados learners, algoritmos que

5.2 A UTILIZAÇÃO DA INTELIGÊNCIA ARTIFICIAL NA RESOLUÇÃO DE CONFLITOS

Mais que um conceito abstrato, a inteligência artificial está presente em poderosas e práticas ferramentas para o dia-a-dia de todas as atividades na atual sociedade da informação, desde simples e por vezes não lembradas planilhas com fórmulas pré-estabelecidas, até as mais sofisticadas ferramentas de análise de bases de dados e apresentação de resultados[11].

Todo e qualquer mecanismo que hoje seja capaz de receber informações a partir de alimentação humana ou de extração automatizada, que trate tais informações de forma racional e automática e entregue resultados a partir dessas etapas anteriores pode ser entendido como um mecanismo de inteligência artificial. Com esse potencial, era esperado e natural que os mecanismos de resolução dos conflitos, sobretudo os judiciais, aproveitassem desses instrumentos para conduzir os procedimentos e auxiliar as decisões decorrentes. A ideia é aproveitá-los para tentar mitigar os defeitos de entrega de resultados que deles se espera e otimizar a execução adequada e efetiva dos serviços[12], otimizando, ao final, o próprio Acesso à Justiça.

---

empregam *Machine Learning* (aprendizagem de máquinas). Em outras palavras, algoritmos que utilizam Inteligência Artificial (I.A.). Nesse caso, em vez de programar as etapas da operação do algoritmo, 'carrega-se' nele a informação (*input*), bem como o resultado desejado (*output*), e o algoritmo fica encarregado de descobrir como sair da informação e chegar ao output, o que faz por tentativa e erro. Quando o algoritmo chega ao resultado desejado, reforça aquele caminho – o caminho mais assertivo – na conta matemática que emprega. E, assim, através dessas operações, o algoritmo vai ajustando as suas variáveis, e faz aquilo que conhecemos como 'se programar' – ou criar a própria programação." (FERRARI, Isabela [coord.] *Justiça digital*, São Paulo : Thomson Reuters, 2020, Edição Kindle, p. 72-73).

11. "Inteligência artificial é uma expressão antiga que abarca desde tecnologias simples até sistemas neurais convolucionais extremamente complexos de *deep learning*" (WOLKART, Erik Navarro. *op. cit.*, p. 748).

12. "Um primeiro e talvez mais intenso uso da tecnologia no sistema de justiça é a potencial aplicação de inteligência artificial na condução dos procedimentos e na tomada de decisão. Ao invés de simplesmente programar os computadores para realizarem tarefas repetitivas, trata-se de fazê-los aprender e construir outros caminhos para atingir resultados

Além de outros exemplos já trabalhados, a citação de alguns exemplos da implementação concreta dessa ideia parece importante, desde a predição de resultados futuros (por exemplo, com o uso da jurimetria), na condução de procedimentos de resolução até na própria decisão judicial.

Uma das utilizações mais notáveis está na otimização da realização de procedimentos. Aliás, em um convite ao pensamento de senso comum sobre o tema, certamente chama mais atenção a possibilidade de melhoria dos procedimentos associados às resoluções de conflito, sobretudo no desenvolvimento da jurisdição estatal. Nessa última experiência, como muito bem pondera Jordi Fenoll: "Una gran parte de la labor de los juzgados es mecánica. Aunque en ello tiene una gran responsabilidad la absurda – hoy en día – burocracia judicial, que refleja usos del pasado, lo cierto es que buena parte de los funcionarios judiciales invierten su tempo utilizando modelos de resolución y modificando simplemente los datos identificatorios del proceso. Incluso los jueces trabajan de ese modo en no pocas ocasiones, bien usando la herramienta 'corta-pega' para copiar resoluciones que completan

---

predefinidos. A ciência da computação tem aumentado essa possibilidade a partir do desenvolvimento de algoritmos inteligentes. Um algoritmo é uma sequência de instruções codificadas que ensinam a um computador, passo a passo, o que fazer. Algoritmos podem ser pré-programados, mas hoje há também algoritmos chamados 'aprendizes' (*learners*), que utilizam a técnica de *machine learning* e fazem predições sobre fenômenos, desenvolvendo outros modelos (e até outros algoritmos) *automaticamente*, isto é, independentemente de uma nova programação humana. Há ainda algoritmos para receber *feedbacks* sobre a precisão e eficiência dos resultados, e com isso possibilitar a modificação do algoritmo originário para chegar aos resultados pretendidos de forma mais rápida, barata e precisa. E esses sistemas têm sido usados para montar decisões judiciais. A filtragem operada pelos algoritmos dos dados existentes a respeito de leis, regulamentos, precedentes, pode deles extrair previsões sobre o resultado adequado para um determinado litígio. Técnicas preditivas têm sido usadas em muitos países, e a tendência é que essa utilização cresça em ritmo exponencial nos próximos anos. Ferramentas para análise de *big data*, se construídas com algoritmos corretos e com acesso a bancos de dados adequados, podem identificar quais processos possam ser agrupados para instrução ou decisão conjunta; e podem prever qual o resultado correto para uma determinada disputa judicial.". (CABRAL, Antonio do Passo. Processo e tecnologia: novas tecnologias *In* LUCON, Paulo Henrique dos Santos [et. Al] [coords]. *Direito, processo e tecnologia*, São Paulo : Thomson Reuters Brasil, 2020, p. 84-85).

con los datos más precisos del caso que les ocupa, añadiendo algunos párrafos al efecto. En la actualidad, pocas sentencias se redactan completamente *ex novo*, aunque ello depende tanto del caso concreto como de la tendencia de cada juez. Con todo, en la jurisprudencia – también de los altos tribunales – se detecta en infinidad de ocasiones el uso del corta-pega."[13].

Nessa perspectiva, a inteligência artificial tem um grande potencial para uma maior variabilidade de criação de documentos, de reprodução desses e para gerar uma maior capacidade da análise de seus conteúdos[14]. Como exemplo, em estudo realizado em 2018 com a plataforma de IA LawGeex, professores de Direito das Universidades de Stanford, Duke e do Sul da Califórnia, foi feita a comparação prática da análise documental entre 20 advogados experientes e uma ferramenta de IA treinada para avaliar contratos[15]. Após quatro horas dadas para a revisão de 5 acordo de confidencialidade (*non-disclosure agreements – NDAs*) e identificação de 30 questões legais, os resultados foram impressionantes e demonstram a maior capacidade de análise documental por tal tecnologia: (i) os advogados alcançaram uma média de precisão de 85% nas análises, enquanto a ferramenta da IA obteve 95% de precisão; (ii) a IA completou cada tarefa em 26 segundos, enquanto os advogados levaram, em média, 92 minutos; e (iii) em um dos contratos, a IA atingiu 100% de precisão na análise, enquanto o maior resultado obtido entre os advogados foi de 97%.

Sem sombra de dúvidas, considerando que as resoluções de conflitos, sobretudo a do ecossistema jurisdicional (estatal ou arbitral), tem a sustentação na apresentação e análise documental, o uso de algoritmos que desempenham tais funções é muito relevante. Inclusive,

13. FENOLL, Jordi Nieva. *op. cit.*, p. 24.
14. *Idem*, p. 25.
15. Disponível em: https://mashable.com/2018/02/26/ai-beats-humans-at-contracts/ Acesso em: 14/09/2020.

a depender de como tais tarefas forem automatizadas, possibilitando a criação de padrões de associação de documentos a determinados resultados, o uso das ferramentas também pode agregar previsibilidade às resoluções, especialmente nas situações jurídicas de volume e que, por perfil e regra, não apresentam maiores individualidades[16].

Igualmente, desde a década de 1980, existem ferramentas importantes que se valem da inteligência artificial para demonstração probatória de fatos ou construção de narrativa a partir das evidências indicadas[17]. Algumas ferramentas podem ser citadas como exemplo: (i) *Stevie* que apresenta modelos a partir das evidências para possíveis reconstruções dos fatos[18]; (ii) *Echo* que avalia possibilidades de julgamento a partir das evidências, auxiliando na elaboração de teses de acusação e defesa na esfera criminal[19]; e (iii) *Alibi* que a partir das

16. "Esa reflexión debería venir propiciada por la inteligencia artificial. Con la misma no solamente se obtiene una mayor variedad de creación de documentos y de copia automática de los mismos, sino que también se consigue una mayor capacidad de análisis de dichos documentos. Combinadas esas tres funcionalidades resulta que una aplicación de inteligencia artificial podría ser increíblemente más rápida que un juez en la resolución de procedimientos previsibles, sobre todo en el análisis de la documentación, que en ocasiones un juez – o proprio personal del juzgado – solo puede revisar de manera superficial. Para conseguir ese ahorro de tiempo y recursos, bastaría con que las partes plantearan sus demandas y defensas a través de una aplicación, es decir, lejos del estilo literario que hoy se emplea todavía para solicitudes tan simples como la reclamación de una cantidad de dinero no discutida o un desahucio por falta de pago. Habría que seleccionar los procedimientos en que algo así podría ser posible – la enorme mayoría de los que se sustancian sin oposición –, haciendo que las reclamaciones pueden estar resueltas en un plazo brevissimo, es decir, el que sea razonable para que el demandado, si le interesa, pueda preparar su defensa." (FENOLL, Jordi Nieva. *op. cit.*, p. 25).

17. NISSAN, Ephraim. Digital technologies and artificial intelligence's present and foreseeable impact on lawyering, judging, policing and law enforcement, *AI & Society*, vol. 32, 2017, p. 450.

18. "*Stevie* is an argumentation-based computer tool intended for supporting criminal investigation. Stevie enables analysts to view evidence and inferences. The program is described as distilling out of that information coherent stories which are 'hypothetical reconstructions of what might have happened', and which are defined as 'a conflict-free and self-defending collection of claims' which moreover is temporally consistent. In Stevie, a story is 'a conflict-free and self- defending collection of claims' which moreover is temporally consistent." (*Idem*, p. 449).

19. "*Echo* is a computer tool, based on artificial neural net- works, for abductive reasoning, developed by Paul Thagard and first applied to the modelling of reasoning on the evidence in a criminal case in Thagard (1989), who then applied it to other trials as well. [...] The

evidências desenvolve explicações alternativas daquelas associadas às provas para evitar ou mitigar responsabilidades[20].

Adicionalmente, em relação à prova testemunhal, a tecnologia tem sido utilizada para avaliar as circunstâncias e credibilidade dos testemunhos de forma mais objetiva, sem depender dos aspectos subjetivos e emocionais de avaliação do conteúdo testemunhal: "La psicología del testimonio ha desarrollado desde hace tiempo una serie de parámetros de credibilidad de un declarante, dependiendo de la luz, distancia de la observación, tiempo de exposición, antigüedad del recuerdo, efecto foco, raza de la persona observada, consumo de sustancias, etc. También está desarrollándose la tecnología que permite evaluar esas circunstancias de un modo objetivo, sin depender de la emotividad de la observación judicial al respecto."[21].

input for ECHO simulations of a trial are sets of simple propositions, and these propositions include items of evidence, prosecution hypotheses and defence hypotheses. Some other possible statements are identified as contradictions. Some other statements are instances of an explains function, followed by its parameter instances. Such statements include prosecution explanations, defence explanations and motives. Moreover, data are declared, within the input code, these data being testimonies uttered by the witnesses, thus being observed by everyone inside the courtroom. ECHO was first applied in order to model the reasoning of a jury on a murder case against California Highway police officer Craig Peyer, who was tried in San Diego for the murder of Cara Knott on 27 December 1986. The trial ended on 27 February 1988, in a hung jury. Another trial modelled with ECHO was that of Claus von Bu 'low, for the episode in December 1980, when his wealthy wife, Martha von Bu 'low (nicknamed Sunny), lapsed into a coma" (*Idem*, p. 451).

20. "*ALIBI* is computer system developed by myself (Nissan) and my students [...]. In an AI blue-sky research perspective, it is a 'planner' which impersonates somebody accused with observed actions, who denies mens rea and produces alternative explanations, and seeks exoneration or a lesser liability (ranking those pre-texts accordingly). [...] ALIBI decomposes the actions involved hierarchically and separates the actions themselves from deontic (i.e. moral or legal) connotations: this way, e.g. stealing is interpreted as taking in given circumstances (somebody else's property, while the agent is unseen): stealing is deontically bad, whereas taking is not necessarily reproachable. Reasoning on effects is also carried out. An alternative plan is composed hierarchically, which claims exoneration or, in a version called ALIBI 3, pleads to a lesser computed liability." (*Idem*, p. 451).
21. FENOLL, Jordi Nieva. *op. cit.*, p. 27-28.

Também já há, por exemplo, sistemas que objetivam resultados preditivos[22], ou seja, que tenham como entrega a possível previsão de resultados a depender do órgão judicial envolvido. É o caso de parte dos serviços norte-americano Lex Machina (https://lexmachina.com) que é capaz de medir as chances de sucesso em uma disputa de titularidade de patente nos Estados Unidos[23]. Na linha do dito na primeira parte do trabalho, ferramentas preditivas dessa natureza são muito úteis na otimização de disputas. A ciência das chances de sucesso, com precisão, pode ser decisiva para potencializar as chances de acordo e de diminuição de disputas. Como posiciona Erik Navarro: "Note-se a importância cooperativa de sistemas como o Lex Machina: se o advogado e o cliente sabem as reais possibilidade de vitória em uma futura demanda judicial, daí decorrem duas consequências importantes: (i) diminui-se muito o viés de otimismo na avaliação do resultado, evitando a propositura do que chamamos de demandas frívolas; (ii) aumentam-se as possibilidades de acordo, antes ou durante o processo,

---

22. "Predictive analytics is a new discipline that combines data with analysis to make predictions. Computational power allows substantial data to be collected and organized. Patterns can then be found among the data.49 Machine learning can help analyze regularities within the patterns. With the help of these models, known data can be used to predict what will happen in situations that have not yet occurred. 50 The missing data may be unknown and indeed unknowable if the data consists of future events, like the outcome of a legal case. Predictive analytics is all the rage across the corporate world. Using big data to guide decisions is one of the most important trends of the last decade. It has intensified so much that universities now offer courses, and indeed degrees, in data analytics. Predictive analytics is now coming to law. Indeed, law, with its massive amounts of data from case law, briefs, and other documents, is conducive to machine data mining that is the foundation of this new predictive science. Legal data include fact patterns, precedents, and case outcomes. For instance, one form of legal analytics would use fact patterns and precedent to predict a case's outcome, thereby better equipping lawyers to assess the likely result of litigation. Of course, lawyers make implicit judgments about litigation prospects when advising clients whether to bring a lawsuit, settle, or go to trial. But their advice is based on their intuitions and limited to their direct or indirect experience of law. The advantage of predictive analytics is that it provides a mechanism both to access a vast amount of information and systematically mine that information to understand the likely outcome of the case at hand. Legal analytics is not a distant prospect; already, academics and companies are putting it into action." (MCGINNIS, John O. PEARCE, Russel G. The great disruption: how machine intelligence will transform the role of lawyers in the delivery of legal services, *Fordham Law Review*, vol. 82, 2014, p. 3052).
23. WOLKART, Erik Navarro. *op. cit.*, p. 749.

porque o valor de reserva torna-se passível de cálculo preciso. Caso os custos do processo não sejam ínfimos, ambos os efeitos podem ser potencializados. Trata-se, claramente, de duas posturas cooperativas que contribuem diretamente para evitar o cenário de tragédia da justiça"[24].

A predileção de resultados também é importante, do ponto de vista estratégico, para entendimento da fundamentação judicial utilizada e na identificação de precedentes judiciais. A ideia é utilizar da inteligência artificial para identificar as *ratio decidendi* das decisões, não só para entender com alguma previsão os possíveis resultados futuros (e então trazer os mesmos benefícios ditos acima) como também para trabalhar com as "decisões anteriores" de forma correta e adequada. É a espécie de visibilidade que não só facilita o trabalho das partes que precisam adequar a argumentação e estratégia aos posicionamentos consolidados (evitando ou diminuindo atos processuais inócuos), como também dos próprios órgãos jurisdicionais na prolação das decisões futuras, otimizando a prestação jurisdicional, pensada nesse aspecto no art. 927, CPC[25].

---

24. *Ibidem*.
25. "Nessa linha de mapeamento da conduta de juízes ao longo de sua judicatura, bem como de pesquisa de precedentes e tendências das cortes, existem sistemas bastante modernos de *machine learning* capazes de operar verdadeira revolução. Um deles é o Ravel Law. Desenvolvido por ex-alunos de Stanford e com apoio da Harvard Law School Library, o sistema é capaz, por exemplo, de mapear o posicionamento de um específico juiz em relação a uma questão predominantemente de direito, adentrando detalhes como quais as leis e os precedentes que o juiz mais cita sobre aquela questão , e até mesmo que tipo de abordagem do tema costuma ter mais sucesso no histórico decisório daquele magistrado. Assim, por exemplo, se o magistrado X decide sistematicamente que o ISS deve ser excluído da base de cálculo do PIS/COFINS e em um específico caso ele determina a inclusão do tributo no cálculo, voltando à posição original nos casos posteriores, o sistema Ravellaw identificará: (i) que o juiz vem sistematicamente decidindo pela exclusão do tributo; (ii) que, na linha do tempo dessas decisões há um caso decidido de forma diferente; (iii) as razões e argumentação jurídica utilizadas nessa mudança de entendimento (iii) que, após esse caso, o juiz retomou o entendimento antigo. A forma mapeada como Ravellaw pesquisa precedentes aponta para a segunda abordagem da segunda fase da utilização de IA no direito: uma nova forma de estruturação de argumentação jurídica em petições e sentenças." (*Idem*, p. 751).

Ainda, na seara da resolução judicial brasileira de conflitos, muitos outros exemplos podem ser mencionados. Como aponta o estudo "Tecnologia Aplicada a Gestão de Conflitos no Poder Judiciário" com ênfase em inteligência artificial, coordenado pelo Centro de Inovação, Administração e Pesquisa do Judiciário da FGV (Ciapj), há mais de 70 projetos diferentes em mais da metade dos Tribunais do País[26]. Os projetos variam. Há mais de 20 projetos dedicados a identificar se o novo caso distribuído se enquadra na situação do julgamento de improcedência liminar (art. 332, CPC), há também aqueles dedicados a sugerir minutas para decisões e acórdãos, bem como para realizar o juízo de admissibilidade de recursos[27].

Uma das primeiras iniciativas é o projeto "Dra. Luzia" implementado junto à Procuradoria do Distrito Federal para entender os processos de execuções fiscais, com a análise de dados que viabilizam melhores estratégias, inclusive na busca por bens dos executados[28].

Também famoso é o projeto em andamento no Supremo Tribunal Federal conhecido como "Victor", nomeado justamente em homenagem ao ex-ministro do próprio STF Victor Nunes Leal[29]. Como menciona a própria página da Corte: "Pelo processo judicial eletrônico (PJe), o recurso extraordinário sobe bruto ao Supremo e era preciso que um servidor separasse e identificasse suas peças, tarefa que demandava em média 30 minutos de serviço. O Victor realiza essa tarefa em apenas cinco segundos. Toledo esclareceu que mecanismos de inteligência artificial não irão substituir servidores do

---

26. Disponível em: https://www.jota.info/coberturas-especiais/inova-e-acao/judiciario-brasileiro-tem-ao-menos-72-projetos-de-inteligencia-artificial-nos-tribunais-09072020 Acesso em: 07.09.2020.

27. *Ibidem*.

28. Disponível em: https://politica.estadao.com.br/blogs/fausto-macedo/dra-luzia/ Acesso em: 07.09.2020.

29. Disponível em: http://www.stf.jus.br/portal/cms/verNoticiaDetalhe.asp?idConteudo=390818 Acesso em: 07.09.2020.

Poder Judiciário, apenas permitirão que eles atuem em funções mais complexas. O sistema identifica o tema de repercussão geral veiculado em cada processo e o indica ao presidente do STF, para o fim de devolução do recurso à origem ou rejeição do processo. A ideia é que o Victor seja aproveitado por outros órgãos, como os tribunais de segunda instância, e que seja ampliado para executar outras tarefas de auxílio ao trabalho dos ministros do STF, como a identificação de jurisprudência, por exemplo. Atualmente a ferramenta executa quatro atividades: conversão de imagens em textos no processo digital, separação do começo e do fim de um documento (peça processual, decisão, etc) em todo o acervo do Tribunal, separação e classificação das peças processuais mais utilizadas nas atividades do STF e a identificação dos temas de repercussão geral de maior incidência. O nome do projeto é uma homenagem a Victor Nunes Leal (falecido), ministro do STF de 1960 a 1969, autor da obra "Coronelismo, Enxada e Voto" e principal responsável pela sistematização da jurisprudência do STF em súmula, o que facilitou a aplicação dos precedentes judiciais aos recursos."[30].

No Superior Tribunal de Justiça, a inteligência artificial não só tem sido implementada como festejada, sobretudo pela redução significativa da quantidade de processos[31].

30. *Ibidem*.

31. "No segundo dia do Encontro Nacional de Tecnologia, Inovação e Cultura da Advocacia-Geral da União (Enastic AGU), o presidente do Superior Tribunal de Justiça (STJ), ministro João Otávio de Noronha, abordou a inteligência artificial como instrumento não só de gestão, mas também de planejamento no tribunal. [...] O ministro Noronha destacou que, durante a sua gestão à frente do STJ, houve um grande investimento em tecnologia, em especial para 'revolucionar os processos de trabalho'. Segundo ele, atividades que antes demandavam todo um setor podem ser feitas hoje de forma mais eficiente e com mais qualidade graças ao uso de softwares. Como exemplos dessa transformação, Noronha citou a publicação dos acórdãos, que passou a ser tarefa de cada gabinete, e a unificação das secretarias dos órgãos julgadores. 'Não deixamos reduzir a qualidade do trabalho; muito pelo contrário, demos mais celeridade e qualidade. Deslocamos uma série de funcionários das secretarias para os gabinetes e outros setores carentes. Esse salto tecnológico foi importante para rever os processos de trabalho', afirmou. [...] O presidente do STJ afirmou ainda que, com o uso da inteligência artificial, foi possível reduzir o número de processos no tribunal, em

É de se destacar o projeto "Sócrates" voltado para identificar previamente as controvérsias jurídicas presentes nos recursos especiais: "em resposta a um dos principais desafios dos gabinetes – a identificação antecipada das controvérsias jurídicas do recurso especial –, o Núcleo de Admissibilidade e Recursos Repetitivos, em conjunto com a equipe de IA do tribunal, projetou uma nova solução tecnológica. Nasceu, assim, o Sócrates 2.0, ferramenta capaz de apontar, de forma automática, o permissivo constitucional invocado para a interposição do recurso, os dispositivos de lei descritos como violados ou objeto de divergência jurisprudencial e os paradigmas citados para justificar a divergência. Além disso, o Sócrates 2.0 identifica as palavras mais relevantes no recurso especial e no agravo em recurso especial e as apresenta ao usuário na forma de "nuvem de palavras", permitindo a rápida identificação do conteúdo do recurso. A ferramenta também sugere as controvérsias jurídicas potencialmente presentes no recurso, identificando quais delas correspondem a controvérsias afetadas pelo STJ ao rito dos recursos repetitivos."[32].

Outra experiência importante na Corte é o Sistema Athos. "Baseado também em um modelo de IA, o sistema tem o objetivo de identificar – mesmo antes da distribuição aos ministros – processos que possam ser submetidos à afetação para julgamento sob o rito dos recursos repetitivos. Além disso, o Athos monitora e aponta processos com entendimentos convergentes ou divergentes entre os órgãos

especial pela triagem e seleção das matérias repetitivas, sem perder de vista, contudo, a importância do trabalho humano. 'Vamos nos valer da inteligência artificial, de programas que racionalizam os processos, mas o computador não decide, não faz voto. Ele pesquisa numa base de dados e propõe decisões, que muitas vezes precisam ser corrigidas', ressaltou. O ministro disse que é preciso combater a ideia de que a inteligência artificial vai tomar decisões. 'Ela vai propor informações sobre as teses existentes, mas a decisão será sempre humana.' (Disponível em: http://www.stj.jus.br/sites/portalp/Paginas/Comunicacao/Noticias/02072020-Presidente-do-STJ-destaca-importancia-da-inteligencia-artificial-na-gestao-e-no-planejamento-da-Justica.aspx Acesso em: 07.09.2020)

32. Disponível em: http://www.stj.jus.br/sites/portalp/Paginas/Comunicacao/Noticias/23082020-Revolucao-tecnologica-e-desafios-da-pandemia-marcaram-gestao-do-ministro-Noronha-na-presidencia-do-STJ.aspx Acesso em: 07.09.2020

fracionários da corte, casos com matéria de notória relevância e, ainda, possíveis distinções ou superações de precedentes qualificados. No âmbito do STJ, o Sistema Athos possibilitou, por exemplo, a identificação de 51 controvérsias – conjuntos de processos com sugestão de afetação ao rito dos repetitivos – e a efetiva afetação de 13 temas."[33].

Igualmente, é importante mencionar a ferramenta e-Juris "ferramenta utilizada pela Secretaria de Jurisprudência na extração das referências legislativas e jurisprudenciais do acórdão, além da indicação dos acórdãos principal e sucessivos sobre um mesmo tema jurídico."[34]. Ainda, vale citar a instituição de ferramenta baseada em inteligência artificial que faz a triagem de matérias repetitivas: "o Superior Tribunal de Justiça (STJ) iniciou neste mês a utilização de uma ferramenta capaz de identificar, no momento da triagem dos processos que chegam à corte, quais casos estão relacionados a temas submetidos ao rito dos recursos especiais repetitivos. Com o novo sistema, é possível evitar que sejam encaminhados para a análise dos relatores processos que, de acordo com as normas do Código de Processo Civil de 2015, deveriam estar suspensos em segunda instância até a decisão final do STJ – no caso de repetitivos ainda não julgados – ou que deveriam ser rejulgados no tribunal de origem para eventual aplicação do entendimento do STJ – nas situações em que a corte superior já tenha firmado a tese."[35].

Outro projeto relevante é o Hórus implementado pelo Tribunal de Justiça do Distrito Federal e Territórios "que trouxe resultados

33. Disponível em: http://www.stj.jus.br/sites/portalp/Paginas/Comunicacao/Noticias/23082020-Revolucao-tecnologica-e-desafios-da-pandemia-marcaram-gestao-do-ministro-Noronha-na-presidencia-do-STJ.aspx Acesso em: 07.09.2020

34. *Ibidem*.

35. Disponível em: http://www.stj.jus.br/sites/portalp/Paginas/Comunicacao/Noticias/Nova-ferramenta-de-triagem-de-materias-repetitivas-agiliza-o-fluxo-processual.aspx Acesso em: 07.09.2020.

efetivos e velozes ao cadastramento de processos digitalizados, integrou a digitalização de processos físicos com o PJe e viabilizou movimentações processuais no sistema judicial legado – SISTJ."[36]. No Tribunal de Justiça do Estado do Rio Grande do Norte existem os projetos Poti (realiza a penhora online de forma automática), Clara (lê documentos, sugere tarefas e recomenda decisões) e Jerimum (classifica e rotula processos judiciais)[37]. Ainda, no Tribunal de Justiça do Estado de Pernambuco o Projeto Elis utilizado na triagem de processos[38].

Mais recentemente, também, o Tribunal Regional Federal da 3ª Região – TRF3 iniciou a implementação do programa de IA (SIGMA) para auxílio na elaboração, decisões e acórdãos no sistema do PJe[39]. Segundo o próprio portal do Tribunal: "O SIGMA é um sistema inteligente de utilização de modelos para produção de minutas. O programa ordena os textos armazenados, comparando informações extraídas das peças processuais com a maneira como cada unidade utiliza seus modelos. A inteligência artificial gera insumos para a redação do relatório e, observando as peças processuais, sugere modelos já utilizados para um mesmo tipo de processo, acelerando a produtividade de magistrados e servidores, de forma a evitar, ainda, decisões conflitantes."[40].

36. Disponível em: https://www.tjdft.jus.br/institucional/imprensa/noticias/2019/junho/uso-de-inteligencia-artificial-no-tjdft-e-destaque-em-materia-da-tv-globo Acesso em: 07.09.2020.

37. Disponível em: https://bernardodeazevedo.com/conteudos/tjrn-investe-em-sistemas-para-automatizar-acoes-repetitivas/ Acesso em: 07.09.2020.

38. Disponível em: https://g1.globo.com/pe/pernambuco/noticia/2019/05/04/justica-de-pernambuco-usa-inteligencia-artificial-para-acelerar-processos.ghtml Acesso em: 07.09.2020.

39. Disponível em: http://web.trf3.jus.br/noticias/Noticias/Noticia/Exibir/396711 Acesso em: 07.09.2020.

40. *Ibidem*

5.3 ALGUNS POSSÍVEIS LIMITES

Por um lado, não existe dúvida que há muita utilidade em tais ferramentas e que elas podem auxiliar que a resolução judicial de conflitos alcance seus desideratos, especialmente aqueles de entregar uma solução adequada e efetiva às lides que lhe são apresentadas, sobretudo no aspecto de duração razoável. Por outro lado, como qualquer uso de tecnologia ou qualquer novidade no geral, surgem questionamentos sobre os limites a serem respeitados na utilização dos novos instrumentos. E nesse ponto talvez existam as maiores dúvidas científicas e as questões de maior profundidade acadêmica e prática sobre o tema.

Assim como seria muito presunçoso exaurir todas as ferramentas que se valem da IA no contexto da resolução dos conflitos na presente obra, também seria presunçoso esgotar todos os limites da utilização da IA no mesmo cenário. Mas parece que algumas barreiras legais podem ser identificadas, cujo rompimento ou seu sobrepujar pode representar, no caso concreto, o excesso ou abuso do uso da ferramenta. Resta, então, identificar quais seriam tais barreiras e neste estudo algumas serão propostas, o que parece passar pela classificação dos grupos entre os mecanismos de resolução dos conflitos.

Uma primeira classificação aparente útil para essa tarefa está na separação entre mecanismos não jurisdicionais e jurisdicionais (judicial ou arbitral).

5.3.1 Limites aos mecanismos de resolução não jurisdicionais

Para os mecanismos de resolução não jurisdicionais, ou seja, aqueles que não dependam da decisão de um terceiro desinteressado no conflito, com aptidão de definitividade, o uso da inteligência artificial apresenta limites menos rígidos, podendo inclusive chegar ao ponto de que toda resolução do conflito, inclusive as decisões apresentadas, se desenvolva de forma automatizada.

Parecem poder as partes, portanto, se entenderem que o meio lhe é adequado e efetivo, optar por um meio integralmente automatizado, sem qualquer participação humana, sujeitando-se aos riscos (inclusive de erros das ferramentas) e benefícios. Ora, por exemplo, se as partes podem, livremente, em uma conversa simples resolver o conflito, por qual razão não poderiam optar, com os riscos inerentes, por um meio automatizado? Isso está no âmbito da autonomia da vontade das partes. O devido processo legal, nessa perspectiva, parece estar no respeito a tal autonomia, se essa é existente e livre. Nem mesmo, no caso de ausência de contraditório em um mecanismo automatizado parece haver abusividade da tecnologia se as partes têm livre vontade para eleger um procedimento automatizado com essa característica.

Porém, ainda que menos rígidos, alguns limites parecem existir.

O primeiro deles está associado à qualidade da própria autonomia da vontade. Essa precisa ser livre, inequívoca, informada, explícita e ser dada por quem tem capacidade civil para tanto. Assim, por exemplo, impõe-se que um meio automatizado de resolução deve ser o máximo possível transparente e auditável, inclusive a própria ferramenta de IA utilizada. São ideais a serem buscados.

Somente parece haver respeito ao devido processo legal e à autonomia da vontade, se as partes tem visibilidade e previsibilidade do passo a passo da resolução do conflito, para que possam elegê-lo de forma livre (sem qualquer coação ou obrigatoriedade), inequívoca (sem dúvidas sobre o procedimento e suas consequências), informada (com todas as informações necessárias para utilização do procedimento), explícita (a escolha do procedimento deve ser expressa e não aferível ou deduzida tacitamente) e com a capacidade nos termos da legislação civil.

Um segundo limite, relacionado diretamente ao primeiro, é a ausência da obrigatoriedade na utilização do método total ou parcialmente automatizado de resolução. Ora, nos termos do conteúdo do Acesso à Justiça e dos próprios termos expressos do art. 5º, XXXV, da CF, não pode a parte ser obrigada a utilizar tal método. Pode elegê-la, contratualmente ou por outra forma em que a manifestação de vontade atenda aos parâmetros assinalados. O que não parece ser possível, no atual estado das coisas, é furtar à parte a possibilidade de apreciação jurisdicional estatal, com as características próprias que tal meio de resolução possui.

Inclusive, considerando que essa *porta* que deve permanecer aberta, a utilidade e sucesso do uso de tais meios parece depender também da entrega, ao final da resolução, de um documento escrito às partes, com força de título executivo (art. 784, CPC). A confecção desse documento com força executiva e que respeite a higidez do título para tanto é fundamental a conferir segurança jurídica ao método de resolução, tornando-o viável, convidativo e útil na prática.

Adicionalmente, outro limite que parece claro e decorrer, aliás, da necessidade de manutenção da autonomia livre da vontade é a verificação concreta de vulnerabilidades que possam indicar, na relação de direito material cujo conflito possa ser sanado, algum desequilíbrio. Caracterizada a relação desequilibrada, como no caso da relação de consumo por exemplo, é imprescindível que a escolha por tal método fique clara suficiente a ponto de afastar todo e qualquer aproveitamento da posição de vulnerável de uma das partes. Esse inclusive parece ser um dos espíritos extraídos do que diz o art. 51, VII, do CDC ao vedar cláusulas que determinem a utilização compulsória da arbitragem pelo consumidor. Essa ideia parece ser replicável na existência da previsão de utilização de mecanismos automatizados de resolução dos conflitos e em que a vulnerabilidade (econômica, jurídica ou técnica) esteja presente

5.3.2 Limites aos mecanismos de resolução jurisdicionais

Paralelamente, para os mecanismos de resolução jurisdicionais, seja o estatal ou o arbitral com seu perfil próprio, os limites parecem estar relacionados às características e expectativas constitucionais da própria resolução de conflitos por esse método.

O uso judicial dessas ferramentas de IA, assim, parece demandar um exercício de cuidado detido na implementação. A identificação precisa e detalhada dos limites, se possível, justifica vários debates acadêmicos dedicados ao tema, sendo prematuro, considerando a finalidade deste trabalho, esgotá-los.

Sem prejuízo, no entanto, os limites judiciais de todo modo parecem estar no respeito ao devido processo legal e às normas fundamentais do processo civil brasileiro que o integram (arts. 1 a 12, CPC) e na utilização instrumental das ferramentas de inteligência artificial, bem como no respeito das normas mais maduras de governança de tais ferramentas, antes, durante e depois do seu uso. Qualquer utilização que viole o conteúdo do devido processo, não pode se sustentar. Não podem prevalecer ferramentas que, *v.g.*, impeçam o contraditório concreto das partes.

Igualmente, o uso não instrumental (quer dizer, ferramentas decidindo os conflitos no lugar de juízes humanos) parece também exceder os objetivos da função jurisdicional que tem na cognição, sensibilidade, empatia e experiência dos magistrados componentes intrínsecos. A utilização da inteligência artificial que resolva o mérito dos conflitos ou mesmo que antecipe efeitos de uma decisão final (tutelas de urgência ou evidência, que em termos práticos se mostram ainda mais carentes de sensibilidade do julgador) não parece ser possível. Agora, todo instrumental que estiver à disposição do julgador para levantamento de dados, identificação de elementos comuns, reunião de demandas repetitivas, maior agilidade de procedimentalização, etc, deve ser incentivado.

É relevante dizer essas condições são próprias e mais vinculadas ao exercício da função jurisdicional, que é apenas uma das possibilidades de resolução de conflitos postas à disposição das partes do conflito. Isso significa que, embora ninguém esteja obrigado a utilizá-la (princípio dispositivo), caso assim opte, aderirá a esse perfil de resolução. Até porque é essa vinculação a tal perfil (*com a garantia constitucional de decisões humanas*) que assegura, como face do Acesso à Justiça, que toda parte terá à sua disposição a função jurisdicional estatal.

Igualmente, isso significa que a necessidade de decisão humana não necessariamente tem de estar presente em meios não jurisdicionais de resolução de conflitos. É perfeitamente possível e pode ser até recomendada a existência de meios de resolução com decisões automatizadas – como visto anteriormente (promovidas pelo Estado ou pelas empresas, conforme alguns exemplos mencionados nas outras partes desse trabalho) para as situações em que isso se mostre mais adequado e efetivo e desde que essa possibilidade e o caminho para tanto seja o mais transparente possível para as partes.

6

EXECUÇÃO

6.1 A EXECUÇÃO, SUA ÍNTIMA RELAÇÃO COM O ACESSO À JUSTIÇA E O PAPEL DAS TECNOLOGIAS DA INFORMAÇÃO

Há íntima relação entre a execução, com todos os meios que lhe são inerentes, e o Acesso à Justiça. Mais do que assegurar a existência de um cardápio de meios de resolução de conflitos para que as partes optem por aquele que lhes seja mais adequado e efetivo, o Acesso à Justiça também assegura que tais meios sejam capazes de trazer a satisfação empírica das partes[1].

Os mecanismos de execução precisam não só existir e como estar estruturados igualmente ajustados com as realidades práticas e do direito material das partes, de modo a viabilizar que, após o sanar do conflito, as partes recebam a satisfação prática dos seus interesses jurídicos. Não à toa, de forma emblemática e aplicável a todas as resoluções dos conflitos, o art. 4º, CPC, identifica a atividade satisfativa (executiva) como inerente ao processo e sua duração razoável: "Art.

---

1. ALVIM, Eduardo Arruda. GRANADO, Daniel Willian. FERREIRA, Eduardo Aranha. *op. cit.*, p. 1.399.

4º As partes têm o direito de obter em prazo razoável a solução integral do mérito, incluída a atividade satisfativa.".

Nessa perspectiva, portanto, o Acesso à Justiça também preconiza, como estado ideal das coisas, a existência de mecanismos procedimentais satisfativos que sirvam para atender aos direitos resolvidos das partes. Competindo a quem compete o estudo do tema e aplicação prática de suas estruturas um buscar constante pela adequação e efetividade de tais meios. Do contrário, pode se ter meios de conhecimento e resolução dos conflitos bem desenhados e ajustados, mas que não levam a lugar nenhum, à ausência de resultados práticos às partes ou, mesmo, resultado prático algum. A boa atividade satisfativa, portanto, é inerente à resolução dos conflitos jurídicos.

Lembra-se, porém, que ao se olhar para a atividade executiva, os números da Justiça brasileira não são animadores, com altíssimas taxas de congestionamento das execuções, demonstrando uma falta de efetividade das medidas executivas típicas e atípicas[2]. Pode-se falar, portanto, numa verdadeira crise de efetividade da execução no Brasil.

Como reflexo da necessidade de superar essa crise, algumas vias podem ser adotadas. Uma delas é refletir sobre a desjudicialização, ainda que parcial, da execução. A entrega de atividades executivas a determinados agentes – como é o caso da experiência portuguesa,

2. Segundo dados do Relatório "Justiça em Números", do CNJ, O Poder Judiciário contava com acervo de 77 milhões de processos pendentes de baixa no final do ano de 2019, sendo que mais da metade desses processos (55,8%) se referia à fase de execução. Os processos de execução fiscal representam 39% do total de casos pendentes e 70% das execuções pendentes no Poder Judiciário, com taxa de congestionamento de 87%. Ou seja, de cada cem processos de execução fiscal que tramitaram no ano de 2019, apenas 13 foram baixados. Desconsiderando esses processos, a taxa de congestionamento do Poder Judiciário cairia em 8,1 pontos percentuais, passando de 68,5% para 60,4% em 2019. (CONSELHO NACIONAL DE JUSTIÇA. Relatório Justiça em Números 2019. Disponível em https://www.cnj.jus.br/wp-content/uploads/2020/08/WEB-V3-Justi%C3%A7a-em-N%C3%BAmeros-2020-atualizado-em-25-08-2020.pdf. Acesso em 28/09/2020).

com os agentes de execução – com maior expertise pode levar a melhores resultados[3], o que depende de alteração legislativa.

No entanto, outra via para o aumento da efetividade da execução e que não depende, em princípio, de alteração legislativa é a ampliação do uso da tecnologia nessa fase ou nesse tipo de processo. Algumas providências podem ser listadas.

Em primeiro lugar, o uso da tecnologia em apoio à prática de atos executivos pelo Judiciário. A tecnologia, especialmente a inteligência artificial, na adoção das medidas executivas tem o importante efeito de conferir maior celeridade a tais atos, assim como viabilizar a prática de atos em escala. Tome-se como exemplo o sistema Sisbajud, que tem por finalidade é de interligar a Justiça ao Banco Central e às instituições financeiras, para agilizar a solicitação de informações e o envio de ordens judiciais ao Sistema Financeiro Nacional, via internet[4].

Em alguns tribunais, há robôs que realizam os atos de penhora de ativos financeiros e em outros sistemas de bens, como de veículos (Renajud), com resultados excelentes. No Tribunal de Justiça do Estado do Rio de Janeiro, a 12ª Vara de Fazenda Pública da Comarca da Capital, competente para julgamento dos processos de dívida ativa do Município do Rio de Janeiro, vem utilizando um robô de resultados bastante satisfatórios[5].

3. Sobre o tema, ver RODRIGUES, Marco Antonio dos Santos; RANGEL, Rafael Calmon. O Procedimento Extrajudicial Pré-Executivo lusitano (PEPEX): algumas lições para o sistema brasileiro *In Revista de Processo*, v. 282, p. 455-471, 2018.

4. Como exposto pelo CNJ em https://www.cnj.jus.br/sistemas/sisbajud/. Acesso em 25/09/2020.

5. "No modelo tradicional de cobrança, um servidor público levaria, pelo menos, 35 minutos por processo para fazer bloqueios de bens do devedor. Esse é o tempo estimado para acessar o BACENJUD (sistema eletrônico de comunicação entre o Poder Judiciário e as instituições financeiras), RENAJUD (canal de comunicação com o Detran para cumprir as ordens judiciais de restrição de veículos) e o INFOJUD (sistema que permite ao Judiciário acessar o cadastro de contribuintes na Receita Federal). O inovador sistema de inteligência artificial,

No Tribunal de Justiça do Rio Grande do Norte, há alguns robôs em fase de testes, desenvolvidos em parceria com a Universidade Federal do Rio Grande do Norte (UFPN): Poti, Jerimum e Clara. Poti, por exemplo, é o robô que está sendo testado para promover a penhora de ativos financeiros[6].

Ademais, a inteligência artificial, por meio das técnicas de *machine learning*, pode auxiliar na análise dos créditos de um exequente e dos bens a serem penhorados. Quanto ao primeiro caso, para os grandes exequentes – como é o exemplo da Fazenda Pública nas execuções fiscais –, a inteligência artificial tem o condão de viabilizar a análise de cada devedor e do débito, avaliando as chances de recuperação. A tecnologia permite, então, a gestão estratégica das execuções de massa, para que os exequentes possam direcionar a sua atuação aos créditos de maior recuperabilidade. Ademais, os sistemas de inteligência artificial podem viabilizar aos credores uma busca célere de bens, uma vez implantada uma plataforma nacional integrada de bens sujeitos a registro.

Outro ponto a destacar sobre a efetividade da execução e a tecnologia diz respeito à justiça digital. Conforme defendeu-se anteriormente nesta obra, as cortes digitais mitigam a necessidade de que

---

testado pelo Tribunal de Justiça, realiza todas essas operações em apenas 25 segundos. É um mecanismo 1.400% mais rápido, com 99,95% de precisão. Com os bloqueios realizados, a Justiça conseguiu penhora integral em 1.512 processos e parcial em 1.157. O restante dos devedores não tinha dinheiro na conta, mas sofreu bloqueio de bens imóveis e de veículos automotores. Foram milhares de penhoras de imóveis e 2456 veículos tiveram sua circulação restringida pelo sistema do Renajud. Do total de devedores, 1.334 são pessoas jurídicas. No universo de quase 7 mil penhoras realizadas, foram verificadas apenas 3 inconsistências, automaticamente identificadas e corrigidas pelo próprio sistema, que possui sofisticadas ferramentas de proteção e controle." (TRIBUNAL DE JUSTIÇA DO ESTADO DO RIO DE JANEIRO. TJRJ adota modelo inovador nas cobranças de tributos municipais. Disponível em http://www.tjrj.jus.br/noticias/noticia/-/visualizar-conteudo/5111210/5771753. Acesso em 20.09.2020>

6. TRIBUNAL DE JUSTIÇA DO RIO GRANDE DO NORTE. Inteligência Artificial no Direito: tema vira prioridade da Esmarn na formação de servidores. Disponível em https://www.esmarn.tjrn.jus.br/index.php/comunicacao/noticias/83-inteligencia-artificial-no-direito-tema-vira-prioridade-da-esmarn-na-formacao-de-servidores . Acesso em 20/09/2020.

uma ação tramite em determinada comarca, podendo-se pensar em juízos digitais centralizados. Em matéria de execução, contudo, a justiça digital pode ter importante contribuição, com a centralização de atos executivos em face de um executado, evitando repetições em múltiplos processos, aumentando-se a celeridade e a eficiência. Explica-se.

Caso praticados os atos executivos em face de um executado em um mesmo juízo, é possível a concentração da atividade executiva referente a múltiplos processos, permitindo medidas únicas, como a penhora de ativos financeiros e a penhora de faturamento unificada. Isso evita repetições desnecessárias de atos processuais, bem como desafoga o órgão jurisdicional para a atuação em outros processos. Os órgãos jurisdicionais digitais potencializam a viabilidade de concentração dos atos.

Ademais, a tramitação digital da execução e dos atos executivos evita a expedição de cartas precatórias para a prática destes últimos. É o caso, por exemplo, das cartas precatórias para a realização de leilão eletrônico. Destaque-se que o Superior Tribunal de Justiça, no julgamento do CC 147746, já reconheceu a desnecessidade de prática de atos pelo juízo da comarca do bem penhorado, quando se trata de alienação eletrônica[7].

---

7. TRIBUTÁRIO. CONFLITO NEGATIVO DE COMPETÊNCIA. EXECUÇÃO FISCAL. ALIENAÇÃO JUDICIAL ELETRÔNICA. DESNECESSIDADE DE QUE A REALIZAÇÃO DOS ATOS SEJA PRATICADA NO FORO EM QUE SITUADO O BEM. RECUSA JUSTIFICADA DO CUMPRIMENTO DA CARTA PRECATÓRIA. CONFLITO CONHECIDO PARA DECLARAR COMPETENTE O JUÍZO DE DIREITO DA 4a. VARA DE FEITOS TRIBUTÁRIOS DE BELO HORIZONTE/MG, ORA SUSCITADO. 1. Trata-se de Conflito Negativo de Competência suscitado nos autos da Carta Precatória expedida com a finalidade de que os atos processuais relacionados à alienação judicial eletrônica fossem realizados na Comarca em que se situa o imóvel penhorado. 2. Os procedimentos relativos à alienação judicial por meio eletrônico, na forma preconizada pelo art. 882, § 1º. do Código Fux (CPC/2015), têm por finalidade facilitar a participação dos licitantes, reduzir custos e agilizar processos de execução, primando pelo atendimento dos princípios da publicidade, da celeridade e da segurança. 3. Tal modelo de leilão revela maior eficácia diante da inexistência de fronteiras no ambiente virtual, permitindo que o leilão judicial alcance um número incontável de participantes em qualquer lugar do País, além de propiciar maior divulgação, baratear o processo licitatório e ser infinitamente mais célere em relação

Nessa linha, é de se recordar que o artigo 516, p. único, CPC já permite a utilização de foros concorrentes para o cumprimento de sentença, o que demonstra que a competência para o processamento da atividade executiva deve ser do órgão com melhores condições técnicas para a realização dessa atividade de efetivação de obrigação constante de título executivo. Com efeito, de nada basta a execução tramitar, se não puder chegar a um resultado de satisfação ao credor.

Por isso, o estabelecimento de juízos digitais para a tramitação de cumprimentos de sentença e de execuções é medida que muito pode contribuir para a obtenção de resultados mais rápidos, sendo necessário lembrar que frequentemente o tempo é um grande inimigo da execução, no sentido de que, quanto mais demorar o procedimento, maiores as chances de redução patrimonial ou insolvência do executado.

Ainda, em relação às tecnologias da informação, como nos demais temas, também se potencializa a necessidade de pensar juridicamente essas estruturas. Mais uma vez, é um tema que não se esgota, porém, dois pontos contemporâneos parecem merecer maior destaque: a penhora de criptoativos e a executividade de contratos assinados eletronicamente.

ao leilão presencial, rompendo trâmites burocráticos e agilizando o processo de venda do bem objeto de execução. 4. Logo, cabe ao Magistrado atentar para essa relevante alteração trazida pelo Novel Estatuto Processual, utilizando-se desse poderoso instrumento de alienação judicial do bem penhorado em processo executivo, que tornou inútil e obsoleto deprecar os atos de alienação dos bens para satisfação do crédito, já que a alienação pela rede mundial dispensa o comparecimento dos interessados no local da hasta pública. 5. Portanto, considerando que a alienação eletrônica permite ao interessado participar do procedimento mediante um acesso simples à internet, sem necessidade de sua presença ao local da hasta, tem-se por justificada a recusa do cumprimento da Carta Precatória pelo Juízo deprecado, ora suscitante, visto que não há motivos para que a realização do ato de alienação judicial eletrônica seja praticada em Comarca diversa do Juízo da Execução. 6. Conflito de Competência conhecido para declarar competente o JUÍZO DE DIREITO DA 4A. VARA DE FEITOS TRIBUTÁRIOS DE BELO HORIZONTE/MG, ora suscitado. (STJ, CC nº 147.746/SP, 1ª S., Rel. Min. Napoleão Nunes Maia Filho, j. em 27/05/2020, DJe 04/06/2020)

6.2 PENHORA DE CRIPTOATIVOS: POSSIBILIDADE?

6.2.1 Como funcionam os criptoativos

A rede descentralizada *blockchain*, como já falado anteriormente, tem várias funcionalidades. Uma delas é o nascimento dos chamados criptoativos que recebem esse nome justamente pela criptografia[8-9] sobre a qual elas estão baseadas, com maior destaque a principal delas conhecida como Bitcoin, mas muitas outras já existem com blockchains (redes) próprios e até com propósitos diferentes.

Inicialmente, é disponibilizada na rede descentralizada uma quantidade determinada de criptoativos por um processo conhecido como *Initial Coin Offer - ICO* onde é oferecida aos investidores uma quantidade de unidades de uma nova moeda com promessa de valorização. Com esse aporte inicial, a rede pode se desenvolver e os novos criptoativos se consolidarem. Além disso, inicialmente, é estabelecida uma quantidade fixa e máxima de unidades, gerando a escassez tecnológica que assegura sua valorização econômica. No caso da Bitcoin, por exemplo, foi prevista uma quantidade máxima de 21 milhões de bitcoins, montante que será alcançado com o tempo, de

---

8. O *blockchain* se utiliza de criptografia forte e consistente baseada na combinação técnica de chaves privadas e públicas. Basicamente, para o que basta para entendimento desse trabalho, cada dispositivo (usuário) pertencente ao *blockchain* recebe uma chave privada para adicionar e alterar informações na rede. Privada porque apenas o usuário possui essa chave. Inserida e validada na rede, para todos os demais usuários ela é tecnicamente convertida em uma chave pública à qual todos têm acesso e que confere a segurança de que aquele determinado usuário foi quem de fato tratou a informação na rede. A chave pública é, por assim dizer, a face externa e validada pelo *blockchain* da chave privada, confirmando-a.

9. "Cada blockchain, como o que usa Bitcoin, é *distribuído*: ele é executado em computadores fornecidos por voluntários ao redor do mundo; não há nenhuma base de dados central para hackear. O blockchain é *público*: qualquer pessoa pode vê-lo a qualquer momento, pois reside na rede e não dentro de uma única instituição encarregada de operações de auditoria e manutenção de registros. E é *criptografado*: ele usa criptografia pesada, envolvendo chaves públicas e privadas (semelhante ao sistema de duas chaves para acessar um caixa forte) para manter a segurança virtual.". (TAPSCOTT, Don. TAPSCOTT, Alex. *Blockchain revolution : como a tecnologia por trás do Bitcoin está mudando o dinheiro, os negócios e o mundo*, São Paulo : SENAI-SP Editora, 2016, p. 36-37).

forma decrescente, isto é, a cada ano são criadas ou tecnicamente emitidas menos unidades.

Mas como são criadas essas unidades? Como dito acima, o *blockchain* se desenvolve de uma cadeia de blocos cuja informação do último e novo bloco é consolidada e validada a partir de todos os dados de todos os blocos ou elos anteriores. Assim, basicamente e dentro do que parece pertinente nesse espaço, a cada criação de novo elo, com a validação tecnológica das informações da cadeia vão surgindo as novas unidades de criptoativos. Essa atividade de raciocínio informático que permite reconhecer as unidades de criptoativos já existentes na rede e que permite a partir dessas a criação de novas unidades dentro do limite esperado e previamente programado no início da cadeia de blocos é conhecida como mineração. Também nesse processo são validadas as transações das unidades de criptoativos já existentes, pelo processamento matemático profundamente complexo. Não há, portanto, uma autoridade central que controla a emissão, a transferência e validação das unidades (o que é uma das principais diferenças desse sistema para o sistema bancário tradicional)[10].

Mas como se negocia um criptoativo? Basicamente de duas formas: (i) diretamente entre os usuários; ou (ii) por meio das chamadas *exchanges* ou casas de câmbio.

No primeiro caso, o usuário está presente no *blockchain* e recebe uma chave privada para realizar a transação, chave essa que na

10. "O que significa dizermos que 'a rede' verifica as transações e as reconcilia com o registro público? E como exatamente são criados e introduzidos novos bitcoins na oferta monetária? Como vimos, porque o Bitcoin é uma rede *peer-to-peer*, não há uma autoridade central encarregada nem de criar unidades monetárias nem de verificar as transações. Essa rede depende dos usuários que proveem a força computacional para realizar os registros e as reconciliações das transações. Esses usuários são chamados de 'mineradores', porque são recompensados pelo seu trabalho na medida que milhares de computadores dispersos resolvem problemas matemáticos complexos que verificam as transações no *blockchain*." (ULRICH, Fernando. *Bitcoin: a moeda na era digital*, São Paulo : Instituto Ludwig Von Mises Brasil, 2014, p. 19).

transação e no registro do *blockchain* aparecerá na sua forma pública depois da transformação criptográfica como explicado acima. Desse modo, todos podem conferir que aquela transação foi de fato feito pelo usuário que detinha a unidade de criptoativo e que foi fidedigna, pois validada por todos os dispositivos da rede. Essa criptografia e a validação por todo sistema impede o chamado *gasto duplo* ou *double spending*, pois uma vez transacionada a unidade de A para B, isso fica definitivamente registrado, impedindo que A transacione para C ou D. A teria que alterar não só sua própria transação registrada no último bloco como todas as cópias dos blocos e da respectiva cadeia presentes em todos os dispositivos da rede. Isso assegura a confiabilidade do sistema e o valor do criptoativo.[11]

No segundo caso, as *exchanges* funcionam como empresas intermediárias entre os usuários que estão no *blockchain* e pessoas que não estão, mas querem adquirir ou vender suas unidades de criptoativos. Ou então a própria *exchange* pode estar no *blockchain*. Assim quem não estão na rede e não pode negociar diretamente, transferem valores em moeda de circulação (real, dólar, euro, entre outras) à *exchange*, tendo uma conta nessa empresa *como se um banco fosse*. A *exchange* então adquire a unidade de criptoativo e vincula à conta do cliente da *exchange*. A venda se dá no caminho inverso.

---

11. "As transações são verificadas, e o gasto duplo é prevenido, por meio de um uso inteligente da criptografia de chave pública. Tal mecanismo exige que a cada usuário sejam atribuídas duas 'chaves', uma privada, que é mantida em segredo, como uma senha, e outra pública, que pode ser compartilhada como todos. Quando Maria decide transferir bitcoins ao João, ela cria uma mensagem, chamada de 'transação', que contém a chave pública do João, assinando com sua chave privada. Olhando a chave pública de Maria, qualquer um pode verificar que a transação foi de fato assinada com sua chave privada, sendo, assim, uma troca autêntica, e que João é o novo proprietário dos fundos. A transação – e portanto uma transferência de propriedade de bitcoins – é registrada, carimbada com data e hora e exposta em um 'bloco' do *blockchain* (o grande banco de dados, ou livro-razão da rede Bitcoin). A criptografia de chave pública garante que todos os computadores na rede tenham um registro constantemente atualizado e *verificado* de todas as transações dentro da rede Bitcoin, o que impede o gasto duplo e qualquer tipo de fraude." (ULRICH, Fernando. *op. cit.*, p. 18-19).

6.2.2 O que é a penhora

Antes de tecer os comentários e listar os fundamentos pelos quais a penhora de criptoativos parece possível, é preciso, ainda que pontualmente, discorrer sobre o que é a penhora.

Ato de natureza manifestamente executiva, a penhora pode ser compreendida como o ato executivo de apreensão e depósito de bens, vocacionando-os à satisfação do crédito do exequente. Assim, se a execução estava antes no plano da responsabilidade patrimonial (sujeição ampla e genérica do patrimônio do devedor), agora, com o ato de penhora, determinado bem ou bens são efetivamente destinados à satisfação do crédito. A partir dessa afetação qualquer ato de disposição de seu proprietário-devedor é considerado ineficaz para o processo de execução em curso.

A penhora exerce, portanto, três funções precípuas: (i) individualiza e apreende o bem destinado a satisfazer o crédito; (ii) possibilita seu depósito e objetiva sua conservação (pois de nada adiantará a penhora se o bem não for conservado para satisfação subsequente do crédito); e (iii) confere ao credor penhorante o direito de preferência sobre o bem[12].

Portanto, em suma, ao se discutir sobre a possibilidade ou não da penhora de criptoativos, a discussão reside em saber se pode o criptoativo servir ou não de bem para satisfação do crédito.

6.2.3 Princípios da tutela executiva

O grande objetivo de estudar alguns princípios que orientam a prestação jurisdicional e a tutela executiva é demonstrar que, ao que parece, não só não há vedação jurídica à penhora de criptoativos,

12. DIDIER JR., Fredie. *Curso de Direito Processual Civil*, vol. 5, 7. ed. rev., ampl. e atual., Salvador : Juspodivm, 2017, p. 802.

como o conteúdo de tais normas valida e até incentiva tal possibilidade. Especialmente, orientando a interpretação dos arts. 789, 831, 832 e 835, CPC, em que são elencados os bens passíveis de serem penhorados e onde parece estar a grande pedra de toque teórica da discussão aqui feita.

O primeiro deles, cujo conteúdo notadamente leva o raciocínio nesse caminho, é o princípio da patrimonialidade, segundo o qual, basicamente, a execução, ou seja, a satisfação efetiva do crédito deve recair sobre o patrimônio do executado e não sobre sua pessoa. Fala-se assim em sujeição patrimonial do devedor. É o que se extrai, destacadamente, do art. 824, CPC: "A execução por quantia certa realiza-se pela expropriação de bens do executado".

Em verdade, a patrimonialidade é um dos mais marcantes sinais da evolução jurídica da tutela executiva, em respeito à dignidade da pessoa humana (art. 1º, III, da CF), evitando, como regra, o ressurgimento de situações como aquelas reconhecidas no passado, desde a aplicação da pena de telhão, com a divisão do corpo do devedor em quantos pedaços forem os credores, até a prisão civil do depositário infiel.

Ora, independentemente da definição precisa – se é que é possível – da natureza jurídica dos criptoativos, fato é que elas integram o patrimônio do devedor (até pela dinâmica de negociação), de modo que a penhora se dá patrimonialmente e não pessoalmente. Assim, entender pela possibilidade de penhora, aqui, apenas reforça e consolida um dos principais aspectos contemporâneos da tutela executiva, eis que quanto mais são as possibilidades de sujeição patrimonial menos serão as de sujeição pessoal, diminuindo as chances de retrocesso nessa seara.

O segundo princípio que pode ser mencionado é o princípio da disponibilidade, segundo o qual a execução é disponível ao credor[13]. Na posse do título executivo judicial ou extrajudicial pode ou não promover o cumprimento ou a execução, ou se promovida pode desistir (art. 775, CPC). Ora, se pode mais o credor (exequente), pode o menos. Significa dizer que se existente a possibilidade de satisfação do crédito pela penhora de criptoativos e o credor assim aceitar, não faria sentido, por falta de alguma previsão expressa nesse sentido ou por qualquer outro motivo, não aceitar tal possibilidade. Aliás, se ajusta nessa argumentação um terceiro princípio qual seja o princípio do resultado, segundo o qual "o conjunto de meios executórios tem o único objetivo de satisfazer o credor"[14]. É, na essência, o que se extrai do art. 797, CPC: "realiza-se a execução no interesse do exequente.".

A quatro, tem-se o princípio da efetividade ou utilidade que mais do que um preceito atrelado à execução é norma mais que fundamental e intrínseca à própria ideia de processo e de Acesso à Justiça que preconiza não só o acesso como a disposição de meios efetivos e adequados à satisfação do direito material. É o que consta no já mencionado art. 4º, CPC.

Segundo esse princípio, portanto, a execução e os respectivos meios devem ser os mais úteis à satisfação do crédito[15]. Por essa ra-

---

13. "Fundando-se o processo executivo na ideia de satisfação plena do credor, parece lógico acudir-lhe, a seu exclusivo critério, plena disposição da pretensão a executar. Diversamente do que sucede no processo de conhecimento, em que o réu possui interesse análogo na composição da lide e na extirpação da incerteza, excluindo ou não a razoabilidade da posição assumida no processo, a execução almeja o benefício exclusivo do credor. Em outras palavras, processo dotado de função executiva, do ponto de vista do direito material, sempre apresentará desfecho unívoco" (ASSIS, Araken de. *Manual da execução*, 18. ed. rev., atual. e ampl., São Paulo : RT, 2016, p. 147).

14. ASSIS, Araken de. *op. cit.*, p. 146.

15. "Mais concretamente, significa que: a) a interpretação das normas que regulamentam a tutela executiva tem de ser feita no sentido de extrair a maior efetividade possível; b) o juiz tem o poder-dever de deixar de aplicar uma norma que imponha uma restrição a um meio

zão, pensar na possibilidade de penhora das criptoativos, potencializando as chances de satisfação do crédito, conferindo amplitude interpretativa aos meios executivos, é pensar na execução mais útil e efetiva. É contribuir acadêmica e na prática com a busca do estado ideal das coisas pensado para o Acesso à Justiça.

A cinco, nessa linha de conferir maior efetividade à tutela executiva, tem-se o quinto princípio pertinente qual seja o princípio da atipicidade dos meios executivos, segundo o qual podem ser adorados meios não previstos em lei para satisfação do crédito. Assim, se se fala em penhora e se os criptoativos não se apresentam tipicamente elencadas, é possível a penhora atípica mesmo assim.

Tal atipicidade vem prevista em alguns dispositivos no CPC que podem ser compreendidos como verdadeiras cláusulas gerais processuais executivas[16], que são o art. 139, IV "O juiz dirigirá o processo conforme as disposições deste Código, incumbindo-lhe: IV – determinar todas as medidas indutivas, coercitivas, mandamentais ou sub-rogatórias necessárias para assegurar o cumprimento de ordem judicial, inclusive nas ações que tenham por objeto prestação pecuniária;", o art. 297 "O juiz poderá determinar as medidas que considerar adequadas para efetivação da tutela provisória. Parágrafo único. A efetivação da tutela provisória observará as normas referentes ao cumprimento provisório da sentença, no que couber.", e o art. 536, §1º "Para atender ao disposto no caput, o juiz poderá determinar, entre outras medidas, a imposição de multa, a busca e apreensão, a remoção de pessoas e coisas, o desfazimento de obras e o impedimento de atividade nociva, podendo, caso necessário, requisitar o auxílio de força policial.".

---

executivo, sempre que essa restrição não se justificar como forma de proteção a outro direito fundamental; c) o juiz tem o poder-dever de adotar os meios executivos que se revelem necessários à prestação integral de tutela executiva" (DIDIER JR., Fredie. *Curso ...*, p. 66).

16. DIDIER JR., Fredie. *Curso...*, p. 102.

Como limitador dessa atipicidade pode-se pensar em alguns parâmetros, com destaque para a razoabilidade e proporcionalidade (art. 8º do CPC), competindo ao órgão julgador "interferir mais ativamente na construção do ordenamento jurídico, a partir da solução de problemas concretos que lhe são submetidos. As cláusulas gerais servem para a realização da justiça do caso concreto."[17]. Assim, nem mesmo os possíveis limites à atipicidade executiva parecem, a priori, aptos a limitar a possibilidade de penhora de criptoativos.

Pois bem, até aqui os cinco princípios analisados têm por principal foco, por assim dizer, a posição do credor. Mas também há princípios que zelam pela posição do devedor. Assim, é possível se falar no princípio de menor onerosidade do executado que, na essência preconiza a justiça na execução cujos atos não poderão prejudicar o devedor além do estritamente necessário para satisfação do crédito. É o previsto no art. 805 do CPC "Quando por vários meios o exequente puder promover a execução, o juiz mandará que se faça pelo modo menos gravoso para o executado.". Ora, se o devedor indicar a possibilidade de satisfação do crédito pela penhora de criptoativos, sendo tal medida efetiva ao credor e menos gravosa ao devedor, não tem porque não admitir. Tem-se assim, mais uma norma fundamental da tutela executiva que viabiliza possibilidade de penhora.

Há, ainda, um sétimo princípio, que embora não seja específico da tutela executiva, é a ela aplicado e ganha especial destaque no CPC: o princípio do autorregramento da vontade. O especial destaque do preceito está no art. 190 onde é prevista a chamada cláusula geral de negociação processual, cujo conteúdo é aplicável em todos os procedimentos, inclusive nos executivos. Conquanto haja muita discussão sobre os limites da negociação, isto é, o que pode ou não ser negociado pelas partes, parece que *a priori* as partes podem antes ou durante o processo estipularem a possibilidade de penhora de criptoativos.

17. DIDIER JR., Fredie. *Curso...*, p. 102.

Se o credor pode não promover a execução, se pode perdoar a dívida, se pode transacionar de qualquer outra forma, pergunta-se por que não poderia junto ao devedor estipular a possibilidade de satisfazer o crédito dessa forma.

6.2.4 Os bens passíveis de serem penhorados

A regra geral é aquela prevista no art. 789, CPC, segundo o qual "O devedor responde com todos os seus bens presentes e futuros para o cumprimento de suas obrigações, salvo as restrições estabelecidas em lei.". Ou seja, inexistindo limitação legal, a penhora de criptoativos é possível.

No mesmo sentido, é a previsão dos arts. 831 e 832, segundo os quais, respectivamente, "A penhora deverá recair sobre tantos bens quantos bastem para o pagamento do principal atualizado, dos juros, das custas e dos honorários advocatícios." e que "Não estão sujeitos à execução os bens que a lei considera impenhoráveis ou inalienáveis.". Assim, não sendo bens inalienáveis ou impenhoráveis, a regra é a possibilidade de penhora.

Nesse sentido, cumpre dizer que os criptoativos, inclusive, não estão, no campo da teoria e *a priori*, elencadas entre os chamados bem impenhoráveis (art. 833 do CPC). Lógico que não se afasta a possibilidade de, voluntariamente, ser estipulada a inalienabilidade de tais bens (inc. I) ou que os valores a elas atrelados integrem o vencimento, salário ou remuneração do devedor (inc. IV), por exemplo, o que impediria a penhora. Porém, ausente alguma circunstância especial nesse sentido, a penhora parece ser possível.

Ainda, na leitura do art. 835, CPC, respaldada pela interpretação que lhe deve ser dada com base nos sete princípios elencados anteriormente, também indica a possibilidade de penhora dos criptoativos e o caráter exemplificativo do seu rol. Não à toa, aliás, no seu inciso XIII, reconhece-se ser possível a penhora de "outros direitos".

Mesmo que se assim não fosse, há ao menos três hipóteses ali especificamente elencados que conferem, ao menos em teoria, a possibilidade de penhora dos criptoativos: (i) dinheiro em espécie ou em depósito ou aplicação em instituição financeira (inc. I); (ii) títulos e valores mobiliários com cotação em mercado (inc. III); (iii) bens móveis em geral (inc. VI). São possibilidades cujo enquadramento depende da definição da natureza jurídica das criptoativos, porém, fato é, que a lei processual não impede a possibilidade. Se não é defeso, possível é.

6.2.5 Viabilidade prática da penhora dos criptoativos

Admitida a possibilidade da penhora judicial de criptoativos enquanto bem em si considerados, o que se reforça pela leitura dos arts. 789, 831, 832 e 835, CPC, e mais especialmente pelo conteúdo normativo dos princípios que orientam a tutela executiva, chega-se aos questionamentos sobre a viabilidade técnica para tanto. Trata-se, certamente, de ponto de maior complexidade, mas cujas dificuldades não afastam a possibilidade de penhora de tais ativos.

A questão da viabilidade técnica, aparentemente, se resume em saber como os criptoativos serão transferidos do devedor (executado) para o credor (exequente) – incluindo nisso o próprio contingenciamento processual dos ativos. A resposta dessa pergunta parece que pode ser construída, *a priori*, a partir do raciocínio paralelo com as duas principais formas de negociação dos criptoativos.

Como visto, os criptoativos podem ser negociados de duas formas mais amplas: (i) diretamente entre os usuários; ou (ii) por meio das chamadas *exchanges* ou casas de câmbio. No primeiro caso, o usuário está presente na rede *blockchain* e recebe uma chave privada para realizar a transação, fazendo-a diretamente. No segundo caso, as *exchanges* funcionam como empresas intermediárias entre os usuários que estão no *blockchain* e pessoas que não estão, mas querem adquirir ou vender suas unidades de criptoativos. Ou então a própria *exchange* pode estar no *blockchain*. Nessa segunda hipótese o saldo de criptoativos do usuário fica vinculado a uma carteira na *exchange*. Nesse cenário, duas possibilidades se apresentam para viabilizar a penhora, cujas dinâmicas aqui se propõem, ainda de forma incipiente, sem qualquer pretensão de esgotar o tema.

Na primeira, se o devedor integrar à rede *blockchain* diretamente deverá se comprometer, em auto de penhora, que não fará a transferência das suas unidades de criptoativos a terceiros, ficando as suas unidades sob sua guarda e conservação. Pela dinâmica de criptografia e pela própria tecnologia em si, o próprio devedor e usuário do *blockchain* deve ficar como depositário do bem até ulterior ato de adjudicação, onde por ordem judicial, o usuário fará a transação em *blockchain* para o credor diretamente ou para uma *exchange* a sua indicação.

Na segunda, em que o devedor se vale de uma *exchange* para negociar os criptoativos, a ordem deve ser exarada para a própria *exchange* (ou para as várias *exchanges* conhecidas, se não é sabida uma em particular) que deverá bloquear na carteira do devedor usuário o montante devido, ficando a *exchange* na condição de depositária até a adjudicação, sendo assim devidamente responsabilizada em caso de prejuízo do credor. Aliás, considerando as altas condições computacionais necessárias para se operar diretamente nos *blockchains* e o necessário conhecimento técnico, muito possivelmente essa segunda hipótese deve ser bem mais comum que a primeira.

Não se ignoram alguns possíveis problemas. É possível se questionar como o Estado-Juiz poderia fazer para ter ciência de quantas e quais criptoativos o devedor possui e em quais *exchanges* ou *blockchain* elas estão vinculadas. Ou ainda, se questionar o que fazer caso os nomeados como depositários não atuem corretamente, prejudicando o credor.

Para o primeiro, inclusive, é possível indicar a solução de desenvolvimento de algum sistema de cadastro único a ser constantemente alimentado, assegurando o conhecimento e comunicação imediatos da ordem de penhora pelo Poder Judiciário, algo como o conhecido Bacen-Jud. Faz-se assim a proposta de uma possibilidade técnica, cujo desenvolvimento envolve muitos e longos esforços.

De todo modo, todos esses problemas estão situados mais na seara de regulamentação e reconhecimento do Estado desse novo fenômeno patrimonial ou em questionamentos de como assegurar o cumprimento das decisões judiciais, ponto esse, aliás, que não é exclusivo do tema aqui tratado mas inerente a como potencializar a efetividade de toda e qualquer decisão judicial.

Fato é, que essas questões de como viabilizar tecnicamente a penhora de criptoativos não podem afastar tal possibilidade, pois do contrário, apenas para citar um exemplo, ter-se-ia que imaginar que mesmo um executado que queira transferir sua carteira de criptoativos ao exequente estaria impossibilitado de fazê-lo por falta de admissão legal, mesmo com aceite desse último.

Adicionalmente, parece ser importante lembrar que o primeiro erro mais aparente que possa ser cometido para não estruturar juridicamente qualquer novo mecanismo mais condizente com a realidade é negar a possibilidade jurídica da existência desse mesmo mecanismo. Quer dizer, negar a possibilidade jurídica impede o próprio desenvolvimento do mecanismo. Quer dizer, também, que a ausência de um mecanismo estruturado não pode impedir a admissão de sua possibilidade jurídica de existência.

Essas ideias parecem se aplicar à penhora dos criptoativos e devem ser muito pensadas sob pena de se negar um campo importante de necessária adequação e efetividade da prestação jurisdicional à realidade contemporânea. Em síntese, negar a possibilidade jurídica da penhora de criptoativos parece ser negar o Acesso à Justiça e a função imanente da própria tutela executiva.

6.3 A EXECUTIVIDADE DE CONTRATOS ASSINADOS ELETRONICAMENTE

Outra questão específica e digna de nota em relação à execução e às tecnologias da informação diz respeito à utilização do contrato eletrônico como título executivo extrajudicial, especialmente após o posicionamento da 3ª Turma do STJ no Recurso Especial nº 1.495.920, com julgamento em 15.05.2018[18]. A decisão é interessante não só do ponto de vista da própria discussão de executabilidade do documento, como também por se tratar de manifestação detalhada daquela Corte sobre o tema.

Título executivo é o "bilhete de ingresso" para a execução[19]. É o documento absolutamente indispensável para que a parte dê início ao procedimento de execução, sem ele, tal movimento processual não é possível[20]. Tanto o cumprimento de sentença como a execução

18. STJ, REsp nº 1.495.920/DF, 3ª T., Rel. Min. Paulo de Tarso Sanseverino, j. 15.05.2018, DJe 07.06.2018, Informativo nº 627.

19. ASSIS, Araken de. *op. cit.*, p. 143.

20. Essa é, na essência, o conteúdo do princípio da *nulla executio sine titulo*. Segundo esclarece Cândido Dinamarco, o princípio tem sua justificativa no "reconhecimento de que a esfera jurídica do indivíduo não deve ser invadida, senão quando existir uma situação de tão elevado grau de probabilidade de existência de um preceito jurídico material descumprido, ou de tamanha preponderância de outro interesse sobre o seu, que o risco de um sacrifício injusto seja, para a sociedade, largamente compensado pelos benefícios trazidos na maioria dos casos." (DINAMARCO, Cândido Rangel. *Execução Civil*, 5. ed., São Paulo: Malheiros, 1997, p. 458). No mesmo sentido: "A função do título é tornar adequada a via da execução. Havendo título, a execução é o caminho adequado à satisfação jurisdicional, independentemente de ter o particular o direito subjetivo material alegado." (SHIMURA, Sérgio. *Título Executivo*, 2ª Edição, São Paulo: Método, 2005, p. 40). Ainda: "O título, pois, admite e justifica o processo executivo, sem que interfira com a existência ou não do direito substancial que

extrajudicial dependem da apresentação desse documento específico pela parte. Para o cumprimento, os documentos relacionados no art. 515, CPC[21]. Para a execução extrajudicial, os documentos relacionados no art. 784, CPC[22].

A relação dos títulos executivos obedece a conhecida regra da taxatividade. Nesse sentido, "o elenco de títulos executivos previstos em lei constitui *numerus clausus*, sendo, portanto, restritivo, o que impossibilita o operador do direito criar títulos executivos que não estejam previstos em lei. Nem mesmo o acordo de vontades dos participantes da relação jurídica de direito material possibilita

---

emana do ato." (LIMA, Alcides de Mendonça. *Comentários ao Código de Processo Civil*, Vol. 6, 4. ed., Rio de Janeiro : Forense, 1985, p. 246).

21. Art. 515. São títulos executivos judiciais, cujo cumprimento dar-se-á de acordo com os artigos previstos neste Título: I – as decisões proferidas no processo civil que reconheçam a exigibilidade de obrigação de pagar quantia, de fazer, de não fazer ou de entregar coisa; II – a decisão homologatória de autocomposição judicial; III – a decisão homologatória de autocomposição extrajudicial de qualquer natureza; IV – o formal e a certidão de partilha, exclusivamente em relação ao inventariante, aos herdeiros e aos sucessores a título singular ou universal; V – o crédito de auxiliar da justiça, quando as custas, emolumentos ou honorários tiverem sido aprovados por decisão judicial; VI – a sentença penal condenatória transitada em julgado; VII – a sentença arbitral; VIII – a sentença estrangeira homologada pelo Superior Tribunal de Justiça; IX – a decisão interlocutória estrangeira, após a concessão do exequatur à carta rogatória pelo Superior Tribunal de Justiça.

22. Art. 784. São títulos executivos extrajudiciais: I – a letra de câmbio, a nota promissória, a duplicata, a debênture e o cheque; II – a escritura pública ou outro documento público assinado pelo devedor; III – o documento particular assinado pelo devedor e por 2 (duas) testemunhas; IV – o instrumento de transação referendado pelo Ministério Público, pela Defensoria Pública, pela Advocacia Pública, pelos advogados dos transatores ou por conciliador ou mediador credenciado por tribunal; V – o contrato garantido por hipoteca, penhor, anticrese ou outro direito real de garantia e aquele garantido por caução; VI – o contrato de seguro de vida em caso de morte; VII – o crédito decorrente de foro e laudêmio; VIII – o crédito, documentalmente comprovado, decorrente de aluguel de imóvel, bem como de encargos acessórios, tais como taxas e despesas de condomínio; IX – a certidão de dívida ativa da Fazenda Pública da União, dos Estados, do Distrito Federal e dos Municípios, correspondente aos créditos inscritos na forma da lei; X – o crédito referente às contribuições ordinárias ou extraordinárias de condomínio edilício, previstas na respectiva convenção ou aprovadas em assembleia geral, desde que documentalmente comprovadas; XI – a certidão expedida por serventia notarial ou de registro relativa a valores de emolumentos e demais despesas devidas pelos atos por ela praticados, fixados nas tabelas estabelecidas em lei; XII – todos os demais títulos aos quais, por disposição expressa, a lei atribuir força executiva.

a formação de um título executivo. Assim, mesmo que os contratantes celebrem um contrato, dispensem a assinatura das testemunhas, mas afirmem por meio de cláusula contratual estarem formando um título executivo, o contrato não será instrumento apto a ensejar o processo executivo."[23].

E há uma justifica que para tal dinâmica seja dessa forma, como coloca Cândido Dinamarco: "a severidade dessa reserva legal, associada à própria exigência de um título para executar, decorre da gravidade das medidas executivas que o título autoriza, as quais podem conduzir ao desapossamento ou mesmo à expropriação de bens do executado, contra sua vontade e a dano de seu patrimônio. É também inerente ao sistema que, tratando-se de um elemento capaz de abrir caminho a uma tutela jurisdicional que sem ele seria inadequada, não tenham os particulares o poder de criar tributos e, com isso, escolher previamente qual a espécie de tutela será acessível para a solução de seus negócios; estamos no campo da ordem pública do processo e, como se dá com todos os pressupostos de ordem pública, nessa área não há espaço para o poder dispositivo dos particulares."[24].

Assim, os títulos executivos judiciais ou extrajudiciais devem estar discriminados no próprio Código de Processo Civil ou em leis especiais. Portanto, não é a natureza da obrigação que qualifica um título executivo, mas sua inserção entre aqueles assim considerados por disposição legal. Em outras palavras, é defeso às partes e aos interessados eventualmente criarem títulos executivos. No Direito brasileiro, não há título executivo por mera deliberação das partes.

Colocadas essas premissas, a questão aqui tratada e da discussão estabelecida junto ao STJ está circunscrita nos títulos extrajudiciais, especificamente em relação ao título executivo previsto no art. 784,

---

23. NEVES, Daniel Amorim Assumpção. *op. cit.*, p. 1.061-1.062.

24. DINAMARCO, Cândido Rangel. *Instituições...*, p. 192-193.

III, CPC: o documento particular assinado pelo devedor e por duas testemunhas. É, por exemplo conhecido, o caso do contrato que contenha obrigação certa, líquida e exigível, assinado pelas partes e duas testemunhas.

No caso, o Recurso Especial foi interposto pela Fundação dos Economiários Federais – FUNCEF, com fundamento na alínea a, do inciso III, do art. 105, CF, em face de acórdão do TJDFT que entendeu que a assinatura eletrônica não era elemento capaz de substituir a necessidade da assinatura de duas testemunhas, sendo afastada a executabilidade do documento apresentado (contrato virtual) por falta de tal pressuposto e da regra de taxatividade[25]. Segundo o TJDFT, o processo "foi instruído com um contrato de mútuo celebrado entre as partes através da internet, com tecnologia de certificação digital, que atribui ao documento presunção de validade e veracidade. No entanto, embora válido, o contrato não produz a eficácia de um título executivo extrajudicial, pois ausente um requisito essencial do inciso II do art. 585 do CPC, qual seja, a assinatura de duas testemunhas."[26].

Sustentou o recorrente que o contrato continha duas formas de testemunhos, uma primeira pelo registro da cadeia de validação da ICP-Brasil e uma segunda pelo serviço prestado pelo portal comprova.com que guardaria a comprovação da celebração do contrato. Sustentou, ainda, que a assinatura eletrônica seria apta a dispensar a assinatura das duas testemunhas porque a estrutura da ICP-Brasil funcionaria como os cartórios de nota.

---

25. "Processo civil. Título executivo extrajudicial. Princípio da taxatividade. Princípio da tipicidade. Contrato virtual. Assinatura digital. Ausência de assinatura de duas testemunhas. Indeferimento da inicial. Somente é título executivo extrajudicial aquele documento ao qual a lei confira, de maneira aberta ou fechada, essa qualidade (Princípio da taxatividade e da tipicidade). O documento particular assinado digitalmente não tem o condão de afastar o requisito legal de assinatura de duas testemunhas para que tenha eficácia de título executivo extrajudicial. Recurso conhecido e desprovido." (TJDFT, Apelação nº 20130610047673, 6ª T., Rel. Des. Ana Catarino, j. 03.04.2014, DJe 08.04.2014).

26. *Ibidem*.

No acórdão, o STJ assim delimita a controvérsia do recurso especial: "O argumento central formulado no recurso especial é o de que, apesar de o art. 585 do CPC/73 não mencionar como título executivo extrajudicial o contrato eletrônico assinado digitalmente - assinatura esta que observa a infraestrutura de chaves públicas unificada –, ainda assim, há de se ter tal instrumento de contratação como executivo, porque reiteradamente celebrado nos dias atuais, e, ainda, por corporificar obrigação de pagar líquida, certa e exigível e, especialmente, porque fazem as vezes das testemunhas a certificação pelo ICP, e, ainda, a utilização dos serviços do 'Comprova.com'".

A 3ª Turma reafirma a regra de orientação da taxatividade e que o rol dos títulos executivos é *numerus clausus*, devendo ser interpretado, à luz da jurisprudência consolidada do próprio STJ, de forma restritiva[27]. Porém, entendeu de que as peculiaridades próprias do contrato eletrônico justificam a análise mais detida das funções desempenhadas pelas assinaturas nele postas, sobretudo em razão da contemporaneidade da matéria: "o argumento de que o contrato eletrônico possui peculiaridades a serem consideradas e de que a certificação da assinatura pelo sistema de chaves públicas, intermediado por autoridade competente na forma da lei, e, ainda, a utilização dos serviços do que se chamou de "comprova.com", faria as vezes das testemunhas em contratos tradicionais impressiona, devendo-se, pois

27. "Na verdade, tanto o Código de Processo Civil de 1973, no art. 585, quanto o atual Código de Processo Civil de 2015, no art. 784, nenhum deles, dispensara as testemunhas em documentos particulares a fazê-los títulos executivos extrajudiciais. [...] O rol de títulos executivos extrajudiciais, previsto na legislação federal em numerus clausus, deve ser interpretado restritivamente, ao menos é esta a orientação que grassa tranquila na doutrina e já fora endossada por esta Corte Superior. As hipóteses de títulos executivos extrajudiciais, é bem verdade, não se esgotam no Código de Processo Civil, o que se confirma nos incisos VII do art. 585 do CC/73 e XII do art. 784 do CPC/2015. Configura-se um tipo aberto, em que se estabelece que serão executivos os títulos que a lei, por disposição expressa, atribuir essa força. [...] Aliás, não só já se reconheceu que as hipóteses previstas na legislação civil são taxativas, mas, também, já se professou, em mais de uma oportunidade, a necessidade de observância do disposto no art. 585, II, do CPC/73, isso em relação à assinatura de duas testemunhas, para que se reconheça o documento privado físico como título executivo.".

analisar a função desempenhada pelas referidas funcionalidades, isso dentro do contexto desta novel e muito utilizada forma de celebração de negócios.".

Renova explicações sobre o funcionamento da cadeia de chaves públicas ICP-Brasil que, como visto, é apta à qualificação do documento eletrônico como presumidamente autêntico e íntegro. *In verbis*: "A lei processual, seja em relação aos títulos executivos judiciais, seja em relação aos executivos extrajudiciais traz como matriz a necessidade da existência de um "documento", o que se pode identificar com a leitura das hipóteses ali arroladas. O contrato eletrônico é documento, em que pese eletrônico, e ganha foros de autenticidade e veracidade com a aposição da assinatura digital.".

Quanto ao serviço prestado pela plataforma Comprova.com, vocacionado a colocar à disposição das partes uma plataforma para a transação digital, embora não seja vital para a higidez do título executivo, foi tido por importante e instrumento de reforço à segurança do negócio: "O serviço, penso, não é vital para que se tenha por hígido ou executivo o acordo firmado, mas, entendo, é importante e muito auxilia na proteção dos dados relativos ao negócio, favorecendo o acesso aos contratantes de toda uma gama de documentos relativos ao acordo.".

Indica, também, que todas as tratativas contratuais e os contatos das partes foram registrados na plataforma, de tal modo que seria possível aferir as manifestações de vontades aptas a demonstrar a contratação, o que seria de função própria das testemunhas em caso de contrato físico: "O associado e a FUNCEF, pois, ao acordar o mútuo pela internet, assinaram o contrato digitalmente (mediante criptografia assimétrica) e, ainda, mantiveram os documentos eletrônicos relevantes ao negócio, ao que se pode dessumir dos autos, hospedados em site de gerenciamento, que, também, teria registrado eletronicamente os contatos feitos no curso da relação negocial, satisfazendo-se, pois, condição mínima necessária para reconhecer ao contrato eletrônico, aquilo que as testemunhas garantem em relação ao documento privado físico.".

Destaca, ainda, que a Corte historicamente admite, em casos excepcionais, que contratos sejam títulos executivos extrajudiciais, mesmo sem as duas testemunhas: "Retornando aos precedentes desta Corte Superior, é necessário destacar que houve casos em que, excepcionalmente, ante a natureza instrumental das testemunhas (voltadas a corroborar a existência e higidez da contratação), foi reconhecida a possibilidade da comprovação do negócio e de sua higidez de outras formas no seio de processo de execução, tornando as testemunhas, mesmo, despiciendas. Nestes julgados, o documento físico particular a concretizar uma dívida líquida, certa e exigível, cuja veracidade e higidez fosse evidenciável de outras formas, além da testemunhal, ainda assim, seria título executivo extrajudicial.".

Traça comparação pertinente, também, em relação à previsão no Código Civil de 2002 de títulos de crédito eletrônicos[28], "como a duplicata virtual, que, na forma dos arts. 8º e 22 da Lei 9.492/1997, pode ser indicada a protesto por meio magnético ou de gravação eletrônica de dados". Esses, mesmo sem as testemunhas, seriam títulos executivos, conforme já reconhecido pela mesma 3ª Turma da Corte em 2010[29].

---

28. A decisão faz referência ao art. 889 e seu §3º: "Art. 889. Deve o título de crédito conter a data da emissão, a indicação precisa dos direitos que confere, e a assinatura do emitente. [...] §3º O título poderá ser emitido a partir dos caracteres criados em computador ou meio técnico equivalente e que constem da escrituração do emitente, observados os requisitos mínimos previstos neste artigo.".

29. Precedente citado na decisão: "Processo civil. Execução por título extrajudicial. Contrato de empréstimo. Falta de assinatura de duas testemunhas. Juntada também da nota promissória emitida à época da contratação, consignando o valor total executado. Possibilidade. Título executivo válido. O contrato escrito, com assinatura de duas testemunhas, não é requisito de validade de um contrato, salvo hipóteses expressas previstas em lei. A assinatura de duas testemunhas no instrumento, por sua vez, presta-se apenas a atribuir-lhe a eficácia de título executivo, em nada modificando sua validade como ajuste de vontades. Se é válida a contratação, igualmente válida é a nota promissória emitida em garantia do ajuste. A ausência de duas testemunhas no contrato, portanto, não retira da cambial sua eficácia

Resumiu, assim, que: "Deste todo interpretativo, tem-se a concluir que, em regra, exige-se as testemunhas em documento físico privado para que seja considerado executivo, mas excepcionalmente, poderá ele dar azo a um processo de execução, sem que se tenha cumprido o requisito formal estabelecido no art. 585, II, do CPC/73, qual seja, a presença de duas testemunhas, entendimento este que estou em aplicar aos contratos eletrônicos, desde que observadas as garantias mínimas acerca de sua autenticidade e segurança. O contrato eletrônico, em face de suas particularidades, por regra, tendo em conta a sua celebração à distância e eletronicamente, não trará a indicação de testemunhas, o que, entendo, não afasta a sua executividade.".

A 3ª Turma, então, reconheceu a eficácia executiva de contrato eletrônico assinado eletronicamente, mesmo se ausente a assinatura das duas testemunhas, pois: (i) a assinatura eletrônica fundada na estrutura da ICP-Brasil confere, em termos legais, presunção de autenticidade e integridade ao documento; (ii) os serviços documentais da plataforma digital utilizada permitem a visualização da livre manifestação de vontade dos contratantes, tornando as testemunhas desnecessárias, já que teriam, em parte, essa função; (iii) os precedentes da Corte admitem, excepcionalmente, a eficácia executiva a contratos que não contem com a aposição de assinaturas de duas testemunhas; e (iv) a importância contemporânea da contratação eletrônica para o desenvolvimento econômico e segurança das relações comerciais.

Por tudo dito, é uma decisão extremamente relevante. Porém, em se tratando de títulos executivos e em que pese a força de precedente da decisão, parece ser recomendável pensar na alteração do próprio texto do art. 784, CPC, em especial considerando a ideia de taxatividade dos títulos e a fim mitigar discussões jurídicas de

executiva. Recurso especial conhecido e improvido. (STJ, REsp nº 999.577/MG, 3ª T., Rel. Min. Nancy Andrigui, j. 04.03.2010, DJe 06.04.2010)".

admissibilidade do documento (por conta de classificações diversas, *v.g.* aquelas pautadas nas diferenças entre assinaturas eletrônicas e assinaturas digitais). A ideia é incluir, no dispositivo, a previsão expressa nesse sentido, afastando toda e qualquer insegurança jurídica.

Assim, elogia-se o Projeto de Lei nº 2359/2020 da Câmara dos Deputados[30], de autoria do Dep. Hélio Leite, que propõe a alteração do inc. III do art. 784, CPC, para que conste como título executivo "o documento particular assinado, manual ou digitalmente, pelo devedor, independentemente da existência de assinatura de testemunhas.". Inclusive, na justificação do projeto, a importância das tecnologias da informação é corretamente, a nosso ver, enaltecida: "Diante do dinamismo das relações sociais e da necessidade de constantes adaptações, as quais estão intrinsicamente relacionadas à tecnologia, é plausível buscarmos cada vez mais a dispensa de entraves burocráticos que inviabilizem a celeridade nas relações interpessoais e comerciais, sem que para isso seja necessário abrir mão da confiabilidade dos instrumentos postos à nossa disposição.".

Por fim, vale lembrar que a hipótese de executividade em abstrato do título embora importante e represente avanço decisivo, ela, como qualquer outra legal, não afasta a necessária análise da higidez do próprio contrato, que deve observar e confirmar a sua autenticidade e integridade do documento enquanto prova digital do negócio jurídico firmado. Quer dizer, é absolutamente fundamental a análise de que quem assinou o documento é de fato quem a assinatura posta presenta e se não há qualquer adulteração do documento.

---

30. Proposta original disponível em: https://www.camara.leg.br/proposicoesWeb/prop_mostrarintegra;jsessionid=4D3313A200C826C1991707F3975D651B.proposicoesWebExterno2?codteor= 1889341&filename=PL+2359/2020 Acesso em: 08/09/2020.

7

OS JULGAMENTOS VIRTUAIS E OS JULGAMENTOS E AUDIÊNCIAS POR VIDEOCONFERÊNCIA

Outro ponto importante de uso das tecnologias da informação são os julgamentos virtuais e os por videoconferência.

Os julgamentos virtuais são aqueles que se realizam, predominantemente nos Tribunais, a partir da inclusão em lista para tanto e serão processados por determinado período de tempo. Inicialmente, deve o relator do caso apresentar seus relatório e voto, após o que os demais membros do colegiado terão prazo para votação. Não há, portanto, sustentação oral, bem como as eventuais deliberações sobre o caso entre os julgadores se dão sem acesso pelos interessados, que não tomam conhecimento destas[1].

---

1. No âmbito do Supremo Tribunal Federal, os julgamentos virtuais foram regulamentados pela Resolução n. 642, de 2019, que dispõe, em seu artigo 2º: "Art. 2º As sessões virtuais serão realizadas semanalmente e terão início às sextas-feiras, respeitado o prazo de 5 (cinco) dias úteis exigido no art. 935 do Código de Processo Civil entre a data da publicação da pauta no DJe, com a divulgação das listas no sítio eletrônico do Tribunal, e o início do julgamento. § 1º O relator inserirá ementa, relatório e voto no ambiente virtual; iniciado o julgamento, os demais ministros terão até 5 (cinco) dias úteis para se manifestar. § 2º

As audiências e os julgamentos por videoconferência se proliferaram no Brasil, por sua vez, especialmente a partir da emergência recente da pandemia da Covid-19, que gerou a necessidade de isolamento social de toda a população. No que se refere aos julgamentos por videoconferência, a título de exemplo o Supremo Tribunal Federal regulamentou-os por meio da Resolução nº 672 de 2020. Pelo artigo 1º da Resolução, as sessões de julgamento do Plenário e das Turmas, a critério da respectiva Presidência, poderão ser realizadas inteiramente por videoconferência.

Ademais, com base no §1º do artigo 1º, nas sessões de julgamento presencial do Plenário e das Turmas, fica permitido o uso de videoconferência pelos Ministros, o que demonstra que tal modalidade de prática de ato não ficará restrita, em princípio, aos tempos de pandemia. Segundo o artigo 2º da Resolução, a sustentação oral poderá ser realizada por videoconferência, atendidas as seguintes condições: inscrição mediante formulário eletrônico disponibilizado no sítio eletrônico do STF até 48 horas antes do dia da sessão (inciso I) e utilização da mesma ferramenta a ser adotada pelo Tribunal (inciso II).

Considerando a impossibilidade de exercício do pleno contraditório durante a sessão, ainda que por meio da tecnologia, procurando influenciar os membros do colegiado quanto aos pontos a serem decididos, o direito fundamental ao contraditório impõe que as partes tenham o direito a se opor ao julgamento virtual, para que possam realizar sustentações orais seja presencialmente, seja de forma mediada pelos meios virtuais.

A sustentação oral é mecanismo de influência no julgamento pelo Tribunal e dispor dela é questão afeta às partes, que possuem

---

A conclusão dos votos registrados pelos ministros será disponibilizada automaticamente, na forma de resumo de julgamento, no sítio eletrônico do STF. § 3º Considerar-se-á que acompanhou o relator o ministro que não se pronunciar no prazo previsto no § 1º. § 4º A ementa, o relatório e voto somente serão tornados públicos com a publicação do acórdão do julgamento."

o poder de escolher submeter seu processo ao julgamento virtual ou não[2]. Esse poder de escolha das partes, aliás, está bem ajustado à ideia que elas mesmas tenham a possibilidade de entender se, no caso concreto, a sustentação oral se faz imprescindível ou se o dinâmica do julgamento virtual se mostra mais adequado, o que inclusive tem se demonstrado em muitos casos da vida prática.

Ademais, mesmo a utilização da audiência ou julgamento por videoconferência deve representar uma opção conjunta e cooperativa dos sujeitos do processo[3], seja por um procedimento que desde o início se realizará virtualmente e por videoconferência, seja pela realização de tal ato pela via tecnológica. Isso porque as condições materiais dos envolvidos – para acesso a requisitos tecnológicos adequados – pode inviabilizar ou prejudicar o uso desse mecanismo, sobretudo em um país como o Brasil, em que o acesso à internet de qualidade não é amplo a toda a população. Ademais, a prática do ato fora da via presencial pode levar a perdas cognitivas concretas e a análise do risco disso pelo advogado é fundamental, na defesa dos interesses de seu cliente.

Com efeito, a boa fé e a cooperação, constantes dos artigos 5º e 6º, CPC, possuem papel fundamental para a avaliação da conduta dos sujeitos do processo nessa opção, buscando-se verificar eventual

2. Nesse sentido, a Resolução n. 642/2019, do STF dispõe, em seu artigo 4º, que o processo não será julgado virtualmente se alguma das partes pedir destaque ou requerer a sustentação oral. Ademais, também estabelece que o algum Ministro pode pedir destaque, retirando o processo do ambiente virtual, o que demonstra que também o julgador pode entender que o caso justifica desde logo a realização do ato de forma presencial ou por mediação tecnológica.

3. Nessa linha, o art. 2º, § 4º do Provimento CSM nº 2.554/2020 do TJSP permitiu a realização de audiências por videoconferências, se houver concordância das partes e for disponibilizado *"link de acesso da gravação junto ao Microsoft OneDrive"*. De igual maneira, o item 1.1 da Orientação n. 12/2020 do TJSC dispõe que "havendo a concordância das partes, e a critério do Magistrado responsável, as audiências poderão ser realizadas por meio de videoconferência, no âmbito do Primeiro Grau de Jurisdição do PJSC, durante o período da pandemia causada pelo coronavírus (COVID-19) até que sobrevenha nova orientação dos órgãos superiores competentes".

abusividade de sua escolha por ato presencial ou não. Dessa forma, a motivação em eventual oposição ao ato virtual ou por videoconferência deve ser devidamente motivada por quem se opor.

Outros impactos possíveis estão associados à própria garantia constitucional da publicidade, prevista no artigo 93, IX, CF, e no art. 11, CPC. Por força de tal garantia, todos os julgamentos dos órgãos do Poder Judiciário serão públicos e fundamentadas todas as decisões, sob pena de nulidade, podendo a lei limitar a presença, em determinados atos, às próprias partes e a seus advogados, ou somente a estes, em casos nos quais a preservação do direito à intimidade do interessado no sigilo não prejudique o interesse público à informação.

Note-se que a fundamentação das decisões permite tanto o seu controle interno, ou seja, pelos envolvidos, como um eventual controle externo pela sociedade[4], o que é uma proteção ao próprio Estado de Direito, como já aprofundado em momentos da Parte II desse trabalho.

A regra da publicidade, porém, fica excepcionada pelo segredo de justiça, tal como previsto no artigo 93, IX, *in fine*, CF. Pelo artigo 189, CPC, estão sujeitas ao segredo de justiça os processos em que o exija o interesse público ou social (inc. I); que versem sobre casamento, separação de corpos, divórcio, separação, união estável, filiação, alimentos e guarda de crianças e adolescentes (inc. II); em que constem dados protegidos pelo direito constitucional à intimidade (inc. III); que versem sobre arbitragem, inclusive sobre cumprimento de

4. Afinal, "A instauração de um processo judicial, por si só, não significa respeito ao direito positivo e aos direitos subjetivos legal e constitucionalmente assegurados. As decisões judiciais também podem ser ilegais ou inconstitucionais; ou mesmo ilegítimas. Ainda que a lei e a constituição erijam um exemplar modelo de devido processo legal, certo é que, inexistente mecanismo de controle jurisdicional, não há certeza de que este modelo será realmente observado." (LUCCA, Rodrigo Ramina de. *O dever de motivação das decisões judiciais*. 2. ed. Salvador: Juspodivm, 2016, p. 205).

carta arbitral, desde que a confidencialidade estipulada na arbitragem seja comprovada perante o juízo (inc. IV).

Logo, como assegurar a garantia da publicidade de audiências e julgamentos na esfera digital?

No que se refere aos julgamentos virtuais, a publicidade se manifesta pelo acesso aos acórdãos e votos, nos processos não sujeitos a segredo de justiça. Não há propriamente um direito de participação no julgamento e a publicidade acaba sendo promovida pelo acesso ao resultado e pela transparência.

Já nas audiências e julgamentos por videoconferência, a prática do ato por essa via ocorre presencialmente, de forma síncrona, com a possibilidade de participação de partes e advogados, mas com mediação tecnológica. Assim, a garantia da publicidade determina que seja possível o ingresso de terceiros para assistir ao ato, tal qual se processaria num ato presencial pelos meios tradicionais. Dessa forma, devem os sistemas judiciais possibilitar esse ingresso, com o prévio registro de tais interessados.

No entanto, caso o processo tramite em segredo de justiça, no momento da sessão de julgamento ou audiência mediada por tecnologia, permanecerão no ambiente virtual apenas as partes, seus procuradores, julgadores e seus auxiliares, além do Ministério Público fiscal do ordenamento jurídico, devendo os demais presentes ser alocados em uma sala de espera virtual, evitando qualquer ofensa à privacidade dos envolvidos.

REFERÊNCIAS BIBLIOGRÁFICAS

AFTALIÓN, Enrique. *Derecho penal económico*, Buenos Aires : Abeledo Perrot, 1959.

ALEXY, Robert. *Teoria dos direitos fundamentais*. trad. de Virgílio Afonso da Silva, São Paulo : Malheiros Editores, 2008.

ALFORD, Roger. The Virtual World and the Arbitration World *In Journal Of Arbitration*. v. 449, p. 452. Disponível em: http://kluwerlawonline.com/abstract.php?area=Journals&id=358382 Acesso em: 10/01/2020.

ALVES, José Carlos Moreira. *Direito romano*, vol. 1, 2. ed. rev. e acresc., Rio de Janeiro : Editor Borsoi, 1967.

ALVIM, Arruda. Da Jurisdição – Estado-de-direito e função jurisdicional. *Doutrinas Essenciais de Processo Civil*, vol. 2, p. 331, Out.2011.

______. *Manual de direito processual civil*: teoria geral do processo e processo de conhecimento, 17. ed. rev., atual. e ampl., São Paulo: Editora Revista dos Tribunais, 2017.

______. *Novo contencioso cível no CPC/2015*, São Paulo: Editora Revista dos Tribunais, 2016.

______. *Tratado de direito processual civil*, vol. 1 (arts. 1º ao 6º), 2. ed., São Paulo : Editora Revista dos Tribunais, 1990.

ALVIM, Eduardo Arruda. *Direito processual civil*, 5. ed. São Paulo : Revista dos Tribunais, 2013.

______. GRANADO, Daniel Willian. FERREIRA, Eduardo Aranha. *Direito processual civil*, 6. ed., São Paulo : Saraiva, 2019.

ALVIM, José Eduardo Carreira. *Teoria geral do processo*, 16ª ed., Rio de Janeiro : Forense, 2014.

ALVIM, Thereza. *Questões prévias e os limites objetivos da coisa julgada*. São Paulo: RT, 1977.

ASSIS, Araken de. *Manual da execução*, 18. ed. rev., atual. e ampl., São Paulo : RT, 2016.

ÁVILA, Humberto Bergmann. O que é "devido processo legal?" *In Revista de Processo*, São Paulo, v. 33, n. 163, p. 50-59, set.2008.

______. *Teoria dos princípios da definição à aplicação dos princípios jurídicos*. 15. ed. rev., atual. e ampl., São Paulo : Malheiros Editores, 2014.

BAGNOLI, Vicente. *Direito econômico e concorrencial*, 7. Ed. rev., atual. e ampl., São Paulo : Revista dos Tribunais, 2017.

BARROSO, Luís Roberto. *Curso de direito constitucional contemporâneo: os conceitos fundamentais e a construção do novo modelo*, 4. ed., São Paulo : Saraiva, 2013.

BARRUFFINI, Frederico Liserre. Possibilidade de efetivação do direito à razoável duração do processo *In Revista de Processo*, vol. 139, p. 265, Set.2006.

BECK, Ulrich. *Sociedade de risco mundial*: em busca da segurança perdida, Lisboa : Edições 70, 2016.

BEDAQUE, José Roberto dos Santos. *Efetividade do processo e técnica processual*, 3. ed., São Paulo : Malheiros Editores, 2010.

______. *Poderes instrutórios do juiz*, 7. ed., rev., atual. e ampl., São Paulo : Editora Revista dos Tribunais, 2013.

BERGQUIST, Jonatan H. *Blockchain technology and smart contracts*: Privacy-preserving tools. 2017. 62 f. Dissertação (Mestrado), Uppsala Universitet, Uppsala, 2017, p. 11. Disponível em: http://uu.diva-portal.org/smash/get/diva2:1107612/FULLTEXT01.pdf. Acesso em: 08/08/2020.

BERNARDO, Maria Valeria Di. Médios alternativos de resolución de conflitos em Argentina. *In* CABRAL, Antonio do Passo. NOGUEIRA, Pedro Henrique. *Grandes temas do novo CPC*, vol. 1, Salvador : Juspodivm, 2015.

BONAVIDES, Paulo. *Curso de direito constitucional*. 28. ed. atual., São Paulo : Malheiros Editores, 2013.

BRIGGS, Lord Justice. Civil Courts Structure Review: Final Report, July 2016.

BUENO, Cássio Scarpinella. *Manual de direito processual civil*: volume único, 5. ed., São Paulo : Saraiva, 2019.

CABRAL, Antonio do Passo. Processo e tecnologia: novas tecnologias *In* LUCON, Paulo Henrique dos Santos [et. Al] [coords]. *Direito, processo e tecnologia*, São Paulo : Thomson Reuters Brasil, 2020, p. 84-109.

______. CRAMER, Ronaldo [coords.] *Comentários ao novo Código de Processo Civil*, Rio de Janeiro : Forense, 2015.

CÂMARA, Alexandre Freitas. Será o fim da categoria "condição da ação"? Uma resposta a Fredie Didier Junior *In Revista de Processo*, vol. 197, p. 261–269, jul./2011.

CAMES. Resolução de conflitos online e o case do Modria. Disponível em https://www.camesbrasil.com.br/resolucao-conflitos-online-case-modria/. Acesso em 20/07/2020.

CANOTILHO, J.J. Gomes. *Direito constitucional e teoria da constituição*, 7. ed., 6 reimp., Coimbra, Portugal : Edições Almedina, 2003.

CAPONI, Remo; GASCÓN, Fernando; STURNER, Michael. *The Role of Consumer ADR in the Administration of Justice: New Trends in Access to Justice Under EU Directive 2013/11*. SELP, Sellier European Law Publishers, 2015.

CAPPELLETTI, Mauro. GARTH, Bryant. *Acesso à Justiça*. Tradução de Ellen Grace Northfleet, Porto Alegre : Fabris, 1988.

CARNEIRO, Athos Gusmão. Jurisdição – noções fundamentais, *Revista de Processo*, vol. 19, jul.1980.

CARNEIRO, Paulo Cezar Pinheiro. Comentário ao art. 8°. In: WAMBIER, Teresa Arruda Alvim *et al* (coords.). *Breves comentários ao novo Código de Processo Civil*. São Paulo: Revista dos Tribunais, 2015. Versão eletrônica.

CHIESI FILHO, Humberto. *Um novo paradigma de acesso à justiça*: autocomposição como método de solução de controvérsias e caracterização do interesse processual, Belo Horizonte: Editora D`Plácido, 2019.

CLARK, Eugene; CHO, George; HOYLE, Arthur. Online Dispute Resolution: Present Realities, Pressing Problems and Future Prospects *In International Review of Law, Computers & Technology 7*, v. 17, n. 1, 2010, pp. 7/19-20. Disponível em https://www.tandfonline.com/loi/cirl20 Acesso em: 12/01/2020.

CINTRA, Antonio Carlos de Araújo; GRINOVER, Ada Pellegrini; DINAMARCO, Cândido Rangel. *Teoria geral do processo*. 25. ed., São Paulo : Malheiros Editores, 2009.

COMOGLIO, Luigi Paolo. *Le prove civili*, 3. ed., Torino : UTET, 2010.

CONSELHO NACIONAL DE JUSTIÇA. Relatório Justiça em Número 2019. Disponível em https://www.cnj.jus.br/wp-content/uploads/ conteudo/arquivo/2019/08/justica_em_numeros20190919.pdf. Acesso em 05/05/2020.

CORTÉS, Pablo. *Online dispute resolution for consumers in the European Union*, (Routledge Research in Information Technology and E-Commerce Law) . Taylor and Francis, 2011, Kindle Edition.

______. *The Law of Consumer Redress in an Evolving Digital Market: Upgrading from Alternative Dispute Resolution To Online Dispute Resolution*. Cambridge: Cambridge University Press, 2017.

COSTA, Susana Henriques da. FRANCISCO, João Eberhardt. Acesso à justiça e a obrigatoriedade da utilização dos mecanismos de *Online Dispute Resolution*: um estudo da plataforma Consumidor.gov.br *In* LUCON, Paulo Henrique dos Santos [et. Al] [coords]. *Direito, processo e tecnologia*, São Paulo : Thomson Reuters Brasil, 2020, p. 665-687.

DALLARI, Adilson de Abreu. A tradição da arbitragem e sua valorização contemporânea. *In Revista de Arbitragem e Mediação*, vol. 35, p. 299-407, out--dez./2012.

DANTAS, Francisco Wildo Lacerta. *Teoria geral do processo (jurisdição, ação (defesa), processo)*, 2. ed., São Paulo : Método, 2007.

DE FILIPPI, Primavera. WRIGHT, Aaron. *Blockchain and the law*: the rule of code, Cambridge, Massachusetts : Harvard University Press, 2018.

DERGINT, Augusto do Amaral. Aspecto material do devido processo legal *In Revista dos Tribunais*, vol. 709, p. 249, Nov.1994.

DIDIER JR., Fredie. *Curso de Direito Processual Civil*, vol. 5, 7. ed. rev., ampl. e atual., Salvador : Juspodivm, 2017.

______. O princípio da cooperação : uma apresentação, *Revista de Processo*, vol. 127, p.76, Set.2005.

______. Os três modelos de direito processual: inquisitivo, dispositivo e cooperativo. *Revista de Processo*, vol. 198, p. 213, Ago.2011.

DINAMARCO, Cândido Rangel. *Execução Civil*, 5. ed., São Paulo: Malheiros, 1997.

______. *Instituições de direito processual civil*, vol. 1, 6. ed. rev. e atual., São Paulo : Malheiros Editores, 2013.

ECONOMIDES, Kim. Lendo as ondas do "movimento de acesso à justiça": Epistemologia versus metodologia? *In* PANDOLFI, Dulce, [et al]. (orgs). *Cidadania*, *justiça e violência*. Rio de Janeiro: Ed. Fundação Getulio Vargas, 1999, p. 61-76. Disponível em: http://cpdoc.fgv.br/producao_intelectual/arq/39.pdf Acesso em: 13.07.2020.

ENGISCH, Karl. *Introdução ao pensamento jurídico*, trad. J. Baptista Machado, 9ª ed., Lisboa : Fundação Calouste Gulbenkian, 2004.

FALECK, Diego. *Manual de design de sistemas de disputas*: criação de estratégias e processos eficazes para tratar conflitos, Rio de Janeiro : Lumen Juris, 2018

______. Um passo adiante para resolver problemas complexos: desenho de sistemas de disputas. In: SALLES, Carlos Alberto; LORENCINI, Marco Antônio Garcia Lopes; SILVA, Paulo Eduardo Alves da. (Org.). *Negociação, Mediação e Arbitragem* - curso básico para programas de graduação em Direito. São Paulo: Método, 2013.

FARIAS, Rodrigo Vieira. *Arbitragem de investimentos*: um breve panorama. Texto no prelo.

FENOLL, Jordi Nieva. *Inteligencia artificial y proceso judicial*, Madrid : Marcial Pons, 2018.

FERNANDES, Bernardo Gonçalves. *Curso de direito constitucional*, 6. ed., rev., ampl. e atual., Salvador : Editora Juspodivm, 2014.

FERRARI, Isabela [coord.] *Justiça digital*, São Paulo : Thomson Reuters, 2020, Edição Kindle.

FISCHER, Roger; URY, William; PATTON, Bruce. *Como chegar ao sim*. Tradução de Vera Ribeiro e Ana Luiza Borges. 2. ed. Rio de Janeiro: Imago, 2005.

FORIGO, Camila Rodrigues. O criminal compliance e a autorregulação regulada: privatização no controle à criminalidade econômica. *In* GUARAGNI, Fábio André. BACH, Marion [coords.] *Direito penal econômico* [versão eletrônica pdf]: administração do direito penal, criminal compliance e outros temas contemporâneos, Londrina : Thoth, 2017.

FUX, Luiz. *Curso de direito processual civil*, Rio de Janeiro : Forense, 2004.

______. *Tutela de Segurança e Tutela da Evidência (Fundamentos da Tutela Antecipada)*. 1 ed. São Paulo: Saraiva, 1996.

GALDINO, Flávio. A evolução das ideias de acesso à justiça. *In*: SARMENTO, Daniel. GALDINO, Flávio (orgs.), *Direitos fundamentais: estudos em homenagem ao professor Ricardo Lobo Torres*, Rio de Janeiro : Renovar, 2006.

GEIST, Michael. *Fair.com?*: An examination of the Allegations of Systemic Unfairness in the ICANN UDPR, Ottawa, 2001. Disponível em http://aix1.uottawa.ca/~geist/geistudpr.pdf Acesso em: 27/09/2020.

GLOBAL ACCESS TO JUSTICE PROJECT. Disponível em: http://globalaccesstojustice.com Acesso em: 13.07.2020.

GOUVEIA, Lúcio Grassi de. A função legitimadora do princípio da cooperação intersubjetiva no processo civil brasileiro, *Revista de Processo*, vol. 172, p. 32, Jun.2009.

GRECO, Leonardo. *A teoria da ação no Processo Civil*. São Paulo: Dialética, 2003.

______. Os Juizados Especiais como tutela diferenciada. In: *Revista Eletrônica de Direito Processual (REDP)*, vol. III, p. 29-47, 2009.

GREGER, Reinhard. Cooperação como princípio processual, Trad. de Ronaldo Kochen, *Revista de Processo*, vol. 206, Abr.2012.

GRINOVER, Ada Pellegrini. *As garantias constitucionais do direito de ação*. São Paulo : Editora Revista dos Tribunais, 1973

______. *Os princípios constitucionais e o Código de Processo Civil*, São Paulo : Bushatsky, 1975.

HÖRNLE, Juliam. *Cross-border internet dispute resolution*. Cambridge: Cambridge University Press, 2009.

HOUSE OF COMMONS – SCIENCE AND TECHNOLOGY COMMITTEE. *Algorithms in decision-making*: fourth report of session 2017-19, 2018, p. 7. Disponível em: https://publications.parliament.uk/pa/cm201719/cmselect/cmsctech/351/351.pdf Acesso em: 07.09.2020.

KALLEL, Sami. Online Arbitration *In Journal of International Arbitration*, v. 25, n. 3, 2008, pp. 345-352. Disponível em http://www.kluwerlawonline.com/toc.php?pubcode=JOIA Acesso em: 11/01/2020.

KATSH, Ethan. RABINOVICH-EINY, Orna. *Digital Justice*: technology and the internet of disputes, Oxford : University Express, 2017.

______. RIFKIN, Janet. GAITENBY, Alan. E-commerce, e-disputes and e-dispute resolution: in the shadow of 'eBay Law' *In Ohio State Journal on Dispute Resoluition*, vol. 15, 2000

KAUFMANN-KOHLER, Gabrielle. SCHULTZ, Thomas. *Online Dispute Resolution: Challenges for Contemporary Justice*. International Arbitration Law Library, 2004.

KUHLEN, Lothar. Cuestiones fundamentales de compliance y derecho penal *In* KUHLEN, Lothar. MONTIEL, Juan Pablo. GIMENO, Ínigo Ortiz de Urbina [coords]. *Compliance y teoría del Derecho penal*, Madrid : Marcial Pons, 2013.

KURKELA, Matti S. TURUNEN, Santtu. *Due process in international commercial arbitration*. 2. ed. Oxford: Oxford University Press, 2010.

LEIBLE, Stefan. *Proceso civil alemán*. Medellin: Biblioteca Jurídica Diké [Konrad Adenauer Stiftung], 1998.

LEONEL, Ricardo de Barros. *Manual do processo coletivo*. São Paulo: Malheiros, 2017.

LESSA NETO, João Luiz. O novo CPC adotou o modelo multiportas!!! E agora?!, *Revista de Processo*, vol. 244, jun.2015, p. 427-441.

LIMA, Alcides de Mendonça. *Comentários ao Código de Processo Civil*, Vol. 6, 4. ed., Rio de Janeiro : Forense, 1985.

LOBO, Carlos Augusto da Silveira. História e perspectivas da arbitragem no Brasil. In: *Revista de Arbitragem e Mediação*, vol. 50, p. 79 – 94, jul./set. 2016.

LUCCA, Rodrigo Ramina de. *O dever de motivação das decisões judiciais*. 2. ed. Salvador: Juspodivm, 2016.

MANZI, Vanessa Alessi. *Compliance no Brasil*: consolidação e perspectivas, São Paulo : Saint Paul Editora Ltda., 2008.

MARINONI, Luiz Guilherme. *Teoria geral do processo*, 8. ed., rev. e atual., São Paulo : Editora Revista dos Tribunais, 2014.

______. ARENHART, Sérgio Cruz. *Prova e convicção*, 5. ed., rev., atual. e ampl.. São Paulo : Thomson Reuters Brasil, 2019,

______. ______. MITIDIERO, Daniel. *Novo curso de processo civil : teoria do processo civil*, vol. 1, São Paulo : Editora Revista dos Tribunais, 2015.

______. ______. ______. *Novo curso de processo civil* : teoria do processo civil, vol. 1, 3. ed. em e-book baseada na 3. ed. impressa, São Paulo : Editora Revista dos Tribunais, 2017.

MARMELSTEIN, George. *Curso de direitos fundamentais*, 5. ed., São Paulo : Atlas, 2014.

MARQUES, José Frederico. *Instituições de Direito Processual Civil*, vol. 1, 1. ed. atual., Campinas : Editora Millennium, 2000.

MASCIOTRA, Mario. Principios que rigen el ofrecimiento, producción y apreciación de la prueba en el proceso civil *In* ROJAS, Jorge A. [coord.] *La prueba*, 1. ed. rev., Santa Fe : Rubinzal-Cuizoni, 2016.

MASUDA, Yoneji. A sociedade da informação como sociedade pós-industrial, trad. Kival Charles Weber e Angela Melim, Rio de Janeiro : Ed. Rio, 1982.

MATTELART, Armand. *História da sociedade da informação*, 2. ed., São Paulo : Loyola, 2002.

MAZZILLI, Hugo Nigro. *A defesa dos interesses difusos em juízo: meio ambiente, consumidor, patrimônio cultural, patrimônio público e outros interesses*. 26 ed., rev., ampl. e atual., São Paulo : Saraiva, 2013.

MEDINA, José Miguel Garcia. *Novo Código de Processo Civil comentado : com remissões e notas comparativas ao CPC/1973*, São Paulo : Editora Revista dos Tribunais, 2015.

MEDON, Filipe. *Quem precisa de vazamento de dados que já estão disponíveis no processo eletrônico?* **Disponível em:** https://www.jota.info/opiniao-e-analise/artigos/quem-precisa-de-vazamento-de-dados-que-ja-estao-disponiveis-no--processo-eletronico-14062020 Acesso em 12/09/2020.

MEIRELES, Edilton. Duração razoável do processo e os prazos processuais no projeto do código de processo civil *In Revista de Processo*, vol. 207, p. 199, Mai.2012.

MELLO, Celso Antônio Bandeira de. *Curso de direito administrativo*, 30ª ed. rev. e atual., São Paulo : Malheiros Editores, 2013.

MENDES, Aluisio Gonçalves de Castro. *Ações coletivas e meios de resolução coletiva de conflitos no direito comparado e nacional*, 3ª ed. rev., atual. e ampl., São Paulo : Editora Revista dos Tribunais, 2012.

MENDES, Gilmar Ferreira, BRANCO, Paulo Gustavo Gonet. *Curso de direito constitucional*. 9ª ed. rev. e atual., São Paulo : Saraiva, 2014.

MIRANDA, Pontes de. *Tratado das ações – Tomo I: Ação, classificação e eficácia*, São Paulo : Editora Revista dos Tribunais, 1970.

MCCARTHY, J. MINSKY, M. L., ROCHESTER, N. and Shannon, C. E.. A proposal for the Dartmouth summer research project on artificial intelligence, august 31, 1955. *In AI magazine* 27 (4):12, 2006.

MCGINNIS, John O. PEARCE, Russel G. The great disruption: how machine intelligence will transform the role of lawyers in the delivery of legal services, *Fordham Law Review*, vol. 82, 2014, p. 3041-3066.

MELLO, Rogério Licastro Torres. Ponderações sobre a motivação das decisões judiciais *In Revista de Processo*, vol. 111, Jul.2003.

MITIDIERO, Daniel. *Colaboração no processo civil* : pressupostos sociais, lógicos e éticos, 3. ed. rev., atual., e ampl. de acordo com o novo código de processo civil, São Paulo : Revista dos Tribunais, 2015.

MOREIRA, José Carlos Barbosa. A eficácia preclusiva da coisa julgada material. *Revista dos Tribunais*. São Paulo: jul/1972.

______. A expressão competência funcional no art. 2º da lei da ação civil pública. In: *Revista Forense*, v. 101, n. 380, p. 179–187, jul./ago., 2005

______. Ainda e sempre a coisa julgada. *Revista dos Tribunais*. São Paulo: jun/1970.

______. Os limites objetivos da coisa julgada no sistema do novo Código de Processo Civil. *Revista Forense*, abr-jun/1974.

______. *Questões prejudiciais e coisa julgada*. Rio de Janeiro: Borsoi, 1967.

______. *O novo processo civil brasileiro: exposição sistemática do procedimento*, 11. ed. rev. e atual., Rio de Janeiro, Forense, 1992.

______. *Temas de direito processual : segunda série*, 2. ed., São Paulo : Saraiva, 1988.

NERY JÚNIOR, Nelson. *Princípios do processo na Constituição Federal : (processo civil, penal e administrativo)*, 11ª ed. rev., ampl. e atual., São Paulo : Editora Revista dos Tribunais, 2013.

______. NERY, Rosa Maria de Andrade. *Código de processo civil comentado*. 18. ed. rev., atual. e ampl., São Paulo : Thompson Reuters Brasil, 2019.

NEVES, Daniel Amorim Assumpção. *Manual de direito processual civil*, 5. ed. rev., atual. e ampl., Rio de Janeiro : Forense; São Paulo : Método, 2013.

NISSAN, Ephraim. Digital technologies and artificial intelligence's present and foreseeable impact on lawyering, judging, policing and law enforcement, *AI & Society*, vol. 32, 2017, p. 441-464.

NUNES, Dierle. TEIXEIRA, Ludmila. Por um acesso à justiça democrático: primeiros apontamentos, *Revista de Processo*, vol. 217, Mar.2013

OLIVA, Andrés de la. FERNÁNDEZ, Miguel Angel. *Derecho procesal civil*, vol. 1, Madrid : Editorial Centro de Estudios Ramon Areces, 1990.

OLIVEIRA, Vallisney de Souza. Expressões do devido processo legal *In Revista de Processo*, vol. 106, p. 297, Abr.2002.

PACELLI, Eugênio. FISCHER, Douglas. *Comentários ao Código de Processo Penal e sua jurisprudência*, 6. ed., rev. e atual., São Paulo : Atlas, 2014.

PALACIO, Lino Enrique. *Manual de derecho procesal civil* 21. ed., atual. por Carlos Enrique Camps, Ciudad Autónoma de Buenos Aires : Abeledo Perrot, 2016.

PANTOJA, Fernanda Medina. Art. 166. In: CABRAL, Antonio do Passo; CRAMER, Ronaldo (Coord.). *Comentários ao novo Código de Processo Civil.* 2. ed. Rio de Janeiro: Forense, 2016.

PEIXOTO, Ravi. Rumo à construção de um processo cooperativo, *Revista de Processo*, vol. 219, p. 90, Mai.2013.

PÉREZ DEL VALLE, Carlos. Introducción al derecho penal económico. *In* BACIGALUPO, Enrique. *Curso de derecho penal econômico*. 2. ed. Madrid : Marcial Pons, 2005.

PICARDI, Nicola. *Manuale del processo civile.* Milano: Giuffrè, 2006.

POLANYI, Karl. *A grande transformação*: as origens da nossa época. Trad. de Fanny Wrobel; Revisão Técnica de Ricardo Benzaquen de Araújo 2. ed. Rio de Janeiro: Elsevier, 2012.

PORTANOVA, Rui. *Princípios do processo civil*, 6. ed., Porto Alegre : Livraria do Advogado, 2005.

PIZZOL, Patrícia Miranda. A tutela antecipada nas ações coletivas como instrumento de acesso à justiça. In FUX, Luiz, NERY JR., Nelson, WAMBIER, Teresa Arruda Alvim. *Processo e Constituição: estudos em homenagem ao professor José Carlos Barbosa Moreira*, São Paulo : Editora Revista dos Tribunais, 2006.

QUEIROZ, Odete Novais Carneiro. O devido processo legal *In Revista dos Tribunais*, vol. 748, p. 47, Fev.1998.

RAMOS, Rodrigo. *A Tutela Provisória de Evidência no Novo Código de Processo Civil.* 201 f. Dissertação Mestrado em Direito Processual Civil. Pontifícia Universidade Católica de São Paulo. São Paulo, 2016.

REALE, Miguel. Crise da justiça e arbitragem, *Doutrinas Essenciais Arbitragem e Mediação*, vol. 1, p. 603, Set.2014.

______. *Lições preliminares de direito.* 27. ed. ajustada ao novo código civil, São Paulo : Saraiva, 2007.

REDFERN, Alan; HUNTER, Martin. *Redfern and Hunter on International Arbitration.* 6ª ed., Oxford: Oxford University Press, 2016.

REICHELT, Luis Alberto. A exigência de publicidade dos atos processuais na perspectiva do direito ao processo justo. In: *Revista de Processo*, vol. 234, p. 77-97, ago/2014.

RIBEIRO, Flávia Pereira. Desapego à tradicional visão da "jurisdição" e da "inafastabilidade do controle jurisdicional", In AURELLI, Arlete Inês [coord.] et al, *O Direito de estar em juízo e a coisa julgada : estudos em homenagem a Thereza Alvim*, São Paulo : Editora Revista dos Tribunais, 2014.

RODRIGUES, Marco Antonio. *A Fazenda Pública no processo civil.* Rio de Janeiro: GEN, 2017.

______. *A modificação do pedido e da causa de pedir.* Rio de Janeiro: GZ, 2013.

______. Acesso à justiça, resolução on-line de conflitos e interesse de agir. *In Revista de Processo,* vol. 314, p. 39-53, abril/2021.

______. GISMONDI, Rodrigo. Métodos de solução consensual de conflitos e a Fazenda Pública. In: *Mediação e arbitragem na administração pública*: volume 2 [recurso eletrônico] / Coordenadores Humberto Dalla Bernardina de Pinho, Roberto de Aragão Ribeiro Rodrigues – Santa Cruz do Sul: Essere nel Mondo, 2020.

______. RANGEL, Rafael Calmon. O Procedimento Extrajudicial Pré-Executivo lusitano (PEPEX): algumas lições para o sistema brasileiro *In Revista de Processo*, v. 282, p. 455-471, 2018

SALES, Lilia Maia de Moraes; SOUSA, Mariana Almeida de. O Sistema de Múltiplas Portas e o Judiciário brasileiro. R*evista Direitos Fundamentais & Justiça*, Porto Alegre, ano 5, n. 16. p. 204-220, jul./set.2011.

SALOMÃO, Heloísa Estellita. Tipicidade no direito penal econômico. In PRADO, Luis Regis. DOTTI, René Ariel [orgs.]. Direito penal econômico, São Paulo : Editora Revista dos Tribunais, 2011, (Coleção doutrinas essenciais : direito penal econômico e da empresa; v. 2).

SARLET, Ingo Wolfgang. *A eficácia dos direitos fundamentais*: uma teoria geral dos direitos fundamentais na perspectiva constitucional, 11. ed. rev., atual., Porto Alegre : Livraria do Advogado Editora, 2012.

______, MARINONI, Luiz Guilherme, MITIDIERO, Daniel. *Curso de direito constitucional*, 2. ed., São Paulo : Editora Revista dos Tribunais, 2014.

SARMENTO, Daniel. *Direitos fundamentais e relações privadas*, 2. ed., Rio de Janeiro : Lumen Juris, 2010.

SCAVONE JÚNIOR, Luiz Antonio. *Manual de arbitragem*, 5ª ed. rev., atual. e ampl., Rio de Janeiro : Forense, 2014.

SCHMIDT, Andrei Zenkner. *Direito penal econômico*: parte geral, 2. ed., rev. e ampl., Porto Alegre : Livraria do Advogado, 2018.

SCHULTZ, Thomas. *Information Technology and Arbitration: A Practitioner's Guide*. Kluwer Law International, 2006.

______. Internet Disputes, Fairness in Arbitration and Transnationalism: A Reply to Julia Hörnle *In International Journal of Law and Information Technology*. v. 19, n. 2, 2011, pp. 153-155. Disponível em https://academic.oup.com/ijlit/issue/13/1. Acesso em 11/01/2020.

SCHWAB, Klaus. *A quarta revolução industrial*, Tradução de Daniel Moreira Miranda, São Paulo : Edipro, 2016.

SHIMURA, Sérgio. *Título Executivo*, 2ª Edição, São Paulo: Método, 2005.

SILVA, José Afonso da. *Curso de direito constitucional positivo*, 36. ed. rev. e atual., São Paulo : Malheiros Editores, 2013.

SILVA, Nilton Correia. Inteligência artificial *In* FRAZÃO, Ana. MULHOLLAND, Caitlin [coord.]. *Inteligência artificial e direito*: ética, regulação e responsabilidade, São Paulo : Thomson Reuters Brasil, 2019, p. 35-52.

SMITH, Roger. Goodbye, Rechtwijzer: hello, Justice42. Disponível em: https://law-tech-a2j.org/advice/goodbye-rechtwijzer-hello-justice42/ Acesso em: 29/09/2020.

STURNER, Michael. INCHAUSTI, Fernando Gascón. CAPONI, Remo *The Role of Consumer ADR in the Administration of Justice: New Trends in Access to Justice Under EU Directive 2013/11*, SELP, Sellier European Law Publishers, 2015.

SWAN, Melanie. *Blockchain*. Sebastopol : O'Reilly Media, Inc., 2015.

SWEET, Alec Stone; GRISEL, Florian. *Evolution of International Arbitration*. Oxford: Oxford University, 2017.

STRECK, Lênio Luiz. *Jurisdição constitucional e decisão jurídica*, 4. ed., São Paulo : Editora Revista dos Tribunais, 2014.

SUSSKIND, Richard. *Online courts and the future of justice*, Oxford : University Express, 2019, Edição Kindle.

TAKOI, Sérgio Massaru. A luta pela razoável duração do processo (efetivação do art. 5.º, LXXVIII, da CF/1988) *In Revista de Direito Constitucional e Internacional*, vol. 70, p. 225, Jan.2010.

TAMER, Maurício Antonio. *O princípio da inafastabilidade jurisdicional no Direito Processual Civil Brasileiro*, Rio de Janeiro : GZ Editora, 2017.

TAPSCOTT, Don. TAPSCOTT, Alex. *Blockchain revolution : como a tecnologia por trás do Bitcoin está mudando o dinheiro, os negócios e o mundo*, São Paulo : SENAI-SP Editora, 2016.

TARUFFO, Michele. Abuso dos direitos processuais: padrões comparativos de lealdade processual (relatório geral) *In Revista de Processo*, São Paulo, v. 34, n. 177, p. 153-183, nov. 2009.

TAVARES, André Ramos. *Curso de direito constitucional*, 11. ed. rev. e atual., São Paulo : Saraiva, 2013.

TEIXEIRA, Sálvio de Figueiredo. A arbitragem no sistema jurídico brasileiro *In Revista dos Tribunais*, vol. 735, p. 40-42, jan./1997.

THAMAY, Rennan. *Coisa julgada*, São Pulo : RT, 2018.

______. GARCIA JUNIOR, Vanderlei. *Decisão judicial*, São Paulo: Almedina, 2019.

______. TAMER, Maurício. *Provas no direito digital*: conceito da prova digital, procedimentos e provas digitais em espécie, São Paulo : Thomson Reuters Brasil, 2020

THEODORO JÚNIOR, Humberto. *Curso de Direito Processual Civil* – Teoria geral do direito processual civil, processo de conhecimento e procedimento comum – vol. I, 56. ed. rev., atual. e ampl., Rio de Janeiro : Forense, 2015.

THEODORO JÚNIOR, Humberto. *Curso de direito processual civil*, vol 1, 60. ed. rev., atual. e ampl., versão eletrônica, Rio de Janeiro : Forense, 2019.

______. NUNES, Dierle, BAHIA, Alexandre Melo Franco, PEDRON, Flávio Quinaud. *Novo CPC – Fundamentos e sistematização*, 2. ed. rev., atual. e ampl., Rio de Janeiro : Forense, 2015.

THORNBURG, Elizabeth. *Fast, Cheap, and out of Control: Lessons from the ICANN Dispute Resolution Process*, Computer Law Review & Technology Journal, v.6, 2002.

TUCCI, José Rogério Cruz e. *A motivação da sentença no processo civil*, São Paulo : Saraiva, 1987.

TUCCI, Rogério Lauria. Jurisdição, ação e processo civil (subsídios para a teoria geral do processo civil), *Revista de Processo*, vol. 52, p. 7, Out.1988.

ULRICH, Fernando. *Bitcoin: a moeda na era digital*, São Paulo : Instituto Ludwig Von Mises Brasil, 2014.

URY, William L.; BRETT, Jeanne M.; GOLDBERG, Stephen B. *Getting Disputes Resolved*: Designing Systems to Cut the Costs of Conflict. Cambridge, PON Books, 1993.

VAINZOF, Rony. Responsabilidade por danos decorrentes de conteúdo gerado por terceiros *In* DEL MASSO, Fabiano Dolenc. ABRUSIO, Juliana. FLORÊNCIO FILHO, Marco Aurélio [coord.]. *Marco civil da internet*: Lei 12.965/2014, São Paulo : Revista dos Tribunais, 2014.

VERÍSSIMO, Carla. *Compliance*: incentivo à adoção de medidas anticorrupção, São Paulo: Saraiva, 2017.

YARSHELL, Flávio Luiz. *Curso de direito processual civil*, 1ª ed., São Paulo : Marcial Pons, 2014.

WAMBIER, Luiz Rodrigues. Anotações sobre o princípio do devido processo legal *In Revista de Processo*, vol. 63, p. 54, Jul.1991.

_______. TALAMINI, Eduardo. *Curso avançado de processo civil : teoria geral do processo e processo de conhecimento*, vol. 1, 14. ed. rev. e atual., São Paulo : Editora Revista dos Tribunais, 2014.

WAMBIER, Teresa Arruda Alvim [et. al]. *Primeiros comentários ao novo código de processo civil artigo por artigo*, 2. ed. rev., atual. e ampl., São Paulo : Editora Revista dos Tribunais, 2016.

WOLKART, Erik Navarro. *Análise econômica do processo civil*, São Paulo: Thomson Reuters Brasil, 2019, Edição Kindle.

WULF, Katharina. *Ethics and compliance programs in multinational organizations*, Springer: Berlin, 2011.

ZANETI JÚNIOR, Hermes. *A constitucionalização do processo: o modelo constitucional da justiça brasileira e as relações entre processo e constituição*, 2. ed. rev., ampl. e alterada, São Paulo: Atlas, 2014.

ZAVASCKI, Teori Albino. *Processo coletivo*: tutela de direitos coletivos e tutela coletiva de direitos. 7. ed. rev., atual. e ampl. São Paulo: Revista dos Tribunais, 2017.

ZENKNER, Marcelo. *Integridade governamental e empresarial*: um espectro da repressão e da prevenção à corrupção no Brasil e em Portugal, Belo Horizonte: Fórum, 2019.

EDITORA
JusPODIVM
www.editorajuspodivm.com.br

ar fernandez
Pensando em você e no futuro do planeta